肖习 著

德国巴伐利亚州立图书馆藏三类金门瑶经书抄本研究

儒道释博士论文丛书

巴蜀书社

《儒道释博士论文丛书》编委会

《儒道释博士论文丛书》由上海城隍庙和北京东岳庙资助出版

《儒道释博士论文丛书》缘起

国家“985工程”四川大学宗教、哲学与
社会研究创新基地首席科学家
《儒道释博士论文丛书》
编委会主编　卿希泰

儒道释是中华民族传统文化的三大支柱，源远流长，内容丰富，影响深远，它对中华民族的共同心理、共同感情和强大凝聚力的形成与发展，均起了极其重要的作用，是我们几千年来战胜一切困难、经过无数险阻、始终立于不败之地的精神武器，在今天仍然显示着它的强大生命力，并在新的世纪里，焕发出更加灿烂的光彩。

自从1978年中国共产党第十一届三中全会确立改革开放路线以来，我国对儒道释传统文化的研究工作，也有了很大的发展，在全国各地设立了许多博士点，使年轻的研究人才的培养工作走上了有计划有组织地进行的轨道，一批又一批的博士毕业生正在茁壮成长，他们是我国传统文化研究方面的一支强大的新生力量，是有关各学科未来的学术带头人。他们的博士学位论文有一部分在出版之后，已在国内外的同行学者中受到了关注，产生了很好的影响。但因种种原因，学术著作的出版甚难，尤其是中青年学者的学术著作出版更难。因此还有相当多的博士学位论文难以及时发表。不及时解决这一难题，不仅对中青年学者的成长不利，且对弘扬中华优秀传统文化，促进学术交流也不利。我们有志于解决此一难题久矣，始终均以各种原因未能如愿。直到1999年，经与香港圆玄学院商议，喜得该院慨然允诺捐资赞助出版《儒道释博士论文丛书》，当年即出版了第一批共5本博士学位论文。此后的10余年间，在圆玄学院的鼎力支持及丛书编委会同仁的共同努力下，一批又一批优秀的博士学位论文通过这个平台展现在世人面前，到2013年，已出版了15批共130部；这些论著的作者，有很多已经成长为教授、博士生导师。2014年，圆玄学院因自身经济方面的原因，停止资助本丛书，我们深感遗憾，同时也对该院过往的付出与支持致以敬意和感谢！

令人欣慰的是，当陈耀庭教授得知本丛书陷入困境的消息后，即与上海城隍庙商议，上海城隍庙决定慷慨施以援手。2015年，慈氏文教基金有限公司董事长王联章先生也发心资助本丛书。学术薪火代代相传，施善之士前赴后继。在党中央弘扬中华民族优秀传统文化的英明决策指引下，本丛书必然会越办越好，产生它的深远影响。

本丛书面向全国（包括港澳台地区）征稿。凡是以研究儒、道、释为内容的博士学位论文，皆属本丛书的出版范围，均可向本丛书的编委会提出出版申请。

本丛书的编委会是由各有关专家组成，负责审定申请者的博士学位论文的入选工作。我们掌握的入选条件是：(1) 对有关学科带前沿性的重大问题做出创造性研究的；(2) 在前人研究的基础上有新的重大突破、得出新的科学结论从而推动了本学科向前发展的；(3) 开拓了新的研究领域、对学科建设具有较大贡献的。凡具备其中的任何一条，均可入选。但我们对入选论文还有一个最基本的共同要求，这就是文章观点的取得和论证，都须有科学的依据，应在充分占有第一手原始资料的基础上进行，并详细注明这些资料的来源和出处，做到持之有故、言之成理，避免夸夸其谈、华而不实。我们提出这个最基本的共同要求，其目的乃是期望通过本丛书的出版工作，在年轻学者中倡导一种实事求是地、一步一个脚印地进行学术研究的严谨学风。

由于编委会学识水平有限和经验与人力的不足，难免会有这样或那样的失误，恳切希望能够得到全国各有关博士点和博士导师以及博士研究生们的大力支持和帮助，对我们的工作提出批评和建议，加强联系和合作，给我们推荐和投寄好的书稿，让我们一道为搞好《儒道释博士论文丛书》的出版工作、为繁荣祖国的学术文化事业而共同努力。

2015 年 10 月 1 日于四川大学宗教、哲学
与社会研究创新基地，道教与宗教文化研究所

编委会按：2017 年，慈氏文教基金有限公司因自身原因中止资助，其资助金额由北京东岳庙管委会慷慨承担，谨此致谢。

目　录

序　一

欣闻肖习博士的博士学位论文有幸入选“儒道释博士论文丛书”，即将付梓，颇感快慰。肖习博士嘱我为新书作序，我欣然接受，写下本序。

对年轻的学者而言，刚一毕业博士论文就能入选“儒道释博士论文丛书”，乃莫大的荣幸。该丛书的入选条件称，申请者必须具备以下中的一条，方可入选：(1) 对有关学科带前沿性的重大问题做出创造性研究的；(2) 在前人研究的基础上有新的重大突破、得出新的科学结论从而推动了本学科向前发展的；(3) 开拓了新的研究领域、对学科建设具有较大贡献的。同时“丛书”还有一个基本要求，就是强调学术的规范和严谨的学风。“丛书”每年皆有众多的申请者，肖习博士的论文能从激烈的竞争中脱颖而出，实属不易，可喜可贺。“儒道释博士论文丛书”为四川大学宗教所卿希泰教授等前辈学者于1999年创办设立，迄今已逾22年，已经资助了两百多部博士论文的出版，这两百多名学者中很多已经成长为教授、博士生导师和学术骨干。我自己就是“丛书”受惠者之一，我的博士毕业论文于2004年入选“丛书”第六批出版，时隔十七年，我指导的博士肖习的毕业论文今年又有幸入选，仔细算起来，“丛书”的受益者已经超过两代人。这充分体现了“丛书”创办者的高瞻远瞩，真可谓嘉惠学林，功德无量！我想在此对“儒道释博士论文丛书”的创办者和继承者表达我深深的敬意和无限的感恩之情！

我至今还清楚地记得肖习博士和我第一次见面的情形。那是6年前，2015年的年初，肖习博士和我在川大南门外见面，第一次接触，我就发现她待人诚恳、思维敏捷、视野开阔。她的谈吐和举止给我留下了很好的印象，我当时就觉得她是一位做学问的好苗子。就在那一年的9月，肖习如愿考入川大宗教所，成为了我指导的第一位博士生。因为是第一位，所以对她和对我来说意味着很多。作为她的导师，我见证了肖习博士四年博士学习阶段和博士学位论文写作的整个过程。应该说，肖习博士的博士学习阶段和博士学位论文均交出了令人满意的答卷。刚入学不久，肖习就在我国宗教学的三大期刊之一《世界宗教文化》（CSSCI期刊）上发表了一篇高质量的学术论文，接着又在重庆大学出版社出版了第一本专著《重庆老镇·千年乡韵》，取得了不俗的成绩。2016年肖习获得国家留学基金委资助的联合培养博士的奖学金，前往比利时布鲁塞尔自由大学（Vrije Universiteit Brussel）留学一年。留学期间，肖习除了努力学习之外，还积极参加高水平的国际学术会议，参加了在法国巴黎第十大学举办的第11届国际道学研讨会（Creativity and Diversity: 11th International Conference on Daoist Studies）并在大会上发表论文。这些经历更进一步拓展了肖习的国际视野，提高了她的学术水平和外语能力。肖习的博士学位论文同样交出了令我满意的答卷——她的博士毕业论文送外匿名评审时获得五位外审专家的一致好评，被评定为优秀，在参加答辩时也得到答辩委员会专家的垂青，获优秀评价。作为肖习的指导老师，我为她的优异表现而感到自豪。肖习所取得的成绩，除了她自身的刻苦努力外，川大极佳的学术氛围和学术平台，以及川大宗教所和川大欧洲中心的领导、老师和同学的关爱、支持和帮助也是非常关键的因素，我要借此机会向他们表示诚挚的谢忱！

肖习博士这本著作是在她的博士学位论文的基础上修订而成的。她的博士论文属于交叉学科的选题，涉及了瑶学、宗教学、历史学、文献学、民俗学和人类学等学科，对她原有的知识结构来说是一个很大的挑战。就她所面对的领域而言，在道教领域，虽然道经、《道藏》的收集和研究目前已成绩斐然，然而由于相关文献的阙如，也制约了道教文献研究的更进一步深入。海外瑶族手抄本文献的发现，无疑将为此类研究敞开了一扇大门，必将对瑶学和道教文献的整理与研究产生不可估量的巨大影响。瑶学目前已经成为一门国际“显学”，过去的研究主要聚焦于瑶族的历史、文化变迁、战争、医疗、生育等相关问题，并取得了丰硕的成果。由于历史的原因，从宗教学，特别是从道教的角度对瑶族研究起步较晚，该领域所具有的交叉学科的特点，要求研究者既懂瑶族又懂道教，使得此类研究具有相当的难度。此外肖习的博士论文的最大的困难还在于研究材料的获取，由于这批文献藏于德国巴伐利亚州立图书馆的“珍本部”。据德国学者欧雅碧（Lucia Obi）女士《欧美瑶族写本的收藏》（*Yao Manuscripts in Western Collections*）一文的统计，德国巴伐利亚州立图书馆藏的瑶族手抄本文献占西方世界已知瑶族手抄本文献馆藏文献的

75%。跟同类的海外瑶族手抄本文献相比，这批手稿量大质优，乃是海外瑶族文献的精品。对一位在读博士生来说，要获取这批远在天边的文献的难度，真不亚于“难于上青天”。所幸的是肖习的博士论文选题来源于我的一个德国图书馆藏瑶族文献的整理项目（教育部人文社会科学重点研究基地重大项目，14JJD730005），并且她于2016年获得了国家留学基金委的资助，赴比利时布鲁塞尔自由大学留学，这给她前往德国调查文献带来了很大的方便。2016年10月，胡锐教授和我前往德国巴伐利亚国家图书馆进行调查，肖习则从比利时布鲁塞尔出发与我们在德国慕尼黑会合。我们一行三人在德国巴伐利亚国家图书馆花了一周的时间，基本上摸清了该馆的瑶族文献馆藏情况。此后，肖习又于2017年6月独自一人前往了德国巴伐利亚国家图书馆，这次访问的时间更长，达30余天，她在“珍本部”仔细阅览这批瑶族手抄本，并做了部分抄写与记录。在德期间，她还先后拜访了德国“瑶族抄本研究计划”负责人、慕尼黑大学的贺东劢（Thomas O. Höllmann）教授，“瑶族抄本研究计划”前成员、汉学学者欧雅碧（Lucia Obi）女士。肖习博士克服了重重困难，独自一人在海外行走，不仅获取了她需要的这批文献，还通过实地的调查，了解了这批瑶族文献的来龙去脉，毅力惊人，令人佩服！总的来说，肖习博士身上有一种“初生牛犊不怕虎”的勇猛拼搏的精神，正是凭着这种精神，肖习博士扫荡了她所面对的困难：知识结构挑战的困难、海外文献难以获取的困难，以及论文写作阶段遇到的各种困难。

在我看来，肖习博士的这本著作主要有以下几个方面的亮点。

第一，该著作的选题切中了道教学研究的前沿问题。众所周知，“瑶族道教”是目前国际道教学研究的前沿问题之一。目前对传统道教为对象进行的研究已经比较成熟，成为大家所熟悉和惯常的研究模式，因此道教研究要进行拓展，就必须从新的视角展开。对“瑶族道教”的研究，可以弥补传统道教研究中因为文献缺失等原因而遗留下空白之地。而海外瑶族抄本的发现，必将扩大了道藏学研究的外延，成为新的学术增长点，开创道教学研究的新局面。肖习博士的这本著作选题独到，聚焦于德国巴伐利亚国家图书馆藏瑶族道经文献的研究，见到了很多我们以前难以见到的珍贵文献，突破了我们惯常的道教研究模式，沿着这条路继续深挖下去，我相信她的学术生涯一定会有美好的未来。

第二，该著作文本和田野调查相结合，文本和田野互证，有理有据，令人信服。在文本的研究方面肖习博士并没有仅仅停留在对德国巴伐利亚州立图书馆藏瑶族文献的研究，而是花了很大功夫去进行相关文本的细读和比对。这些比对的文献达七类之多，包括：(1)《道藏》《续道藏》内的相关道经及其他相关道书；(2) 美国国会图书馆藏瑶族手抄本，特别是其“AA 类道教经典”中的相关文献，具体为：AA002《度人大部全卷》，AA009《尊典上卷》，AA010《尊典中卷》，AA011《尊典经中卷》，AA012《尊典经下卷》，AA013《尊典下卷》；(3)《文山瑶族文献古籍典藏·大部经》；(4) 肖习自己在云南省文山壮族苗族自治州、广西壮族自治区田林县、海南省保亭黎族苗族自治县等处（海南苗族自称“金门”）田野调查时收集的金门瑶族相关手抄本；(5) 德国巴伐利亚州立图书馆藏其他相关科仪类、秘语类抄本；(6) 学术界和民间收集的相关瑶族文献，包括公开出版的瑶族文献和私人收集、来源可靠的瑶族手抄本；(7) 其他相关的民间宗教文献，包括：其他少数民族如羌、壮、苗族的经书、宝卷及劝善书。这样的比较使得她具有比较开阔的视野，得出的结论较牢固。值得一提的是，为了更好地理解德国巴伐利亚州立图书馆藏的瑶族文献，肖习博士还于 2017 年 12 月至 2018 年 1 月独自一人前往这批文献的发源地之一云南文山进行田野调查。肖习在调查中发现，瑶族法师都把单行本的教理教义类文献通称为经书。又有“大部经”与“小部经”之别，“小部经”为夹杂在科仪书中的小段经文乃至数句经赞或偈颂。“大部经”书则为纯粹的经文文本，篇幅较长、内容较完整、理论性较强、规范化程度较高，在金门瑶族的宗教活动中，有着独立于科仪本等其他种类文本的独特意义和用法。正是采用了田野和文本互证的研究方法，使得肖习的博士论文，具有相当的厚度和深度，获得了评审专家们的一致好评。

第三，致力于金门瑶宗教文献的研究。在瑶学研究中“金门”和“尤勉”的宗教经书颇为不同，过去的研究主要聚焦于人口众多的“尤勉”上，瑶族文献研究相应地集中在“评皇券牒”“盘王大歌”等典型的“尤勉”经书上，瑶学界对于“金门”宗教文献的研究非常不够。相较而言，“尤勉”的宗教经书中几乎没有大部头的教理类经书，仅有的一种《三官经》也并非纯粹，其中混杂了不少科仪与偈诵的内容，而“金门”拥有显著多数的、成体系的教理教义类经书。肖习博士希望通过自己的力量改变当今重“尤勉”而轻“金门”的倾向，致力对“金门”九种经书的研究。据德文版《瑶族手抄本索引》，巴伐利亚州立图书馆藏已编目的 867 件瑶族抄本中，60% 的抄本被认定为金门瑶族的文献。肖习博士通过研究将“金门”瑶宗教文献分为四种类型：经书、科仪本、文书和法书。这对我们重新认识“金门”瑶及其文献具有重要的意义。

综上所述，肖习博士的这部著作的交叉学科选题，切中了国际道教研究的前沿问题。肖习博士不畏繁难，对相关的文献进行详尽地细读比对，且文本和田野互证，交出了一份论证扎实、学术规范的令人满意的答卷。当然，没有一部学术著作是尽善尽美的，我希望肖习博士继续戒骄戒躁，勇猛精进，争取在学术的道路上取得更大的成就。

是为序。

张崇富

2021年10月7日于成都翡翠城

序　二

道教是中国固有的宗教，从人文始祖轩辕黄帝算起，道教在中华大地的历史已近五千年。在漫长的中华民族文明史中，道教曾起到涵养智慧、化育人民、辅助国祚、传播文化等积极作用，道教中所蕴含的思想文化精华，是我国优秀传统文化不可或缺的组成部分。改革开放后，我国道教学研究日渐繁荣，在数代学人的努力耕耘下，涌现出大批优秀研究成果，巴蜀书社“儒道释博士论文丛书”集中出版了其中的许多佳作。

研究道教的著作很多，但研究少数民族道教的著作则不多。肖习博士所著《德国巴伐利亚州立图书馆藏三类金门瑶经书抄本研究》独辟蹊径，关注少数民族中的道教文献，其选题具有重要的学术价值。虽然已有历史证据表明，教祖张陵曾以道法度化西南少数民族，有教无类；道门内也曾流传道祖老子“化胡”教化西域之说。但在当前的道教学研究中，却少有学者关注现实层面的道教与少数民族文化的融合这一课题。因此说，肖习博士的研究具有重要的思想价值和实践意义。

近年来，随着道教学术研究的持续深入和国际交流层级的不断提升，文献开掘、整理和研究成为道教研究的一个重要领域，也是推进道教研究走向深入的一个必要途径。在东西方许多国家都藏有中国历史上的各种文献，其中就包括非常珍贵的道教文献，德国巴伐利亚州立图书馆藏的三类瑶族经书抄本就是其中的重要组成部分，作者选取这一批文献开展文本、思想和仪式的研究，意义重要。

依国家最新人口普查数据，瑶族是我国第十二大少数民族。国内瑶族近二百八十万人口，东南亚、北美、欧洲等地亦有瑶族社区。对瑶族宗教文化与道教的关系展开学术研究，于内而言，有助于铸牢中华民族共同体意识，增强民族团结和国家稳定；于外而言，有助于在世界范围内传播中华优秀文化，增强大国的文化自信。肖习博士的著作，选择和道教交涉颇深的瑶族支系“金门”作为研究对象，全书的落脚点正是瑶族与道教的深刻联系，她经过研究提出：金门支系可视为道教在瑶族中传播的结果，金门瑶的宗教文化堪称我国历史上民族宗教紧密融合、互相促进的典范。

瑶族是具有迁徙性的民族。迁徙的过程既是民族融合的过程，也是文化传播的过程。正是因为迁徙性强，瑶族文献才会流落海外诸大图书馆，让世界得以关注中华民族大家庭重要成员瑶族的民族文化风采。但另一方面，瑶族的迁徙性也给研究带来了相当大的挑战。首先是获取文献资料的挑战，需要研究者有到海外图书馆查阅、整理、搜集、获取资料的能力；其次是获取田野资料的挑战，作为仍活跃于民族地区的“活传统”（living tradition），瑶族宗教文化研究必须和田野调查结合起来，要求研究者在田野选址、调查取证、民族志书写等方面具有很强的综合能力。肖习博士曾赴欧洲访问学习一年，其间克服苦难，数次亲自去德国巴伐利亚州立图书馆收集资料，又曾多方参阅美国国会图书馆、英国牛津大学图书馆所藏的同批瑶书，用功甚笃；回国后，她又赴云南、广西等地进行田野调查，收集瑶族法师的手抄本并进行了大量的观察与访谈，最终以海外文献与本土田野资料互参，进行逐字逐句的文本比较，作钝功夫，方写成此书。

本书致力研究金门瑶经书类抄本，以挖掘金门瑶的宗教文化特征。本书所使用的材料新，主要为海外珍稀瑶族文献，具体而言，本书主要研究德国巴伐利亚州立图书馆所藏《玉皇经》《尊典经》《度人经》三大类经书抄本，事实上，本书是第一本以上述抄本文献为研究对象的中文学术成果，国内读者通过本书，得以窥见德藏瑶族抄本的风貌，实为难得。

本书在文献学方面着墨甚多，先逐步爬梳各部经书手抄本的文本状况，然后分析各部经不同版本的特点、体例和内部架构，并对版本形成时间予以断代。书中插图54幅，表27份，资料非常丰富详细。其文献学研究既使用传统目录学方法，还采用道藏学研究独特的“内证法”、国际学术界较流行的“话语分析法”，令人称许。其后，本书结合田野考察所得资料，借助于文化人类学的方法进行分析，从宗教仪式入手，分析金门瑶“道派”和“师派”之间的互动关系和地位结构，以此和文献研究的结论进行互参互证。

本书在研究基础上得出的结论是：金门瑶“道派”宗教文化受道教东华派影响甚巨。这一结论建立在扎实的文献、田野研究和逻辑推演的基础之上，是可信的。作者对金门瑶宗教渊源和瑶传道教的研究结论，在该领域独具开创性，学术价值较大。当然，这一结论仍需作者继续对瑶族宗教和道教宗派关系进行深入研究，加以补充与完善。

本人曾担任肖习的博士论文评审专家，在她攻读博士学位期间以及毕业后至西南民族大学哲学学院任教，也数次与她取得联系探讨相关学术问题。在我的印象中，她抱有积极的人生态度，富有学术理想，研究思路开阔，具备国际视野，更重要的是，她不愿意走捷径，而选择在冷门却关键的学术领域长久耕耘。这种求学精神和治学态度，在当前年轻学者中是十分难得的。相信此书的付梓将成为她学术生涯的里程碑，助力她在将来的科研事业中再开新篇，再创佳绩。

是为序。

黄永锋

辛丑年吉月于厦门筼筜湖畔

绪　论

一　选题缘起及意义

瑶族族源深远、分布广泛，是中华民族大家庭中的重要成员。据 2010 年第六次全国人口普查数据，中国境内瑶族总人口为 279. 6 万人，人口规模居少数民族中的第 12 位。我国瑶族人口主要分布在广西、湖南、广东、云南、贵州、海南七省区，其中广西 149. 4 万人，湖南 71. 3 万人，广东 27. 6 万人，云南 22 万人，贵州 4 万人，海南 7 千余人。[①]

相比其他南方少数民族，瑶族的显著特点有二：

其一，瑶族广泛分布在世界各地，是典型的国际性民族。瑶族不断迁徙流动，“漂洋过海”传说就是其迁徙史在神话中的反映。学界认为，瑶族从湖南、广东迁往广西、云南，后又迁入越南、老挝、泰国、缅甸，其大规模迁徙始于明代，于明末清初加

---

① 中华人民共和国统计局：《中国 2010 年人口普查资料》，http：//www. stats. gov. cn/tjsj/pcsj/rkpc/6rp/indexch. htm. 查询时间：2019 年 9 月 26 日。

快了速度。[①] 进入20世纪以后，印度支那（Indochina）战争爆发，战争波及之处的瑶族人民四处流亡，在越南、老挝、泰国诸国间来回迁徙，更有部分人沦为难民，后在国际难民署的安排下，搬迁安置至美国、法国、加拿大等国，构成了如今国际瑶族分布的基本格局。瑶族落地生根，凡曾徙及之处至今仍活跃着其村寨或社区，迁徙也将其宗教经书、仪轨法事、节庆习俗带到了全世界，使瑶族文化成为“跨文明的文明”。

其二，瑶族的语言和文字之间具有相对独立性。瑶族在文字方面非常重视汉字的传承与使用。瑶族语言复杂，瑶语属于汉藏语系，其内部又可划分为瑶语支、苗语支、侗水语支和汉语支四大支系。最初瑶族仅有语言而无文字，后来在与汉族杂居、交往中学会使用汉字，还创造了大量的“土俗字”。[②] 瑶族使用汉字记录文书、歌谣、经文、族谱，汉字成为其历史文化的重要载体。瑶语读音加上汉字字形，衍生出独具民族特色的表意系统。由于语言的易变性与随意性，瑶族语言随着迁徙而不断适应、融合和改变，在瑶语多个语系下发展出数个方言集团，支系之间也形成了语言隔阂。在这种情况下，汉字这个精确、稳定、完善的表意系统，维护了瑶族文化的完整与持续。众多汉字写成的瑶族宗教抄本表明，汉字起到了承载、传承瑶族宗教文化的作用。瑶人最初使用汉字的原因或许源于封建政府的主动推广，可数百年过去，瑶人已发展出使用汉字的高度自觉，并在此基础上创造了辉煌的文明。

---

① 奉恒高：《瑶族通史·下卷》，北京：民族出版社，2007年，第941页。
② 何红一：《美国国会图书馆馆藏瑶族文献研究》，北京：中国社会科学出版社，2017年，第3页。

印度支那战争对瑶族影响深远，并最终导致瑶族手抄文献流落海外。一方面，瑶人卷入战事，如有人加入越南北部的“越南独立同盟（Việt Minh）”，后被美、法两国收编，成为“奠边府（　iên Biên Phú）战役”的雇佣兵。[①] 战后，他们中的部分人被安置进难民营，并移居海外各地，同时将手抄文献带到了海外，但这部分瑶族人口数量并不多。另一方面，在战乱中原居越南、老挝、泰国的瑶人四处逃亡、流离失所，其宗教活动不得不停止，经书、法器、法衣等逐渐佚散，或迫于生计就地变卖。本地古董商人收购瑶族手抄本和宗教器物后，辗转变卖给欧美古董商，再转卖入西方各大图书馆。

据德国学者欧雅碧（Lucia Obi）女士《欧美瑶族写本的收藏》（*Yao Manuscripts in Western Collections*）一文统计，海外瑶族手抄本的收藏主要集中在：英国牛津的伯德雷恩（Bodleian）图书馆（共 311 册）、德国海德堡大学中国研究所（约 220 册）、荷兰国立民族学博物馆／莱顿大学（约 200 册）、美国国会图书馆（共 241 册）以及德国巴伐利亚州立图书馆（共 2776 册）。[②] 海外图书馆所藏瑶族手抄本分布虽广，但其来源却高度一致。这些抄本的共同直接出处为古董商斯托珀（Robert L. Stolper）。斯托珀原籍美国，后移居英国，他曾长期在东南亚一带收集古董与古书，再带回欧美转卖，故东南亚有许多为其供货的下线古董商。斯托珀收藏的瑶族文献和器物包括手抄本、神像画、法衣、

① ［德］欧雅碧（Lucia Obi）、宋馨（Shing Müller）撰，詹春媚译：《瑶族之宗教文献：概述巴伐利亚国立图书馆之馆藏瑶族手本》，《民俗曲艺》2005 年第 12 期。此文标题下的“译者注”中引述了这则材料，并标明原出处为 Michaud 2000：51—76。

② ［德］欧雅碧（Lucia Obi）：《欧美的瑶族写本的收藏》，载于日本神奈川大学瑶族文化研究所编：《瑶族传统文献研究国际研讨会论文集》，2010 年，第13—24 页。

面具等，其中尤以手抄本为众，这批文献主要收购自泰国曼谷的另一位古董商。[①] 20 世纪 80 年代开始，斯托珀开始向欧洲、美国各图书馆透露转售瑶族文献的意愿，得到多方积极响应。德国巴伐利亚州立图书馆率先购入瑶族文献，90 年代再度购入，彼时其馆藏瑶族文献已达 800 多册，此后又陆续购入，逐渐增加至今天的 2776 册。同在 90 年代，牛津大学伯德雷恩图书馆、美国国会图书馆等相继从斯托珀手中购入瑶族文献。经斯托珀之手转卖的瑶族文献，成为海外图书馆藏瑶族抄本的主要来源。

2016 年 9 月—2017 年 9 月，笔者在比利时布鲁塞尔自由大学（Vrije Universiteit Brussel）学习期间，曾于 2016 年和 2017 年两次探访德国巴伐利亚州立图书馆，其中第二次访问时间达 40 天，在“珍稀文献善本部”阅览了这批瑶族手抄本，并进行了抄写与记录。在德期间笔者还先后拜访了“瑶族抄本研究计划”负责人、慕尼黑大学的贺东劢（Thomas O. Höllmann）教授，“瑶族抄本研究计划”前成员、汉学学者欧雅碧（Lucia Obi）女士，深入了解海外瑶族文献的来源和前期研究情况。据欧雅碧女士称，购入抄本时，巴伐利亚州立图书馆最先选择了学术价值高、保存情况好的抄本，挑选后剩下的抄本其后方被斯托珀卖到其他几家图书馆。故跟同类文献相比，德国巴伐利亚州立图书馆藏的瑶族手抄本量大质优，乃海外瑶族文献的精品。遗憾的是，这批瑶族抄本大多经过战争的洗礼，入库前就数易其手、严重受损，入库后因图书馆人力、资金匮乏，无法获得及时整理、修补与保养，保存现状实在不容乐观。迄今为止，德国学者只对其中

① 何红一：《美国国会图书馆馆藏瑶族文献研究》，北京：中国社会科学出版社，2017 年，第 7 页。

的867册抄本进行了编目，而剩下的1909册仍处于黑暗之中，至今仍未编目，也无法上架流通，更谈不上保护、整理和研究了。

“史在他邦，文归海外”，这是著名学者郑振铎面对古籍流失时发出的悲叹。瑶族文献是中国古代典籍的有机组成部分，是中华民族在数千年历史进程中创造的重要文明成果。这些抄本蕴含着民族特有的精神价值、思维方式、想象力和创造力，是瑶族绵延千年、一脉相承的历史见证，也是人类文明的瑰宝。大力保护并研究古代典籍，乃是促进民族文化的健康传承、增强民族情感纽带、提高民族凝聚力、维护国家文化安全及社会稳定的文明基础，也是建设民族国家先进文化、增强中国文化整体实力的必然要求。

对这些散落海外的瑶族文献进行抢救性整理与研究，不但必要，而且紧迫。因此，本书以德国巴伐利亚州立图书馆藏的三类瑶族手抄本为中心，在整理、点校的基础上，展开瑶族经书与道经的比较研究，希望借此绵薄之力，推动对海外珍贵文献的保护、整理和研究。

水有源，故其流不穷；木有根，故其生不穷。瑶族特殊的宗教文化并非凭空生成，其背后有道教文化的深刻影响。瑶、汉文化的交涉渊源颇深，特别是宋代“开梅山”以来，当时汉地道教广泛传入瑶区，瑶人使用汉字记述宗教经典、斋醮科仪，其手抄经书转抄、传承至今。事实上，道教虽为中华民族土生土长的宗教，却从来都不是汉族的专利，历史上天师道、太平道等都与少数民族文化与信仰有着千丝万缕的关联。[①] 就瑶族而言，更有学者直接将其宗教信仰称为“瑶传道教”，将其与“藏传佛教”相提并论，并在此基础上，称瑶族经书为“瑶传道藏”。[②] 近年来，随着中华民族的崛起与复兴，传统华夏生态边界持续变迁，历史上华夏边缘之民成为如今中华民族大家庭的重要成员“少数民族”，与华夏“汉族”共同构成多元一体的中华民族。[③] 随着“华夏边缘”的扩大与再造，时代呼唤道教在更广的范围产生应有的文化影响，也呼唤着道教学研究突破拘囿，再创辉煌。

美国汉学家祁泰履（Terry Klemann）在 2016 年 6 月于四川大学道教与宗教文化研究所举办讲座时谈及，“瑶族道教”是目前国际道教学研究的前沿问题之一。他认为，当前以传统道教为对象进行的研究已经比较成熟，道教研究必须从新的视角展开。对“瑶族道教”的研究，是从外部（少数民族地区道教）回溯至内部（传统的汉地道教），可以弥补传统道教研究中因为资料缺失等原因而遗留下的未竟之处。海外瑶族宗教手抄本的发掘契合历史之良机，扩大了道藏学研究的外延，必将成为积极的学术增长点，有望开创道教研究的崭新局面。

治世修藏。2018 年，国家“十三五规划”重大文化工程项目——中国道教协会承担、四川大学作为牵头单位、詹石窗教授任首席专家的“中华续道藏”工程正式启动，此工程将对海内外道经进行系统地调查研究、编目整理、影印出版，实现道教典

---

① 王家祐：《张陵五斗米道与西南民族》，载于王家祐著：《道教论稿》，成都：巴蜀书社，1987 年，第151—166 页。

② 胡起望：《论瑶传道教》，《云南社会科学》1994 年第 1 期。

③ 王明珂：《华夏边缘：历史记忆与族群认同》，杭州：浙江人民出版社，2013 年，第11—24 页。

籍及活态文化的保护与传承，完善我国道经入藏体系。德国巴伐利亚州立图书馆藏的瑶族手抄文献，有幸进入“中华续道藏”的海外经籍名单。这标志着道教学术研究已进入新阶段：站在跨民族、跨国界的高度，对道教的民族性与世界性进行深刻理解与重新界定，在坚持和发扬道教优秀传统的同时，以开放的心态探索、研究现代道教的多种形态。

瑶族宗教是否可以被称为“瑶族道教”或“瑶传道教”？如果答案是肯定的，相比“汉地道教”而言，“瑶族道教”有什么特殊之处？又，“瑶传道教”是否有独特的教派传承谱系和思想脉络？要回答这些问题，既须深入理解瑶族宗教的本质和核心思想，又须在与传统汉地道教的比对中，对“道教”概念的本质与外延进行深入反思与研究。本书试图从文本比较入手，取大海中之一滴，为解答上述问题提供局部性的论据与观点。

瑶学研究已是一门国际性“显学”，各国的研究主要集中于瑶族的生产生活、文化变迁、战争、医疗、生育等方面，并取得了丰硕成果。由于历史的原因，从宗教学、道藏学角度研究瑶族起步较晚，加之该领域具有学科交叉的特点，要求研究者既懂瑶族，又懂道教，使此类研究颇具难度。目前学界对瑶族宗教的研究，或者探讨道教在瑶族吸收汉文化过程中的作用，或者从田野调查与宗教仪式入手解读瑶族宗教信仰，或者从宏观历史角度探讨瑶族信仰与道教源流。遗憾的是，因研究材料的不足、瑶族文献的晦涩难懂，较少有人从文本入手，在较微观的层面上比较和梳理瑶族宗教文本与道教经藏的异同，进而揭示瑶族宗教信仰与相关道经、道派之间的关系。这一视角的缺失，容易使部分研究者否认瑶族宗教与道教的关联。海外瑶族手抄本文献的发现，无疑为推进“瑶学”的纵深研究提供了新材料，打开了一扇新的大门。

综上所述，德国巴伐利亚州立图书馆藏的这批瑶族文献，不仅具有文献学、宗教学、民族学价值，同时还具有历史学、人类学、艺术学、社会学等价值，对这些文献的进一步整理和研究，将会极大地促进相关学科的发展。

二 学术回顾与综述

（一）瑶族历史、文化研究的现状及趋势

20 世纪初，西学东渐，在英、美一系人类学（anthropology）和法国民族学（ethnologie）的影响下，西方传教士率先拉开了瑶学研究的序幕，如 1910—1911 年德国传教士 F. W. Leuschner 在广东乳源的考察。随后，我国学者纷纷开始对广东、广西瑶族进行田野调查与研究。1928 年，中央研究院的严复礼与商承祖对广西凌云瑶族进行了调查，并于次年发表《广西凌云瑶人调查报告》，报告中涉及瑶族族称、体貌、服饰、分布、生产生活情况、祖先崇拜、巫术等方方面面，涵盖红头瑶、蓝靛瑶、盘古瑶、长发瑶四个支系。1928 年，国立中山大学的容肇祖、商承祚赴广东乳源考察；1930 年，中山大学组成“瑶山采集队”，一行 12 人对广东北江瑶山进行调查，中央研究院的李方桂随行，调查团撰写了《广东北江瑶山初步调查报告》。

30 年代，我国迎来了瑶学研究的第一个高峰。1935 年，金陵大学徐益堂从巴黎学成归来，进入广西象平瑶族聚居区调查并发表了系列论文。同年，费孝通与新婚妻子王同惠进入广西大藤

峡瑶山考察，并于次年出版了《花篮瑶社会组织》一书，全书从家庭、亲属、村落等方面详细介绍了花篮瑶社会的情形，并分析了大藤峡五个族团之间的互动关系。1936 年，国立中山大学杨成志参与 8 人组成的广东北江瑶人考察团，进行更为详细的民族学调查。次年，他写成《广东北江瑶人调查报告专号》，并在中山大学文科研究所《民俗》第一卷第三期上发表。

新中国成立后，为巩固和完善民族识别工作，推进民族地区的民主主义改革和社会主义改造运动，1956 年，全国人民代表大会民族委员会牵头，成立了少数民族社会历史调查组共八个（后分为十六个），分赴中南、西南、西北、东北等少数民族地区进行调查。瑶族分组在杨成志和黄钰的带领下，于 1956 年 10 月至 1957 年 9 月，两次进入广西金秀大瑶山，写成调查资料《广西大瑶山瑶族社会历史情况》和《广西大瑶山瑶族社会性质初步探索》，于 1958 年 4 月付印并内部流通。此次调查抢救了瑶族的社会历史资料，调查成果为当时的民族工作提供较大帮助。然而此后，因极左思潮及“文化大革命”的影响，这些资料未能公开出版，直到 20 世纪 80 年代，它们才被纳入“国家民委民族问题五种丛书”和“中国少数民族社会历史调查资料丛刊”公开出版。1983—1987 年，广西民族出版社相继出版了《广西瑶族社会历史调查》第一至第九册。该丛书对广西大瑶山的五个族系盘瑶、山子瑶、坳瑶、花篮瑶、茶山瑶进行了全面翔实地介绍，其内容涉及社会历史、经济生活、婚姻家庭、宗教信仰、文化艺术等方面，并收集、记录诸多文献、歌谣、券牒，为瑶族研究提供了重要的第一手资料。

改革开放以后，我国瑶学研究蓬勃发展，涌现出不少专家学者。张有隽就是其中翘楚，他撰写了多篇瑶族历史文化、经济人类学、宗教人类学方面的论文，于1983年倡导成立了广西“瑶族研究学会”，后任广西民族学院民族学研究所所长，培养了大批人才，为推动我国瑶学研究的发展作出了很大贡献。中央民族学院的胡起望则从瑶族不同支系入手，深入剖析其异同。他著有《盘村瑶族——从游耕到定居的研究》(与范宏贵合著)，并发表了《大瑶山盘瑶的社会组织》《花篮瑶的亲属称谓》《近代小瑶山地区土地关系的历史研究》等论文，开创瑶族研究新局面。

经过多年田野调查的积累，20世纪八九十年代以来，我国瑶族研究进入纵深阶段，呈现三大趋势：

一是瑶族史的编撰。1983年5月，广西民族出版社出版了《瑶族简史》(《瑶族简史》编写组编写)。1993年，四川民族出版社出版了吴永章的《瑶族史》，较有代表性。该《瑶族史》以时间为主轴，介绍瑶族人口分布、迁徙与发展情况，分朝代阐述宋以来瑶族的活动地域、当朝政府的治瑶政策、瑶民的反抗活动、瑶族社会与民族关系。该书引用丰富的史料，论述了宋代“开梅山”以后，统治者对瑶族自上而下的同化政策与瑶民自下而上的反对封建统治者民族压迫的斗争，为理解瑶族“融合”与“反融合”的历史提供借鉴，是民族史志的典范之作。此外，瑶族专门史与地方瑶族史著作此间也相继涌现，代表性的有《瑶族文学史》(黄书光等，1988年)、《瑶族语言简志》(毛宗武等，1982年)、《湖南瑶族社会历史调查》(广西编辑组，1986年）等。二十年后的2007年，奉恒高主编的三卷本《瑶族通史》由民族出版社出版，此书实现了几处重大突破：研究瑶族神话传说并在此基础上将瑶族历史推到上古时期；介绍了海外瑶族的变化、海内外瑶族的联系等内容。

二是瑶族民间文献的搜集与编纂。这一时期，研究者们搜集、出版了大量的瑶族民间故事、风情歌书、民间诗律资料。除上文提及的《广西瑶族社会历史调查》所收集的瑶族文献外，学者还收集整理了“盘王大歌”（郑德宏，1987 年）、“密洛陀”（蓝怀昌等，1988 年）等。学界亦注重对“评皇券牒”的收集，如湖南人民出版社 1984 年 6 月出版的《瑶族〈过山榜〉选编》，广西人民出版社 1990 年 6 月出版的《评皇券牒》（黄钰释注）。遗憾的是，此时瑶族民间文献收集侧重于历史、文化方面，宗教文献尚未引起足够重视。

三是将瑶族研究放到国际背景下进行，加强对海外瑶族社区的关注。20 世纪 80 年代以来，国际上兴起一股“瑶学热”，国内瑶学界也积极响应，参与研讨会并将海外瑶族社区纳入研究视野。继 1986 年香港中文大学、香港中华文化促进会联合举办第一届“瑶族研究国际研讨会”之后，1990 年、1991 年分别在法国图鲁兹、泰国清迈相继召开“瑶族研究国际研讨会”，参加研讨的成员来自中国、法国、美国、英国、瑞典、澳大利亚等国家以及中国香港、台湾等地区，瑶学研究呈现出鲜明的国际性特点。1993 年，黄钰、黄方平著《国际瑶族概述》一书出版，该著作基于田野调查资料与国际瑶学研究者之间的交流成果，首次将海内外各瑶族社区合而论之，分别介绍了中国、越南、泰国、老挝、缅甸、美国、加拿大、法国瑶族社区的概况，整理了瑶族在各国的人口分布、族称分类、族源迁徙、社会发展、家庭婚丧、文化习俗等内容。此书可谓是对海内外瑶族介绍最为全面的代表性著作，学术价值极高。

与此同时，海外学者则从外部视角出发，将研究重点放在瑶族民族性的确立、瑶汉民族融合等问题上。日本学者竹村卓二（Takemura Kakuji）1981 年出版了《瑶族的历史和文化——华南、东南亚山地民族的社会人类学研究》，该书立足于瑶族是“山地民族”这个生态视角，从村落及家庭构造、宗教与祭祀、姓名、盘瓠及渡海神话等角度入手，深入阐释瑶族民族性的形成和特点。他认为，瑶族在大规模的民族分散和移动之路上，相对于汉族与其他本地民族等“平地民族”而言，是“客民”，但是，他们在和邻接文明发展出紧密依存关系的同时，仍然坚持着双方明显的文化界限和自我的民族精神。竹村氏认为，瑶族处于文明社会的边缘，却在和文明社会形成“不离不弃”的共生关系中，创造了高度自觉的文化。本书的另一大贡献是，把分布在中国南部和东南亚北部的许多跨境少数民族作为整体的研究对象，从统一的而非静止孤立的角度去考察，为人类学、民族学开创新视角。

2004 年，广西民族大学成立“瑶学研究中心”，属广西壮族自治区级人文社会科学重点研究基地。2005 年以来，广西哲学社会科学“十一五”规划项目“瑶学丛书”正式上线，该丛书编委会依托广西民族大学瑶学研究中心，向社会招揽和发布课题，不断推出瑶学新著，至今成果累累，广西已成国内瑶学研究重镇。

（二）瑶族宗教研究的现状及趋势

最早对瑶族宗教的关注，源于 20 世纪 30 年代的田野调查。1935 年，徐益堂发表《广西象平间瑶民之宗教及其宗教的文献》和《广西象平间瑶民之占卜、符咒与禁忌》。前者从神话、庙宇及祠堂、敬神及请神、请神唱辞、法具五个方面介绍了象平瑶民的宗教世界；后者则详细记录了象平瑶族的占卜、符箓与禁忌，这些符箓有婚姻、修造、旅行等不同用途，作者分别对其进行了人类学分析。1936 年，杨成志调查团的江应樑发表《广东瑶人之宗教信仰及经咒》一文，详细介绍了瑶人的神庙、瑶人的信仰中神灵之分析、巫师及宗教法事、魔法占卜与民间信仰等，尤为可贵的是保存了大量的瑶族宗教经典。他提出，瑶人的宗教已经高度道教化了，且没有丝毫佛教成分，但在信仰意识和宗教仪式中，仍然保留着该民族部分原始信仰的意味。他断定瑶人道教化的宗教从汉人处传入，但是传入之后神的个性往往发生了改变，形成了独特的瑶族信仰。江氏对瑶族宗教信仰的深刻观察，在今天仍有很高的学术价值。

同样注意到瑶族宗教与道教之间关联的还有荷兰皇家科学院院士施舟人（Kristofer Schipper），他在 1972 年第二届“国际道教学术会议”上发表了《瑶族宗教大师的典礼仪式述评》，提醒学术界注意“不同传统的附加物”和“不同宗教活动的混合物”。随后，法国人类学家勒穆瓦纳（Jacques Lemoine）将瑶族和道教的关联推向高点。他旅居泰国多年，在《瑶族仪式画研究》（1982 年）一书中，通过对瑶族的宗教仪式、神话历史和神职人员组织等方面的分析，明确提出：瑶族无疑是道教的信徒，瑶族道教是中国道教必不可少的部分。但是在实践中，瑶族道教与汉族道士的实际操作有所不同。勒穆瓦纳的研究与观察与 30 年代杨成志调查团的调查结果不谋而合，其著作在学术界引起不小的轰动。此后，从道教角度研究瑶族宗教成为瑶学研究的新视角。

国内学者也在实地调查与研究中验证与深化了类似结论。瑶族学者张有隽指出，瑶族的宗教信仰以道教为主，同时又保留了自己原有的原始宗教信仰。赵廷光（1990 年）认为，道教的传入使瑶族宗教信仰的内容发生了深刻变化，瑶族宗教信仰是道教和原始宗教长期糅合形成的、具有民族特点的、以道教为主的宗教信仰。胡起望 1994 年发表《论瑶传道教》一文，明确指出：瑶族的宗教应当是道教在华南少数民族中的重要分支，可以称之为“瑶传道教”或“师公教”，瑶族宗教经典可以称之为“瑶传道藏”，并列出大量“瑶化”后的经藏目录。他认为，“瑶传道教”应包含梅山和茅山两个支派，无论在神鬼系统、仪式、典籍、经书，还是在宗教法师和社会影响等方面，瑶传道教都是一个带有自身特点的教派。这是国内学者首次提出“瑶传道教”的概念，从此瑶族宗教正式被纳入道教系统而考察。

四川大学张泽洪教授长期研究道教与西南少数民族宗教，发表大量著作与论文，如《文化传播与仪式象征：中国西南少数民族宗教与道教祭祀仪式比较研究》《道教传入瑶族地区的时代新考》《瑶族社会中道教文化的传播与衍变——以广西十万大山瑶族度戒为例》等。他提出，道教最早传入瑶族地区的时间应在公元 3—4 世纪，南宋王朝开梅山可能促成天心正法在瑶区的传播，从而形成瑶族奉道的第二次高潮。他还认为，瑶族的度戒仪式实为道教授箓仪式衍化而来。瑶族学者、云南社会科学院的黄贵权也深入研究瑶族的度戒仪式，他纠正了度戒仪式主要是瑶族男性成人礼的说法，认为这一仪式已由男性成年礼和宗教意义并重的仪式逐渐演变为宗教意义为主的仪式了（1993 年）。近年来，他还对瑶族的“翁花”“要斗”“度师”等宗教仪式作了分门别类的考察与研究。云南民族大学的徐祖祥长期研究瑶族宗教，发表著作《瑶族宗教与社会——瑶族道教及其与云南瑶族关系研究》，研究重点集中于道教与云南瑶族的关系；云南民族大学的张桥贵，曾发表《近现代瑶族宗教的道教化及特点》一文，结合对粤、桂、滇三地瑶族宗教的调查，认为道教与瑶族的民族信仰互相需要、互动融合，由此促成了瑶族宗教道教化；山东大学的郭武曾出版《道教与云南文化——道教在云南的传播、演变和影响》一书，探讨了道教在云南地区的传布与演变，尤其是与少数民族宗教交互作用后形成的多元图景。

近年来，国内外瑶族宗教研究趋于合流，即将瑶族研究与地方史志、不同瑶语支系、具体宗教仪式相结合，将宗教研究落到实处，并进一步深化和细化。

国外瑶学研究的代表机构当属日本神奈川大学2008年成立的“瑶族文化研究所”，该研究所由神奈川大学的广田律子（Hirota Ritsuko）和筑波大学的丸山宏（Maruyama Hiroshi）牵头，得到日本振兴会的资助，2015年资助期满后，该机构转型为法人机构，现作为一般社团法人继续开展研究活动。“瑶族文化研究所”的专家学者曾于2010年远赴德国巴伐利亚州立图书馆收集瑶族手抄文献，他们返回日本后又和湖南省民协主席、研究员张劲松合作，在湖南省蓝山县开展广泛、深入的田野调查，获取了大量的一手资料。近年来，他们主要从挂灯、婚礼、宗教仪礼、盘王大歌等多个角度切入，主要研究尤勉系瑶族的宗教与社会生活，其研究风格为“文本结合田野”，善用视觉人类学等方法，非常细致深入。日本“瑶族文化研究所”很注重国际交流与合作，他们先后举办“瑶族传统文献研究国际研讨会”

（2010 年）、“国际瑶族传统文化研讨会：资源与创意”（2012 年）、“瑶族的歌谣与仪式研讨会”（2015 年），并编印《瑶学研究通讯》，不定期发表最新研究成果及国际瑶学前沿资讯。日本学者注重团队协作、培养新人，该研究所后起之秀不少，发展势头迅猛，已成国际瑶学研究重镇。

国内对瑶语支系、地方性瑶族社区与瑶族宗教仪式的研究工作也如火如荼，硕果累累。如中国政法大学与中南政法大学的“花瑶文化研究丛书”，就是瑶语支系研究的成果。最为亮眼的仍是广西的“瑶学丛书”，其中较有代表性的有《瑶族盘王祭祀大典》（奉恒高，2010 年）、《中越边境线上的蓝靛瑶》（玉石阶、李明香，2014 年）、《湖南瑶传道教音乐与梅山文化》（赵书峰，2013 年）。就与本课题的相关程度而言，值得一提的是杨民康、杨晓勋的《云南瑶族道教科仪音乐》（文化艺术出版社，2014 年）。该书作者对以金门瑶语支为主的云南河口瑶族自治县和富宁县做了田野调查，提出：金门瑶中的“师派”“道派”两派的产生时间、宗派特点与受道教影响的程度均不同。其中，“师派”主“武”，与早期天师道具有渊源关系，并最终在唐宋之际形成，与北宋初期汉族道教存在着更多的联系；“道派”主“文”，从道教正一派那里承续了较为完整的道教理论体系和斋醮符箓仪范，其中少有瑶族传统文化影响下的“民族化”痕迹，故其传入瑶族的时间明显晚于“师派”，应不早于宋、元时期。本书关注并追溯师派、道派之间的差异，对其形成与传入的结论颇具新意，为金门语支瑶族“瑶传道教”的宗派研究开创了新的视角。然而其论证过程缺乏道教研究前期成果的互证，结论显得较为单薄，缺乏文献学、思想史方面的支撑材料，尤其缺少道经内部文本的比较研究，为后来者进一步探讨此问题留下了空间。

二十多年来，尽管“瑶传道教”的提法在学术界几成共识，但当前仍存在着不同意见。李默在《瑶族历史探究》（2015 年）一书中提出两点异议：（1）瑶族族源来自“武陵蛮”“长沙蛮”的说法有失偏颇，秦汉之际，粤北地区已有瑶族先民居住，且瑶族与百越族有一定的关系，瑶族的族源是多元的；（2）瑶族的宗教信仰是以盘古（瓠）为核心的祖宗崇拜，是多神信仰，反对一些学者关于“粤北瑶族宗教信仰道教化”的论断。他反对“瑶传道教”的提法，认为瑶族的宗教信仰由原始宗教发展而来，有其世代相传的经典和礼仪，因长期与汉人杂居，瑶族吸收了儒、道、释信仰的内容，其中吸收道教的偏多。但是，瑶族宗教对道教的吸收只是形式上和表层上的东西，没有吸取道教的实质，瑶族信仰与道教有着明显而深刻的区别。

由此可见，随着研究的深入，对瑶族宗教的所谓“定论”已开始松动，新假说不断抛出，新材料持续涌现，新方法也层出不穷，新时代迫切需要学人全方位对其予以重新考察与论证。

（三）瑶族文献研究的现状及趋势

对瑶族宗教文书的关注始于人类学家。1968 年，日本东京上智大学的民族学研究组对泰国西北部一个瑶族村落进行考察。1975 年，领队白鸟芳郎（Shiratori Yoshiro）出版了《傜人文书》，书中收集了 600 页左右的汉文手抄本影印件，这些内容包括瑶人祭司在宗教仪式中使用的文书，还包括“评皇券牒”与“家先单”等重要的瑶族历史性文献。《傜人文书》的出版，为研究国际瑶族的渊源关系提供了新材料，在学术界引起极大反响。

1982 年，美国汉学家司马虚（Michel Strickmann）撰文对白鸟氏的《傜人文书》进行了概括而深入的解读，他弥合了白鸟氏所忽略的、从道教角度去解读瑶族信仰的缺憾，提出：（1）除“评皇券牒”外，《傜人文书》中所有的抄本影印件均为道教文书；（2）尽管瑶人宗教的道教框架不容置疑，但是文书仍显示出一种对瑶人土著传统与实践的适应；（3）瑶人仪式的最终来源是 12 世纪在华南地区广为传播的“天心正法”；（4）瑶人文献中有一部分非常接近白玉蟾著作中提及的“巫法”和台湾红头法师的“小法”仪式文书。此文的发表将学术界的关注焦点拉向了对瑶族宗教文献的收集与研究。此后，国内学者也开始注重从民间收集瑶族宗教抄本，对瑶族宗教文献有意识地整理与归集，成为瑶学研究新方向。

几十年间，国内学者对瑶族文献的收集、编纂、点校工作成绩斐然，出版了许多古籍与文献汇编，如《乳源瑶族古籍汇编》（上、下册）（盘才万、房先清、李默，1997 年）、《八排瑶古籍汇编》（李默、房先清，1995 年）、《越南瑶族民间古籍》（2011 年）、《文山瑶族文献古籍典藏》（六册）（2011 年）、《云南瑶族口传非物质文化遗产提要辑录》（杨永福、田景春、王明富，2013 年）、《中国少数民族古籍总目提要 · 瑶族卷》（2013 年）。还有不少学者就文献古籍进行研究并出版专著，如《瑶族文书档案研究》（郑慧，2011 年）、《瑶族民间神像绘画研究》（黄建福，2015 年）、《瑶族石刻研究》（郑慧、蓝巧燕、陈妹，2015 年）、《清代瑶族神像画》（陈杉、平一斯，2018 年）。

海外瑶学的古籍抄本研究主要集中于前述几大图书馆藏瑶族

文献，国内外学者纷纷占领海外瑶族手抄本研究高地。中南民族大学何红一的国家社科基金项目“美国国会图书馆馆藏瑶族文献研究”对美国国会图书馆藏瑶族文献进行整理研究，发表多篇论文，并于2017年出版著作《美国国会图书馆馆藏瑶族文献研究》。郭武曾撰写《牛津大学图书馆馆藏瑶族道经考述》一文，介绍牛津大学图书馆藏的瑶族宗教文献，后又由青年学者徐菲申请国家社科基金青年项目“牛津大学图书馆藏瑶族道经研究”做进一步推进，胡小柳也在这批文献基础上进行研究，并发表论文《瑶族度戒仪式中的“重生”寓意——以牛津大学图书馆藏瑶族道经为例》。

就德国巴伐利亚州立图书馆藏瑶族文献而论，1995年，这批瑶族宗教文本收入后，慕尼黑大学贺东劢（Thomas O. Höllmann）教授就召集研究组对其进行编目与研究，并从中选取了55件手抄经书、神轴画卷、面具、头冠等宗教类藏品，于1999年发表了图录索引《神的信息：中国南部、越南、老挝、泰国、缅甸的瑶族宗教手稿》［贺东劢与傅敏怡（Michael Friedrich）合编，威斯巴登：赫拉索维兹出版社1999年版］。同年，他们还举办了一场关于瑶族宗教手抄本的展览。此后，该研究团队对其中867种手抄本进行了整理并撰写简目，于2004年出版《瑶族手抄本索引》一册。遗憾的是，这项研究计划后因经费、人力等多种原因被延迟，目前仍未完成。2010年，日本学者丸山宏（Maruyama Hiroshi）、广田律子（Hirota Ritsuko）率11位学者调研了巴伐利亚州立图书馆的瑶族文献，并发表《2010年3月巴伐利亚国立图书馆馆藏瑶族手抄本调查报告》一文。该批文献成为他们在湖南省蓝山县开展田野调查的重要参照，在这批文献的支撑下，其研究团队跃居日本乃至世界瑶学研究的前列。在国内，四川大学张崇富教授申报了教育部人文社科重点研究基地重大项目“德国巴伐利亚国家图书馆馆藏瑶族道经的整理与研究”，课题组曾于 2016 年 10 月赴慕尼黑进行调研，收获颇丰。关于国外瑶族文献整理研究的情况，还可以参见赵书峰、吴宇华的论文《国外瑶族传统文献研究现状综述》（2011 年）。

综上所述，一方面，过去百年内“瑶学”研究人才辈出、蓬勃发展，但对瑶族宗教文本的解读仍然不够深刻细致、对瑶族宗教与道教的内在关系仍然缺乏深入考究与有力佐证。另一方面，考察道经对瑶经的影响、道经在瑶族中的传承与改编，极大地丰富了道藏学乃至道教学的内涵与外延，亦是道教研究应有之新方向。

三　研究对象及界定

（一）解题

德国巴伐利亚州立图书馆藏三类金门瑶经书抄本研究。

1. 金门瑶

瑶族是单一的民族共同体，但语言使用情况较为复杂。瑶族可根据语言划分为瑶语支、苗语支、侗水语支和汉语支四大支系。瑶语支内又可以分成五个方言集团：尤勉（ju - mjen，又称“优勉”）、金门（kiim - mun，又称“荆门”）、标敏、交公勉和藻敏。瑶族不同语系的自称不同，如尤勉方言支系大多自称为“勉”“尤勉”“土尤”“董本尤”“谷岗尤”“祝敦尤勉”，而金门方言支系则自称为“门”“金门”“史门”“黑尤门”（海南苗族自称为“金底门”)。外部对瑶族的他称则往往根据其服饰外貌、居住地、信仰而来，如尤勉方言支的过山瑶、盘古瑶、红头瑶、顶板瑶、大板瑶、小板瑶、花裤瑶、广东瑶、广西瑶、角瑶；以及金门方言支的蓝靛瑶、山子瑶、平头瑶、坝子瑶、贺瑶、黑瑶、白裤瑶、青衣瑶、长衣瑶、沙瑶、花头瑶。瑶族他称虽多种多样，自称却高度统一。从民族学角度看，相比他称而言，自称更能体现瑶人对自身民族身份（ethnic identity）的设定与认同。

“金门”的瑶语记音为“kiim - mun”，其中“门”（mun）意为“人”，“金门”（kiim - mun）合称意为“山箐的人”或“山人”。我国自称“金门”的瑶族主要分布在云南、广西两地，其中云南“金门”占我国“金门”总数的65.8%，广西的占34.2%。[①] 海南苗族中亦有数千人自称“金门”，其民族文化与金门瑶高度一致。

方言中的“金门”其实就是指代瑶族自身，本书标题用同位语来呈现，以强调研究对象的专门性。下文行文中，在指称清晰的情况下，亦可以单独使用“金门”来指代“金门语系的瑶人”。如未附加专门的支系或语系限定，单独出现的“瑶族”均指“金门瑶”。

2. 经书

对瑶族文献的分类，学界有数种方法与维度。《中国少数民族古籍总目提要·瑶族卷》按甲、乙、丙、丁四类划分，为：甲篇——书籍类，乙篇——铭刻类，丙篇——文书类，丁篇——

① 黄钰、黄方平：《国际瑶族概述》，南宁：广西人民出版社，1993年，第3—4页。

讲唱类。此分类方法从整体上反映了国内瑶族文献的概貌，具有很高的权威性。然而，该分类是建立在瑶族所有语支和方言集团的基础上的，大量文献来源于尤勉等其他语支。本书专门研究金门的宗教经典，故不能简单套用。

何红一将美国国会图书馆藏瑶族手抄本分为六大类，分别为：A. 经书类，其下又有二级类目 A—I；B. 文书类，包括榜文、书信、借据、契约、家谱、族谱等；C. 歌书类，包括生活歌、劳动歌、宗教仪式歌、情歌、哭嫁歌、丧歌、信歌和“盘王大歌”；D. 蒙书类，主要为汉文启蒙、道德与文化教化之书；E. 杂占类，指民间占卜祈福、求吉问卦、预测吉凶之书；F. 其他类，主要为难以辨认的其他写本。在 A 类经书类文本中，又被分为如下几类：AA 为道教经典；AB、AC 为道教清醮、清醮秘语；AD、AF、AG、AH 为各类科书；AI 为过鬼书、过神书、麻风秘语。① 值得注意的是，分类中明确将“AA 道教经典”列入瑶族抄本的类目中，将之作为纯粹的道教经典来对待。笔者认为，这些经典与道教经典高度相似、渊源颇深，但直接冠以“道经”之名，有可能模糊二者之间细微的文本差异，且指称不便，不利于进行比较研究。故本书不采用“道教经典”直接称呼瑶族抄本。

德国“瑶族抄本研究计划”小组把巴伐利亚州立图书馆藏的宗教类瑶族手抄本分为经书（又称“本文”）、科仪本、表奏、秘语、小法等种类（欧雅碧，2005 年）。瑶族抄本中绝大部分分属“科仪本”，其中“经书”只占不足 10%。经书类抄本大多在标

① 何红一：《美国国会图书馆馆藏瑶族文献研究》，北京：中国社会科学出版社，2017 年，第45—47 页。

题上冠以“经”之名，且在内容上与道经有显著的亲缘关系。欧雅碧（Lucia Obi）如此描述“经书”：“在馆藏中有少数的‘本文’，其用在瑶族道教仪式的某些段落中吟诵，而部分则证实为道教经典《道藏》的文本，这些文本除了有些小小的偏差，如书写及印刷错误、出现额外或缺漏的字或段落之外，可以说与《道藏》文本一致。”[①]欧雅碧将一部分经典列入“本文”的做法，恐借鉴了《洞真太上仓元上录》和《道教义枢》中的道经“十二部”分类法。本书的研究对象正是那些被德国学者划分为经书的抄本。但因“经书”或“经”等词使用太过广泛，为避免行文中产生的所指目标对象外延不明、与对比道经指代不清等问题，必须特别强调“经书”这一分类的具体内涵。

《文山瑶族文献古籍典藏》（2011年）共六卷，其中收录云南文山蓝靛瑶的宗教文献，分卷方式即标明其分类标准：《大部经》一册，《道科书》上、下二册，《师科书》一册，《喃神书》一册，《斋坛婚礼仪式歌》一册，《集量书》一册。《大部经》《道科书》《师科书》是主要的宗教文献，其余三种为歌书和占卜书。其《大部经》分册中所收录的抄本类目与德国学者分入“经书”的基本一致，其分类选入的标准也完全统一，即金门瑶宗教文献中的教理教义类文本。笔者曾于2017年12月—2018年1月在云南省文山壮族苗族自治州进行田野调查，调查中发现，瑶族法师都把单行本的教理教义类文献通称为经书。又有“大部经”与“小部经”之别，“小部经”为夹杂在科仪书中的小段经文乃至数句经赞或偈颂。“大部经”书则为纯粹的经文文

① ［德］欧雅碧（Lucia Obi）、宋馨（Shing Müller）撰，詹春媚译：《瑶族之宗教文献：概述巴伐利亚国立图书馆之馆藏瑶族手本》，《民俗曲艺》2005年第12期。

本，篇幅较长、内容完整、理论性强、规范化程度较高，在金门瑶的宗教活动中，有着独立于科仪本及其他种类文本的独特意义和用法。

由此可见，金门瑶约定俗成的称谓“大部经”与欧雅碧笔下的“经书”或“本文”的外延、内涵完全相等，使用“大部经”一词只是其约定俗成的惯例与俗称。故本书采用“经书类”一词来限定研究对象，特指金门瑶那些部头较大的、独立于科仪本而单独抄行的教理教义类抄本。

（二）研究对象

本课题地毯式搜阅了德国巴伐利亚州立图书馆藏的867册已编目瑶族手抄本，发现其中经书类抄本共有九类：《玉皇经》《尊典经》《玉枢经》《金章经》《救苦经》《度人经》《血湖经》《三官经》《诸品经》。通过比对，发现《文山瑶族文献古籍典藏·大部经》中收入了所有九类文献的数个版本及其变体。[①] 即便这九类经书未能穷尽金门瑶经书，但它们的确构成了金门瑶经书类抄本的主体。

上述九类经书类抄本中，以《玉皇经》《尊典经》《度人经》《诸品经》篇幅最长，且抄本数量最多。《诸品经》为各部短经之合集，颇有经藏集结的意味。本书以探究瑶族经书和道经中的主要异同与思想渊源为主要目的，故在篇幅有限的情况下，

---

① 瑶族经书类抄本中普遍存在同一部经书有多个版本的情况，又由于手抄本体例灵活多变，“共本”现象较为普遍，编辑成书时往往将这些“共本”拆开单列，这种情况即为此处所说的变体。如“三官经”一系，就分为下列多个版本和变体：《三官消灾经》《三官宝诰》《乾元火官宝诰》《太上三元赐福赦罪解厄消灾延生保命妙经》《太上说灵宝三元三官法忏》《三官灭罪忏》。参见文山壮族苗族自治州民族宗教事务委员会编：《文山瑶族文献古籍典藏·大部经》，昆明：云南人民出版社，2011年。

暂舍《诸品经》及其他经书，把研究焦点放在《玉皇经》《尊典经》《度人经》上。

从功能上分，金门瑶的经书类抄本大体可以分为两类：(1) 用于宣告教义和信仰的经书，《玉皇经》和《尊典经》皆属此类；(2) 道场修诵及科仪中使用的经书，《度人经》等剩下七部概莫能外，如丧场修诵主要用《度人经》《救苦经》《血湖经》三部，而醮仪中则主用《金章经》和《三官经》。

德国巴伐利亚州立图书馆藏瑶族抄本中还穿插一些很短的“经”，如《太阳经》及穿插在科仪本中、仅余数行的《救苦经》，还有一些经书只有经目、未见经文，加之田野中很可能仍存在未穷尽的经目，可以说，上述九类经书的分类仅大体上勾勒出金门瑶经书使用情况，并非外延严格的书单。

然而可以确定的是，《玉皇经》《尊典经》《度人经》在瑶族所有经书类抄本中，其地位是极其特殊而尊贵的——既传抄最广、使用最频，又对瑶族宗教与社会的影响深远。因此，本书的主要研究对象为德国巴伐利亚州立图书馆藏的《玉皇经》《尊典经》《度人经》这三类瑶族经书抄本，这些抄本包括笔者接触过的所有抄本，既有已编目抄本中的所有相关抄本，又有那些随机查阅到的未编目抄本。抄本编号为：

《玉皇经》：cod. sin. 270、cod. sin. 323、cod. sin. 611、cod. sin. 612、cod. sin. 625、cod. sin. 627、cod. sin. 676、cod. sin. 805、cod. sin. 827、cod. sin. 855、cod. sin. 888、cod. sin. 894、cod. sin. 922、cod. sin. 999、cod. sin. 1140、cod. sin. 1141、cod. sin. 2636、cod. sin. 2639、cod. sin. 2687、cod. sin. 2688，共二十个抄本；

《尊典经》：cod. sin. 281、cod. sin. 301、cod. sin. 325、cod. sin.

599、cod. sin. 858、cod. sin. 908、cod. sin. 910、cod. sin. 1135、cod. sin. 1138、cod. sin. 1159、cod. sin. 1182、cod. sin. 1184、cod. sin. 2647、cod. sin. 2690，共十四个抄本；

《度人经》：cod. sin. 321、cod. sin. 338、cod. sin. 639、cod. sin. 797、cod. sin. 886、cod. sin. 1001、cod. sin. 2689、cod. sin. 2671、cod. sin. 2713，共九个抄本。

围绕上述三类瑶族经书抄本，本文选用来源不同的相关文献进行对比研究，这些用来参照比对的文献主要包括：

1. 《道藏》《续道藏》内的相关道经及其他相关道书；

2. 美国国会图书馆藏瑶族手抄本，特别是“AA 类（道教经典）”中的相关文献，具体为：AA002《度人大部全卷》，AA009《尊典上卷》，AA010《尊典中卷》，AA011《尊典经中卷》，AA012《尊典经下卷》，AA013《尊典下卷》。

3. 《文山瑶族文献古籍典藏 · 大部经》；

4. 笔者在云南省文山壮族苗族自治州、广西壮族自治区田林县、海南省保亭黎族苗族自治县等处（海南苗族自称“金门”）收集的金门瑶相关手抄本；

5. 德国巴伐利亚州立图书馆藏其他相关科仪类、秘语类抄本；

6. 学界和民间收集的相关瑶族文献，包括公开出版的瑶族文献和私人收集的来源清晰、可靠的瑶族手抄本；

7. 其他相关的民间宗教文献，包括：其他少数民族如羌、壮、苗族的经书，宝卷及劝善书。

其中，第 1 项为主要对比项，第 2—4 项为主要参照项，第 5—7 项为本课题研究的补充对照项。

四　研究方法与思路

（一）研究方法

1. 文献学方法：内证法

文献学是关于文本的学问，主要研究文献的形态、文献的整理方法、文献的鉴别、文献的分类和编目、文献的收藏、文献形成发展的历史、各种文献的特点与用途、文献的检索等。在浩如烟海的文献中，鉴别确定较早、较全、教可靠的版本，是文献法的重要目的与要求。[①]

内证法（internal textual criticism）是法国汉学家马伯乐（Henri Maspero）用以研究道经的方法，后来为施舟人（Kristofer Schipper）及其工作组在实施欧洲“《道藏》工程”中所采用。[②]所谓内证法，其基础是充分认识到道经在道教中的重要地位：经书是传道的本质。经书的传授标志着一个开端或新生，象征着与道、与万物之间新的盟誓。在中古制度化的道教中，修道者通过参与传授经书的仪式入道，继而得受职箓。与此同时，道经与科仪有着极为紧密的联系，他们之间的关系在总体上影响着道教对道经的思考及写作方式。基于经书的传度秩序，道教（及道教影响下的少数民族宗教）展现出道经、道法传度上的秘传色彩。据此，道书可以被分为两类：一是由道士或思想家为社会公众撰写的“一般流通道经”；二是按照道戒和科仪的限制，不会将其

① 杜泽逊：《文献学概要》，北京：中华书局，2008 年，第 4—5 页。

② 张崇富：《欧洲〈道藏〉研究的理论、方法和视角》，《道学研究》2019 年第 1 期。

轻易传授外人的“内部流通道经”。

古代目录研究和早期版本研究仅适用于一般流通的道书，而这些内部流通的宗教文本为研究带来了难度，内证法为研究这类文本提供了解决方案。具体地说，该法追踪引文和相同的道经段落，并寻找可资断代的标准：一些特别的人名和术语，以及行文和语言方面的特点。这些内部标准可建构起一个相对的时间范围，包括年代的上限与下限。此后，一旦它们能与某些断代明确的文献产生关联，上述相对的时间的断代就能转化成相当准确的绝对断代。本书借用内证法来处理断代不明确的金门瑶经书，借用其跟道教文献的关联给定其成书时间的上限和下限。

2. 田野调查法

科学的人类学田野调查方法，是由英国学者马林诺夫斯基（B. K. Malinowski）奠定的。田野调查的优点至少有三：一是收集第一手资料，就本研究而言，是收集金门瑶经书作为研究目标的对比项；二是参与观察，在本研究中，是观察金门瑶宗教仪式中对经书的运用，及不同经书的地位差序；三是参与到金门瑶的宗教生活“场域”中去，观察其宗教信仰的影响力与影响边界。

“场域理论”由法国社会学家皮埃尔·布迪厄（Pierre Bourdieu）提出，他认为，场域就是在各种位置之间存在的客观关系的网络（network）或构型（configuration），根据场域概念进行思考就是从关系的角度进行思考，因为“现实就是关系的”。场域中存在各种特殊力量的距离、鸿沟和不对称关系，使得场域成为一个争夺的空间，这些争夺可以维持或变更场域的构型。[①] 这

① ［法］皮埃尔·布迪厄（Pierre Bourdieu）著，李猛、李康译：《实践与反思：反思社会学导引》，北京：商务印书馆，1998 年，第 131—139 页。

一方法论对于研究蓝靛瑶等几乎全民信教的瑶族支系来说尤为重要——因为道教信仰已经被整合进其民族身份内部了。信仰场域之边界松动，必然牵涉其民族身份的改变。

3. 话语分析（Discourse Analysis）

话语分析属于质化研究，旨在运用符号学、结构主义和语言学的分析方法来分析话语或文本的结构与意义，探索意义的不同解读方式和文本中隐藏的意识形态力量。就中文语境下文本研究与话语分析的差别而言，文本研究属于社会科学研究领域，话语分析属于人文科学研究领域，前者依赖阐释学、叙事学、符号学和解构主义，后者则依赖语义学、语言学、修辞学等。

法国哲学家米歇尔·福柯（Michel Foucault）的“批判性话语分析”（critical discourse analysis）方法，尤其适用政策文件、法律条文、新闻报道和宗教文献的分析。须知，此处的“批判性”并非站在批评的立场去解构宗教文本的神圣性，而是将研究者与其所面对的文本分离，以保证其客体性的完整。近年来，有学者将“批判性话语分析”细化、拓展至新的领地，即在横轴上拉出“建设性”（constructive）与“批判性”（critical）两个方向，在纵轴上拉出“文本（text）取向”与“社会情境（context）取向”两个方向，在四个象限得出四种取向的话语分析法。[①]

话语分析法的操作进路亦有四：第一，集中于语言文字自身的分析，特别关注那些不完美、不稳定和不相同的表达，并找出其局限与相异之处；第二，分析文本与话语如何被使用和应用

---

① Nelson Phillips, Cynthia Hardy. *Discourse Analysis Investigating Processes of Social Construction.* London, U. K.: Sage publications, Inc. 2002. pp. 18—38.

的，特别是既有的概念、话语与表达方式在实际交互中是不是被解读为另一种含义，甚至被赋予了新的含义；第三，对一组与特定主题、特定仪式相关的概念或表达方式的分析，有助于使我们了解到人们是如何运用它们的，即这些概念和表达方式是如何反映出特定社会与文化情境的变迁的；第四，研究者应在更广泛的意义上提取、归纳出和实践紧密相连的特定族群的表达特点与话语模式，正是这些关键性文句与话语，建构了该族群与其内部的成员的族群身份。毫无疑问，这个建构的过程并非一帆风顺，而是充满着权力竞争、传承与反抗。①

4. 历史人类学方法：民族志与思想史相结合

研究瑶族经书与相关道经的关系不能忽略历史方法。坚持探究历史变动的深层原因和内在逻辑，排除各种非本质的因素，力争还原金门瑶与道教交通的历史图景。这要求本课题既要参照瑶族民族志、相关地方志，更要把握瑶族宗教与道教的思想史，如果金门瑶宗教乃是受某些道派的影响而产生、因道派的变动而发展，那么其内部必有特定的规律可循。经书传布的路线与动机也许已难以完全还原，可文本中承载的思想与对文本的解读却甚难改变。

在对民族史与思想史研究上，蒙文通先生的思想方法值得借鉴：如“以读子之法读史”的哲学方法、考察历史的大势与变化、注重历史的整体性、搞清楚制度与文化两条线索，以及中外历史的正反比较（文廷海，2015 年）。毫无疑问，最后一点可借用为瑶族宗教思想史和道教思想史之间的内、外比较。

---

① Margaret wetherell, Stephanie taylor and simeon J. Yates eds. *Discourse as Data: A Guide to Analysis.* London, U. K.: Sage Publications 2001. pp. 5—48.

（二）研究思路

本书采用“文本结合田野”的研究思路展开，这需要在文本和田野两方面做大量的基础性工作。

先看文本工作。第一步广泛翻阅，对瑶族宗教文献、特别是经书类文献的特点作概貌式了解；第二步梳理每类经书各个抄本的抄本情况、文献特征并撰写简目；第三步通篇细读每个经书抄本，勘误、点校、会集，并将之与相关道经进行比较，找出其异同；第四步为在前三步的基础上，进行内部文本比较，确定每部大部经的成书年代，理出其与道经的关联和所源出的道派因素。

再看田野工作。瑶族道教是“活着的传统”（living tradition），对其经文的解读必须放到田野中去考量。本书选定云南省文山壮族苗族自治州麻栗坡县作为田野调查地点，该地瑶族以自称“金门”的蓝靛瑶为主，其现存、现用经书与巴伐利亚州立图书馆的经书抄本吻合度极高。并且，巴伐利亚州立图书馆藏的抄本内，不少直接标明“云南道”“南掌国”“暹罗道”“开化府”等地名，与田野调查区域基本一致。

笔者于2017年12月—2018年1月赴云南省麻栗坡县进行了为期一个多月的田野调查。调查中主要做了下列几项工作：第一，亲自参与了两次瑶族的“大斋法事”，历时共10天；观看了自2000年以来10余次“大斋法事”的视频；并参与小型禳解、治病等法事数场。第二，进行大量的深度访谈，了解当地金门宗教信仰和宗教文献的特点，访谈对象包括麻栗坡县民宗委相关工作人员，县古籍办、县志办的编辑，“文山瑶族文献古籍典藏”编辑，以及实际参与宗教活动的数十位瑶族法师。第三、参观、阅览并记录了瑶族宗教文献，如法衣、法器、手抄本等约

100 种，其中包括经书抄本十余种。

2018 年 1 月以后，笔者通过电话、网络等方式继续收集第一手资料。数次对云南省文山壮族苗族自治州、云南省西双版纳傣族自治州、广西壮族自治区田林县、海南省保亭黎族苗族自治县等地的金门法师进行访谈与沟通，获取了大量的第一手资料，弥补了对金门宗教信仰理解之不足。

田野工作的主要作用，在于把金门瑶经放到其本有的文化生态和宗教场域中去理解其内涵。道经卷帙浩繁，为何瑶族只选择这数种经典进入经书之序列，是否有其内部逻辑体系？另外，在科仪传统深厚、实用性极强的少数民族宗教中，经书类抄本的存在颇似一个异数，尤其是那些纯教理类经书，它们缺乏实用价值，不能像仪式、法术那般为瑶人带来实用价值，也不能解决他们生活中的困境。那么是何原因使经书类抄本传抄流传至今，它们是否有某种“无用之用”？瑶族经书与道经的内部关联何在？上述问题，都有待在充分消化田野资料的基础上厘清。

为不至于迷失在卷帙浩繁的文献、纷纭复杂的仪式中，本书始终明确研究的目的：即还原三类经书抄本建构过程，透视其中道教因素对瑶族的影响，以及瑶族对这些影响的回应。文化交融之下，瑶族经书抄本这套新的宗教话语体系是如何构建的，道教在其中起了哪些作用，瑶族又是如何处理文化创新和文化皈依之间关系的——这就是贯穿本书始终的研究问题。

本书从两方面入手推进研究：“溯源”与“演流”。

“溯源”为“解经求道”，即在分解、分析的基础上，将瑶族经书抄本与相关道经进行比较，追溯其中的道教因素。并解读其思想内容、成书年代、传播路线，以透视道教相关经系或宗派在其中的影响。

"演流"为"演经于瑶"，重点关注道教背景深厚的这些瑶族经书，在瑶族的宗教生活中发生的演进和演化，并以文本分析为切入点，分析文化融合的具体方式。

（三）篇章结构

本书分为绪论、主体、结论三个部分。

绪论是对本课题研究意义的阐发和对相关研究成果的综述。

主体共分五章。

第一章"德国巴伐利亚州立图书馆藏金门瑶经书抄本的文献特征"。本章介绍了德国巴伐利亚州立图书馆藏2776册瑶族抄本的文献概况，并依循德国学者对这批抄本的目录学分类，追溯研究瑶族"金门"支系同质性的宗教信仰特征。在此基础之上，归纳金门瑶宗教文献、特别是经书抄本的类型化特点。

第二章"版本繁多的首位之经：瑶族《玉皇经》"。本章首先梳理金门瑶《玉皇经》抄本的抄写时间等文献信息，根据抄本内容归类、整理出不同的版本，并为每个版本的形成时间进行断代。然后，在此基础上分析各个类型的版本特点、文本征引情况和思想倾向。

第三章"取法道经的判教体系：瑶族《尊典经》"。本章首先对金门瑶《尊典经》抄本进行版本研究，通过对人名、传抄时间及地点的研究，厘清该抄本传播的时空范围。然后将本经与其道经底本《太上三十六部尊经》进行文本比较，理出瑶族抄本中经题、符咒及分册方式的变化。最后致力分析瑶族《尊典经》对道教"三洞三十六部"的批判性吸收，以及在此基础上试图建立瑶族经教判教体系的动机。

第四章“丧场轨范与仪法大全：瑶族《度人经》三种”。金门瑶“度人经系”分三个彼此独立的次级文本《太上灵宝无量度人上品妙经》《度人大部经》《度人道场经》。本章对其逐个进行文本比较及思想内容分析，首先，比较瑶族《太上灵宝无量度人上品妙经》与道教《度人经》的不同并分析其原因；其次，将长篇瑶经《度人大部经》进行分段、分类解读，逐步寻找其在道经中的文本依据和思想来源，并还原此经的文本建构过程；最后，对《度人道场经》及金门瑶“道场经”这种类型化的文本作解构，发现其为经书和科仪书的混合文本，并在道教黄箓斋法的框架之下，分析该经的思想内容。

第五章“‘师’‘道’竞合背景下的瑶族经坛仪式”。本章将金门瑶的经书类抄本放到其充满教派特征的“仪式场”中进行考察。通过对云南省麻栗坡县金门瑶“过法”仪式及其中“经坛”仪节的分析解读，本章试图提出瑶族“道派”和“师派”的信仰特征和它们之间的关系结构。并以此为基础，试图还原金门瑶“道派”的形成时间和其思想价值取向，以之为突破口，观察道教对金门瑶信仰的影响。

结论部分是对全文的总结、对观点的提炼以及对本研究的评述。

第一章　德国巴伐利亚州立图书馆藏金门瑶经书抄本的文献特征

第一节　德国巴伐利亚州立图书馆藏瑶族抄本概况

巴伐利亚州立图书馆（Bayerische Staatsbibliothek）位于德国慕尼黑，始建于1558年，最初为维特尔斯巴赫（Wittelsbach）王朝的宫廷图书馆。经过460余年的发展，它已成为欧洲极具影响力的综合型图书馆之一，也是全球重要的学术研究资源中心。截至目前，该图书馆藏图书约1050万册，纸质和电子期刊5.9万种，手稿或手抄本13.6万份。这些抄本中有1.84万份为“东方手稿”，隶属于五十多种不同的语言。①

一　馆藏状况

在巴伐利亚州立图书馆藏的东方手稿中，瑶族手抄本多达

① 参见巴伐利亚州立图书馆官方网站：https：//www. bsb – muenchen. de. 查询时间：2019年1月10日。

2776 册，已探明的馆藏量居世界第一。

图 1　德国巴伐利亚州立图书馆外景（笔者摄）

瑶族手抄本藏于图书馆的“珍稀文献善本部”，读者提出申请后方可阅览。所有瑶族抄本已按类型和入库时间编号，其中手抄本类编号从 cod. sin. 147 开始。《瑶族手抄本索引》是查阅这批书目的重要参考资料。《索引》中对 867 个手抄本进行了编目和简要描述，已编目的抄本编号范围为 cod. sin. 147 – cod. sin. 1045，编号之间并不连续，是因为其间有 32 种瑶族文献并非手抄本，而是图像或器物。与此同时，巴伐利亚州立图书馆为所有已编目抄本制作了大小合适的纸质盒子予以保护，并在盒子上与抄本上均加标签。依据《索引》逐个查阅已编目抄本中的经书类抄本，是本书材料的最主要来源。

图 2　德国巴伐利亚州立图书馆珍稀文献善本部入口（笔者摄）

从 cod. sin. 1046 开始为未编目的抄本，这些抄本数量庞大，共 1909 种。遗憾的是所有未编目抄本都没有索引，故其题目、开本大小、简要内容、文本状况皆不为人知。这些抄本并未得到妥善的保护，只在外部套上一个纸质的开口文件夹。笔者随机查阅未编目抄本时，意外地发现了好几种经书类抄本，部分未编目抄本的文本状况还相当好，这是本书材料的又一来源。

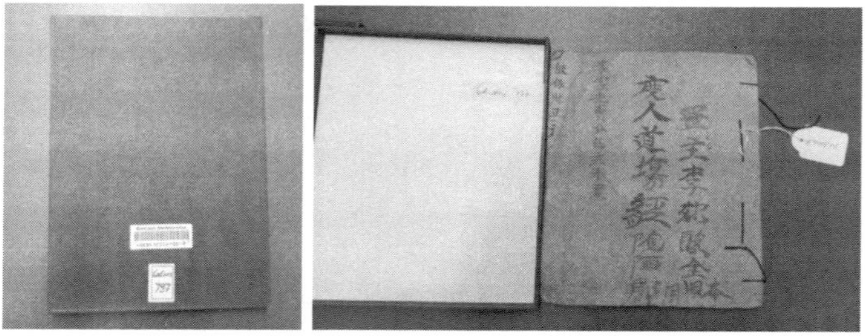

图 3　德国巴伐利亚州立图书馆藏已编目经书抄本外盒与标签样式(笔者摄)

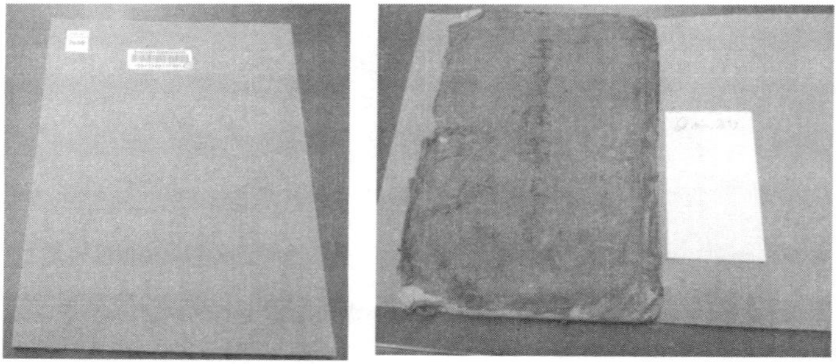

图 4　德国巴伐利亚州立图书馆藏未编目经书抄本外页与内页样式(笔者摄)

笔者逐条查阅《瑶族手抄本索引》，发现已编目的抄本中共有经书类抄本共九种，对它们逐一阅览，分别为《玉皇经》《尊典经》《度人经》《救苦经》《血湖经》《玉枢经》《诸品经》《金章经》《三官经》。此后，笔者按编号随机查阅未编目手抄本，将随机发现的经书类抄本补充进来。

最终，笔者查阅所有经书类抄本 71 种。这九大类经书抄本中，已编目抄本共 46 种，未编目抄本共 24 种。经统计，经书类抄本占所有馆藏已编目 867 瑶族抄本中的 8. 12% 。如果经书类在所有抄本中是随机、均质分布的话，据此百分比，可推知在 1909 种未编目抄本中，仍应有经书类抄本 155 种。减去笔者随机翻阅到的24种，巴伐利亚州立图书馆的未编目瑶族抄本中至少还有131册左右瑶族经书。遗憾的是，由于时间、精力所限，笔者无力穷尽未编目抄本中的所有经书类抄本。为扩大样本数量、增加本文的信度，笔者同时使用美国国会图书馆藏的和田野中收集的同类经书类抄本进行对比、勘误，作为文献样本有益补充。

二　文献特征

德国巴伐利亚州立图书馆藏大部经抄本纸张主要为棉纸，白棉纸的主要原料是构皮（或柘树皮）。云南少数民族素有造纸的传统，清末民初，云南鹤庆纸张闻名遐迩，民国九年（1920）的《鹤庆劝学所造报地志资料》（抄本）记载说："鹤属工业大宗草纸、棉纸二种，产地在灵地坡、龙珠、厚本阱等处，以竹麻、柘皮为原料，用途甚广，销迤西一带。每年生产草纸三千驮，棉纸一千余驮。"① 瑶族歌谣中也有关于造纸的描述："钱是深山老木树，细叶分分生上天。造纸匠人来看见，将刀斩倒剥树根。担去槽头去斩烂，当时造起得成张。"② 可见，瑶族早就掌握土法造纸技术。白棉纸色白、吸水性强、柔韧性好，可长期保存，特别适合软笔书写，为写经用纸之上选。此外，还有少部分抄本由较脆硬、吸水性较差的竹纸制成，这些抄本往往文本状态欠佳。

瑶族经书类抄本主要为软笔书写，可以明显看出其文本状况

① 参见民国九年（1920）的《鹤庆劝学所造报地志资料》（抄本），转引自国家民族事务委员会"民族问题五种丛书"编委会编：《中国民族问题资料·档案集成——〈民族问题五种丛书〉及其档案汇编》第5辑《中国少数民族社会历史调查资料丛刊》，第85卷，北京：中央民族大学出版社，2005年，第278页。

② 李默、房先清：《八排瑶古籍汇编》，广州：广东人民出版社，1995年，第26页。

较好的抄本是毛笔写成，部分文本状态欠佳者，则比较像介于硬笔和软笔之间的书写工具写成，可能出自瑶族自造的蘸墨水笔。瑶族书写经典之墨多采用松烟和炭黑制成，美国国会图书馆藏《盘王大歌》（C002）中叙述了墨的来历："大箱里头有柄笔，小箱里头有本书，买墨不来使火炭，写成书字莫嫌污。"在难以购买墨汁的年代，这些随地可取的材料成了瑶族人民写经中的必备工具。瑶族早就掌握了土法制墨的技术，即便今天，部分人仍然延续这一传统。笔者在田野调查中发现，道公盘道登等人在抄经时，购买墨汁，并用松烟、木炭等勾兑，他说勾兑出的墨汁，字迹浓黑清晰、不易脱色。

瑶族抄本皆为线装书，沿袭古代汉籍的装帧方式。在抄写时先将纸张裁成两页大小，对折后再在两面抄写，写时须在两边留出较宽的空白，便于装订。在纸张右边缘打四孔或五孔，以棉线绳、麻绳上下贯穿装订；也有部分是以线绳环绕书脊，为四目骑线式；还有部分抄本仅用二、三目简装，或仅用纸捻粗装。绝大部分抄本都不包书脊、不裁天头地脚，属毛装本。装订好后，其对折处折痕便成为书页边缘，这样做的好处是不毛边、不卷边，易于翻页和保存，又便于双面阅读。

瑶族以"篇"来作页码统计单位，对折后，两面写字的一张纸被称为一"篇"，相当于现代书籍的两页。手抄经书上的"篇"有时也写作"遍""边"，部分抄本标注了篇数，如"连皮十三遍"（cod. sin. 611）、"连皮有二十二边"（cod. sin. 1140）。为避免产生混淆，笔者在为"大部经"编订页码时，也采用"篇"为单位，将每"篇"中的上（右）页称 a，下（左）页称 b。如需指称第三篇下半页，则在文中标为"某某经 3b 处"。

瑶族手抄本中的“共本”现象十分常见，对科仪书和法书而言更是如此。共本即合抄本，即将两种或两种以上的书合抄为一本。这样做的目的有二：一、经济原因，为节约纸张；二、功能原因，依据书籍的功能和用法合抄。科仪本和法书的共本者，往往是因为须用于同一仪式中。共本书在书名上有明显标识，往往以“……在头，……在尾”、“……，……同用”等表述题名。整体而言，经书类抄本的功能相对独立和特殊，故在所有抄本中的共本现象并不多见。但也有例外，如《金章经》抄本全为共本，未见完整的单行本。cod. sin. 862、cod. sin. 974 都为《金章经》和《三官经》共本，cod. sin. 1137 为《金章经》和《玉枢经》共本，cod. sin. 1158 为《金章经》和《血湖经》共本。研究功能性共本现象，为探讨相关经典的价值与地位提供了重要线索。

瑶族手抄本中大量存在较为类型化的土俗字、异体字和书写符号。大多数抄本为清代、民国时期写成，文本主体部分繁体汉字，异体字、土俗字较为常见——有的是对生僻字形的习惯性使用，有的则是瑶人根据汉字所造。何红一将瑶族手抄本中的土俗字分为十类，分别为：增繁、简省、符号代替、类化、合文、书写变异、异形借用、同音和近音替代、汉字瑶音、新创字。[①] 鉴于本课题重点不在文字研究，为保证文本统一性，将某些引文中的繁体字和土俗字做简化处理。

特定形状的书写符号也是辨识瑶族手抄本重要文本特征。这些符号多用红色或紫色笔画成，在文本中起到提示、装饰等作用。常见的书写符号有：

---

① 何红一：《美国国会图书馆馆藏瑶族文献研究》，北京：中国社会科学出版社，2017 年，第 68—76 页。

（1）提示符号：用于提示新起的小标题、文意中另一段落。多为画一个双环状平结，或者直接用类似“横折”的符号表示。

（2）点读符号：部分抄本中的偈诵等部分标明了句读，用右下角的小圆点表示；

（3）省书符号：用于省代较为熟知的套语、习词等，主要用一长竖表示，也有与上一笔字末笔连书的波浪状符号，如将“急急如律令”省书为“急急——”；

（4）重文符号：是特殊的省代符号，用于代替叠词中的后一个字，还有少部分为“承上重文”，为替代两三个字以前的文字。

（5）乙正符号：用以勾正此句的倒误，如一个双音节词的前后两字颠倒时，需用此符号，一种乙正符号为向上和向下的两个小勾，类似方向不同的两个“√”；另一种乙正符号则为在倒序词句的右边，按正确顺序用小字标明“上”“下”。

（6）正误符号：用于纠正写错的字，抄本中有时把错字圈出、有时把错字全用墨迹涂黑，再把正确的字用小字写在旁边；也有时完全不对错字作处理，直接把正确的字用小字写在旁边。

瑶族手抄本在行文中，还有多处缺漏字、多字、错字现象，或为抄写者熟知经文后，为加快抄写速度而出现的跳省字。这些现象导致了大部经抄本中较为常见的断裂行文、跳跃行文，为勘误、比对、校正、标点工作带来了困难。笔者处理的方法是进行多个同类抄本的比较，或与出处明显的道教经典比较，以汇集出最接近原貌的善本。本书后附录数种勘误、标点、汇集后的稀见抄本。

需要说明的是，在进行抄本内容研究和比照时，只要能保证思想内容的完整、规范、有章可循即可，并未将重心放在行文中的缺漏、跳跃和讹误上，甚至在论述中略去不提。这是为论述而进行的必要的舍弃，并不意味着这些抄本中不存在此类现象。

三　编目标准

德国巴伐利亚州立图书馆藏的瑶族手抄本是从英国古董商斯托珀（Robert L. Stolper）手中购买而来。他从东南亚收购这些瑶族手抄本，再卖给数家欧美图书馆。德国巴伐利亚州立图书馆于20世纪80年代至90年代分批多次从斯托珀手中购买瑶族手抄本和及相关器物，最终积累到2776件。巴伐利亚州立图书馆是最大宗买主，购入时优选那些文本状况较好的抄本，为此后的瑶族手抄本目录学研究奠定了坚实基础。

1995年10月，德国研究院（Deutsche Forschungsgemeinschaft）赞助、慕尼黑高等学院中心（Münchener Universitätsgesellschaft）提供相关支持的"瑶族抄本研究计划"正式开始，慕尼黑大学教授贺东劢带领团队对巴伐利亚州立图书馆购入的瑶族手抄本开展研究。德国学者的研究从整理、编目、撰写提要开始，为研究瑶族文献乃至瑶族宗教信仰建立根基。① 迄今为止，"瑶族抄本研究计划"的研究成果主要包括：

其一，1999年11月4日至12月22日，在德国巴伐利亚州立图书馆举办了一场瑶族宗教文献的展览，在购入的瑶族文献中挑选重要的手抄本、神像画、面具、法器参展，并在展览之后出版了一份展品图录。

---

① 参见台湾"中央研究院"民族学研究所助理研究员何翠萍所作"编者注"，载于［德］欧雅碧（Lucia Obi）、宋馨（Shing Müller）撰，詹春媚译：《瑶族之宗教文献：概述巴伐利亚国立图书馆之馆藏瑶族手本》，《民俗曲艺》2005年第12期。

其二，2004 年，出版《瑶族手抄本索引》，该索引对 867 册瑶族手抄本进行编目，并根据其文献状况、结合瑶学研究的相关成果对每个手抄本作出大致的判断，为后续研究带来检索、查阅其目录信息的便利。虽然这本《瑶族手抄本索引》尚未涵盖巴伐利亚州立图书馆藏的绝大部分抄本，但其中整理出的信息，也是本书的重要参考资料。

德国学者的瑶族手抄本目录学研究，不但考证了巴伐利亚州立图书馆藏的 867 册抄本的文献状态和抄写的时间区间，还按照支系对每个手抄本进行分类，本书借鉴了《瑶族手抄本索引》中按照支系对瑶族抄本进行分类研究的思想，将瑶族不同支系的文献特点作为研究视角与切入点。

《瑶族手抄本索引》中每册手抄本的目录信息如下：

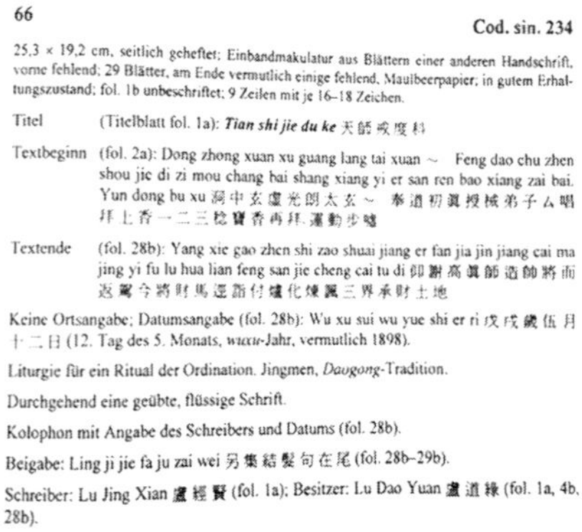
66

Cod. sin. 234

25,3 × 19,2 cm, seitlich geheftet; Einbandmakulatur aus Blättern einer anderen Handschrift, vorne fehlend; 29 Blätter, am Ende vermutlich einige fehlend, Maulbeerpapier; in gutem Erhaltungszustand; fol. 1b unbeschriftet; 9 Zeilen mit je 16–18 Zeichen.

Titel (Titelblatt fol. 1a): ***Tian shi jie du ke*** 天師戒度科

Textbeginn (fol. 2a): Dong zhong xuan xu guang lang tai xuan ～ Feng dao chu zhen shou jie di zi mou chang bai shang xiang yi er san ren bao xiang zai bai. Yun dong bu xu 洞中玄虛光朗太玄～ 奉道初眞授械弟子厶唱拜上香一二三捻寶香再拜.運動步虛

Textende (fol. 28b): Yang xie gao zhen shi zao shuai jiang er fan jia jin jiang cai ma jing yi fu lu hua lian feng san jie cheng cai tu di 仰謝高眞師造帥將而返駕今將財馬逕詣付爐化煉飄三界承財土地

Keine Ortsangabe; Datumsangabe (fol. 28b): Wu xu sui wu yue shi er ri 戊戌歲伍月十二日 (12. Tag des 5. Monats, *wuxu*-Jahr, vermutlich 1898).

Liturgie für ein Ritual der Ordination. Jingmen, *Daogong*-Tradition.

Durchgehend eine geübte, flüssige Schrift.

Kolophon mit Angabe des Schreibers und Datums (fol. 28b).

Beigabe: Ling ji jie fa ju zai wei 另集結髮句在尾 (fol. 28b–29b).

Schreiber: Lu Jing Xian 盧經賢 (fol. 1a); Besitzer: Lu Dao Yuan 盧道緣 (fol. 1a, 4b, 28b).

图 5 德国学者编订的《瑶族手抄本索引》书影（笔者摄）①

① Thomas O. Höllmann und Michael Friedrich eds., Botchaften an die Götter. *Religiöse Handschriften der Yao. Teil I: Bestände der Bayerischen Staatsbibliothek München. cod. sin.* 147 *bis*. *cod. sin.* 1045. Stuttgart: Franz Steiner Verlag, 2004. pp. 115.

图5为《瑶族手抄本索引》所录 cod. sin. 234 的目录信息，其他所有手抄本也按此模块进行录入和整理，包括：

（1）抄本的尺寸。如 cod. sin. 234 长 25.3 厘米，宽 19.2 厘米。

（2）抄本的外部状况。包括所用纸张、装订方式、是否缺页等。

（3）抄本的篇数（一篇为二页）、每半篇的列数，每列的字数。如 cod. sin. 234 共有 29 篇，每半篇 9 列，每列书写 16—18 个字。

（4）抄本的题名，同时用汉字和拼音书出。如 cod. sin. 234 上题名“天师戒度科”。

（5）抄本正文内容的首句和尾句，同时用汉字和拼音书出。如 cod. sin. 234 的首句为“洞中玄虚，光朗太玄……奉道初真授械弟子厶唱拜上香，一二三捻宝香再拜，运动步嘘”，尾句为“仰谢高真师造帅将而返驾，今将财马迳诣付炉化炼，讽三界承财土地”。

（6）抄本上出现的地点信息。如果没有则不记。

（7）抄本上出现的时间信息，并把皇号和干支纪年转化为公元纪年，当抄本上时间较模糊时，《索引》一般会结合抄本的纸张类型、书写状况等给出可能的时间建议。对仅标干支的抄本，时间建议可能为间隔一个甲子、相同干支的公元年；对完全未标时间的抄本，时间建议的范围可能扩大到几十年甚至一百年内。cod. sin. 234 上标“戊戌岁伍月十二日”，未记皇号，《索引》将其中的“戊戌”判为 1898 年。

（8）抄本上的人名，在出现多个人名时，《索引》会根据抄本上的记录将人名分类。如 cod. sin. 234 封面上标“置主卢道缘，的男卢经贤”，正文末标“卢道缘承集置”，《索引》把“卢道缘”列为本抄本的拥有者，把“卢经贤”列为本抄本的抄写者。瑶族抄本的置办者称“置主”无误，但“的男”之称并不多见，瑶族抄本有时候以“的笔”或“氏（氏）笔”之称冠于抄书者前,[①] 但《索引》将“的男”判为抄书者，仍有一定的经验判断成分。

（9）抄本的内容描述，并说明是否有补遗或附录。如 cod. sin. 234 末尾附有“另集结发句在尾”，内容相对独立，抄写字迹也与前文“天师戒度科”有所差别，被《索引》单独指出。

（10）对抄本的判断和归类。如《索引》将 cod. sin. 234 归入瑶族金门支系的道公经系，称它是用于度道戒或受法职的科仪书。这部分内容在抄本中并无直接体现，完全来自作者在前期研究基础之上的学术判断，其中亦暗含着德国学者对瑶族抄本的分类思想。

笔者在查阅《瑶族手抄本索引》时，发现其中将每部抄本都进行了归类，这些分类信息主要包括：本抄本所属的瑶族支系、派别及性质和用法。这种归类并非随意为之，而是建立在瑶族各支系宗教文献内在的同质性和系统性的基础之上的。瑶族支系复杂，但《瑶族手抄本索引》中所载的大部分手抄本都被归入“金门”和“尤勉”两大支系，尤以“金门”抄本为多。又“金门”支系分“道公传统”和“师公传统”，各自所对应的经书抄本不同。

---

① 如“辍手氏（氏）笔丑字黄经宴”，参见何红一：《美国国会图书馆馆藏瑶族文献研究》，中国社会科学出版社，2017 年，第 137 页。

这成为本课题的选题角度和逻辑起点，既然每个支系的宗教文献各不相同，那么，要研究瑶族宗教文献就不应该一概而论，而应在瑶族各个支系内生性信仰特点和宗教文献体系基础上展开。本书以“金门瑶”经书为研究对象，进入具体文本研究前，首先需了解金门瑶的宗教文献特点。

第二节　金门瑶的信仰特征及抄本分类

瑶族的语言支系复杂，分属各语支的瑶族不但语言不通，而且在服饰、习俗与宗教信仰上有着较为显著的差异。这种差异既可能表现为截然不同的元素、观念和宗教活动，也可能表现为对类似元素的不同解读、运用和不同侧重。瑶族内部各支系宗教文化的不均衡性与异质性特点为瑶族宗教研究带来了很大的困难与挑战。故研究瑶族宗教问题之前，需先厘清其支系。

一　金门瑶的信仰特征

瑶族的“自称”和“他称”系统非常繁琐，且存在较为复杂的包含关系。换言之，瑶族的“自称”与“他称”两大系统之间是断裂的、不连续的。因为“自称”系统主要从瑶语语音、语义出发，几乎所有汉字写出的瑶族“自称”都是相应语支瑶语发音的转写，各种“自称”虽然发音不同，意义却大同小异，都为“人”或“族”之意。例如，“金门”（kiim – mun）这一“自称”中，kiim 意为“山箐”，mun 意为“人”，连起来意为

"山人"或"住在山箐的人"，瑶族用以自称。

"他称"则来自历史上外族人、特别是历代王朝的统治者对瑶族的描述，这些描述的出处与来源各不相同。黄钰、黄方平在《国际瑶族概述》中称，中国瑶族的"他称"达到了456种之多，并举出了"他称"得名的七大原因：一、与崇拜信仰有关，如盘古瑶、唐王瑶；二、与政治有关，如顺招瑶、背招瑶；三、与经济有关，如过山瑶、蓝靛瑶、茶山瑶；四、与服饰有关，如白裤瑶、花头瑶、长发瑶；五、与居住地有关，如深山瑶、平地瑶、肇庆瑶；六、与民族姓氏有关，如十二姓瑶、五姓山子瑶、盘家瑶；七、与受压迫受歧视有关，如侥蛮、山仔佬、狗瑶。① 因"他称"的角度不同，同一瑶族村寨或社区可能存在好几种"他称"，或者存在对不同"自称"、不同驻地的瑶族使用相同"他称"的情形。这为瑶族支系的识别带来了相当的混乱、加深了研究的难度。

语言是文化的基础和载体，以语言为主要特征的"自称"系统与宗教文化有着天然的、内在的联系。故本书舍弃瑶族的"他称"系统，而从"自称"入手，探讨瑶族特定语支的宗教文献之特点。

一般来说，"自称"相同或相近，语言往往也相同或相近。瑶族可根据语言划分为瑶语支、苗语支、侗水语支和汉语支四大支系。瑶语支内又可以分成五个土语集团：尤勉、金门、标敏、交公勉和藻敏。这五种土语集团构成了三个方言集团：尤勉和金门构成勉金方言集团，标敏、交公勉构成标交方言集团，外加独

① 黄钰、黄方平：《国际瑶族概述》，南宁：广西人民出版社，1993年，第14—17页。

立的藻敏方言集团。金门人口众多，是仅次于尤勉的第二大瑶族支系。[①]尤勉和金门从语言学上可谓近邻，但二者的语言区别仍相当显著。笔者在云南省文山壮族苗族自治州进行田野调查时发现，境内的蓝靛瑶（自称“金门”）和角瑶（自称“尤勉”）之间均表示基本听不懂对方讲话。

与之相应的是，“金门”和“尤勉”在宗教文化上也存在着显著差异，主要表现在三个方面：

第一，“金门”和“尤勉”在举行入教等宗教仪式时，所遵循的原则、所采用的方式方法截然不同。“尤勉”多用“挂灯”“度戒”，而“金门”多用“翻五台”或（和）“披簪受道”，其背后的宗教思想内涵也各有差异。因篇幅所限，此处不予展开。

第二，“金门”和“尤勉”的宗教经书属于两个不同的体系。《中国少数民族古籍总目提要·瑶族卷》中将盘瑶（自称“尤勉”）与蓝靛瑶、山子瑶（自称“金门”）的宗教经书目录分别列出，足见其异质性之大。在这两大经系中，有一些宗教文献如“安龙科”，在盘瑶和蓝靛瑶、山子瑶中都有出现，但大部分经典则截然不同。其间最大的差别在于，“尤勉”有着显著多数的有关盘王的文献，如“盘王大歌”“盘皇歌书”等；相当一部分“尤勉”还有“评皇券牒”和“过山榜”，这两类经典在“金门”的宗教文献中几乎未见。与之相反，“金门”拥有显著多数的、成体系的教理教义类经书，“尤勉”的宗教经书中几乎无大部头的教理类经书，仅有的一种《三官经》也并非纯粹的经书，其中混杂了不少科仪与偈诵的内容，且这些内容并非只来

① 黄钰、黄方平：《国际瑶族概述》，南宁：广西人民出版社，1993 年，第2—4 页。

源于道教，而是出自多种宗教传统。① 因此，我们可以断言，“尤勉”中没有成系统的“大部经”。数种经书类文本以单行本的形式大量出现，广泛传播，并且多种经书内部形成独特的结构、内涵和用法——这是“金门”宗教文献中最为显著的特点。

目前，瑶学研究的焦点集中在人口最多的“尤勉”上，瑶族文献研究相应地集中在“评皇券牒”“盘王大歌”等典型的“尤勉”文献上，瑶学界对于“金门”宗教文献的重视远远不够。事实上，“金门”往往被认为瑶族文化传统不够“纯粹”，而被有意无意地忽视。但另一方面，如果我们放弃那种追求“纯粹的民族文化”的潜在研究意图，而愿意用融合的、比较的视角透视现实，就会轻易发现，经书类文本是所有瑶族宗教文献中道教元素最深刻、最强烈的了。本研究从道教学的视角出发，选择经书类抄本展开研究，既填补了学术空白，又有助于理解道教文化与瑶族传统文化的碰撞后的特殊效应，具有重要的理论意义和现实意义。

第三，“金门”和“尤勉”的宗教师团体具有不同特征。“尤勉”的宗教活动中各宗教师之间分工细致而复杂，② 但其均

① 《中国少数民族古籍总目提要·瑶族卷》中“宗教经书”目下的“盘瑶经书”中，载《三官经》两种：第一种 1 册 15 页，出自广西壮族自治区富川瑶族自治县，其正文分“咒经”与“经偈”两类，有咒经科、宝告科、三官诵、经偈科等；第二种 1 册 19 页，出自广西壮族自治区荔浦县，其内容包括目莲赞、观音救苦经、血盆经等，具有明显的佛教色彩。参见国家民族事务委员会全国少数民族古籍整理研究室编：《中国少数民族古籍总目提要·瑶族卷》，北京：中国大百科全书出版社，2013 年，第 47、63 页。

② 以湖南“尤勉”的“抖筛”（度师）为例，每次活动均需要请齐十二位瑶师，“十二瑶师”可分为“主师组”和“协助组”，但瑶师们都统一调遣、更无内在的派别。参见李祥红、郑艳琼主编：《湖南瑶族抖筛田野调查》，长沙：岳麓书社，2014 年，第 5 页。

属一个整体，无明显的派别之分。“金门”则不然，学者们研究发现，“金门”的宗教中具有“师”“道”两种不同传承。德国学者欧雅碧（Lucia Obi）、宋馨（Shing Müller）整理研究德国巴伐利亚州立图书馆藏瑶族手抄本后提出，山子瑶和蓝靛瑶中有师公及道公这两种不同的文本传统。[①] 张有隽认为，广西十万大山山子瑶将早期天师道、正一派分开，由“师公”“道公”分别执行。[②] 对蓝靛瑶、山子瑶中“师”“道”并存的现象，学界主要有两种表述：一是“师公传统”和“道公传统”（欧雅碧，2005年），或“师公系统”和“道公系统”（张泽洪，2008 年）；二是“师派”和“道派”（黄贵权，2009 年）。笔者在田野中发现，当地人把“师”“道”合称时，多并称为“师方”“道方”，或“师边”“道边”，有意无意间把“师”“道”作为相对应的双方而相提并论。德国巴伐利亚州立图书馆藏的瑶族手抄本 cod. sin. 679 号名为《道教书式》，专门记载道公所用文书，其标题中“道教”一词大略等同于“道公系统”或“道派”。此抄本地点标为“大清国云南道临安府建水县”，可见，云南金门很可能也曾使用过“道教”“师教”的表述。因此，本文在强调派别特征时使用“师派”和“道派”，在强调二者的对立统一关系时，使用“师方”和“道方”。

对于“师”“道”之区别，学界较普遍的观点有二：一、认为师公系统与道公系统分属梅山教和茅山教，[③] 梅山、茅山两派

---

① ［德］欧雅碧（Lucia Obi）、宋馨（Shing Müller）撰，詹春媚译：《瑶族之宗教文献》，《民俗曲艺》2005 年第 12 期。

② 张有隽：《十万大山瑶族道教信仰浅释》，载于张有隽：《张有隽人类学民族学文集》，北京：民族出版社，2011 年，第 265 页。

③ 张泽洪：《文化传播与仪式象征》，成都：巴蜀书社，2008 年，第 89 页。

共同构成了“瑶传道教”;[1] 二、认为“师”“道”二派等同于文、武二派,[2] 如云南各地蓝靛瑶均流传“道文师武”的说法。[3] 因金门人口分布甚广，上述提法仍有待于在进一步的研究中予以证实和厘清。

金门宗教文献中的经书内文本与“道派”之间无疑具有内在联系。贺东劢、欧雅碧等在编订德文版《瑶族手抄本索引》时，对867种手抄本按语支和教派进行归类，其中经书类抄本全部被归入金门“道公传统”的经典。他们还进一步将这些抄本与国内外瑶族田野工作中发掘的文献抄本进行比对，证实了数种经书类抄本与广西山子瑶的道公文本相同，这些经书是《度人经》《玉皇经》《玉枢经》《尊典经》《诸品经》《救苦大部经》《血湖经》和《金章经》。[4] 同时，笔者在云南的田野调查中发现，上文提及的所有经书类抄本在文山壮族苗族自治州、西双版纳傣族自治州乃至越南北部的蓝靛瑶中亦相当普遍。笔者所见的云南蓝靛瑶经书类抄本和巴伐利亚州立图书馆藏的这类抄本是一致的。这足以说明，同属金门土语集团的广西山子瑶和云南蓝靛瑶使用着同样的经典，其宗教形态高度相似。尽管法国著名瑶学家勒穆瓦纳（Jacques Lemoine）曾强调山子瑶与蓝靛瑶存在文化差异，值得被分别研究，但仅就其宗教传统和文本传承而言，他

---

① 胡起望:《论瑶传道教》,《云南社会科学》1994年第1期。

② 海南苗族把“师公”“道公”又称为“武道公”“文道公”。参见葛熹月:《当代海南苗族道公变迁研究——以海南省五指山市南圣镇牙南上村为个案》，中南民族大学硕士学位论文，2010年，第1页。

③ 杨民康、杨晓勋:《云南瑶族道教科仪音乐》，北京：文化艺术出版社，2014年，第47—48页。

④ ［德］欧雅碧（Lucia Obi）、宋馨（Shing Müller）撰，詹春媚译:《瑶族之宗教文献》,《民俗曲艺》2005年第12期。

亦承认两者之间确实是高度一致的。[①]

据德文版《瑶族手抄本索引》，巴伐利亚州立图书馆藏已编目的 867 件瑶族抄本中，60% 的抄本被认定为金门瑶的文献。通过对德国“瑶族抄本研究计划”团队的访谈，笔者了解到他们判定抄本所归属语支的依据为：（1）抄本中注明的地点、时间与抄录者等信息；（2）文本中体现出的可靠的语族和宗教传统的特点；（3）与民族志研究成果的对应关系；（4）对照国内学者是否在相应语支找到类似抄本。据此，本书所选择的三类经书都被划入“山子瑶的道公经书”，并在广西得到佐证（欧雅碧，2005 年）。笔者在云南文山的蓝靛瑶经书集（2011 年）中发现，这些经书同样属于云南蓝靛瑶“道派”。

欧雅碧认为，盘瑶（尤勉）与蓝靛瑶、山子瑶（金门）的主要差异在于其受到道教的影响不同。蓝靛瑶、山子瑶的道公传统，无论在形式上和内容上都强烈地以《道藏》文本为依据，并近似于传统的、保守派的中国灵宝派或正一传统。[②] 瑶族经典与汉地道教之间的关系也在田野调查中得到过证实。《广西瑶族社会历史调查》中记载了 20 世纪 50 年代广西大瑶山师公和道公们所拥有的经典情况，称道公“‘做功德’和‘打冷斋’所用的经典，多数是超度亡魂所用的佛经和忏咒，内容与汉区道士所用的大致相同。当地道公们说：这些经典都是从山外汉人那里学来的。”又称：“瑶族所用的经典，都用汉文写成；有的是雇请汉

---

① ［法］勒穆瓦纳（Jacques Lemoine）：《勉瑶的历史与宗教初探》，《广西民族学院学报》1994 年第 4 期。

② ［德］欧雅碧（Lucia Obi）、宋馨（Shing Müller）撰，詹春媚译：《瑶族之宗教文献》，《民俗曲艺》2005 年第 12 期。

人来抄写的，有的是瑶族自己抄的。在每本经典的后面，都附有抄写人的姓名以及抄写的年月。”[①] 如此，本书进行瑶族经书类抄本与道经的比较就更有意义了，不但可以检视上述说法，还能将之推至更深刻具体的层面。

二 金门瑶宗教抄本分类

金门瑶“师”“道”两派的宗教文献截然不同、各成体系。张有隽发现，广西十万大山山子瑶完整的道派经书为 34 本，约 40 万字，师派经书为 14 本，20 多万字。[②] 云南、广西多地蓝靛瑶的情况也大同小异。故在正式进行比对之前，首先需将金门的宗教文献进行分类。

欧雅碧将德国巴伐利亚州立图书馆藏的所有瑶族手抄本分为“宗教性抄本”和“非宗教性抄本”两大类，并在“宗教性抄本”下分出五个小类：经文、科（仪礼文本）、表奏、秘语、小法。其中“科”以下又分出醮（为生者祈福禳灾）、斋（用于死者）、戒度三类。[③] 就瑶族文书整体而言，上述分类较为系统，有重要文献学价值。但是，其分类并未充分考虑不同语系、语支下的个性化因素，“金门”一系宗教文献的特点未能得到充分体现。所以，笔者在田野工作中仔细翻阅了云南蓝靛瑶的各类经书

① 广西壮族自治区编辑组：《广西瑶族社会历史调查》（第一册），南宁：广西民族出版社，1984 年，第 417 页。

② 张有隽：《中国瑶人文书及其研究》，载于张有隽：《瑶族传统文化变迁论》，南宁：广西民族出版社，1992 年，第 57 页。

③ ［德］欧雅碧（Lucia Obi）、宋馨（Shing Müller）撰，詹春媚译：《瑶族之宗教文献》，《民俗曲艺》2005 年第 12 期。

约200册，并在实际宗教活动中考察、对比其意义和用法，在此基础上有针对性地提出金门宗教文献的分类方式。

需要说明的是，笔者的分类将把占卜类文书和歌书排除在外(虽然金门宗教活动的前后及过程中，可能多次使用这两类文献)。理由如下：先看占卜类文书，虽然举行斋事前数日乃至半年，需要用《大通书》等占算黄道吉日，但是，占卜在瑶族的生活中被广泛运用，他们频繁使用打卦、掷筊、梦占、鸡骨卜、龟壳卜等手段占问吉凶祸福，许多时候并不需要借助于文书，占算类书籍为宗教师和民间群众所通用，其性质属于民间历算及方术类，宗教性不甚突出。再看歌书，部分斋主在做斋进程中，自愿、有偿邀请本族歌手来对唱和斋事环节相关的《斋坛歌》，①然而，唱《斋坛歌》并非斋事的必要环节，而只起到锦上添花的作用。独具特色的"对歌"也并非歌手的专利，而是瑶民流传下来的古老传统，在酒席上开口即歌、出口成曲的做法十分常见，大部分歌词为临时创作，再套进固定曲式演唱。这些歌谣过口即忘，多数没有文字记载。因此，笔者认为，这两类文书虽然局部地出现在金门的宗教生活中，但并不构成其宗教生活的主

① "斋坛歌"多为七言骈句，多为歌女与做斋师父的对唱，或问答，或赞叹，其内容皆为对当前正在进行的斋事节次的描述与阐发。例如在"升度"仪式时唱"升度歌"，歌女唱："抽手斋堂坛院案，救苦仁师升度时，何样引行何天路？何师引过何方行？几殿王前销得过？何人引过寻何游？蒙帝照得逍遥镜，五湖四海见皇天。"道师答："十手合行逍遥殿，金桥玉女四边行。白鹤引回青霄路，青牛引过阎罗前。十殿王前销得过，臣师引过到皇案。十字五方玉女专，亲身专引到琉璃。"(参见李云章主编：《文山瑶族文献古籍典藏·斋坛婚礼仪式歌》，昆明：云南人民出版社，2011年，第46页。)值得注意的是，请歌手唱歌不是每次做斋所必须，而取决于主家的意愿和财力。故笔者认为，"斋坛歌"虽有宗教成分，但其内容均来自相关宗教文献，歌词只是对宗教活动的通俗化、歌咏体表达，形式意义大于内容意义，故不应列将"斋坛歌"单列为宗教文献。

体，而只在其宗教活动中充任派生或工具作用，或者说，它们只是瑶族文化生活的独特体现，故不将之列入宗教文献。

笔者将金门瑶的宗教文献分为四大类：

1. 经书

单行本经书，多以“某某经”题名。为教理教义类文本或其变体，仅属金门“道派”所有。其内容与道经非常接近，但亦多有发挥。在书写规范上，经书类抄本字迹较大，为连续性的、流畅的大段文本，经中小标题较少，内容完整性很高，某些类型的经文中夹杂少量的符、图，以及小字写成的注解。

这些经书主要用于宗教仪式中的特定环节，如度戒中的“经坛做经”“度道授经”，丧事中的“诵经度亡”，此外，这些经书也被用来日常诵念。整体而言，经书在金门瑶“道派”的宗教实践中非常重要，必不可少，乃至成为“道派”的主要特色，但是，在整体宗教活动中，它们并不占据主体地位，使用频率并不是很高。

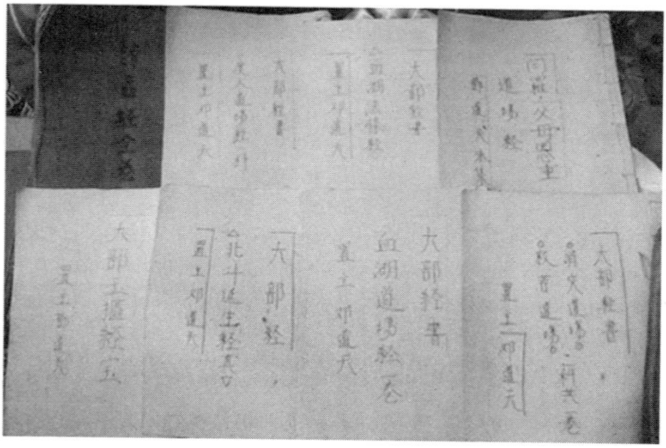

图 6　“大部经书”八种（云南文山邓道天藏，笔者摄）

每位道公持有的经书数量多少不一，从一本至几十本不等。每种经书的流传、存世情况也不相同。据《文山瑶族文献古籍典藏·大部经》主编李云章先生介绍，在文山麻栗坡县，流传最广、使用最多的经书为《诸品经》《玉皇经》，其次为《度人经》《救苦经》《血湖经》《玉枢经》《三官经》《金章经》。《尊典经》存世抄本最为稀少，全县仅见一套。此外还有一些较少见的“大部经”，如《父母恩重妙经》《阎罗道场经》《消灾道场经》《禄库受生妙经》，这些经未见于德国巴伐利亚州立图书馆。

2. 科仪书

宗教仪式类文本用于各种斋醮科仪，以之指导仪式活动，此类文献为金门宗教文献的绝对大宗。科仪本多以“某某科”题名，如“土府三朝科”“炼度科”；有时标题也把“科”字省略，如“延生宿启”“龙窿交简”；还有的科仪本为从较大的全本科仪中提取出的关键性部分，方便在特定仪式节翻阅、使用，标题中亦无“科”字，如“步虚唱”“华夏引至将吏用”。

科仪本分为“道用”和“师用”两种，“道用”科仪书的数量多于“师用”。在文体规范上，“道用”科仪本多分段、错落有致、字迹较大、列距较宽，提行和小标题很多，内容比较接近汉地道教的科仪本；“师用”科仪本多为七言（少数情况为五言）歌谣体，书写排列整齐规范，或祈请、或叙事、或表情，朗朗上口，便于唱诵。仪式中普遍存在多种科仪本穿插使用的情形。

图 7　大斋法事道方用书（云南文山盘道登藏，笔者摄）

图 8　大斋法事师方用书（云南文山盘道登藏，笔者摄）

以上两图分别为道派、师派在大斋法事①中使用的所有宗教抄本合集。其中除了一本《诸品经》和少量的“秘语”类抄本外，绝大部分为科仪书。

总体而言，一种科仪本代表了斋醮科仪的一个“模块”或“节次”。依宗教活动的不同目的、应斋主之不同诉求，不同科仪本间可随意组合，同种科仪本亦可运用于多种场合。

3. 文书

即宗教活动中所用的各类表奏章格，是高度类型化、功能化的文本。所有文书皆有固定格式，在宗教活动中起到上达、昭告、祈请、证盟等作用。金门“师派”和“道派”皆使用文书，有些文书种类为两派共有，有些只属于特定某派。总体而言，“道派”文书较“师派”更为繁琐复杂。金门常用的宗教文书有：

（1）疏、章、表：用以上达神灵、沟通冥阳的公文类文书，其形制各不相同，道用者为“章”和“疏”，如“酆都章”“金丝章”“启玄疏”，每种皆有固定的格式与书写规范。师用者为“表”，某些地区存留有表文规范，有些地区则已轶，仅用空白

---

① 云南蓝靛瑶以“大斋”或“大斋法事”指称“过法”中规模较大者。“过法”，即学界通称的“度戒”。“度戒”一词可能源自尤勉（ju - mjen）方言集团“功德修仪式”的第二层级，竹村卓二（Takemura Kakuji）在考察泰国北部过山瑶时，把其功德修成仪式从低到高分为挂灯、度戒（度斋）、加职、加太四个等级，并纠正了以“度戒”代称尤勉全部仪式的说法。（参见竹村卓二著，金少萍、朱桂昌译：《瑶族的历史和文化》，北京：民族出版社，2003年，第147页）后“度戒”一词被学界广泛使用，成为指称瑶族入教仪式的通称。然而，笔者调查中几乎见不到“度戒”一词，当地师父表示从未听说，麻栗坡县蓝靛瑶普遍使用“过法”或“大斋法事”。有趣的是，云南蓝靛瑶并不特用“斋”指称丧葬和度亡仪式，也不特用“醮”指称生者祈福和社群祭典，而仅以法事规模的大小对“斋”和“醮”略作区分，规模大者谓“斋”，规模小者谓“醮”。

纸代表表文。疏、章、表在对应仪式中供宣读、焚化。以文书为中心的独立仪式模块，包括道派的“飞章”，师派的“上表”或“进表”。

（2）书意：或称“意”，讲述法事因由、时间地点、大致内容的文书，起预告作用，内容较长，多为叙述体。“书意”在法事前或法事中宣读，称“宣书意”。师派和道派都使用“书意”，二者体裁相同，仅具体内容有异。

（3）牒：特用于“过法”中的文书，又称“阴阳牒”。一式两份，阴牒焚化，阳牒随弟子留存，死后一同入棺。牒内容长度适中，用于证盟，是弟子入教的证明文书。牒上记录戒律、发愿文等内容，须由师父给弟子讲解。“牒”必须用印并在仪式中发放后，它才发生效力。师派和道派都使用“牒”，二者体裁相同，仅具体内容有差异。

（4）榜：张贴于斋坛等处的醒目位置，悬挂供人观看，作昭告之用。师派和道派都使用“榜”，但各派所用“榜”昭告、祀请的神灵不同。斋坛上张贴的“榜”文段较短，仅数行，有的榜甚至略去内容，仅余榜名。一个“榜”专祀一个或一类主神，如“大道榜”“玉皇榜”“盘皇榜”“帝母花林榜”。此外，师派还有供宣读的榜，称“三元门外榜”，内容为弟子受度的缘起、经过、功德等，张贴在斋坛外大门口，“度师”结束后、进屋前，师父宣榜，弟子跪听。

图9 过法中宣“三元门外榜”

（云南省麻栗坡县，笔者摄）

金门还有其他文书类宗教文献，如对联、幡文、符命等，其内容较短，多与其他主体宗教文书连用，故此处不予单列。

4. 法书

“法书”一词为金门对这类文献的通称，欧雅碧分为两类的“秘语”和“小法”都属于这一类。法书的题名形式多样，多为“秘语”“金语”“秘书”“法书”。如“受戒秘语”“度亡秘语”；或直接在此书用途后加一“秘”字作为标题，如图7、图8中的《初真秘》《安龙秘》《洪恩秘》。法书中的小标题亦有固定格式，多称“某某法”，如“人初请烧香叩师法”“一论庄严坛院之法”。传统法书的文体结构独具特色，其字迹较其他文本小很多，遇小标题亦不提行、不分段，连贯书写，难以辨认。

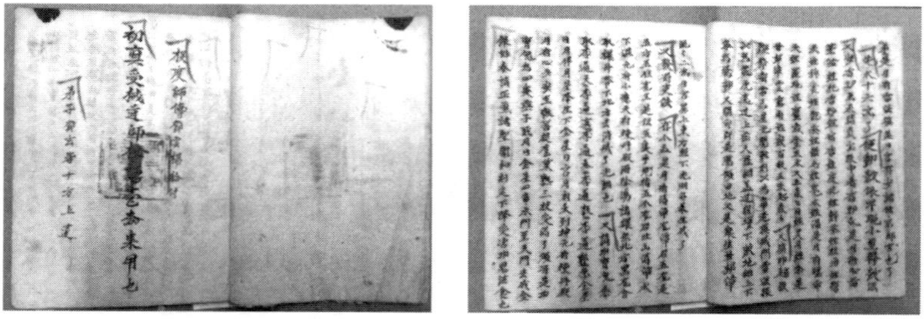

图 10　德国巴伐利亚州立图书馆藏瑶族“法书”抄本标题及内页样式(笔者摄)

金门宗教文献中普遍添加有需要保密、不得乱传等句子，尤以法书中此类告诫最多。法书中往往还标明了授受此书的师父与弟子的法名，故欧雅碧认为这些文本只能传给特定的人选。法书类文本的存在表明，金门宗教中的确存在较为秘密的内部传承，或许这就是“秘语”“金语”得名的原因。

“法”的内容大多为存思、观想、修炼，其间充满着隐语与模糊指称。法书类文献往往是金门道公和师公的私人收藏，秘之甚重。但有趣的是，公共宗教活动时必须带上法书——这些法书却不是用来在斋坛上念诵的，因为在所有情况下，法书只能眼看心记，不能出声念诵，这是“秘语”之“秘”的另一重含义。在斋坛中对法书的使用特别有意思，笔者在田野中见到的有两种方式：一、宗教师团体在进行某仪式时，几个人唱念科仪本，几个人行朝踏罡，同时还有一两个人翻出法书中对应的章节看诵默记，借用看法书为正在进行的仪式注入“法力”；二、直接把法书翻开，架到斋坛上的“孔子院”和“颜回殿”上，意为请孔、颜降坛，帮忙看法书，其他所有人完全依科演教。

几乎所有的科仪都能找到与之对应的“法”，但是这些“法”往往十分简短，且绝无单行本。并且“法”的顺序被打乱，同抄入一本书。有时为便于使用，涉及特定斋事的“法”也被单独抄出、结集成册，如图 10 中展示的“初真受戒道师秘语”即是在受戒中使用的“法”。总体上说，只有本领高强的师父才能在“法”与“科”之间建立具体的联系并熟知其正确用法。

法书的数量要比科仪书少得多。法书同样有“师派”和“道派”之别，两派法书在体例和方法上都很相似，但是存思的具体内容、施法顺序上有所区别。

法书中的“开经坛之法”“诵经法”“缴经法”“纳经法”等，皆与经书类抄本的修诵和使用有关，是本书的重点关注对象。与诵经有关的法书的内容和金门瑶存思法的特点，将在后文相关章节中进行探讨。

第二章　版本繁多的首位之经：瑶族《玉皇经》

《玉皇经》全名《高上玉皇本行集经》，为道门功课必诵之经，被列为“外修五经”之一，在经典修诵与斋醮科仪中占有重要地位。《高上玉皇本行集经》，洞真部本文类，《正统道藏》中共收入两个版本，其一为白文本，其二为“天枢上相张良”校释本，后者在内容上更为繁复。除此之外，《道藏》中还收有其他“玉皇系”道经：《高上玉皇本行集经注》《高上玉皇本行经髓》《高上玉皇心印妙经》《高上玉皇胎息经》《高上玉皇满愿宝忏》《玉皇宥罪赐福宝忏》《玉皇十七慈光灯仪》《上清金真玉皇上元九天真灵三百六十五部元箓》等。

《高上玉皇本行集经》共三卷五品，卷上为“清微天宫神通品”，讲述说经缘起及玉皇本生故事。卷中包括“太上光明圆满神咒品”和“玉皇功德品”，玉皇宣授的“大神咒”即《元始五老赤书玉篇真文天书经》上卷；“玉皇功德品”则主述受持此经的功德。卷下包括“天真护持品”和“报应神验品”，讲述了受经之福果和诽谤之恶报。可见此经是几种不同内容的文本缀合而成。

尽管“玉皇”之名早见于东晋上清诸经中，“皇经”二字亦最早见于唐贞观三年（629）《敕建乌石观碑记》。[①] 但是，出现“本行集经”全名的时间却晚至南宋嘉熙四年（1240）。《郡斋读书志》卷五赵希弁《附志·经类》载：“《玉皇本行集经》三卷，右嘉熙四年临安府承天灵应观所刻蜀本也，程公许《序》述为详。”[②] 对此材料的不同解读，为此经的断代带来了较大分歧。丁培仁先生认为此经白文本出于隋文帝开皇十二年至唐太宗贞观三年之间（592—629），张良校释本则出于南宋乩笔，[③] 任继愈先生等根据宋徽宗政和六年（1116）加封“玉皇”为“太上开天执符御历含真体道昊天玉皇上帝”的史实，提出张良校释本成书于北宋之后。谢聪辉先生认为此经相当晚出，提出道藏中张良校释本成书时间为南宋末的1221—1225年，而白文本成书时间不会早于1225年。[④]

谢氏根据台北故宫博物院藏明代《玉皇经》（1531年刊本）中所载南宋程公许的两篇跋文，参照其他数种版本及史料和田野证据，还原了《玉皇经》文本的建构过程。他认为，《高上玉皇本行集经》乃1217—1218年金兵侵蜀时，由蜀地保护神梓潼帝

---

① 丁培仁：《增注新修道藏目录》，成都：巴蜀书社，2008年，第140页。

② Piet van der Loon：*Taoist Books in the Libraries of the Sung Period：A Critical Study and Index*（《宋代收藏道书考》），London：Ithaca Press，1984，pp. 99.

③ 丁培仁：《增注新修道藏目录》，成都：巴蜀书社，2008年，第140页。

④ 谢聪辉：《新天帝之命：玉皇、梓潼与飞鸾》，台北：台湾商务印书馆股份有限公司，2013年，第197—198页。

君降鸾书出，扶鸾地点为四川遂宁市蓬溪县真一坛，[①] 故此经在道统上与梓潼帝君关系密切。[②] 此经在思想内容上既沿袭了宋朝构建的新“天命”统治秩序，又具有显著的消灾救劫、护国佑民的政治意图。

因此经的特殊内涵，印刷术普及之下，元、明以降《玉皇经》大量刊印、传抄，上至皇家、下至黎民百姓均广泛传抄读诵，明清两代涌现出多种抄本和刊本，其体例各不相同。除谢聪辉著作中所列6种明本、8种清本外，清乾隆九年（1745）至嘉庆二十年（1815）官修的《秘殿珠林》收入《玉皇经》抄本4种，含元本1种、明本2种、清本1种，其中包括明万历四十二年（1614）的御敕写本与乾隆九年（1745）的御书本。[③] 在奉佛贬道的乾隆时期，《高上玉皇本行集经》竟得到御书，足见其影响之盛。

明、清两朝，民间刊本和写本层出不穷。与之相应，玉皇经系也不断发展和壮大。明万历年间，《皇经集注》被收入《续道藏》；清嘉庆年间，蒋元庭将明本未收的和新出的道书纳入《道藏辑要》，玉皇经系道书5种被纳入箕集8—9中，分别是《高上玉皇本行集经阐微》、《高上玉皇心印妙经注》（八祖合注）、《心印妙经解》（终南八祖说）、《高上玉皇心印妙经注》（蜀抱

---

① 谢聪辉：《新天帝之命：玉皇、梓潼与飞鸾》，台北：台湾商务印书馆股份有限公司，2013年，第168—169页。

② 施舟人（Kristofer Schipper）先生的观点与此不谋而合，他发现《高上玉皇本行集经》中许多引文都出自《玉清无极总真文昌大洞仙经》（如5.17a，25b等处）。参见Kristofer Schipper and Franciscus Verellen. *The Taoist Canon*: *A Historical Companion to the Daozang*. Chicago&London: the University of Chicago Press, 2004. pp. 1097.

③ ［清］张照纂：《秘殿珠林》卷一“道氏经轴”、卷十五“道氏经册”，文渊阁《四库全书》本。

真子注)、《玉皇心印妙经》(玄谷帝君注)。[①]

这显示出，明清以来《玉皇经》的刊刻、抄写已成为积累功德和福报的重要手段。《玉皇经》乃至已突破道门的局限，开始在全社会广泛流传。这种时代潮流可以在德国巴伐利亚州立图书馆藏的瑶族《玉皇经》抄本中得到佐证。声名显赫的《玉皇经》传入瑶族后，其传播之广、抄本数量之众，居金门瑶所有经书抄本前列。瑶族《玉皇经》抄本的版本类型如何？其主要内容和思想内容是什么？下文将围绕这些问题展开论述。

第一节　版本、结构与成书时间

德国巴伐利亚州立图书馆藏的瑶族《玉皇经》抄本中，已编目的有 14 种，此外笔者在未编目抄本中又发现了 6 种，共计 20 种。所有抄本中，上卷 4 种，中卷 9 种，下卷 7 种。这些抄本均按三卷分三册单列，前文提及的明清抄本及刊本亦皆三卷单列，可知其版本源头基本不出明清单行本之范围。下表为瑶族《玉皇经》抄本的基本情况：

---

① 赵宗诚：《〈道藏辑要〉的编纂与增补》，《四川文物》1995 年第 2 期。

表 1　巴伐利亚州立图书馆藏瑶族《玉皇经》基本情况表（笔者制）①

卷次	编号 cod. sin.	经题	篇数	行字	文本状况	人名	时间
卷上	625	玉皇上卷；玉皇上卷经；太上洞玄灵宝高上玉皇本行集经	21	每半篇9列；每列18－20字	纸张柔软、字迹大、书写潦草	黎经运	乾隆五十三年(1788)次戊申岁七月二十二日
	922	玉皇上卷；高上玉皇本行集经卷上	25	每半篇8列；每列14－16字	字大、书写工整	李道真；李玄开；盘云通；盘玄经/凉；□经颜	□□□□□三年正月十五
	999	一本玉皇上卷；高上玉皇本行集经	8	每半篇17－19列；每列30－32字	字小、书写整齐但歪斜、无提行、无分段、缺字别字多	李道圣	十月十五日酉时

① 每个阙字标一“□”，抄本中未见或写作时未知之项标“N”。“篇数”包括封面、封底和所有写有文字或图画的书页，空白页不计入。一篇分两页，上页用“篇码＋a”标识，下页用“篇码＋b”标识，后文同。本表中部分内容参考了德文版《瑶族手抄本索引》（Thomas O. Höllmann und Michael Friedrich eds.，Botshaften an die Goetter. *Religioese Handschriften der Yao. Teil I: Bestande der Bayerischen Staatsbibliothek Munchen. cod. sin.* 147 *bis. cod. sin.* 1045. Stuttgart：Franz Steiner Verlag，2004.）。

续表

	2639	玉皇经书上卷	22	每半篇9列；每列19－20字	书法精美、字迹工整	李院莲	咸丰五年乙卯岁(1855)仲夏月念(廿)六日
卷中	270	玉皇中卷；高上玉皇本行集经卷之中	17	每半篇9列；每列21－22字	字迹工整精美	李妙福；邓道论	咸丰五年(1855)季春月朔六日
	611	玉皇中卷；高上玉皇本行集经卷中	13	每半篇11－13列；每列21－22字	开本大，薄，字小但工整	蒋胜选；蒋道亮	皇号嘉庆戊寅岁(1818)十一月十八日
	612	高上玉皇经；玉皇经中卷	20	每半篇8列；每列14－18字	字迹较粗，工整	邓妙任；黄经泰；李妙辉	N
	805	玉皇经中卷；高上玉皇本行集经卷之终	31	每半篇7列；每列11－14字	字大，楷书工整美观	邓云恩	N

续表

卷中	827	玉皇经中卷;高上玉皇本行集经卷中	17	每半篇8列;每列20字	字迹较工整	邓经恩	丙寅岁此重阳月初旬
	855	玉皇经中卷经;高上玉皇本行集经中卷	13	每半篇11－12列;每列17－19字	成色新,纸张粗糙,边缘不齐,字迹歪斜	李道贤	太岁戊寅年秋月望日未时
	888	玉皇经中卷;高上玉皇本行集经卷中	15	每半篇10－11列;每列20－21字	中楷,字迹工整漂亮	李妙杰;许道圣	N
	1140	玉皇经中卷	27	每半篇9列;每列14－16字	字迹工整精美	盘玄秘;盘道席;盘经珍;邓妙灵;潘治农	道光十七年丁酉岁(1837年)八月初七
	2687	玉皇中卷	N①	N	字迹一般	邓演飆;李玄机;邓需□	太岁戊寅年十二月

① 笔者对11种抄本进行了全文拍照,因内容雷同,仅对剩下的9种抄本(cod. sin. 611、cod. sin. 627、cod. sin. 676、cod. sin. 805、cod. sin. 855、cod. sin. 888、cod. sin. 1141、cod. sin. 2687、cod. sin. 2636)进行翻阅摘要。故三种未编目抄本cod. sin. 2687、cod. sin. 1141、cod. sin. 2636的篇数、列数和字数不详。

续表

卷下	323	玉皇下卷；太上洞玄灵宝高上玉皇本行集经下卷	19	每半篇9列；每列15字	字大工整，文本较旧，有黄渍	李玉琏 李妙庆 李玄琼 李妙阶	咸丰玖年(1859)五月贰十参
	627	玉皇下卷书；玉皇卷下	17	每半篇10列；每列15－19字	字迹一般	邓经尊	嘉庆十三年(1808)三月二十六日
	676	玉皇下卷；太上洞玄灵宝高上玉皇本行集经下卷；太阳经在尾	11	每半篇8列；每列20－22字	较薄，字迹清晰	李妙选；邓道真；李应寿；邓经富	太岁丁巳年十初四日
	894	玉皇经下卷；高上玉皇本行集经下卷	20	每半篇8列；每列18－19字	字大工整，纸张发黄有污渍	盘妙能	N
	2688	玉皇下卷；太阳经在尾	12	每半篇11列；每列20－24字	字小工整，纸张下半有“V”状污渍	邓演馡；李玄机；邓金盛	太岁戊寅年十二月

由上可见，德国巴伐利亚州立图书馆藏的瑶族《玉皇经》抄本大多写于清代，横跨 18—19 世纪的 100 余年，最早者 cod. sin. 625 写成于乾隆五十三年（1788）。这批抄本的版本信息十分丰富，遗憾的是，除 cod. sin. 2687 “玉皇卷中”和 cod. sin. 2688 “玉皇卷下”明显可见出自同一人之手以外，大部分抄本的三册之间无法建立关联，为完整研究三卷三册的《玉皇经》版本带来困难。

瑶族《玉皇经》抄本固然标明了抄写时间，然抄写时所宗依的版本如何、成书于何年仍悬而未决。而且，这批抄本的上、中、下卷的版本结构并非单一，而是各自呈现出数个不同版本，各版在《高上玉皇本行集经》前后增加的内容甚多。这些增加和相异的部分成为本书研究的切入口，故首先分别对上、中、下各册的版本结构和成书时代进行考据。

一 卷上

所有《玉皇经》卷上抄本中，正文前都有较繁复的诵经仪轨。仪轨内容不同，体例亦异，可分两类：

1. 正文前有“持经要诀”等诸多内容，称“持经要诀版”，包括 cod. sin. 625（抄成于 1788 年）和 cod. sin. 922（抄成于 1843 年）。“持经要诀”版体例如下：

（1）持经要诀；

（2）持诵礼法，顺序依次为：神咒（净心神咒、净口神咒、净身神咒、安土地神咒、净天地神咒、金光神咒），长跪礼奉（“仰启三清境，无上三境尊……”），志心皈命礼，长跪忏悔和志心发愿，开经咒，示诵经法；

（3）皇经正文：与《道藏》白文版《高上玉皇本行集经》一致；

（4）诗赞："无极大道，元始法王，宝珠一粒在中央，说法放光明，流演玄网。"[①]

"持经要诀"内容为："凡诵经者，必先志心诚意，盥漱斋沐，严整衣冠，焚香正身端坐，洗心涤虑，绝念忘情，思真如对，然后朗诵……"。这段内容在《道藏》及《道藏辑要》中皆不见出处，但与天津图书馆藏《高上玉皇本行集经》刻本完全一致，该刻本出自天津小直沽天后宫，黄绫封面，经折装，一函三册，每半页三行八字，首有玉帝、天尊像六幅，末有刻印者题识："天后宫原存《玉皇经》版三卷一部……因年久，残损颇多，现经住持等募化修补，承信士赞助，遂将该版修整完竣……中华民国廿七年岁次戊寅九月"。印数合计仅十部。[②] 1938年复刻于天津的，极有可能与瑶族"持经要诀版"出自同一版本。

除去细微不同，[③] 此版中的"持诵礼法"与和《续道藏·皇行集注》卷一开头部分的诵经仪轨完全一致，唯此版舍其注释，仅录正文。《皇经集注》题"嗣汉五十代天师大真人张国祥校，

① 此诗赞仅见于cod. sin. 922中，cod. sin. 625未见，故不能作为此版《玉皇经》的固定内容并依之断代。

② 张金环：《天津图书馆藏〈高上玉皇本行集经〉述略》，《图书馆工作与研究》2010年第2期。

③ 细微不同之处有：《皇经集注》中的"玄蕴咒"在cod. sin. 625中改为"开经偈"，并且舍去了"志心归命礼太上"之后的十句；《皇经集注》中对此咒的批注为"念此十句圣语，当一句一拜，如不能逐句拜，先一拜，将语全念，后九拜，只念玉皇大天尊玄穹高上帝亦可，礼完，端坐诵经"，瑶经将其概说并用小字标出；《皇经集注》中在长跪忏悔、志心发愿后有"皈依三宝道经师"，瑶经把其位置移到了"开经咒"之后，用一句"大罗三宝天尊"代替。

状元方外隐江西吉水罗洪先阅，山东济南小兆臣周玄贞集”，卷一中三篇序言分别出罗洪先（万历十三年）、周玄贞（万历十五年）、王静粹（万历十六年），可知该经是万历十六年（1588）以后所集录。[①] 此时间可视为此版所宗经版的成书上限。

故“持经要诀版”的成书时间在1588—1788年之间。又cod. sin. 625题为“太上洞玄灵宝高上玉皇本行集经”，将“太上洞玄灵宝”冠于经题前、又契合此时间区间的，有日本内阁文库藏明末清初陈尧勋刊本（约出1640年前后）和中国台湾高雄蔡家所藏光绪王本［标为“光绪四年”（1848）］[②]。可见“持经要诀版”很可能成书于1640年以后，且传抄地域甚广。

2. 正文前有“经序”等诸多内容，称“经序版”，包括cod. sin. 999和cod. sin. 2639（抄成于1855年）。“经序”版体例如下：

（1）经序；

（2）持经诸戒：先引《高上玉皇本行集经》“天真护持品”中内容，再列十二条持经诸戒于后；

（3）持诵礼法：先为类似“持经要诀”的内容；[③] 后为神咒（净心口神咒、净身神咒、安土地神咒、净天地神咒、金光神咒、卫灵神咒）；

（4）发炉；

---

① 《道藏》，文物出版社、上海书店、天津古籍出版社联合出版，1988年，第34册，第629—631页。（以下凡引此书，俱为此本，不再出出版者信息）

② 谢聪辉：《新天帝之命：玉皇、梓潼与飞鸾》，台北：台湾商务印书馆股份有限公司，2013年，第26—29页。

③ 此处“持经要诀”文字与前版不同，为：“凡欲诵，当尊奉前持诵诸戒，或净室、或圣前像倪首，叩齿三十六通，存想玉帝及诸真圣众降临法会，以净水洒内外，念‘神水解秽天尊’四声，然后念咒。”

（5）此后为礼奉（“仰启三清境，无上三境尊……”），志心归命礼，长跪忏悔，志心发愿忏经，玄蕴咒，称扬玉帝宝号；

（6）皇经正文：与《道藏》白文版《高上玉皇本行集经》一致；

本版中“经序”文学修养较高，余处皆未见。其原文为：

> 道在天地间，无形色声臭之可见闻，大而日月星辰之运，小而山林草木之众，隐而幽冥鬼神之变化，显而人伦日用之常行，以至应事接物，制用器数之未何，莫而非道之所寓也。故曰：道者，一阴一阳之谓也。又曰：形而上者是也。恭惟本行集经，乃天尊真一不二之秘语，玉皇开度化身之良因，字字句句，探积钩玄，盖沙纪谈，夫浮黎授道之初现路，微上宫机域之妙具。俾大地众生，冥心向道，其丧失真源者，持而循之，可妙超凡入圣；迷惑情欲者，敬而诵之，可以洗涤愆尤。内之所以存心养性，外之所以济人利物，祈祷雨赐，芙治邪魔，丰功盛德，浩渺难名，所谓大不可思议者此也。吾国家列圣后妃尊奉是经，持戒专一，增长清信，盖已多年，遂获国土安平，人民乐业，今然字守心者，虔发恳枕，损金命工绣梓，仍于各章之下刊缋诸天尊圣景像，普施十方，善男子信女人，俾得朝夕间亟礼诵，上以绵延国祚，下以超度九玄，次祈行藏协吉，水陆平宁，凡在皈依，同臻妙道。

此“经序”由三部分构成：一、阐发道体；二、明皇经的缘起和利益；三、叙刊刻因由。第一部分中用“无形色声臭”“形而上者”等文句描述道体，四十三代天师张宇初（1361—

1410)《岘泉集》卷一载："有则言其本之实体，无即无声无臭，形而上者是也。"① 此书前有永乐五年（1407）序言两篇，断其成书时间应在此前后。

"道者，一阴一阳之谓也"之句见于清魏荔彤（1670—?）《大易通解》卷一。② 从"经序"中这两处引文可知，此版多成书于 1670 年以后的康熙、雍正朝。序中"吾国家列圣后妃尊奉是经，持戒专一，增长清信，盖已多年"亦可佐证此版出于清代。

本版"发炉"部分内容为：

> 无上三天玄元始三气太上老君，召出臣身中三五功曹，香官使者，左右龙虎将君，侍香金童，散花玉女，传臣所言，弟子臣厶甲为事诵经，愿得十方正真生气下降流入臣厶厶身中，今臣所启速达径御无极大道，三清上圣昊天玉皇上帝御前陛下。合掌礼跪。

"发炉"中召请的"三五功曹""龙虎将君"等神，具有明显的正一道色彩。值得注意的是，为诵经目的而进行发炉，在《道藏》中甚为少见。此段内容与台湾"故宫博物院"藏黄绫本皇经［明嘉靖辛卯年（1531）御制］中的"发炉"内容高度相似，但瑶族抄本较简省。黄绫本皇经中的"发炉"内容为：

> 无上三天真元始三炁高上玉皇大道君，召出臣身中三五功曹，左右香官使者，左右龙虎君，捧香驿龙骑吏，侍香诸灵官，侍香金童，传言玉女，五帝直符、直日使者，各三十

① 《道藏》第 33 册，第 189 页。
② （清）魏荔彤纂：《大易通解》卷一，文渊阁《四库全书》本。

六人出。出者严装，关启此间土地里域真官，臣今正尔烧香，奏为入意，令臣诵经之所，金童杨烟，灵妃散花，三界真圣，仰祈降鉴。

伏愿某甲诵经之后，真炁周流，上以保全宗社，安奉帝王，禳兵戈、水火之灾，除疫病、旱蝗之厄；中以祝延永命，保佑阖门，消九星八难之迍，免五苦三灾之累；下以落名黑简，脱籍鬼乡，七祖升仙，先亡证道；次祈人民异姓，乘教法而万福兴隆，山泽含灵，感圣功而咸超道岸，伏冀臣疾患不侵，灾殃扫荡，思真慕道，延想丹华，涤虑澄心，以祈轻举，济人助国，立功为先。凡有所祈，克获通感，天上天下，咸乞闻知，愿得太上十方正真生炁，降流入臣某身中，今臣所启，速达径御至真无极大道，三清上圣，昊天玉皇上帝御前。①

谢聪辉先生通过相似的“发炉”文来论证《高上玉皇本行集经》和《文昌大洞仙经》间的紧密关系。对比可知，黄绫本皇经与瑶族抄本的“发炉辞”内容结构基本相似，故谢的结论也适用于瑶经。

与黄绫本不同的是，瑶经发炉文省略了请神出官的后半部分内容，并把诵经后的祈请回向文完全舍去。瑶经发炉文首句奉请之神为“太上老君”，而非《高上玉皇本行集经》所对应的主神“高上玉皇大道君”，这可视作依循瑶经“发炉”惯例而抄记之痕迹。瑶经发炉文最后多出一句“合掌礼跪”，意为此后须合掌

① 谢聪辉：《新天帝之命：玉皇、梓潼与飞鸾》，台北：台湾商务印书馆股份有限公司，2013年，第161页。

跪诵，从“合掌”一语，可见该抄版成书之时，瑶族信仰中已渗入佛教色彩，这当是明清时代地方社会中佛、道信仰交融的印记。

由上可知，“经序版”的成书年代应在 1670 年至 1855 年之间。

二　卷中

按体例亦可分为两种：

1.“净版”，仅有《道藏》白文本《高上玉皇本行集经》卷中，包括 cod. sin. 888 和 cod. sin. 2687 两种。这两个文本中并无可资断代的依据，但 cod. sin. 2687 与 cod. sin. 2688（本经卷下）装帧、字迹、署名、日期皆相同，出自同一人“邓演飙”之手，故可参考后文中 cod. sin. 2688 的断代结论。

2.“诗赞版”，正文内容基于《道藏》白文本《高上玉皇本行集经》卷中，但细节处多处来自《续道藏》的《皇经集注》[①]，故此版成书上限不超过万历十六年（1588）。此版多于文后附“诗赞”，包括 cod. sin. 270（抄成于 1855 年）、cod. sin. 827（抄成于 1866 或 1926 年）、cod. sin. 1140（抄成于 1837 年）、

① “诗赞版”中有多处白文本《玉皇经》中未见、但《皇经集注》中可见的经文，列后：(1)“是时五老帝君拜受已，及诸天神圣众，稽首礼谢天尊玉帝，仰奉道旨”，见《皇经集注》卷五中后部；(2) 在“五老秘文”前添加说明性文字如“右度人录仙”“右制星”“右制魔”“右制水”，见《皇经集注》卷五至卷六；(3) 中央元老黄帝的制魔秘文增加了十六个字：“中黄总气，统摄无穷，镇星吐辉，流炼神宫”，后文中“玉篇真文合一百四十四字”中相应变成“玉篇真文合一百六十字”，见《皇经集注》卷五末；(4)“玉皇功德品第三”开头处增加八个字“汝当复坐，五（吾）为宣说”，见《皇经集注》卷六中。

cod. sin. 611（抄成于1818年）、cod. sin. 855（抄成于1938年）、cod. sin. 805、cod. sin. 612等多种抄本。

除cod. sin. 612外，上述诸抄本正文后都附“诗赞”四句：“玄中教主大法师，流芳演派度群迷，紫气贯经霓清净，无为天地悉皆归。”cod. sin. 805中还在此赞后加“玉皇赦罪大天尊”一句。此赞未见《道藏》，但“玄中教主大法师”和“玉皇赦罪大天尊”之话语都与宋元道法渊源颇深。后文将详细阐述。

cod. sin. 612中有两段特殊文本。

一是抄本中有错页，在“制水中万精，主召交龙，兴云致雨以负身”至“此至真之妙文，神应自然，致天高澄”之间，夹杂一页与内容无干的文本：

> 财賄等件教有奉送，偈文即当赞诵（钹音），嘱咐从人路向东，参随亡者往天宫，滦河江畔困便歇，有力长行急自风。嘱咐从人路向南，衣裳行里好挑担，前世有缘今日遇，莫论前三及后三。嘱咐从人路向西，休言长短说高低，好担钱笼并钱贯，莫钱文莫非为。嘱咐从人路行北，莫与主人乱相净，有酒有饭两分吃，莫听别人教你生。嘱咐从人路向中，有些好恶慢商量，听他使唤听他叫，莫交迟慢棒来伤。嘱咐从人茆大鄉，好担行里莫差陀，主人叫你轻轻应，休言推脱说如何。嘱咐茆人好说取，出路行程莫怨苦，买得你来伏侍他，有福同归快乐天，从人出路莫应口，去处主人共相寻。

此为瑶族度亡道场中“做从人”时的唱念词，这段经文属金门道方丧葬科仪书。美国国会图书馆藏的瑶族手抄本AE011

号中有“嘱咐从人歌”，内容与此处基本一致。这段内容反映了孝家通过道公对从人的嘱咐和要求，是一种特殊的歌体“契约”。[①]“嘱咐从人歌”是瑶族特有的丧葬仪式文本，旁证了此抄本主人的民族身份。

从人，又称茆人，即纸扎草人，经法师和坛场科仪的仪式化“改造”后，变为亡灵在阴间的奴仆和侍从，主家请法师“买”来为亡灵做挑担、侍卫等工作，与亡灵属于主仆关系。“嘱咐从人”一语带有明显的方言色彩，以此语指代“使唤仆役”的用法，见明抱瓮老人辑《今古奇观》：“私下嘱咐从人道：‘开船！两日后方可禀知主人。’”[②]此书早期刊本始于明末崇祯五至十七年（1632—1644），故知瑶族“嘱咐从人科”的出现不应早于这一时期。

二是 cod. sin. 612 末抄有一则《太上老君说黄妙经》，但其下并无经文，经名之下仅录诸神祇名号：

---

① 参见何红一：《美国国会图书馆馆藏瑶族文献研究》，中国社会科学出版社，2017 年，第 186—194 页。何书中所录的“嘱咐从人歌”和 cod. sin. 612 中的文本大致相同，其内容全文为：“嘱咐从人路向东，参随亡者升天宫，奈何江畔困便歇，有力长行急随风。嘱咐从人路向南，衣裳行李好担挑，前世有缘今日遇，莫论前三及后三。嘱咐从人路向西，休言长短说高低，好担钱笼并钱贯，莫偷物，莫非为。嘱咐从人路北行，莫与主人乱相争，有酒有饮两分吃，休听别人教生疏。嘱咐从人路向中，有些好恶慢商量，听他使唤听他叫，莫交迟慢棒来伤。嘱咐从人茆大郎，好担行里莫蹉跎，主人叫你轻轻应，休言催物说如何。嘱咐茆郎好记取，出路行程莫怒吾，买得你来服侍他，有福同归快乐天。从人出路莫应口，去处主人共相寻，莫要争吃主人醋，被骂被嫌方可由。嘱咐从人周完了，嘱咐从人专听言，休贪花色失钱财，谨记好收莫要抛。嘱咐你了在今时，千万随他莫要离，天热天寒你也去，喝水喝汤忍肚饥。若你再逃捉得你，长枷扭锁送阎王，黄泉无兄又无弟，又无姐妹及妻儿。一年守等七月节，目连赦罪得回归，十五中元皆贺日，家家斋供献亡衣。衣裳任从你穿着，由你拍手唱啰哩，一二三四嘱咐你，蜘蛛结网慢寻丝。认取本来直正面，直登九品至莲池，道教依言嘱咐你，参随亡者礼慈悲。”

② （明）抱瓮老人：《今古奇观》，北京：光明日报出版社，2014 年，第 49 页。

太上元始天尊，太上老君，太上道君，玉皇上帝，天皇上帝，北极上帝，紫微大帝，主（注）生大帝，右异真君，左圣真君，修罗真君，独阴真君，保命真君，救苦真君，消灾真君，三官真君，四圣真君，太阳真君，太阴真君，罗睺真君。

上列神名明显可见宋元星斗崇拜、符箓道法的色彩，其中的“太阳真君”与下文提及的《太阳经》出自相同的民间信仰，可对应参详。另“黄妙经”之名未见《道藏》，仅宋王尧臣撰《崇文总目》中阙经目内有《太上老君中黄妙经》之名，[①] 故《太上老君说黄妙经》可能为瑶族据此经名附会仿写。此外，“太上老君说某某经”的格式广泛见于瑶族最大部头的经书合集《诸品经》中。

此版本可能出自明末清初至1818年之间。

三　卷下

《玉皇经》卷下分三个版本：

1. 卷末有玉皇经系其他经诰，称“经诰版”，包括cod. sin. 323（抄成于1859年）、cod. sin. 627（抄成于1808年）。主要体例为：

（1）《高上玉皇本行集经》卷下；

（2）玉皇经纂；

① 《崇文总目》卷九“道书类”载“太上老君中黄妙经一卷（阙）”，卷四“道书类三”载“太上老君中黄妙经一卷（原释）”，“以下俱阙，见天一阁抄本”。

（3）玉皇心印经；

（4）弥罗宝诰（太上弥罗无上天……）。

“玉皇经纂”即“玉皇经赞”，内容为：

> 金阙玄穹主，高上玉皇尊，诸佛圣师，万天帝主，演三卷五品之妙法，周十号万德之洪名，放十七大光明，示三十种功德，拔度生死，运化古今，一万二千三十六字。

此段内容在瑶族经书中相当普遍，却未见于《道藏》。此“玉皇经纂”与明永乐本（1424）、台湾“故宫博物院”黄绫本（1473、1531）中的“谢诰补阙志心归命”一致。[①]

“经诰版”文理畅达，较偏重教理，便于个人读诵与修炼，底本成书时间应较早。

2. 卷末收经仪轨较多，称“经科版”，包括 cod. sin. 894、cod. sin. 1141（抄成于 1886 年）、cod. sin. 2636（抄成于 1847 年）。体例为：

（1）《高上玉皇本行集经》卷下；

（2）玉皇心印经；

（3）玉皇经纂；

（4）回向忏悔文：“龙章凤篆已殚歌咏之诚……玉经中无鞅数神仙不可思议功德”；

（5）收金光神咒；

“经科版”中的“回向忏悔文”出自《续道藏》的《皇经集注》（1588 年后）。

---

① 谢聪辉：《新天帝之命：玉皇、梓潼与飞鸾》，台北：台湾商务印书馆股份有限公司，2013 年，第 157—158 页。

“收金光神咒”为：

元始天尊，修炼雷霆，日月交泰，星宿璇玑，五炁皎结，运动乾坤，威震霹雳，邪鬼灭刑（形），五明交合，万道明辉，周行事毕，随及归身，五灵混合，我道长生，嗫哩嚬呖，啤鸣哩啧，吁哼嗙哩……大有妙庭，急急如律令。

此咒与《道法会元》卷76“雷霆火师奥旨”中的“归心咒”相似。《道法会元》汇集宋元以来清微、上清、神霄、正一、混元等诸派道法，以道为本、以法为用，亦尊雷法。[①] 其成书时间为1403—1444年间。[②]

“收金光神咒”下标“即是复取金光神咒即以发炉用”，卷上“经序”版亦用“发炉”，此二版或为一套。

“经科版”注重科教仪轨，诵经同时配合内修外炼，成书上限为明代晚期。

3. 卷末附《太阳经》，称“太阳经版”。包括cod. sin. 676和cod. sin. 2688。这两经上落款都仅标“太岁”，不著年号。本文第三章对此专门做出研究与比对，发现cod. sin. 676与美国国会图书馆藏AA009、AA010《尊典经》抄本的人名、时间装帧皆相同，无疑为同套，cod. sin. 2688亦有《尊典经》《玉枢经》等数种同套抄本。研究发现，cod. sin. 676上标“太岁丁巳年”为咸丰七年（1857），cod. sin. 2688上标的抄写时间“太岁戊寅年”为嘉庆三十二年（1818）。

---

① 丁培仁：《增注新修道藏目录》，成都：巴蜀书社，2008年，第336页。

② 李东哲：《〈道法会元〉雷法研究》，云南民族大学硕士学位论文，2011年，第19—20页。

《玉皇经》卷下“太阳经版”的体例为：

（1）《高上玉皇本行集经》卷下；

（2）玉皇心印经；

（3）太阳经，下方标“此诵是太阳经启”，后接内容：

> 太上说礼谢太阳阴阳消灾护命妙经，太阳出现满天红，昼夜行来不住停，行得快来推人老，行得迟来道不清，家家门户都走过，道西入地定更鸣，天上无我不昼夜，地下无我少收成，纯阴无阳物不变，饿死黎民吾众生，个个神灵有人敬，哪敬我太阳神。太阳冬月十九生，家家念佛点明灯，有人传我太阳经，合家大小免灾星，南无明明珠光佛，传与善男信女人，霹雳无私震一声，世间善恶甚寂明，人能日日行方便，无灾无难福自生。

《太阳经》为流传甚广的民间道书，其来源、出处不尽相同。清《顺德县志》载：“佛氏又有诵《太阳经》《太阴经》之说……顺德俗，每于岁之八月二十五日，妇女群为日娘称祝……县东门外，有某妇名‘日娘’者，素工刺绣，小女子从学者多。既死，无子，其徒遂相率于其生日致祭，八月廿五即其生日，故他县皆无之，因其为女红师，故其祀事遍一邑也。”① 顺德县的《太阳经》为祭祀绣女日娘，然其具体经文未见载，且‘日娘’的生日及技能、威德均与此经中相异。

查阅民国一批地方志可知，《太阳经》为民间教门“三点会”（又称“清门教”“理门”“玄门”）的经书，“三点会”宗

---

① （清）郭汝诚修，冯奉初纂：［咸丰］《顺德县志》，清咸丰三年（1853），第32卷。

旨在于匡扶明室。《定海县志》载："三月十九日，各寺庙设醮诵经，相传为明朝国难日，讳之曰'太阳生日'。俗称《太阳经》'太阳明明朱光佛，三月十九午时生，家家户户点红灯'等语，朱即明之国姓也。"①

《新河县志·风土考》载："'三点会'创于尹来凤、杨来玉，二姓并称取一阴一阳之意。以每年三月十九日为太阳生日，必奉读太阳经。其信徒遍畿南，近则烟瘾酒徒多入其教，其目的则在入教有所拘管，必能断绝烟酒。"② 此教门中，"三点会"之名来源于明朝年号"洪武"之"洪"字，称尹来凤为"圣"、杨来玉为"祖"，三月十九日则为即李自成陷京师、崇祯皇帝以身殉国之日，此日被奉为太阳生日。依此教义，"太阳"生日乃崇祯死期，"太阳真君"很可能为崇祯死后魂神所化。又有说法称三月十九日为明太祖生日。无论取哪种说法，"太阳"寓意光明，无疑暗指明代帝王。此门又并称一阴一阳，附会易理，取阴阳、日月交辉为"明"字之象，以表达其反清复明的政治意图。这与瑶族《太阳经》经题"太上说礼谢太阳阴阳消灾护命妙经"中"阴阳"二字相呼应。

"三点会"传播甚广，有清一代因屡遭镇压，其秘密性日益增强，经书、仪式逐渐发生改变，乃至后续入教者已不知其教的本意了。录民国元年至十八年（1912—1929）之事的《泰县志》"宫观"中记有"清门教"："持斋设供，农民奉者尤多，其神为

① 陈训正、马瀛纂修：［民国］《定海县志》，民国十三年（1924）铅印本，第16卷，第54页。

② 傅振伦纂修：［民国］《新河县志》，民国十八年（1929）铅印本，第4册，第35页。

背象之冕毓帝王，曰朱天君，佛偈之外，有《太阳经》，察其用意，创此教者，殆为明之遗民，欲复明室，故经句云：‘三月十九太阳生，家家念佛点红灯。’此日即是崇祯皇帝殉国日也。清廷视为白莲余孽，禁止之，光绪中州牧刘汝贤拘该教多人，灌以肉汁，枷以肉片，宜可肃清矣。讵知以政令压迫宗教者，转足以使信心增至今，今社虽墟，而该教依然存在，盖愚民但知信教祈福，而不知创教者之用心也。”①

由上可知，《太阳经》的创始时间必晚于明亡的1644年。其经在清代被禁，没入地下，但其流传并未停止，至民国初年复苏。在清代秘密传播的过程中，《太阳经》的文本也发生了较大改变，瑶经中所见《太阳经》的改变主要体现在：

第一，经题改变，《太阳经》的经题变为《太上说礼谢太阳阴阳消灾护命妙经》。这一题目符合瑶族代表性经书《诸品经》中惯用的“太上说某某经”的体例，可见其经是经过有意识整合后，冠上“太上”之名，增加其神圣性、改变经文源出方式之后，才成为瑶经的组成部分。另一方面，既然瑶族有能力吸纳与改编《太阳经》等民间教门的经书，说明在《太阳经》传入瑶区前，瑶族“太上系”经书体系就已成型。《太阳经》的进入，不过是瑶族宗教经文创设系统“旧瓶装新酒”的成功尝试。

第二，经中“太阳”的生日发生了改变，由明亡的“三月十九”变成了“冬月十九”，或许是在传抄中文本发生变化，或许是瑶族在吸纳《太阳经》时有意改动，以淡化其秘密宗教之政治色彩。

---

① 王景涛、张烽修；单毓元等纂：[民国]《泰县志稿》，民国30卷抄本，第26卷，第25—26页。

见载的《太阳经》传播区域多为江苏、浙江一带，其地域可与瑶族居留、迁徙史互参。“三点会”活跃于清代及民国时期，瑶族两种《太阳经》抄本亦出自清中叶嘉庆、咸丰二朝，在时间上刚好重合。在考察和还原瑶族“太阳经”的建构过程时，不应该忽略民间玉皇信仰与远古太阳神崇拜之间的关联。有学者调研发现，客家人崇拜的天公即“日头公”（即太阳），闽南地区岁时民俗也在正月初九“天公生”祭祀太阳。[①] 由此可知，瑶经“太阳经版”必源出于江、浙、闽一带，该版中《玉皇经》《太阳经》两经共本，其实质为通过“太阳”这一媒介，将玉皇信仰和“三点会”教门的信仰结合起来——经中的“太阳”既对应玉皇大帝，又对应明代帝王。在现实中失去权力的明代帝王，或许在宗教世界里被视为玉皇大帝的化身。

综上所述，德国巴伐利亚州立图书馆藏的金门瑶《玉皇经》抄本的版本特点、成书年代可汇总为：

① 参见陈育伦、林拓：《从太阳崇拜到玉皇信仰》，载于陈国强、陈炎正：《闽台玉皇文化研究》，香港：香港闽南人出版有限公司，1996年，第61—66页。

表 2　巴伐利亚州立图书馆藏金门瑶《玉皇经》版本特点（笔者制）

卷别	版本	内容构成	形成时期	文本特点	文本编号 cod. sin.
《玉皇经》上卷	“持经要诀”版	持经要诀，持诵礼法，皇经正文，诗赞。	清代早期（1640—1788）	宗依《皇经集注》中的持诵仪轨，冠以“灵宝经”之题	625、922
	“经序”版	经序，持经诸戒，持诵礼法，发炉，归命忏悔，皇经正文。	清代（1670—1855）	依清代刊本抄写，诵前发炉等仪轨完善	999、2639
《玉皇经》中卷	净版	皇经正文	清代	无	888、2687
	“诗赞”版	皇经正文，诗赞	明末清初—1818 年	宋元符箓道派特点鲜明	270、611、612、805、827、855、1140
《玉皇经》下卷	“经诰”版	皇经正文，玉皇经纂，心印经，弥罗诰	清代前半叶—1808 年以前	偏重教理和个人读诵	323、627
	“经科”版	皇经正文，心印经，玉皇经纂，回向忏悔文，收金光神咒	明末清初—1847 年	注重诵经仪轨，配合雷法修炼	894、1141、2636
	“太阳经”版	皇经正文，心印经，太阳经	清代中叶（1818—1857）	玉皇信仰和反清复明的民间教门的杂糅	676、2688

因抄写者相同这一信息可知，中卷“净版”与下卷“太阳经版”属于同套，这套抄本约出于清中叶嘉庆朝，为瑶族玉皇信仰与本地太阳信仰、反清复明的教门信仰杂糅的结果，是《玉皇经》在地化、简略化与民族化的结果。

比对诵经仪轨特点可知，上卷“经序版”与下卷“经科版”属于同套，这套抄本出于清咸丰朝以前，其内容丰富、注重诵经仪轨，为瑶族《玉皇经》繁本。诵经时须结合内修外炼，带有浓厚的符箓道法色彩。

第二节 内容特点及思想倾向

明清以降，玉皇信仰兴盛，《玉皇经》大规模传抄印行。乾隆年间官修的《秘殿珠林》中收乾隆九年（1745）春季下浣七日御书本《玉皇经》。乾隆御笔的道经，包括《太上护命妙经》《清静经》《玉皇经》《阴符经》《黄庭经》《三元宝诰》几种[①]，除《玉皇经》和《三元宝诰》之外，其他几类均为宗教性很弱的炼养类经典，可见《玉皇经》对崇佛的清朝皇室亦影响甚巨。抄经当然不仅为书法创作，更含有消灾祈福的主观期望，抄写《玉皇经》可能与此经所独有的救世功能、政治用途直接相关。联系到《玉皇经》的产生与宋代构建新“天命”意图之间的内在勾连，不难想象，封建时代末期的清朝皇室亦通过对此经的重视和抄写来承续“天命”，并自觉整合到《玉皇经》所代表的汉

① ［清］张照纂：《秘殿珠林》，文渊阁《四库全书》本，卷一、卷二。

族文明所建构起来的神圣性秩序中，其根本目的是巩固自身的统治，政治诉求不言自明。

在皇室的默许或倡导下，刊印、抄写《玉皇经》以祈福禳灾的风气遍及全国，瑶族居住区也未能例外。cod. sin. 625 是德国巴伐利亚州立图书馆藏瑶族《玉皇经》抄本中抄写年代最早的，第二页标“乾隆五十三年次戊申岁（1788）七月二十二日起抄”，旁书“中元”二字，可见抄写此经的内在目的是为中元节度亡和消灾祈福。相比清朝皇室，民间抄经的主要意图发生了变化，突出强调《玉皇经》的救劫功能——尽管渴望被救赎的社会心理，仍然是建立在希求玉皇降生、明君出世的深层动机和心理模式上的。

彼时，《玉皇经》已成“道门第一经”，民间也大兴讽诵之风。明陆粲撰《庚巳编》记录了明代吴越的民间信仰，此书约成于正德十四年（1519），其十卷本见于万历四十五年（1617）。[①] 卷九“尤弘远”载：“乡人尤弘远……素奉道，乃日持诵《玉皇经》凡数百部。”清李玉撰《麒麟阁》卷下载：“如今的规矩，和尚进城要念《楞严经》，道士进城要念《玉皇经》。”

总体考察这批出自清代的瑶族《玉皇经》抄本，可见至迟在清代以前，《玉皇经》就已大面积传至瑶区，为瑶族信受并抄行。瑶族独具特色的《诸品经》汇集了诸品不同经文，却无一例外都以略缩版三卷《高上玉皇本行集经》为首经，足以窥见《玉皇经》在瑶经中的重要性与优先地位。有学者曾区分民俗崇

① 陈建霞：《陆粲〈庚巳编〉探析》，中南民族大学硕士学位论文，2008 年，第 8 页。

拜中的玉皇信仰和道教中的玉皇信仰，认为民俗崇拜中玉皇大帝是至上神，而道教中玉皇大帝的神格则居“三清”之下。[①]依此推论，瑶族《玉皇经》抄本虽然以道教《高上玉皇本行集经》为底本，但从其数量之多、抄本之繁、地位之尊可知，尽管瑶族所崇奉者源出于玉皇系道经，但其宗教实践中的玉皇信仰已具备显著的民俗崇拜特征。

玉皇信仰主要盛行于南方诸省，江苏、浙江、福建、台湾是腊月二十五“接玉皇”最流行的区域，这四省也是玉皇信仰的核心区域。[②] 台湾的庙宇大多奉“玉皇上帝”为最高神，而普遍未奉祀“三清”，俗语称“道教有教无庙宇，天公教有庙无教”。[③] 台湾的玉皇信仰多由福建传入，现已形成与道教迥然不同的神格体系。德国巴伐利亚州立图书馆所藏瑶族《玉皇经》抄本虽然底本所出地点不明，但显然与上述地域关联密切。理由如下：其一，由上文分析可知，卷下“太阳经版”出自江苏、浙江两省；其二，cod. sin. 612 中所混入的“从人科”中，“从人”一词出自明代抱瓮老人著话本小说《今古奇观》，其素材来自冯梦龙的“三言”和凌蒙初的“二拍”，抱瓮老人、冯梦龙、凌蒙初三人都来自江苏和浙江；其三，从文句习惯来看，卷中“诗赞版”亦出自江苏、浙江一带。

总而言之，金门瑶《玉皇经》版本多出自清代前后的江苏、浙江等地，其基本文本形态是道教《高上玉皇本行集经》受到

---

① 梅莉：《玉皇崇拜论》，《湖北大学学报（哲学社会科学版）》2011 年第 5 期。

② 丁培仁：《三清、玉皇原起考》，台北：中华道统出版社，2000 年，第 157 页。

③ 参见刘玉堂：《玉皇信仰与道教的关系》，载于陈国强、陈炎正：《闽台玉皇文化研究》，香港：香港闽南人出版有限公司，1996 年，第 71 页。

当地玉皇信仰影响的产物。抄经用于救劫、消灾、祈福的社会心理动机，促进了《玉皇经》的广泛流通，在这一心理动力上，瑶族与汉族并无明显区别。这些版本在江浙一带成型后被瑶族广泛传抄，后又随瑶族的迁徙传入广西、云南等地。cod. sin. 1141中注明“广西省武禄县穷善游客先生潘治农依口代笔”，这一抄写地点标识，为上述瑶经流传路径提供了旁证。

从思想内容上考察瑶族《玉皇经》抄本，笔者总结出其较为明确的思想与教派特征：

一　三种类型：个人读诵本、科场修诵本、民间信仰杂糅本

瑶族《玉皇经》抄本可细分为三类：个人读诵本、科场修诵本和民间信仰杂糅本。个人读诵本中，经文前后附加内容较少，基本保留《高上玉皇本行集经》原文风貌，或仅添加少量“经赞”，主要包括中卷“净版”、下卷“经诰版”等。

科场修诵本则在经文前后增加了不少诵经仪轨，便于集体读诵或法事中修诵，包括上卷“持经要诀版”“经序版”，下卷“经科版”，这类版本成书的时空背景中，正风行集体修诵《玉皇经》以进行某种祈福消灾活动。科场修诵本中涉及的仪法透露出多种符箓道派传承，就其共通的部分而言，许多仪轨的编排顺序多宗依《正统道藏》之外的道书，这些道书或许成书时间较晚，或许因其深厚的民间信仰背景而被《正统道藏》的编撰者排斥在外。如 cod. sin. 625 中的净心神咒、净口神咒、净身神咒、净天地神咒、金光神咒和 cod. sin. 2639 中的净心口神咒、净身神咒、安土地神咒、净天地神咒、金光神咒与《太上三元赐

福赦罪解厄消灾延生保命妙经》的顺序和内容基本一致。虽各自有所缺损，但整体而言次序整齐。萧登福先生认为《太上三元赐福赦罪解厄消灾延生保命妙经》作于宋末元世或明初。[①] 姜守诚先生则提出其成书年代为明正统十年（1445）前后至景泰四年（1453），其文本的定型经历了150年左右的漫长过程，并最终由早期"繁本"过渡到"净本"，且在"净本"基础上增衍新的内容。[②]《三元经》收录于《续道藏》隶字号、《庄林续道藏》，瑶族《玉皇经》科场修诵本的作者显然见过《太上三元赐福赦罪解厄消灾延生保命妙经》，当然也极有可能见过上述道教类书。

民间信仰杂糅本主要为卷下"太阳经版"，其为《玉皇经》与《太阳经》共本，系玉皇信仰与江浙一带反清复明教门"三点会"杂糅的结果。此外，cod. sin. 612 中混入的《太上老君说黄妙经》，疑为民间造作道经的半成品。这些共本现象为研究瑶族玉皇信仰的嬗变提供了重要线索。

二　文本上：吸收《皇经集注》内容

瑶族《玉皇经》抄本广泛吸收了《高上玉皇本行集经注》的内容，甚至是直接采用其中的原文，录下：

上卷"持经要诀版"cod. sin. 625 中长跪礼奉、志心归命礼、长跪忏悔和志心发愿、开经咒、示诵经法、称念三宝等仪轨与

① 萧登福：《正统道藏总目提要》，台北：文津出版社，2011年，第1403页。

② 姜守诚：《国家图书馆藏〈三元经〉版本考述》，《图书馆理论与实践》，2012年第3期。

《皇经集注》卷一开头部分的诵经仪轨完全一致，瑶经取消了其中的注释内容，只录正文。此外二者仅有细微不同，[①] 可断言 cod. sin. 625 中的诵经仪轨乃是参照《皇经集注》而来。

中卷“诗赞版”诸抄本有多处文字与《高上玉皇本行集经》不一致，这些相异之处却与《皇经集注》高度吻合。主要包括：（1）卷五“是时五老帝君拜受已，及诸天神圣众，稽首礼谢天尊玉帝，仰奉道旨”；（2）卷五、卷六中在“五老秘文”前添加说明文字“右度人录仙”“右制星”“右制魔”“右制水”，且在制魔秘文处比《道藏》本增加了十六个字“中黄总气，统摄无穷，镇星吐辉，流炼神宫”，故秘文总字数由 144 字变成了 160 字；（3）卷六“玉皇功德品第三”开头处增加了八个字“汝当复坐，吾为宣说”。

下卷“经诰版”中，“报应神验品第五”开头部分与《高上玉皇本行集经》的“何况世间众生”不一致，为“若在世男女”，与《皇经集注》卷九中相应内容完全一致。

下卷“经科版”中，《心印经》题为《玉皇心印妙经》，省去了《道藏》版中的“高上”二字，这一做法与《皇经集注》中完全一致。后附“回向忏悔文”，亦与《皇经集注》中完全相同。

《皇经集注》出自《续道藏》钟字号，因其作序者罗洪先、

---

① cod. sin. 625 和《皇经集注》中相应部分的细微不同在于：《皇经集注》的“玄蕴咒”在 cod. sin. 625 中改为“开经偈”，并且此处舍去了“志心归命礼太上”之后的十句；《皇经集注》对此咒的批注为“念此十句圣语，当一句一拜，如不能逐句拜，先一拜，将语全念，后九拜，只念玉皇大天尊玄穹高上帝亦可，礼完，端坐诵经”，cod. sin. 625 将其概说并用小字标出；《皇经集注》在“长跪忏悔、志心发愿”之后有“皈依三宝道经师”，cod. sin. 625 把这部分内容移到了“开经咒”之后，用一句“大罗三宝天尊”代替。

周玄贞、王静粹均生活于明万历年间，故此经被判为明代。自第三卷起，题“嗣汉五十代天师大真人张国祥校，状元方外隐江西吉水罗洪先阅，山东济南小兆臣周玄贞集”。本经卷一有万历十三年（1585）罗洪先所撰《前序》、万历十五年（1587）周玄贞所撰《续》，万历十六年（1588）王静粹所撰《誊录序》，故知该经是万历十六年（1588）以后由周玄贞所集录的。萧登福先生认为此经为周玄贞汇集宋金元明诸家注解而成，是以扶鸾方式依托仙真降坛所撰。[①] 卷首载启请三清、玉皇的文与注，以及忏悔、发愿、诵经、礼拜仪式，皆与《太上元始天尊说宝月光皇后圣母天尊孔雀明王经》卷首部分相同（但后者无注解），此殆为明代正一派的一般醮仪。

《皇经集注》具有较明显的三教合一思想倾向。审阅者罗洪先是明代王学的代表人物，且他的弟子中有“三一教”的创始人林兆恩。罗将自己未刊行的作品交给了《万历续道藏》的编撰者之一周玄贞，周玄贞代表第五十代天师张国祥收下了。[②] 由罗洪先所著《前序》可知，明代阳明心学与道教不但存在着思想上的交流，而且阳明学者与嘉靖、万历年间的道教团体之间存在人员的交往。[③] 多种瑶族《玉皇经》抄本与《皇经集注》内容相同，既可作为这些瑶经的断代依据，又可看出，或许这些抄本的祖本就已经具有了《皇经集注》的背景。

---

① 萧登福：《正统道藏总目提要》，台北：文津出版社，2011 年，第 1401 页。

② Kristofer Schipper and Franciscus Verellen. *The Taoist Canon*: *A Historical Companion to the Daozang*. Chicago&London: the University of Chicago Press, 2004. pp. 1113.

③ 刘聪：《罗洪先〈皇经集注初纂前序〉及其价值》，《宜春学院学报》2015 年第 1 期。

三 思想上：传承宋元符箓道派

瑶族《玉皇经》抄本中数处内容与宋元部分道书完全吻合，呈现出符箓道派的显著特点。各抄本中内容出处不同，具体思想倾向各异，值得仔细研究与参详。下表列出了瑶族抄本中重要文段的来源和出处：

表 3 金门瑶《玉皇经》抄本和相关道经的文本比对（笔者制）

瑶族抄本		道经	
出处	内容	出处	具体内容
cod. sin. 625 玉皇经赞偈 4a	玉皇修证在香严，普放神通十七光，黎教众生除断障，法门正一广宣扬。	《玉皇宥罪锡福宝忏》11a	玉皇修证在香严，普放神通十七光，为教众生除断障，法门真一广宣扬。①
cod. sin. 922 皇经赞偈 3a	玉皇修证在香严，普放神通十七光，为教众生除断章，法门正一广宣扬。		
cod. sin. 625 安土地神咒 5a	此间土地，神者最灵，升天达地，出入幽寞，为今关奏，不得留停，有功之日，名书上清。	《法海遗珠》卷 15《召土地咒》14a	此间土地，神之最灵，腾天擲地，出幽入冥，与吾关奏，不得留停，有功之日，名书上清。急急如律令。②

① 《道藏》第 3 册，第 520 页。

② 参见《法海遗珠》卷 15 “奏传混炼法式”，载于《道藏》第 26 册，第 810 页。

续表

cod. sin. 922 安土地神咒 4a	此间土地，神之最灵，升天达地，出入幽冥，为吾关奏，不得留停，有功之日，名书上清。	《道法会元》卷113《遣咒 7b—8a》《灵宝施食法》	此间土地，神之最灵，升天入地，出幽入冥，为吾关奏，不得留停，有功之日，名书上清。①
cod. sin. 922 诗赞 24a	无极大道，元始法王，宝珠一粒在中央，说法放光明，流演玄网。	《灵宝领教济度金书》卷99，5a	遥瞻供养，太上无极大道元始法王洞真天宝。②
阴生梵唱，流演玄纲。③			同上，卷14，3a，6b
cod. sin. 999 发炉 3a	道由心孛，心假香传，首执玉炉，心存帝前，真灵下盻，仙风归轩，令臣关告，延御三天。	王氏《上清灵宝大法》卷24《心香咒》14b—15a	道由心合，信假香传，手执玉炉，心存帝前，真皇下盻，仙佩临轩，令臣关告，径达重玄。④
		同上，卷56《本位香密咒》10b，卷57，9b	道由心学，心假香传，手执玉炉，心存帝前，真灵下盻，仙旆临轩，令臣关告，径御九天。⑤

① 参见《道法会元》卷113“帝令宝珠五雷祈祷大法”，载于《道藏》第29册，第511页；又见《灵宝施食法》，载于《道藏》第34册，第772页。

② 参见《灵宝领教济度金书》卷99“医治全角灵官醮仪”，载于《道藏》第7册，第475页。

③ 参见《灵宝领教济度金书》卷14“金钟玉磬仪”，载于《道藏》第7册，第109—110页。

④ 参见王契真《上清灵宝大法》卷24“修斋转诵门”，载于《道藏》第30册，第873—874页。

⑤ 参见王契真《上清灵宝大法》卷56、57“斋法宗旨门”，载于《道藏》第31册，第222、232页。

续表

cod. sin. 2639 发炉神咒 6b	道又心罱，心假香传，香爇玉炉，心存帝前，真灵下盻，仙沛临轩，令臣关告，径御三天。	金氏《上清灵宝大法》卷22《本位香咒》12a—b	道由心学，心假香传，香爇玉炉，心存帝前，真灵下盻，仙旆临轩，令臣关告，径御九天。①
正文 13a	五师四圣，永得消除，转增天福。②	金氏《上清灵宝大法》卷27，13a	降三清玉帝，与五师四圣，三官七元，皆为一等。③
cod. sin. 323 正文 6a	竜汉荡荡，无形无名。渺渺亿劫，黄道开清。神清朗耀，九魂吐精。玉虚澄辉，大霞高明。玉皇开化，溥度天人……	金氏《上清灵宝大法》卷13《水炼咒》18a	龙汉荡荡，无形无名。渺渺亿劫，黄道开明。神清朗耀，九炁吐精。玉虚澄辉，太霞高明。玉皇开化，溥度天人……④
		《灵宝无量度人上经大法》卷61，7a	龙汉荡荡，无形无名。渺渺亿劫，黄道开明。神清朗耀，九魂吐精。玉辉澄辉，太霞高明。玉皇开化，普度天人……⑤

① 参见金允中《上清灵宝大法》卷22“临坛符法品”，载于《道藏》第31册，第480页。

② 原文为“五衰四相，永得灭除，转增天福”，出自《高上玉皇本行集经》卷上3a处，载于《道藏》第1册，第696页。

③ 参见金允中《上清灵宝大法》卷27“奏申文檄品”，载于《道藏》第31册，第517页。

④ 参见金允中《上清灵宝大法》卷13“济炼幽魂品”，载于《道藏》第31册，第417页。

⑤ 参见《灵宝无量度人上经大法》卷61“灵宝炼度品”，载于《道藏》第3册，第958页。

cod. sin. 625 和 cod. sin. 922 版本相同，为卷上“持经要诀版”。“持经要诀版”成书时间为所有瑶族《玉皇经》版中最早，为明末清初（1640—1788）。由上表可知，此版中“玉皇赞偈”出自《玉皇宥罪锡福宝忏》，而“土地神咒”则与《法海遗珠》《道法会元》及《灵宝施食法》高度一致，唯省去了《法海遗珠》中“急急如律令”五字。从上述二咒所出章节看，“持经要诀版”受宋元神霄雷法的影响很大。原因如下：

其一，《玉皇宥罪锡福宝忏》和《灵宝施食法》两经都具有神霄雷法背景。

《玉皇宥罪锡福宝忏》一卷，为扶鸾之作。[①] 题名为宋徽宗朝尊奉之雷神“雷霆猛吏都督辛汉臣”著，故知其出于南宋后。[②] 辛汉臣，又称辛天君，与邓伯温、张元伯合称为“雷霆三帅”。他为五雷都督判官，青面金甲、绿袍铁帽、银牙耀目，执簿与火笔，下辖风伯雨师、雷公电母、五方雷神及蛮雷使者，为雷法诸派所崇奉和召请。他英武神力广大，不但可以震慑恶鬼、拥护坛场，还可以出入天、地、水、阳四界，代为朝奏，救护众生。《灵宝施食法》一卷，被收入《万历续道藏》漆字号，以佛、道二教的施食仪轨形成于宋代来看，此经为宋世道流所撰，[③] 经中萨守坚为祈请的对象，称“一元无上救苦萨君真人”，故知此文出于 13 世纪或稍晚。[④] 萨守坚为南宋神霄派的重要人

① 萧登福：《正统道藏总目提要》，台北：文津出版社，2011 年，第 196 页。

② 丁培仁：《增注新修道藏目录》，成都：巴蜀书社，2008 年，第 270 页。

③ 萧登福：《正统道藏总目提要》，台北：文津出版社，2011 年，第 1415 页。

④ Kristofer Schipper and Franciscus Verellen. *The Taoist Canon: A Historical Companion to the Daozang*. Chicago&London: the University of Chicago Press, 2004. pp. 1004.

物，承传王文卿一系雷法。元明时代萨祖崇拜盛行，后世“萨祖派”“天山派”“西河派”皆奉其为祖师。《灵宝施食法》受萨守坚所传雷法之影响，经中祈请的其他神灵如“雷霆岳酆帅将”“神虎追摄官属”，也表明本经的雷法背景。

其二，瑶经中的“安土地神咒”和《道法会元》卷113“帝令宝珠五雷祈祷大法”中的“遣咒”和《法海遗珠》卷15“奏传混炼法式”中的“召土地咒”相同。此两卷道经都属神霄派。此外，该咒还见于神霄派经典《灵宝施食法》中。

《法海遗珠》编撰于元末明初［元惠宗至正甲申（1344）后］，为宋元金丹派南宗、天师派、净明派、西河派等符箓咒法之总集，内容与《道法会元》多有重复交涉。[①]《法海遗珠》卷15“奏传混炼法式”为神霄法，因其中启请的主神是“神霄九宸上帝”。施舟人先生认为，该卷传授五雷法科仪中的经坛设置与步罡和台湾现存科仪非常相似。[②]

《道法会元》为最长的道书，全书共268卷，180余万字，成书时间为明初1403—1427年之间。[③] 该经汇集了宋元以来清微、神霄、正一、混元等诸派道法。整体而言，《道法会元》以道为本、以法为用，亦推尊雷法。[④]全书涉及雷法的运用包括用符、口诀、指诀、步罡等。其中卷1—55属清微派，卷56—155

---

① 萧登福：《正统道藏总目提要》，台北：文津出版社，2011年，第1128—1129页。

② Kristofer Schipper and Franciscus Verellen. *The Taoist Canon*: *A Historical Companion to the Daozang*. Chicago&London: the University of Chicago Press, 2004. pp. 1091.

③ 李东哲：《〈道法会元〉雷法研究》，云南民族大学硕士学位论文，2011年，第20页。

④ 丁培仁：《增注新修道藏目录》，成都：巴蜀书社，2008年，第336页。

属神霄派。经中各个章节又按不同支派和道法传统划分，阐发该支派的道法教义。瑶经中“安土地神咒”所出处的卷111至卷113名“帝令宝珠五雷祈祷大法”，主传“宝珠雷法”，被推为“众法之祖”：

> 夫宝珠雷法者，玄之又玄，实众法之祖也。世间罕传。自前宋枢密宣使李闲云先生，得传于驾前承应法师集贤院学士朱梅靖先生，后朱入蜀，于青城山羽化之时，止传之三人，一乃新淦州郭提举，二乃三十六代天师张真人，三乃闲云李先生也。①

“宝珠雷法”传自朱梅靖，朱在青城山传三人：郭提举、李闲云和三十六代天师张宗演。朱梅靖为三十代天师张继先的嗣法弟子，活跃于南宋之际。②“宝珠雷法”虽未见载于他处，但仅由此处的传承谱系也可看出其影响深远，前后承续张继先、张宗演两代天师法脉，对宋元及后世雷法的传播与发扬意义重大。三十六代天师张宗演，被元世祖授“天师”名，赠“演道灵应冲和真人”，这是官方首次正式承认张陵子孙“天师”之号。后元成宗又令张宗演“管领江南诸路道教事”，助其法教大兴。张宗演善祈雨，并“有术镇蛟螭”③，其所行、所传之法正是神霄派“宝珠雷法”。

“宝珠雷法”虽归属神霄派，然其明显具有汇集多家符箓道法的特点。“宝珠”二字出自《度人经》：“名曰宝珠，乃灵宝度

---

① 《道藏》第29册，第497页。

② 李远国：《神霄雷法：道教神霄派沿革与思想》，成都：四川人民出版社，2003年，第55页。

③ 参见《汉天师世家》，载于《道藏》第34册，第830页。

人之妙道，收敛万化，俱入宝珠，采日月星而内养，化神气精而成真。”[①] “宝珠”既是对行法高功内丹的形象化指称，又暗示此法的成立基础是《度人经》的道法化。这与宋元灵宝派的诸多新出道法理路一致，与灵宝东华派《灵宝无量度人上经大法》等行法思路类似。“宝珠雷法”非常重视祈请和运用“三光”（太阳、太阴、天罡），尽管具体术法有差异，但在行法指导思想上，其与天心正法有诸多相通之处。此外，“宝珠雷法”特别重视持戒、反对淫祀，“勿専慕淫祀，视物如我，若泥于杀牲祭设鬼神以求灵，则非大道之正法也”，[②] 呈现出传统正一道法的特点，应与其授受自张天师一系有关。

虽然出自雷法经典，但是瑶经中“安土地神咒”的作用已经发生了较大变化，可从咒名变化上窥见一斑。

《道法会元》中此咒名为“遣咒”，在科仪中，其位居“入坛启师”“高功变神”“敕变法器”后的“召将并功曹土地”仪节中，“存功曹土地承令前去，噀水一口，厉声喝去：吾在坛前卓剑相待，疾！”[③] 此咒在仪式整体中位置较靠前，作用为遣送功曹土地前去召请神将降坛。

《法海遗珠》“奏传混炼法式”中该咒名为“召土地咒”，位居“入坛念咒”“上香启祝”“存神行用”“出四灵”“掐阴阳斗”“掐诀”“存罡”之后，位于仪式的中部靠后位置。此仪节的作用为“关告直坛香官、直坛土地、三界功曹、四直符吏，诸位使者”，依次念诵“召土地咒”“召符吏咒”，希望土地和符

① 《道藏》第 29 册，第 497 页。
② 同上。
③ 同上，第 511 页。

吏“领此指挥，召集将兵，速临坛所，火急奉行”，“吾在坛前，卓剑守待”。[①] 此处“召土地咒”与《道法会元》中相同，即敕令土地出入幽冥、代为请神。然而，此处召请者与被召请者之间存在着一一对应关系，按组出现，匹配更为细致准确：首先令符吏请北极驱邪院将领，接下来令雷霆飞捷报应使者、灵官院使者、泰山地祇分别召请雷部判官元帅、灵官大将、追魂神将。尽管“召土地神咒”居于关告诸神之首，且在其后加上了“急急如律令”，但普遍意义上的土地神却并未对接明确的召请对象(后面“泰山沿路土地神祇”召请了泰山诸神，另当别论)，这是本仪式中所有召请类神祇中仅有的例外。以此看来，“召土地神咒”在这里倒显得有几份格格不入，土地神在此处更像是被召请入坛后、又未接到任务的“闲神”。很明显，“奏传混炼法式”相比“帝令宝珠五雷祈祷大法”，其“召土地神咒”的功能和作用已有微妙的不同，这种差异可能由雷法诸派在具体行持与传承的不同导致。当然还存在另外一种可能性，普遍意义上土地神的召请功能，在“奏传混炼法式”被弱化了，或说被更加明确、具体的“次级”召请者所取代、所架空。尽管两经中的同一咒语存在功能上的差别，但总体而言，两经中“土地神咒”都作为仪式不可分割的一部分而存在，其所在的仪节特点突出，具有明确的派遣、召请、关告功能。

《灵宝施食法》中此咒名为“土地咒”，位居最开始“念净三业咒”之后，其后为“诵救苦经”“关祝请神和召鬼”“念咒开咽喉”“化食”“解冤”“散食”。念“土地咒”时，纵然需

---

① 《道藏》第26册，第810页。

"存土地正神拱立听令"，但此后并无召请、关告之令。且"土地咒"与其后的"诵救苦经""祝请神鬼"等节次并无任何内在的逻辑关联。那么，"土地咒"为何出现在此？笔者推知，这是源于行灵宝法时呼召"直坛土地"的规范动作或思维定式。呼召土地神，不仅仅在于让其随时听令并接受可能出现的召请任务，更是为仪式作证明，见证这是一场符合规范与祖制的灵宝科仪。这就是为什么即使在某些道经中，土地神已经淡化或彻底丧失召请功能，"土地咒"仍被留存了下来的原因。此处的"土地咒"作为诸符箓道派、特别是雷法诸派的行法标志之一，其"无用之用"正暗示着其法所出的道法传统。诸经中出现同样的"土地咒"，暗示着这些经书所依的道法传统具有内在一致性。

显而易见，在宋元符箓道派和雷法的大背景下，诸派对"土地咒"有着截然不同的运用方式。与前两经迥异，《灵宝施食法》中"土地咒"被创造性地放到了"诵救苦经"之前。这与瑶族抄本 cod. sin. 625 和 cod. sin. 922 中的做法是完全一致的。在瑶经中，诵《玉皇经》上卷之前，先要诵持经要诀，接下来是净心神咒、净身神咒、安土地神咒、净天地咒、金光神咒，然后为归命忏悔、开经咒，最后才进入正文。其咒名变为"安土地神咒"，仅从名称观察，其在《灵宝施食法》"土地咒"的基础上增加了"安抚"与"安镇"之意，这是瑶经"土地咒"相比其源出各大道经的创新之处。"土地咒"衍生出"安抚"与"安镇"的意义，其功能实现了转变，尽管这种转变只体现为名称上的一字之变。但因此处并不清楚瑶族对此咒的具体用法，故难以深入展开分析。仅从文本比对可知，瑶经中"安土地神咒"和《灵宝施食法》中"土地咒"有两大共同点：（1）都在诵经前出现；（2）此咒不再具有“关告”“请神”的功能。依此，可以明确提出，瑶族《玉皇经》上卷“持经要诀版”不但具有宋元雷法的思想背景，且与《灵宝施食法》具有一脉相承的亲缘关系。

从《道法会元》中的“遣咒”、《法海遗珠》中的“召土地咒”，到《灵宝施食法》中的“土地咒”，再到瑶族《玉皇经》“持经要诀版”中的“安土地咒”，此咒经历了名称和功能的变迁。和道经相比，瑶经中“土地咒”的最大特点是增加了“安”字，暗示着瑶族在诵经前的“土地咒”中增衍了截然不同于所源出道经的一种“安镇”的意蕴。并且，瑶经中“安土地咒”与当前道教早晚课中通行的“安土地咒”内容截然不同，后者可以从内容上看出安镇之意，完全不见“关告”的功能。[①] 而瑶经“安土地咒”却呈现出双重性：名称冠以“安”字，内容却宗依上述三种道经，保留着“关告”功能，具有鲜明的过渡性文本特点。这可能是受其他文本或教法传统影响的结果，这种影响在何时发生、如何进行，有待笔者进一步研究。

瑶族《玉皇经》抄本的另一大特点是受宋代东华派影响很大。东华派以浙东天台山为中心，在综合上清、灵宝、神霄等道派的基础上，融合本地道法和科仪，于北宋末、南宋初广泛传播“上清灵宝大法”。这一新出道派打破了在道士内部传法的传统模式，面向社会普传，甚至宁全真因遭教门内部迫害，立誓

---

① 《太上玄门早坛功课经》中有“安土地神咒”：“元始安镇，普告万灵，岳渎真官，土地祇灵。左社右稷，不得妄惊，回向正道，内外澄清。各安方位，备守坛庭，太上有命，搜捕邪精。护法神王，保卫诵经，皈依大道，元亨利贞。”（载于《藏外道书》，成都：巴蜀书社，1994 年，第 29 册，第 466—468 页）此咒还见于《太上三元锡福赦罪解厄消灾集福妙经》。

“不许传黄冠”。[①] 后该派又经林灵素等人传到浙南温州等地。

陈文龙先生考证了东华派主要经典的成书时间，认为其成书先后顺序为：《灵宝玉鉴》《天台四十九品》、王契真《上清灵宝大法》、金允中《上清灵宝大法》《灵宝无量度人上经大法》。东华派虽都传“上清灵宝大法”，但其内部又有思想倾向迥异的两大系统：变革派“王氏系统”和复古派“金氏系统”。这两个系统交叉演进的路线为：先出传统派的《灵宝玉鉴》，此后衍生出变革派《天台四十九品》和王氏《上清灵宝大法》，然后出复古派的金氏《上清灵宝大法》，继而出融合了正一道的变革派经典《灵宝领教济度金书》，并在此基础上形成《灵宝无量度人上经大法》。[②]

瑶族《玉皇经》抄本中多个段落直接来自东华派经典。其影响全面而深刻，波及了数种版本的瑶经：

卷上“持经要诀版”，cod. sin. 922，版本形成于明末清初（1640—1799），此版诵经仪轨完全宗依《皇经集注》。但其中“元始法王”“流演玄网”等话语出自《灵宝领教济度金书》。

卷上“经序版”，cod. sin. 999、cod. sin. 2639，版本形成于清代前半叶（1670—1855），此版依某种刊刻本抄成，诵经前发炉等仪轨完整，较适合道场修诵。发炉部分的咒语分别来自王氏、金氏的《上清灵宝大法》。

此版在诵经前有“持经诸戒”，全文为：

---

① “先生以能真陷己，具章奏劾之帝师，有令臣求生不得、求死不能之语，正以咎师之罪。乃立誓曰：‘东华灵宝，上道宗派，真真相授，不许传黄冠。’”参见《灵宝领教济度金书》，载于《道藏》第7册，第18页。

② 陈文龙：《王契真〈上清灵宝大法〉研究》，济南：齐鲁书社，2015年，第94—95页。

> 经云：若有众生，孝顺父母，恭敬三宝，竭忠于君，不杀不盗，不淫不妒，不嗔不恨，不骄不诈，奉戒持斋，冥心皈依大道，生尊重心，持诵是经，吾即敕下周流沙界，遍传十方无极世界，敕命十方万神复护，此乃玉帝宝训，持经之人即当遵奉。
>
> 一造帝尊像，二断绝荤茹，三停止俗事，四设净床榻，五着新净衣，六盥浴手面，七摒弃邪思，八注想尊容，九审证字语，十调声正气，十一研味意义，十二生尊重心。

“经云”所引段的内容出自《高上玉皇本行集经》“天真护持品”。[①] 此后列出的十二条持经之戒，《道藏》中未见原文。十二戒中，“着新净衣”“注想尊容”“生尊重心”三条见于《高上玉皇本行集经》经文，“调声正气”普遍见于宋代道书。

《道藏》中为修诵道经而提出十二条戒的做法，仅见于《灵宝无量度人上经大法》卷二“斋戒节度品”中的十二条诵经戒：“玄师曰：凡修诵此经，通玄究微，行道希仙，先须受持斋法十二大戒。”[②] 瑶经采用了这种“十二条诵经戒”的体例，但戒文内容不同。瑶族《玉皇经》“经序版”很可能是在参考《灵宝无量度人上经大法》的基础上，专门为《玉皇经》编撰了十二条戒文。

卷中“诗赞版”，cod. sin. 611、cod. sin. 805、cod. sin. 827、cod. sin. 855，版本形成时间较早，约为明末清初到1818年之间。该版末有诗赞：“玄中教主大法师，流芳演派度群迷，紫气贯经

① 《道藏》第1册，第705页。
② 《道藏》第3册，第617页。

霓清净，无为天地悉皆归。玉皇赦罪大天尊。”此赞未见于《道藏》，“玉皇赦罪天尊”一语仅出自两部道经：王契真《上清灵宝大法》卷40“四驿章”、卷58中“破狱秘咒”末后，以及《灵宝无量度人上经大法》卷50“破九幽秘诀”、卷56“救取亡魂品”。cod. sin. 270与上述抄本版本完全一致，唯缺少“玉皇赦罪大天尊”一句，可能为漏抄。另一称谓“玄中教主大法师”在《道藏》中仅三处可见：《道法会元》卷265“北极酆都太玄制魔黑律灵书”、金允中《上清灵宝大法》卷26“六幕启谢品”、《灵宝无量度人上经大法》卷71“盟传对斋品”。从这两处话语的文本对比可以断定，卷中“诗赞版”的直接思想来源正是东华派的“上清灵宝大法”经典。同时使用“玉皇赦罪大天尊”“玄中教主大法师”两种称谓的道经为《灵宝无量度人上经大法》，其卷71“盟传对斋品”中有“度师玄中教主大法师”的表述，瑶经中的诗赞很可能直接受该经影响而撰作。

卷下“经诰版”，cod. sin. 323，版本形成于清代中叶，1808年以前。此版末有“弥罗诰”等内容，较注重教理，偏重个人修诵。瑶经正文“天真护持品”中昊天上帝歌咏部分的首句，与《高上玉皇本行集经》有异。《高上玉皇本行集经》为“大哉至道，无形无名”，此处为“龙汉荡荡，无形无名”。“竜汉荡荡，无形无明，渺渺亿劫……”一诗普遍见于宋以后斋法的炼度仪中，但大多数道经中，此诗偈中间一句为“元始开化，诸天齐临”，瑶经中此句为“玉皇开化，溥度天人”。道经中与其完全相同的仅两处：《灵宝无量度人上经大法》卷61“灵宝炼度品”，金允中《上清灵宝大法》卷13“济炼幽魂品”。

由上可见，瑶族《玉皇经》诸个版本中，多条话语来自道教东华派经典，其所源出的经典包括：王契真《上清灵宝大法》、金允中《上清灵宝大法》《灵宝无量度人上经大法》和《灵宝领教济度金书》。瑶经中有些内容直接原文摘录上述道经中的某段文字，有些则是在关键性概念、写作体例上借用，更有同一部瑶经抄本出现多部道经中语素的情形。这充分说明，上述瑶经的版本创制者受浙江东华派影响很深。换言之，他们接触过许多种东华派经典，这种接触绝非偶然为之，而是十分频繁和深入的，乃至抄经者可能本就是东华派道士，如此才能在瑶经中灵活地化用东华派经典中的话语。然而，并不能确定这些瑶经创制者一定是瑶族人，彼时瑶、汉之间必然存在频繁的宗教文化交流，至少道教东华派信徒是跨越两族——无论主动还是被动，东华派确实存在着跨民族传播的现象。到底是汉族道士为了向瑶族传教而创制了这些经典，还是瑶族宗教师主动学习东华派经典以建立自己的教理教义体系？仅从上述瑶经抄本中，并不能得出结论。另外，从侧面看，这一线索清楚地标明了瑶经转录和创制的可能性地点，即东华派主要活动的浙江一带。

即使有共同宗依道教东华派经典这一基础，同一文本类型的瑶经抄本内部仍然呈现出非常明显的不同传统，明确展现出东华派内变革派“王氏系统”和复古派“金氏系统”之间的对立与博弈。cod. sin. 999、cod. sin. 2639 都为卷上“经序版”，但其中“发炉神咒”来源则分别指向王契真和金允中的两种《上清灵宝大法》。两种“发炉神咒”的文本细节不同：cod. sin. 999 中为“首（手）执玉炉，心存帝前”，与王氏《大法》一致；而 cod. sin. 2639 中为“香爇玉炉，心存帝前”，与金氏《大法》相同。

王氏《大法》和金氏《大法》都否认了蒋叔舆在《无上黄箓大斋立成仪》中别置一案安置香炉、或大造科案以安香炉的做法，认为前者不符合科教律例，而后者则因当时通行的坛场狭小、几案狭窄不能容纳。因“宋朝以来，诸方所用皆一横几，略可安科书而已，是以于手炉中上香”,[①]“故置科案于高功立位之前，近人多用皆一槿几，只可容科书而已，却以手炉上香密咒”。[②] 可见，两本《大法》均在“本位香”仪节中赞成手炉上香，与蒋氏《立成仪》中的规定相比已发生了变化。造成变化的原因正是坛场简便化、道法民间化，在这一点上王氏、金氏的应对方法并无二致。所不同的是，王氏直接将上香咒中的诗偈改为“手执玉炉”，对道法民间化的现实进行了大胆的、主动的回应。在迎合实际、改动传统做法的同时，王氏也不忘为自己的做法寻找经典依据：“又云：此咒一出杨杰撰宣和金箓科也。”[③] 相形之下，金氏的做法更为柔和，诗偈仍用“香爇玉炉”，只是在其下加注说明，以强调手炉上香的必要性。这种做法既迎合了时势所需，又在科仪文本的改动上较为谨慎，采用中性的用语。金氏《大法》追求正统的普适性科法，这正是其复古思想倾向的体现。

值得注意的是，王氏、金氏《大法》对此咒的具体运用却有所不同。王氏《大法》称此咒为“心香咒”和“本位香密咒”，在“兆自主炉前退至本位，三拜跪执手炉，三上香密咒”后，接此咒，又咒“空因色显，心以香传，心之所达，非火非

① 《道藏》第 31 册，第 480 页。
② 同上，第 222—223 页。
③ 同上。

烟，今臣关启，径御九天，真灵歆格，不假言宣”。后注：“密咒者，不闻声而心存朝上帝也，故曰不假言宣。”① 可见，王氏《大法》中的“本位香密咒”包括 cod. sin. 999 中所引咒和后咒两者，这两咒都是密咒，不出声念诵，只在心中存思。而金氏《大法》中，此咒名“本位香咒”，去掉了“密”字。后文中则先叙“空因色显……不假言宣”之咒，再接 cod. sin. 2639 中所引咒，后注：“师授常用前咒，盖密咒而不闻声，心存而朝上帝，故曰不假言宣也。”② 可见，金氏《大法》将两咒区别对待，认为前咒用于出声念诵，可显传，后咒即瑶经中所引者为“密咒”，仅存思，不能出声。由此可知，两部《大法》中，“密咒”的范围和具体内容已经发生了变化。

虽同属东华派，王氏、金氏《大法》的师承并不相同，王契真《大法》为宁全真所授，金允中则师从高景修。这大概是两种《大法》在思想与仪式上差异的成因。瑶经“经序版”的两个抄本分别宗依王氏和金氏大法，这意味着两个抄本的传抄和使用者来自东华派内部的两大传统，由此可推断，瑶人在道场修诵这两种《玉皇经》抄本时，对这条咒语的念诵及存思方法也并不相同。事实上，两个抄本文本特征相异这一事实，还有其他佐证：cod. sin. 2639 中将《高上玉皇本行集经》原文中的“五衰四相，永得灭除，转增天福”一句误抄，“五衰四相”被抄成“五师四圣”。《道藏》中，“五师四圣”之语仅见于金氏《大法》卷 27“奏申文檄品”，再次确证了 cod. sin. 2639 的金氏道法背景。此处可能为抄写者笔误，也可能是有意为之，至于这一篡

① 《道藏》第 31 册，第 222—223 页。
② 同上，第 480 页。

改发生在版本成书时还是在该抄本写成时，并不可知。但是无论哪种情况，都足以看出“五师四圣”之语在传抄者或版本编纂者思维中扎根甚深，其所属的道法传统透露无遗。

cod. sin. 999、cod. sin. 2639 文本的互异，反映出瑶经传抄中非常重要的文化现象：即便二者在总体上为同一文本类型，乃至二经可能辗转互抄，但其中个别字句仍然存在着相当微妙的文本变化，以这些变化或笔误为切入口，能窥见抄写者本身所属的道法传统。抄经的过程，既是文化传播的过程，也是文化嬗变的过程。进而言之，瑶族宗教内部并非铁板一块，瑶族宗教经典的统一，并不代表其背后道法传统的一致。如果这些经典的抄写者是东华派的道徒，那么至少可以说明：在这两部瑶经抄成之时的清代前半叶，瑶族内部同时存在道教东华派王氏、金氏两大不同传承。道法传统的差异并未被掩埋在民间的、少数民族的传承中，民间道派和少数民族宗教内部也并不吻合人们刻板印象中的混乱和无序局面，恰恰相反，瑶经的抄写者更为突出地（同时也是较为隐晦地）强调了这种教派传统带来的差异。这种差异必然是全方位的，乃至更多地体现在其仪式与道法中，文本仅仅是窥见差异性的一个窗口。相对应的是，cod. sin. 999、cod. sin. 2639 在抄本形制上的异质性亦非常显著：cod. sin. 999 抄本制作粗糙，字迹窄小，书写和装订很不规范；cod. sin. 2639 则相当工整、规范，字大美观，从装帧到字体皆为瑶经中的上品。我们或许可以依此推断：在清代，cod. sin. 2639 背后的复古派“金氏传统”已成为瑶族宗教台面上的主流和正统，拥有较大势力、掌握较多资源。但与此同时，改革派“王氏系统”并没有消失，他们隐藏在台面之下，以更加民间化、秘密性的方式——甚至不惜将自己隐藏在“金氏系统”的光芒之下——传承着本派的特殊仪法。

值得一提的是，即使 cod. sin. 999 和 cod. sin. 2639 之间的道法差异性是明确的，但二者在“诵经戒十二条”中共同宗依了《灵宝无量度人上经大法》。同样的现象也存在于卷中“诗赞版”、卷下“经诰版”中，此两版瑶经即使明确倾向于王氏、金氏两大系统中的一种，却也都未对《灵宝无量度人上经大法》表现出任何倾向性，乃至都引用了其中的内容。陈文龙先生曾将《灵宝无量度人上经大法》断为王契真“变革派”一系之经典，在此处并不能得到佐证。

第三章　取法道经的判教体系：瑶族《尊典经》

瑶族经书中和《玉皇经》一样分上、中、下三卷三册的，还有一部《尊典经》。《尊典经》的内容与道教《太上三十六部尊经》完全一样，但其标题、体例等诸多细节与之有异。

瑶族《尊典经》抄本数量多、流传广，不仅见藏于德国巴伐利亚州立图书馆和美国国会图书馆，还流传于广西、云南及越南边境的瑶族聚居区。就德国巴伐利亚州立图书馆而言，已编目的瑶族抄本中有 7 部《尊典经》，此外笔者在翻阅未编目抄本时另发现了 7 部。本节将围绕这 14 种《尊典经》抄本，以及美国国会图书馆所藏《尊典经》抄本与笔者在田野调查中发现的《尊典经》抄本，对其版本体例、思想内容、用法特点、体例变更等问题进行研究。

第一节　文献考察：人名与传抄时间、地点

德国巴伐利亚州立图书馆所藏的14部《尊典经》抄本为：上卷4种：cod. sin. 1159、cod. sin. 1182、cod. sin. 2647、cod. sin. 2690；中卷6种：cod. sin. 301、cod. sin. 325、cod. sin. 599、cod. sin. 908、cod. sin. 910、cod. sin. 1135；下卷4种：cod. sin. 281、cod. sin. 858、cod. sin. 1138、cod. sin. 1184。① 这些抄本中出现的人名、时间、地点归纳整理如下表：

表4　巴伐利亚州立图书馆藏瑶族《尊典经》基本情况表（笔者制）

卷次	编号 cod. sin	经题	篇数	行字	文本状况	人名	时间
卷上	1159	太上洞玄灵宝三十六部尊典经卷上；玉清境洞真一十二部上卷	不详②	不详	淡褐色粗草纸，脆硬，字迹一般，但工整清晰	玄门弟子盘道能承集；黄道杨；承集经书盘金乾抄存记	光绪十一年丙戌岁（1885）正月初五日抄完

① 笔者在翻阅摘要这14部《尊典经》抄本后，从中选出7种进行全文拍照，它们是：上卷 cod. sin. 1182、cod. sin. 2690，中卷 cod. sin. 301、cod. sin. 325，下卷 cod. sin. 281、cod. sin. 1138、cod. sin. 1184。

② 标注“不详”时为未全文拍照的未编目抄本，标注“N”为无此项。

续表

卷上	1182	太上三六部尊经	22	每半篇10—11列；每列20—23字	白棉纸抄写；无封面封底，末页有破损，字大工整。	李玄堂	N
	2647	太上尊经上卷；太上三十六部尊经	不详	不详	不详	弟子邓道长承	三月初十日晚
	2690	尊典上卷；太上洞玄灵宝高上玉皇尊典妙经卷上；三十六部尊经；玉清境洞真经一十二部卷上	21	每半篇11列；每列19—20字	褐色封面封底，字写得一般，但字迹工整，行列整齐	善士邓演蘸集记；置主李玄机金本；士邓云瞻应用一十也；善士邓演天集用	天子戊寅岁念（廿）九日抄启；天运太岁己卯年正月初三日完毕
卷中	301	尊典中卷；尊典经；上清境洞玄经十二部卷中	44	每半篇7列；每列14—16字	版本状态很好，字大工整，各小标题上、偈颂、符之间有红笔点出句读	李道钦承接用；李道钦承接道士邓金窗、邓金畐、邓金真仝集；置主李云皆	乾隆十六年（1751）四月十一日抄完

续表

卷中	325	太上尊典经书中卷；上清境洞玄大洞金衡一十二部；太上洞经中卷	26	每半篇9列；每列18—20字	薄本，纸张也较薄，有封面、无封底，字好，工整，符也画得不错	置主邓道论；置主李妙福应用；置主李妙福传流代代子孙显应上达；邓道论	咸丰四年甲寅岁（1854）季夏月念（廿）五日谷旦抄
	599	玉典经中卷；尊典经卷中；上清境洞玄经一十二部卷之中	22	每半篇10列；每列21字	边缘破碎，中有折痕，封面封底深褐色字纸，由更古的抄本页制作，字小，飘逸工整，符大清晰	书主邓经尊；邓经尊集；与儿金玩、金棉同接十方大吉	无时间标识（可能抄成于1808）①
	908	大洞经中卷；上清境洞玄经	15	每半篇10列；每列24–27字	白棉纸，用纸绳毛装，中有水渍、虫蛀，边缘轻微损坏	邓道元	N

① 本抄本与 cod. sin. 627、cod. sin. 630、cod. sin. 639 抄写者相同，据此推定其抄成时间。

续表

卷中	910	十大洞经中卷；上清境洞玄灵宝大洞金衔一十二部；大洞经中卷	22	每半篇10列；每列20—22字	白棉纸抄成，有黄色水渍，字迹工整	羽士蒋云通抄与子孙世代十方上达；乐安云通抄置	N
	1135	尊典经中卷	不详	不详	粗硬草纸，字写得不是很好，密密麻麻但较工整	盘道能承集抄；书主黄道杨；置主盘金乾承集抄	无时间标识(可能抄成于1885或1886)①
卷下	281	尊典经下卷；太上三十六部尊经卷之下；太清境太清经一十二部卷下；太清境洞神经一十二部卷下	23	每半篇10列；每列19—21字	白绵纸，边缘卷曲，前半部靠书脊侧有虫蛀，字迹工整清晰	羽士蒋金华氏手抄；与儿玄旌、玄颉全承应用。银卖二竜直主邓金枂	乙亥年(1875)六月初抄完

① 本抄本与 cod. sin. 1141、cod. sin. 1159 抄写者相同，据此推定其抄成时间。

续表

卷下	858	(尊典经)；一本单朝科	27	每半篇7列；每列14—17字	深褐色厚纸封面，无封底，字迹工整规范	书主邓金□	N
	1138	尊典经卷下；大(太)清境太清经一十二部卷下	23	每半篇11列；每列17—20字	黄色粗草纸，下边缘略有破损，字写得不太好，行距窄	箓士臣盘道能抄记收可；书主黄道杨；置主盘道能承集妙(抄)留	光绪十二年丙戌岁(1886)二月二十一日抄完
	1184	太上三十六部尊经卷之下；太清境太清经一十二部卷下	21	每半篇11列；每列17—20字	棉纸；文本情况好，字迹清晰工整。	李玄堂	N

上表所列《尊典经》抄本中的地名与时间，为研究该经流传提供了重要依据。如果暂时放下具体抄本的细微文字差异，把《尊典经》本身作为一种类型化的瑶经来研究，对其流传时间、地域作出判定，这对瑶经的文献学、宗教学、文化人类学研究都意义重大。

此外，抄本上出现的人名也极为重要，这些名字大多为该抄本的抄写者；另一些情形下，名字标识着雇佣抄写的主家，或抄本转手后的买主。通过研究人名，我们可以从总体上了解瑶族抄本在小范围间的流转情况，并借以分析抄本物理形态形成的具体过程。然而，是否能够就人名进行深入分析，从姓氏、字派中找到规律性，乃至在田野中寻找到相同或类似的宗支，以便在微观个体层面上建立起抄经和传经的个案研究呢？答案是否定的。这是由瑶族人名的字派循环特征所带来的不确定性决定的。故本节在对瑶族命名规则作出研究之后，将打消“瑶经传抄的家族史个案研究”的意图，继而将论述的焦点集中到《尊典经》整体与普遍性的传抄时间和地点上来，仅将人名作为论述的支撑材料。

一 人名研究

瑶族姓氏与人名系统相当复杂。湖南省江华县民族宗教局藏《十二姓瑶人来路总图》，湖南省道县民族事务委员会藏《湖南道县汉文千家峒十二姓瑶人历史记》，记载十二姓瑶人迁徙的历史。在湖南资兴市、江永县，广东乳源县、广西荔浦市、灵川县、恭城县等多地，均可见记载瑶族“十二姓”的《过山榜》《评王券牒》《千家峒源流》等文书资料。[①] 泰国北部的瑶族也自称为“十二姓瑶人”，但学者调查发现泰国瑶族至少有十五个姓。竹村卓二认为，“十二”这个数字未必和现实存在的瑶族姓

① 国家民族事务委员会全国少数民族古籍整理研究室编：《中国少数民族古籍总目提要 · 瑶族卷》，北京：中国大百科全书出版社，2013 年，第 3—6 页。

氏的数量相一致，而是更多具有历史渊源和象征意义。[①] 从瑶族支系划分来看，记载“十二姓”的文献或田野资料多见于过山瑶或盘瑶系统。

瑶族其他支系的姓氏数量则不一定遵循“十二”的数量规律，姓氏的不同数量往往和支系特点紧密相关，乃至依此形成特殊的他称，如八姓瑶、七姓花瑶、五姓山子、四性畲瑶。[②] “五姓山子”即山子瑶，云南多地有“五姓蓝靛瑶”之说，山子瑶和蓝靛瑶都属于瑶族金门语系，可见该语系的姓氏特点为“五姓”。无论十二姓、五姓，还是四姓、七姓、八姓，瑶族各支系、各语系的姓氏数量不同，这些高度象征化的数量背后的含义也各异。尽管如此，因同为瑶族，在命名法方面，各支系很可能仍具有相当程度上的共性。

下面详细探讨蓝靛瑶和山子瑶“五姓”的命名法则。笔者在云南田野调查中发现，金门瑶成年男性有五个姓名：

（1）乳名：男性在未成年阶段所用名，大多为一个土语称号乃至一个字，如笔者调查中发现一个名为“念”的儿童。

（2）书名：学龄儿童开始使用的名字，用于学校教育和身份证上。换言之，瑶族在接受全民教育之前，许多人并没有“书名”。书名与汉族姓名一样，可依照家族字辈取名，也可以不依。

（3）道方法名：金门男性的过法（度戒）分为“度道”和

---

① ［日］竹村卓二（Takemura Kakuji）著，金少萍、朱桂昌译：《瑶族的历史和文化——华南、东南亚山地民族的社会人类学研究》，北京：民族出版社，2003年，第170页。

② 黄钰、黄方平：《国际瑶族概述》，南宁：广西人民出版社，1993年，第17页。

“度师”两种。当其完成“度道”（或称“戒道”）后，会得到一个道方法名，通常为三字，格式为：姓氏 + 道方字辈 + 名字，其中“名字”部分可以和书名中的字相同，也可以不同。

（4）师方法名：金门男性完成“度师”（或称“戒师”）后，会得到一个师方法名，通常为三字，格式为：姓氏 + 师方字辈 + 名字，其中“名字”部分可以和书名中的字相同，也可以不同。道方法名和师方法名供此人在其后的宗教活动中使用，人生中所有重大事件的宗教类文书上都使用法名，而非书名。抄写经书落款也用法名。

（5）诨名：瑶族村寨或社区内的成年人基本上都有一个诨名，人们用以互称，诨名往往来自同辈甚至晚辈，如上文提及的孩童“念”的父亲，其诨名为“念爸”。诨名现象是瑶族姓名文化的重要组成内容，标识着族系内的亲缘关系。

按照瑶族使用姓名习惯，本书所涉及的所有宗教类抄本上人名都为法名，即上述的（3）或（4）类，由于这些抄本主要为道方抄本，故其上的姓名以（3）“道方法名”为主。下面进一步研究金门瑶法名的构成要素：

其一，五姓。

金门瑶五姓的来源为其起源传说，这一传说版本各异，但和《评皇券牒》（《过山榜》）上所载的评皇将公主下嫁给有功的盘瓠，并生育十二姓瑶人的传说并不相同。云南省河口县、麻栗坡县流传《盘王歌》《盘王娶妻歌》《盘王招婿歌》《五姓子孙歌》等史诗歌谣，从中可窥见五姓传说的概貌：盘王娶仙女为妻，生女五人，招五姓儿郎入赘为婿。《盘王娶妻歌》唱道：

> 盘王婚娶仙家女，拜托平（评）皇作媒人。盘王行婚

甲寅月，干时匹配得成双。①

《盘王招婿歌》中则唱出了招婿入赘的过程：

盘王一世生五女，便招五姓作儿郎。大女嫁邓姓，二女嫁蒋郎，三女嫁赵姓，四女召李郎，五女嫁黄姓，招郎上舍五姓人。②

金门瑶“五姓”的来源和过山瑶“十二姓”的由来有着根本的不同。过山瑶“十二姓瑶人”传说中，瑶族祖先盘瓠立下战功，得以与汉族公主成婚，诞下六男六女。而金门瑶“五姓瑶人”传说中，瑶族始祖盘王与仙女婚配，生下五女，通过招赘汉族女婿的方式，为第三代带来了不同姓氏。虽招婿入赘，但仍从父姓。过山瑶“十二姓瑶人”和金门瑶“五姓瑶人”的传说中，都通过跨民族婚配生育后代，但“五姓瑶人”传说更为强调瑶、汉两族之间兄弟民族的平等关系，而非“十二姓瑶人”传说中的汉、瑶两族基于封赏与归附的君臣关系。两相比较，在“五姓瑶人”传说中没有“十二姓瑶人”传说中的民族隔阂与张力，可见在“五姓瑶人”传说形成的时代，瑶、汉民族关系相对和平，民族融合更加充分，瑶族对汉文化的接受程度更高。

金门瑶“五姓”，还直接采用了汉姓中的郡望制度，流传于云南文山壮族苗族自治州的《蓝靛瑶五姓歌》唱道：

---

① 《盘王娶妻歌》由盘老大演唱，蒋云珠记译，歌书原本32开，1页，20行。载于杨永福主编：《云南瑶族口传非物质文化遗产提要辑录》，天津：天津古籍出版社，2013年，第55页。

② 《盘王招婿歌》由盘老大演唱，蒋云珠记译，歌书原本32开，1页，32行。载于杨永福主编：《云南瑶族口传非物质文化遗产提要辑录》，天津：天津古籍出版社，2013年，第56页。

六字开头西河子，角音盘姓西河郡。六字封头天水人，选音赵姓天水郡。子字木头陇西字（子），正音李姓陇西郡。登字有刀南阳人，宫音邓姓南阳郡。乾隆天子赐乐安，商音蒋姓乐安郡。盘王前世定五姓，浮生共潭千秋安。①

这首歌谣把五姓、五郡、五音对应起来了，如下表：

表 5 蓝靛瑶“五姓”郡望及纳音表。源于“蓝靛瑶五姓歌”（笔者制）

五姓	五郡	五音
盘	西河郡	角
赵	天水郡	羽（讹为“选”）
李	陇西郡	正（徵）
邓	南阳郡	宫
蒋	乐安郡	商

上文两则材料中的蓝靛瑶“五姓”又有微细差别：《蓝靛瑶五姓歌》中为盘、赵、李、邓、蒋五姓，《盘王招婿歌》则列入“黄”姓，把父姓“盘”略去不提，其中的“五姓”为五个借用自汉姓的姓氏。其实，在云南瑶族的现实生活中，主要姓氏为盘、赵、李、邓、蒋、黄六姓，但金门歌书中总述姓氏时，出现的总是“五姓”。美国国会图书馆藏瑶族秘语类抄本 F008，扉页背面亦分五栏记录金门五姓：

蒋人，乐安，商音；盘人，西何，角音；邓人，南阳，

① 《蓝靛瑶五姓歌》由邓光灿演唱、翻译，蒋云珠记译，歌书原本 16 开，1 页，12 行。载于杨永福主编：《云南瑶族口传非物质文化遗产提要辑录》，天津：天津古籍出版社，2013 年，第 63—64 页。

官音；王人，木原，商音；李人，龙西，徵音。

此处绝大部分姓氏的郡县、纳音与上表相同，唯有“王人、木原”有异，且五音中出现了两遍“商音”。金门瑶五姓在他处均未见“王”姓，此“王”可能为“黄”之讹。显而易见，五姓对应五行，是金门瑶对汉族大姓望族和五行纳音理论的有意识借鉴。

“五姓”和郡望之间的对应关系也源自汉族。《蓝靛瑶五姓歌》云：“乾隆天子赐乐安，商音蒋姓乐安郡”，暗示着瑶族“五姓”的来源正是清代“改土归流”时所赐的汉姓。所赐之姓配合相应郡望，封疆而治，瑶民借此也达成了参与中原大地共同治理的美好想象。“五姓”乃盘王所招赘、又为中央王朝天子所赐，通过赐姓与通婚，达到了边地安定、民族融合的效果。“五姓”系统的建立对金门瑶的影响甚大，不但决定了当今金门的大部分实际姓氏，其对应郡望等已在瑶族内部成为常识，经常被直接运用到书写中，如 cod. sin. 910 中首部标注“羽士蒋云诵抄与子孙世代十方上达”，末尾标“乐安云诵抄置”，“乐安”二字，正是以郡名来代替“蒋”姓姓氏。

其二，法名五代字辈。

瑶族不同支系的字辈数量与所用字千差万别，但相对于汉族，就瑶族总体而言，其字辈具有三个明显的特点：（1）各姓氏的字辈高度趋同，数个常用字出现频率很高，不存在汉族“字辈诗”现象；（2）字辈的数量远少于汉族；（3）瑶族字辈周而复始、循环轮转使用。

竹村卓二（Takemura Kakuji）考察泰国北部瑶族时发现，各姓的字辈以四至六代为一个周期，循环轮转，其共同的辈行字为：有、贵、福、文、进、元、财、金。他认为，瑶族字辈的循环现象，是对汉族姓氏制度的模仿和改造的结果，因为有限的字辈就足以区分现存的成员了，故为了效率不需要更多的字辈。① 越南红瑶的姓名字辈也分为四、五、六、七班四种，也存在周而复始的循环关系，其中 5 班字辈为：福、有、进、文、金。② 字辈的代数较少，并且循环使用，可谓瑶族姓名制度中的最大特点之一。

笔者在云南省田野调查时发现，瑶族姓名中字辈的特点不仅体现在“书名”中，而且出现在男性的师派和道派的“法名”中。质言之，在口传文化兴盛的瑶族中，宗教文书因其文字书写的稳定性和神圣性，客观上导致字辈在法名系统中更加稳固。云南蓝靛瑶的字派为五辈，循环往复，当地人称为“五世返祖”。表现在法名中，即无论瑶族男子的姓氏为何，其法名中的五个字辈基本上相同。但是这五个字辈的排序又因姓氏的不同而各异。笔者收集了盘、李、邓三大姓氏中师派与道派的法名字辈，列表如下：

表 6　云南蓝靛瑶盘、李、邓三姓法名字辈（笔者制）

姓氏	道方法名字辈					师方法名字辈				
	一	二	三	四	五	一	二	三	四	五
盘	金	经	玄	妙	道	院	胜	应	显	法
李	妙	玄	经	云	道	显	院	法	圣	应
邓	道	妙	经	玄	云	显	法	应	胜	院

① ［日］竹村卓二（Takemura Kakuji）著，金少萍、朱桂昌译：《瑶族的历史和文化——华南、东南亚山地民族的社会人类学研究》，北京：民族出版社，2003 年，第 188—190 页。

② ［越］杜光聚、阮琏着，黎巧萍、李娜译：《越南瑶族的今昔》，北京：民族出版社，2018 年，第 133 页。

各姓氏的法名字辈排序不同，但所用字基本相同。道方法名中，除了盘姓用“金”、其余两姓用“云”以外，其余四辈均相同。盘、李、邓三姓的师方法名字辈基本相同，唯除李姓为“圣”，其余两姓用“胜”字。笔者了解到，除去细微差别外，未列出的赵、蒋、黄三姓亦采用基本相同的法名字辈，即金门瑶的法名五字辈具有高度统一性。

瑶族正式的宗教文本上使用道方或师方的法名。前述蓝靛瑶五姓、法名五字辈的命名规律，与德国巴伐利亚州立图书馆、美国国会图书馆藏的瑶族抄本上的人名命名规律高度吻合，故下文将以五姓、五字辈为背景和基础，分析《尊典经》抄本中出现的人名。如下：

cod. sin. 1159 玄门弟子盘道能承集；承集经书盘金乾抄存记；黄道杨。

cod. sin. 1135 盘道能承集抄；置主盘金乾承集抄；书主黄道杨 。

cod. sin. 1138 箓士臣盘道能抄记收可；置主盘道能承集妙（抄）留；书主黄道杨。

以上三个抄本分别为《尊典经》上、中、下册。与它们纸张、装帧、字迹和落款都相同的还有另外两种抄本，款识为：

cod. sin. 1141 置主盘道能收集存；箓士臣盘道能承用方使（便）可也；黄道杨；玄门弟子事（士）臣盘金乾承用方便；广西省武缘县穷善游客先生潘治农依口代笔。

cod. sin. 1137 置主盘道能收集存；书主黄道杨；客弟子盘道能承集收存留；广西省武缘县游客先生潘治农依口代

写，笔字不好视可免也；先生游客潘治农代笔；盘道能妙抄记。

cod. sin. 1141 为《玉皇经》卷下，cod. sin. 1137 为《金章经》和《玉枢经》合编本。以上同套五个抄本中，涉及人名四个，其法职与身份分列如下：

表 7 署名“盘道能”的五种抄本中人名、法职表（笔者制）

人名	功能	身份
盘道能	置主；承集抄留；收存留；承用方便	箓士；玄门弟子；臣；客弟子
盘金乾	置主；承集抄；承用方便	玄门弟子；士臣
潘治农	代笔；依口代写；依口代笔	游客先生；先生
黄道杨	书主	无

此表呈现出瑶族抄本上人名的三种身份：

（1）置主。即置办经书的人，该抄本的初创者。置主具有宗教身份，或者是受过箓的道士，如此处“盘道能”自称“箓士”“玄门弟子”和“臣”。“盘道能”之款处于抄本封面正中最显著的位置，他是这套书的置造者。瑶人置造整套经书的目的是自己使用及传给子孙，这一传统做法至今仍然延续。

本套经书上第二个冠以“置主”之名的是“盘金乾”，对比前文中瑶族法名字辈可知，“道”“金”二字皆为蓝靛瑶的道方法名字辈，且盘姓中，“金”辈刚好比“道”辈低一代。如果置办这批经书时，盘姓法名字辈和今天云南省蓝靛瑶盘姓的法名字辈相一致的话，那就可以得出结论：盘金乾为盘道能之子，盘道能置办了这批经书后，供自己和儿子在法事活动中“承用方便”。

（2）代笔。与大多数瑶族抄本不同，这套经书抄本明确标注了代笔者。

cod. sin. 1137 和 cod. sin. 1141 中标注了“广西省武缘县游客先生潘治农”依口代写，且 1137 中出现“笔字不好”“视可免也”等谦辞。同套的三本《尊典经》虽未标注代笔者的名字，但对比发现其字体与 cod. sin. 1137 及 1141 完全一样，可知五个抄本均出自“潘治农”之手笔。“广西省武缘县”，为今广西壮族自治区南宁市邕宁区。这是代笔者的籍贯，或许与书成此经的地点相关。代笔者的身份为“先生”“游客先生”，足见其低级士人的身份。“依口代写”的表达暗示着，代笔者仅依复述或背诵之语转录为文字，其资料来源是更古老的经本或者法师的记诵。“潘治农”之名，无论姓氏还是字辈，都离金门瑶“五姓”“法名五字辈”差距甚远，有可能他并非瑶族，而是瑶族聚居区的汉族读书人。何红一研究证实了瑶族经书常请汉人代为抄写，如美国国会图书馆藏的 7 个标明“谢新华”的抄本。谢新华为汉人，是流亡在老挝的国民党士兵，以教当地瑶族汉字为业。[①]

除 cod. sin. 1137 和 cod. sin. 1141 外，“潘治农”之名还出现在 cod. sin. 1140《玉皇中卷》中，该抄本末标注“置主盘玄秘抄集留存”“月（粤）西先生潘治农的笔，字不好视也”，他亦是 cod. sin. 1140 的代笔者。然而，并不能依此孤证便判断此“潘治农”和上文提及的“潘治农”是同一人，原因有三：其一，

① 何红一：《美国国会图书馆馆藏瑶族文献研究》，中国社会科学出版社，2017 年，第 137 页。

cod. sin. 1140 抄成于道光十七年（1837），而 cod. sin. 1159 等五个抄本抄成于光绪十一年至十二年（1885—1886），两者距离 49 年。其二，两组抄本的“置主”不同，cod. sin. 1140 上的人名为“盘玄秘”“盘道席”“盘经珍”“邓妙灵”等，cod. sin. 1159 等五个抄本则为“盘道能”“盘金乾”等。其三，两组抄本形制与字体不同。cod. sin. 1140 为绵纸抄成，采用更古老经书的字页作为封面和封底，cod. sin. 1159 等五个抄本封面、封底与内页一样为淡黄色草纸。内页中字体有较大差异，cod. sin. 1140 的书法水平更高，两者不似出自同一人之手。综上，“月（粤）西先生潘治农”和“游客先生潘治农”分别出现于两组抄本中，若非重名现象，就是后出的抄本假托“潘治农”而书出。

（3）书主。在 cod. sin. 1159 等五个成套的抄本中，人名“黄道杨”与其他字迹明显不同，字体更大、墨渍更深。显而易见，此名字乃后期添加，应为该书转手后的书主所加。“黄道杨”之名与金门瑶的“五姓”“法名五字辈”命名法则相吻合，但其前未标任何道士或法师的身份。故知“黄道杨”虽为瑶族，但可能不具备很高的法职与法位。这也许是他通过购买等方式得到经书而不亲自置办的理由。

概言之，置主为瑶族经书置办者。抄书者为代笔者，代笔者往往是有文化的汉人。如果经书为自己抄成，当然就不出现抄书者之名。书主为经书转让或易主后的所有者和使用者，书主亦为瑶人，但因为自身文化水平低、迁徙流动频繁等原因，不具备置造经书的能力或条件，故购买经书用于宗教活动。

图 11　人名款识：cod. sin. 1138 封面（左），
cod. sin. 1137 末页（右）（笔者摄）

置主、代笔和书主三个角色，是大部分瑶族抄本上出现的人名和款识。但实际情况颇为复杂，有些抄本并不严格遵守上述三个角色的定义，在“置主”和“书主”的标注上混用。在另一些情形下，置主或书主并非单一，而是出现多个姓名，通过分析可推定各人物之间的关系。如：

cod. sin. 599 书主邓经尊；邓经尊集；与儿金玩、金棉同接十方大吉。

cod. sin. 627 邓经尊集；东主邓经尊承集。

此两经中“东主”与“书主”意义相同，在此之外，标注“邓经尊”的还有 cod. sin. 630 与 cod. sin. 639 两书，但都只是简单标明“邓经尊集”。cod. sin. 599 中的另外两个人物：“邓金玩”“邓金棉”，为“邓经尊”之子，这套书是父亲与两个儿子同用的。其中邓氏的法名字辈“经”后为“金”，这个排序与笔者田野调查中见到邓姓法名字派“道、妙、经、玄、云”有所差别，此处之例说明瑶族法名字派在同姓氏不同宗支中的复杂性。

瑶族经书在祖辈、父子之间相传是普遍现象，甚至这是经书制作之初的内在动力，经书作为至高无上的精神财富，父子相承，代代不绝。这些字辈传承的经书不但字体高度一致，往往还出现“十方大吉”“传流代代子孙显应上达”等祈禳字样。

经书流转的情形多种多样，又如：

> cod. sin. 281 羽士蒋金华氏手抄；与儿玄旌、玄颉全承应用；银卖二竜直主邓金枂。
>
> cod. sin. 915 小臣主蒋金华；蒋玄旌承接用；邓妙静；邓道才；东主李妙珍全用。

署名“蒋金华”的还有 cod. sin. 2680《大斋天机捡醮同用》。上述三个抄本装帧相同，且盖有同样的方形黑色印章，足证皆出自“蒋金华”之手。蒋金华抄办这套经书，为的是与儿子蒋玄旌和蒋玄颉一起使用。但后来因为某种原因，将此套书转卖给“邓金枂”——这很可能是 cod. sin. 915 中一系列邓姓名字的由来。此后，这套书三易其手至“李妙珍”处，故 cod. sin. 915 扉页背面用另一种字体标记李妙珍之名。蒋、邓、李三姓皆属金门瑶五姓，且法名字辈均相吻合，这三次转手皆在瑶人内部进行。

从这个例子中可以看出，瑶族经书标注象征所有权字样的“置主”“书主”“东主”等时，灵活性很大，并不严谨。冠以“置主”之名的人名，往往不是经书的置办者，可能只是购入者，需综合分析才能判断谁是第一手的置办者、谁是第一次或第二次的购买者。

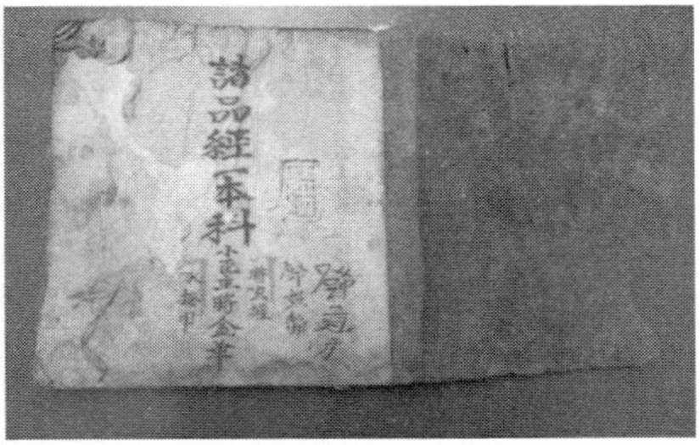

图 12　扉页款识：cod. sin. 281（左），cod. sin. 915（右）（笔者摄）

经书除去父子之间继承、购买这两种流通渠道外，还经常在异姓师徒之间授受传承，如：

cod. sin. 301 李道钦承接用；李道钦承接道士邓金窗、邓金畐、邓金真仝集；置主李云皆。

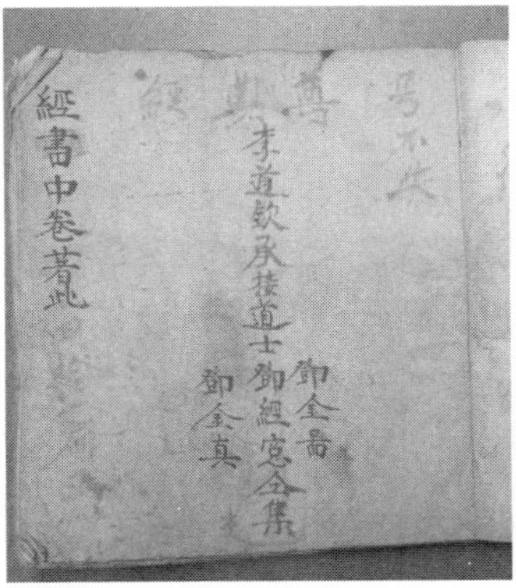

图 13　cod. sin. 301 扉页（笔者摄）

该经书主要署名者为“李道钦”。“置主李云皆”标注在扉页背面，字迹与他处不同，可见“李云皆”虽然标注为“置主”，但并非本经的置办者，其真实身份实为经书易主后的新主人，即上文中界定的“书主”。本经封面标题之下标“李道钦承接用”，扉页标“李道钦承接道士邓金窗、邓金啚、邓金真仝集”，李道钦应为邓金窗、邓金啚、邓金真三人之徒，李道钦得到的这部经书，可能来自三位师父的授受；也可能为李道钦本人根据师父处的原经抄写而成。

cod. sin. 301 抄成于乾隆十六年（1751），为所有《尊典经》抄本中最早。足见清代早期瑶族仍活跃着师徒之间传授经典的行为。

上述诸例中，除代笔者外，所有人名都符合蓝靛瑶命名的“五姓”和“法名五字辈”规则。事实上，所有《尊典经》抄本中出现的姓名基本上都符合这条规则，即：姓氏不溢出“五姓”或“六姓”，且法名字辈不溢出相关五个字辈。这是标识这批抄本属于金门瑶经书的有力证据。但是《尊典经》及其余数经抄本中，也存在一组姓名不符合金门姓名规则的例外情形，值得特别关注：

> cod. sin. 2686 羽士邓演龞承集；置主李玄机；士邓云占全本。
>
> cod. sin. 2687 羽士邓演龞集用；置主李玄机；箓士邓演龞记号。
>
> cod. sin. 2688 羽士邓演龞承集；置主李玄机全本；邓金盛十方上达。
>
> cod. sin. 2689 书主邓演龞抄一日之工也；士邓云瞻乙也全本；书主李玄机。
>
> cod. sin. 2690 善士邓演龞集记；置主李玄机金本；士邓云瞻应用一十也；善士邓演天集用。

上述抄本中出现了数个名字："邓演飆"（cod. sin. 2687 中"詽"乃"飆"之简写），他是受箓的道士，也是这套经书最初的抄写者；"李玄机"，他是某个阶段的"书主"，但其宗教身份并不明确，和邓演飆的关系也不明朗，他可能通过购买获得这套书，也不排除其他方式；"邓云瞻"（cod. sin. 2686 中"占"乃"瞻"之简写），自称"士"，亦为道士且在实践中使用这套经书；"邓金盛"，只在 cod. sin. 2688 出现一次，其落款的位置、字体和"邓云瞻"一模一样，可以断定"邓金盛"和"邓云瞻"之间具有亲缘关系，很可能为"邓云瞻"之子。

从这套抄本落款字迹的工整程度和位置来看，"邓演飆"之款非常工整，且字体原抄本完全一致，时间最早；"李玄机"之款较为工整，占据书页右方空白处的主要位置，较"邓演飆"的时间稍晚；"邓云瞻"之款字迹最为潦草，且位置歪斜挤在原款两边，其时间最晚。

四个名字都属于金门瑶五姓，除去"邓演飆"外，其余三个名字字派皆与法名五字辈相合。然而，邓演飆之字派"演"，不见于法名五字辈中，可能来自一支较为特殊的瑶族支系，其经背后的思想倾向亦值得特别关注。

综上所述，通过对部分瑶族抄本上的人名进行分析，明确了这些经书的所属的支系，并归纳出金门瑶经书署名的一般规则。然而，我们并不能根据清代经书上的姓名去田野中追溯此经源出的宗支乃至家庭。因为金门瑶姓名中的字辈为五辈一循环，且各姓氏法名的字辈排列顺序也不一致。而字派的五辈结构并非固定，而是随着时间的流逝、地域的变迁、姓氏的不同而千差万别。由于瑶族特别钟情于某些文字，故在姓氏和法名的文字选择都很有限的情况下，许多瑶族法名呈现出重复的、半结构化的特点，在实践中是很难真正在法名和书名、法名和现实中的家族之间建立起真实有效的对应关系。瑶族姓名中字辈五代一轮转的命名现象并非如竹村氏所言，为在实践中提高效率以减少不必要的字辈，也非受限于瑶族的文化水平，而是瑶族主动选择的结果。具言之，是瑶族"五世返祖"的生命轮回观念在姓名文化中的具象化反映，本书第六章将深入探讨这一问题。

除姓名之外，瑶经抄本上的时间、地点信息也非常重要，它们是框定《尊典经》流传区域和时间的重要指标。

二　传抄时间与地点

研究《尊典经》抄本中出现的时间和地点信息，有助于我们划定此经的流传范围。瑶族经书抄本中向来对地点的标识甚少，其有限的地点信息可与时间信息互相参看。德国巴伐利亚州立图书馆藏的 14 种《尊典经》抄本中，出现明确时间标识的有 9 种。

此外，笔者见到美国国会图书馆藏的 5 种《尊典经》抄本；且在云南省麻栗坡县"瑶族经书整理小组"见到了一套三册古本手抄本《尊典经》，据"文山瑶族古籍文献典藏"主编李云章先生介绍，此套抄本收集自铁厂乡李姓法师处，为其祖上所传。文山瑶族现实法事中几乎不用《尊典经》，其流传甚少，全县仅此一套《尊典经》抄本。为了更准确地划定本经传抄的时空范围，本文将上述两个来源的 8 种抄本也纳入研究范围。

析出诸抄本中的时间、地点信息如下，表中将相同作者置造的抄本同列一栏：

表 8　《尊典经》抄写时间与地点汇总表（笔者制）

出处	书号	卷次	抄写时间	公历时间	地点
德国藏《尊典经》抄本	cod. sin. 1159、1135、1138	卷上、中、下	光绪十一年丙戌岁正月初五日抄完；光绪十二年丙戌岁二月二十一日抄完	1885—1886 年	广西省武缘县①
	cod. sin. 2647	卷上	三月初十日晚	不详	无
	cod. sin. 2690	卷上	天子戊寅岁念（廿）九日抄启；天运太岁己卯年正月初三日完毕	不详	无
	cod. sin. 301	卷中	乾隆十六年四月十一日抄完	1751 年	无
	cod. sin. 325	卷中	咸丰肆年甲寅岁季夏月念（廿）五日谷旦抄	1854 年	无
	cod. sin. 599	卷中	无	1808 年②	无
	cod. sin. 281	卷下	乙亥年六月初抄完	不详	无

① 该三个抄本中无地点标识。地点信息见与此处抄本同套的 cod. sin. 1141、cod. sin. 1137，cod. sin. 1141 中标“广西省武缘县穷善游客先生潘治农依口代笔”，cod. sin. 1137 中标“广西省武缘县游客先生潘治农依口代写”。此地点可能是经书写成的地点，也可能并非如此，而只是代笔者的籍贯。

② 本经与 cod. sin. 627、cod. sin. 630、cod. sin. 639 抄写者、装帧皆相同，其中 cod. sin. 627 中标“嘉庆十三年（1808 年）三月二十六日”，据此推定本经时间。

续表

美国藏《尊典经》抄本	AA009、010	卷上、中	天子万万年丁巳岁十一月初四日抄完毕；大运太岁丁巳年十一月初四日抄完毕；天运太岁丁巳年十一月初九日抄完毕	不详	无
	AA011	卷中	大清光绪四年戊寅岁八月廿四日抄完	1878 年	无
	AA012	卷下	乾隆伍拾一年□□□□□□□□□抄	1786 年	无
	AA013	卷下	太岁甲子流年南吕月①启箓（录）也	不详	无
麻栗坡县私人收藏	《尊典经》	卷上、中、下	明命戊子岁二月十一日；明命戊子年二月初七日；明命戊子年二月初九日粤东谈大观抄	1828 年	越南

由上表可知，所有抄本的置造时间都在清代及以后。除去大部分明确标识了年号与干支的情形，还存在两种不太清楚的情

① 南吕月即“八月”。《吕氏春秋·季夏纪·音律》：“南吕之月，蛰虫入穴。”《晋书·律历志》：“八月，律中南吕，卯下生之律，长五寸三分寸之一。仲秋气至，则其律应，所以赞阳秀也。三分益一，上生姑洗。”

形，故首先需要对这些时间模糊的抄本进行成书年代考据。

（一）只用干支纪年，未标明年号

cod. sin. 281 乙亥年六月初抄完。

AA013 太岁甲子流年南吕月。

德国巴伐利亚州立图书馆藏瑶族抄本 cod. sin. 281《尊典经》卷下，不标年号仅记“乙亥年”。其置主为“蒋金华”，同出此人的还有 cod. sin. 915《诸品经》和 cod. sin. 2680《大斋天机检醮同用》。cod. sin. 915 抄本日期页破损；cod. sin. 2680 标“嘉庆十四年二月二十日抄完”，即为 1809 年己巳年，据此推知 cod. sin. 281 上的“乙亥年”为六年后的 1815 年（嘉庆二十年）。

美国国会图书馆藏瑶族抄本 AA013《尊典经》下卷，仅标“甲子年”未记年号，难以确定年份。但此经与 AA007《血湖经》皆标“羽士盘妙录”，且两经纸张、装帧、字迹相同，内页皆为黄草纸，封面、封底为更古老经书页糊成，可断定 AA013 与 AA007 为同一人所出。AA007 亦未标明皇号，仅标“乙丑流年记”。有学者据书写、纸张、装帧考证，认为此“乙丑年”为公元 1925 年。[①] 遗憾的是，作者未给出具体论证过程。若果此结论为真，则 AA013 成书“太岁甲子流年”当为 1924 年。

我们在 AF013《天师戒度科》中找到了旁证，AF013 纸张、装帧与 AA013 及 AA007 高度一致，最大特点为其封面、封底都为字体端正美观的古本瑶经书页制作而成，上有“三天扶教大

① 张淼、［美］李福（Gil Raz）：《美国国会图书馆藏瑶族道教〈血湖经〉研究》，《中国道教》2018 年第 1 期。

法师降临坛所”“角亢氐房四宿星君”“金真演教天尊”等字样，知其内容为典型的瑶族道派科仪书。AF013《天师戒度科》扉页标“置主盘经谕承集”“与儿盘妙禄、盘妙秉子孙世世代代承行”，足见此经的置造者“盘经谕”为AA013及AA007的置主“盘妙录”之父，此三经出自同一家庭，为同套，故AF013的置造时间可以做AA013的断代依据。

AF013扉页左侧标“民国三年甲寅岁陆月廿二日”，民国三年即公元1914年，既然此经造成之时已标“与儿盘妙禄、盘妙秉承行”，证明彼时二子已经通过“过法”（度戒），取得法名，已成年且具备了法师资格，且盘妙禄为长子，更当如此。故AA013上的时间“太岁甲子流年”应为“民国三年甲寅岁”之后不久的“甲子年”。可知AA013的置造时间为民国十三年甲子年（1924）。

（二）未标皇号，仅标“天运”和干支的

主要包括：

> cod. sin. 2690 天子戊寅岁念（廿）九日抄启；天运太岁己卯年正月初三日完毕。
>
> AA009、AA010 天子万万年丁巳岁十一月初四日抄完毕；大运太岁丁巳年十一月初四日抄完毕；天运太岁丁巳年十一月初九日抄完毕。

以上两经中未见皇号，而用“天子”“天运”等字样（“大运”应为“天运”之讹）冠于干支纪年前，为确定抄写年代带来了困难。

cod. sin. 2690《尊典经》卷上与cod. sin. 2686《玉枢经》、

cod. sin. 2687《玉皇经》卷中、cod. sin. 2688《玉皇经》卷下、cod. sin. 2689《度人经》均出自邓演鼒之手，于戊寅至己卯年间抄成，后来这批抄本又先后转手李玄机、邓云瞻及邓金盛。这套（五个）抄本的共同特点是：不记年号，只用干支纪年，并在前加“皇号”“太岁”字样，或者 cod. sin. 2690 中使用“天子”“天运”等表达。为了考据抄本形成的时间，只能寻找内部及外部的其他证据。

cod. sin. 2688 扉页背面记载着与正文内容无关的一段文字，可为考据的重要旁证：

> 洞（同）治辛未年二月二十三日，李玄旸、蒋氏取（娶）妇，无银使用，借到邓云瞻、邓氏文银五两足正。簿记为据。

这段文字的字迹与封面上标识“邓金盛十方上达”的字体一模一样。前文已经论述，邓云瞻与邓金盛为这批抄本最后的主人，两人很可能为父子。此处记载透露出，邓云瞻活跃于同治辛未年（1871）间，此抄本原始的抄成日期必然早于这个时间。置主邓演鼒标记的“戊寅”“己卯”，很可能为此前的嘉庆二十三年（1818）、二十四年（1819）。

AA009《尊典经》卷上、AA010《尊典经》卷中装帧、置主皆相同，且封面、封二等多处都盖有红色花印，抄写日期连贯，两经无疑出自同一置主。两经开本较小，封面、封底俱全，完整度高，字迹工整清晰。抄成时间记为“丁巳年十一月初四至初九”。因未标年号，为断代带来了困难，下文将从两经上的人名入手，搜取断代的依据。

从不同字迹来划分，AA009、AA010 上标记的人名可分三类：

（1）李姓法名，即抄本的创制者，两经扉页及末尾标“善士李妙选集用”“善士李妙选集记”“善士李妙选承集”，可知李妙选为最早的创制者；另外，AA009 封面标“李应寿”，AA010 封面标“李受应”，排除谐音因素，这两处人名可以看作同一人名的讹写，类似讹写在瑶经中非常普遍。此两处人名的字体、墨迹皆与标题一致，可断定其在创制经本之初就已写上。由此可知，“李应寿（受）”和抄写者“李妙选”之间具有某种亲缘关系，极有可能是父子或师徒关系。还有另一种可能，即“李应寿（受）”和“李妙选”是同一个人的两个不同法名。“妙”为李姓道方法名字派，“应”为李姓师方法名字派，有可能抄写者在封面、内页上留下了两个不同法名。

（2）数个邓姓法名，AA009 封面上标“邓经华”；扉页上书“邓道真”；AA010 封面上标“邓金□”；扉页上书“邓道真”。上述名字的字迹与李姓名字的字迹差距甚大。这几个名字中的“经”“金”“道”都属于金门瑶道方法名，虽然暂不能确定这几个邓姓法名之间的亲缘关系，但他们都是这个抄本转手后的拥有者，且在经上添加名字的时间晚于经书抄成时间。

（3）拉丁语名字，AA009 和 AA010 扉页上都标有两串拉丁字母，黑色笔迹的为“mr Heng Thong”、绿色笔迹的为“Dmg”，两处标识类似人名，而且笔迹不同，很可能代表两个人。两处人名的拼写颇类似东南亚人名，暗示着这两本书的拥有者曾是受西方文化影响的东南亚人及欧美人。这两处人名既不是法名，落款又极不规范，象征着此书的流转已脱离了瑶族文化传统，很可能标记的是书商的姓名。

图 14　款识与花印

AA009 封面（左），AA010 扉页（右）（江田祥摄）

诸人名之外，AA009 和 AA010 上还出现了圆形的红色花印，此印中有三个嵌套的菱形，两边各有六片花瓣状弧形，分别出现在 AA009 封面、封二和 AA010 的扉页背面。有学者认为，此印乃藏书者留下的藏书标记，① 那么，便有可能通过此印追溯藏书者的身份。这个花印到底来自上述哪一位书主——李姓、邓姓、还是拉丁文人名？

笔者幸运地在美国国会图书馆藏的其他瑶族文书中发现了相

① 何红一：《美国国会图书馆馆藏瑶族文献研究》，北京：中国社会科学出版社，2017 年，第 141 页。

同的花印。AC002《清醮秘语》扉页背面，出现了一模一样的圆形花印。AC002 扉页标明"罡（置）主邓道真""代笔古公邓玄显，字面不好，无本难寻乱□"，可知此经为邓道真置造，由邓玄显代笔。"罡（置）主邓道真"的笔迹与 AA009 和 AA010 中"邓道真"笔迹完全相同，加之相同的花印，可以断定 AC002 中的"邓道真"与 AA009 及 AA010 中的"邓道真"乃同一人。并且，AC002 的封底上也出现了拉丁文人名——黑色笔迹的"mr Heng Thong"和绿色笔迹的"Dmg"。并且，除去扉页背面标记人名"邓经荣"外，AC002 抄本上再无任何人名。

至此，我们可以简单回溯 AA009、AA010 抄本的流转过程：最初，李妙选置造《尊典经》一套（AA009 和 AA010 为其中两本）。之后，邓道真开始收集和抄写整套道公用经书，并得到了 AA009 和 AA010 两书，他在其上签名并加盖自己的藏书印。同一时期，邓道真聘请邓玄显代笔，书出《清醮秘语》（AC002）等经。数年之后时移世易，书商"mr Heng Thong"和"Dmg"得到了邓道真的藏书，其中包括 AA009 、AA010 、AC002，并在其上签名。可以推测，这批书极可能还在书商之间进行过多次转手，最终流入美国国会图书馆。

从上述过程从中得出结论：AA009 和 AA010 的成书时间，一定早于 AC002 的成书时间。因为 AC002 为邓道真所置办，而前两种对他而言是二手书籍。AC002 封面标"光绪三十年丁未岁十月十一日申时抄"，光绪三十年为公元 1904 年，AA009 和 AA010 的置造时间必然在此前的某个丁巳年，很可能是离得稍近的 1857 年（咸丰七年）。

因此，可以得出这两套不记年号、标记"天运"的《尊典经》抄本的置造时间：邓演蘊置的 cod. sin. 2690 等书出于 1818 年（嘉庆三十二年）；李妙选置的 AA009 和 AA010 等书出于 1857 年（咸丰七年）。这两个时间乃是两套抄本制作时间之下限，实际抄成时间还有可能再往前推一甲子。那么，为什么这两套书不记年号而只记“天运”呢？

瑶族地处偏远，有没有可能是这些经书的制作者不知年号，故只好用“天子”“天运”等代替呢？稍经分析，便能推翻这一假设。仅以《尊典经》为例，从上表中可知，cod. sin. 325 出咸丰朝、cod. sin. 599 出于嘉庆朝，乃至 cod. sin. 301 和 AA012 出于更早的乾隆朝，这些经书上都明确标记了年号。且不记年号的 cod. sin. 2690 和 AA009 等书皆成套出现在德国和美国图书馆的藏书中，其装帧精美、书写规范程度，并不亚于其他抄本。这从侧面反映出制作者具有相当高的文化水平与专业性，身居僻壤而不知年号的可能性几乎不存在。

既然如此，为何对年号知而不用呢？

“天运”年号广泛见于清代洪门天地会及清末革命运动中。赵世瑜发现，不仅洪门天地会、三合会等反清复明教门使用“天运”纪年，清中叶其他地域矛盾、土客矛盾冲突中也多使用这一年号。即便是在不带任何反抗现存秩序色彩的民间社会活动中，只要经历社会激烈动荡、政权更迭不常的时期，“天运”纪年也被作为民间认可的地方性纪年和宗教性纪年而广泛使用。[①] 有意避开当朝皇号而使用“天运”纪年，要么说明该经书具有反清复明的民间教门背景，要么证明该经具有典型的湖南、江

① 赵世瑜：《“天运”纪年的利用极本相——兼论明清以来民间教门的日常形态》，《南国学术》2017 年第 3 期。

西、福建、云南等省的地域特点及客家人等文化人类学背景，也可能这两点兼而有之。

在瑶经中，与 cod. sin. 2690 同套的 cod. sin. 2688 为《玉皇经》卷下，后附有显著反清复明性质的“三点会”经典《太阳经》，被本章第一节判定为瑶族《玉皇经》的“太阳经版”，这一线索可以与其“天运”纪年相印证，判定邓演瓤创制的系列抄本深受洪门三点会影响，这些抄本于嘉庆年间在瑶族流传。推此及彼，AA009、AA010 很可能也有相似的文化背景，这有待于笔者进一步研究验证。值得一提的是，瑶经中的民间教门色彩浓厚的经书所用年号，并不仅限于“天运”一词，而有“天子”“天子万万岁”“大运”等多重类似表达，或可将之视为瑶族和民间教门交叉的亚文化圈的标志性话语。

《尊典经》抄本中还有一套来自越南。即笔者在云南省麻栗坡县发现的三册《尊典经》抄本。此套抄本装帧、字体统一，封面为褐色厚纸，封底为深褐色油布。封面内页为另经书页糊成，余半页字纸，依稀可见其上字大工整，书法优美，内容关于献花、献酒、献狌猔，还有“坛主九娘”等字样，为金门瑶师派的科仪书。

就款识而论，本套抄本上卷标“书主蒋金霐”和“明命戊子岁二月十一日粤东谈大观抄”，中卷标“书主蒋金霐承集”（又在其余两处标注“持经人蒋金霐承集”“善门蒋金霐”）和“明命戊子年二月初七日粤东谈大观抄完”，下卷标“书主蒋金霐号”和“明命戊子年二月初九日粤东谈大观抄完”。

“明命”（Minh Mạng/Minh Mênh）为越南阮朝圣祖仁皇帝阮福晈（Nguyễn Phúc Kiều）的年号，跨度为 1820—1840 年，值

清道光年间前半段。“明命戊子年”即1828年，是年为明命九年、道光八年，这套三册的经书于1828年农历二月抄成。采用明命纪年，说明其书主身处越南，且已归顺越南朝廷。持经人“蒋金霦”，姓氏与法名字派都与金门瑶相吻合，民族身份准确无疑。“谈大观”为代笔者，从姓名看不出其是否属于瑶族。“粤东”两字可能为“谈大观”的籍贯，谈大观的身份可能是祖籍粤东的汉族，彼时在越南担任瑶人的汉语教师。这套经书的发现有力证明，早在清代中叶，金门瑶经典就已经流传到越南，并与国内瑶族在文化上紧密相关，具承继性。

这套经书的置成地点（越南）与经上所标地点（粤东）存在较大差异。联系到德国藏 cod. sin. 1159、1135、1138 三册《尊典经》，其同套书籍中著录的地点、亦即代笔者的籍贯“广西省武缘县”，这个地点很可能也并非经书抄成地，并不能依此判断这套经书是在广西抄置而成。瑶族抄本中，地点的变迁反映出瑶族的流动。整体而言，瑶族的移动方向是自东向西、自北向南的。广泛使用代笔的文化现象为瑶族迁徙提供了旁证：当越南等地的瑶民因民族文化丧失、汉语水平下降等原因无力书写经书时，求助代笔的往往是来自中国广东、广西的先生。

综上，就时间论，德国巴伐利亚州立图书馆藏《尊典经》抄本最早出自乾隆十六年（cod. sin. 301），最晚至光绪朝（cod. sin. 1159、cod. sin. 1135、cod. sin. 1138）。此外，美国国会图书馆还藏有晚至民国的抄本（AA013）。需要说明的是，这一结论的得出仅基于那些标注了时间的抄本，未标注时间的抄本，其实际抄写时间可能溢出这一区间。如，cod. sin. 910 中正文内容为从右往左书写，标题却从左往右书写：封底（最左页）书

“大洞经中卷起”，封二（最右页）书“十大洞经中卷毕乐安云诵抄置也”。标题的字体、笔迹与正文完全一样，即使标题为抄者后期添加，间隔时间也应未久。如果此经抄成于中国境内，则很可能其成书与1954年国家推行汉字从左往右横写的运动有关。只有在书写习惯改革的时期，才能在同一个抄本上见到“从左往右”和“从右往左”两种书写方式。但是，类似孤证并不能成为未标时间抄本的断代依据，只能证明本段得出的《尊典经》抄成时间区间并非绝对，其结论具有开放性与灵活性。

就空间论，结合历史与田野资料可知，《尊典经》抄本至今仍分布在广西、云南等省，并在清道光年间就已传入了越南，整个抄本的分布呈现出缓慢的自东向西、自北向南的移动趋势，这与瑶族的迁徙路线相一致。值得注意的是，笔者在田野调查中发现，在云南、广西等地的宗教活动中，《尊典经》的使用与流通频率很低，乃至其经正在逐步淡出民众视野，地位作用已经或正在为《玉皇经》等其他经典所取代。以云南省麻栗坡县为例，整个县几乎只存一套道光年间抄自越南阮朝、又回流云南的《尊典经》抄本，即是上文中分析的那套抄本。而该县境内大部分道公、师公手里已没有《尊典经》抄本了，法事中也几乎不用。这说明，《尊典经》曾在清代中叶被广泛传抄，但随着时间推移，其正逐步单纯瑶人的宗教生活。原因为何？或可从下文论证中窥见一斑。

第二节　经题及用法的改变

瑶族《尊典经》主体内容与道教《太上三十六部尊经》一模一样。作为手抄本，相比《道藏》刊本而言，存在多处明显的“抄写误差”，主要包括：漏抄字词，漏抄文段，错字与别字，文段顺序颠倒，灵符数量的增减与符形的变化。综观所有抄本，几乎每个抄本都或多或少地存在“抄写误差”。有趣的是，各个抄本的“抄写误差”之处千奇百怪，即多个抄本《尊典经》的错、漏之处皆不一致，这有力地证明，这些抄本之间不存在辗转誊抄的现象。瑶族《尊典经》抄本形成之初，即是不同时间、地点分别依据《太上三十六部尊经》而抄成。换言之，《太上三十六部尊经》曾在较长时间内，在多个瑶族居住地广泛流行。

然而，要研究数种瑶族《尊典经》抄本的稳定性特征，必须摒弃随意性较强的“抄写误差”，而着眼于多个抄本的共性，并以此提炼其相异于《太上三十六部尊经》的文本特点，唯此才能发掘瑶族经书的文献学价值，进而分析其思想内容的交融与嬗变。基于对《太上三十六部尊经》原文的文本对比，本节将瑶族《尊典经》抄本的文本特点归纳为三点：（1）经题改变；（2）添加“开经玄蕴咒”或“经目”；（3）灵符用法的改变。

一　经题

本经与《太上三十六部尊经》原文最大不同之处在于经题

的改变，即在不改变内容的情况下，将经题进行改动。总览本章所研究的 22 种抄本（德国藏 14 种、美国藏 5 种、云南存 3 种），发现其经题改变情况又因抄本不同而各异。具体可分四种情形：

（1）保留“太上三十六部尊经”之名。

这种情况极少见，仅见于 cod. sin. 1182、cod. sin. 1184 和 cod. sin. 2647 三个抄本。

cod. sin. 1182 和 cod. sin. 1184 两经同套，cod. sin. 1182 为卷上、cod. sin. 1184 为卷下，两经均为白棉纸抄写，棉线装订，文本情况良好，字迹清晰工整，墨迹偏淡。cod. sin. 1182 缺失封面和封底，cod. sin. 1184 封面空白，但两经均在封或扉页标记人名“李玄堂”。两经皆无时间标识，难判定抄成年代。正文前总标题为“太上三十六部尊经”（cod. sin. 1182）和“太上三十六部尊经卷之下”（cod. sin. 1184），未出现任何其他经题。

相比《太上三十六部尊经》，cod. sin. 1182 和 cod. sin. 1184 在行文过程中经常出现一行或数字的缺失或漏抄，但每处漏掉的内容并不太多。相比其他瑶族抄本，此两经中的灵符符形忠于原文程度较高。可见，cod. sin. 1182 和 cod. sin. 1184 似宗依《太上三十六部尊经》原文而快速抄写的版本，没有明确的思想指向。

cod. sin. 2647 和前述抄本情况类似，标“弟子邓道长承”“三月初十日晚”，亦缺少有力的断代依据。此经题为“太上尊经上卷”“太上三十六部尊经”，前名应为简略表达。

（2）改动或增加经题，冠以“尊典”之名。

这种情况极为常见，有 16 种抄本使用，占本经抄本总数的七成。

“尊典”一词，字面意思为“尊贵的典籍”。佛教曾以“尊典”二字指代佛经，《法苑珠林》言：“经者，尊典化导之津，《波罗蜜经》功德最胜，《首楞严》亦其次也。”[①]《法苑珠林》为唐代释道世撰，以“尊典”代指宗教经书的传统，或始肇于唐。

道教传统中几乎没有以“尊典”指代经书之说，“尊典”之语，在《道藏》所收诸经中，仅见《高上玉皇本行集经》中一处。卷二《太上大光明圆满大神咒品》记载：

> 道言：是大神咒者，元始之妙言，玉皇之真诰，上清自然之灵书，九天始生之玄札，空洞之灵章，上圣之秘语，玉晨之尊典。[②]

这段文出现在《五方五炁灵宝玉篇真文》后，是对《灵宝玉篇真文》的总述与赞扬。《皇经集注》卷六云：

> 道言，是五老上帝述道致赞述言，故称元始玉皇云云，非元始自赞也……九天始生玄扎，称乎书曰扎，玉皇真经无象无声，大光妙音彻十方、遍法界，倾劫不毁。非手可书，皆自然之文；非言可传，皆心印之妙。探之无始，在太虚罔象之先，故曰九天始生玄扎。
>
> 玉宸尊典，天子所居为宸，元始为万教至尊，居玉清圣境，玄化难穷，故曰玉宸。说此真经，各教经书皆不及此，诸圣诸神皆不敢违，天律金格宝之甚重，十方列圣卫之甚严，故曰尊典。[③]

此处用“妙言”“真诰”“灵书”“玄札”“灵章”“秘语”

---

① （唐）释道世纂：《法苑珠林》，《四部丛刊》景明万历本，第 103 卷。
② 《道藏》第 1 册，第 702 页。
③ 《道藏》第 34 册，第 680 页。

"尊典"来赞颂《灵宝玉篇真文》及《玉皇经》，从不同侧面强调其功德。"玉宸"（或为"玉晨"）为元始天尊所居的玉清圣境，亦可代指元始天尊神格。"尊典"一词，既指代《玉皇经》，又指称真经所出之处，从说经者及说经地点的角度强调了经文的尊贵与神圣。《皇经集注》中对"典"的诠释仍保留着其"制度、法则、标准"的本意，因此经为天律金格的代表，其约束性与权威性极强，冠诸经之首。可以说，玉皇经系使用"尊典"一语，道出了从《灵宝经》到《玉皇经》中一以贯之的正统道教经籍传统。

瑶族以"尊典"为经题，冠于《太上三十六部尊经》之上，乃至替换原有题目——改变经题的做法显然发生在《高上玉皇本行集经》成书之后。瑶人这样做的目的，不外乎想要确立该经的权威性与正统性。换言之，在瑶族所有的宗教文书中需要确立一种正统、权威、统御性的经书。为什么选择《太上三十六部尊经》呢？这和《太上三十六部尊经》中包含的经教品帙和经典分类思想不无关联。瑶人吸收了这些思想，并通过更换经名，移花接木，借用后出的《玉皇经》中的权威与秩序，建立起瑶族独具特色的信仰架构。

冠以"尊典"之名的抄本题目也五花八门。有一部分经题同时具有"尊典"和"三十六部"两种语素，另一些则没有，需分类考察。

表 9　本章中题为“尊典”的瑶族抄本经题总览（笔者制）

出处	编　号	经　　　题
德国藏	cod. sin. 1159、1135、1138	太上洞玄灵宝三十六部尊典经卷上/尊典经中卷/尊典经卷下
	cod. sin. 2690	尊典上卷；太上洞玄灵宝高上玉皇尊典妙经卷上；三十六部尊经
	cod. sin. 301	尊典中卷；尊典经
	cod. sin. 325	太上尊典经书中卷；太上洞经中卷
	cod. sin. 599	玉典经中卷；尊典经卷中
	cod. sin. 281	尊典经下卷；太上三十六部尊经卷之下
美国藏	AA009、010	尊典上卷；太上洞玄灵宝高上玉皇尊典妙经卷上；三十六部尊经/尊典中卷；尊典中卷中
	AA011	尊典经中卷
	AA012	尊典经下卷；太上三十六部尊经卷下
	AA013	尊典下卷；太清太上三十六部尊典卷下
云南存	卷上、中、下	南华经玉清尊典上卷全部；三十六部尊经序目录/南华经上清尊典中卷全部/南华经太清尊典下卷全部

上表所列经题都出现了“尊典”二字，且其中部分经书同时仍保留着“三十六部”或“太上三十六部”之称。大部分情况下，“尊典”与“三十六部”这两种经题彼此独立、互不干扰，如 AA012 封面标明“尊典经下卷”，但扉页标题却为“太上三十六部尊经卷下”。但也有例外，少部分经题中，“尊典”与“三十六部”二经题被完全嫁接到了一起，如 cod. sin. 1159 题为“太上洞玄灵宝三十六部尊典经卷上”。两相比较，经题要

素中“尊典”的地位明显高于“三十六部”，其出现频率更高，且几乎所有经书都在封面上大字标出“尊典”之名，“三十六部”往往只在扉页或内页以小字呈现。成套的经书中，也仅卷上可能出现“三十六部”之名，卷中、卷下只保留“尊典”之题。“尊典”一语，已成该经经题中略缩的、通行的强势话语。

我们有理由认为，出现这种现象正是将后出《玉皇经》中“尊典”传统嫁接到原本《太上三十六部尊经》之上的结果。瑶人并非不知道此经本来的名字，但为更强调此经“玉皇尊典”的地位（尽管在某种程度上，仍旧保留着原经题的痕迹），故以后出的“尊典”之名“覆盖”或“遮蔽”原有经题。

“尊典”和《玉皇经》之间的亲缘关系显而易见，某些抄本中直接点明了这一点。cod. sin. 2690 和 AA009 皆题为“太上洞玄灵宝高上玉皇尊典妙经卷上”，直接标出“高上玉皇尊典”之名。这个经题由四个部分组成：“太上”，为《太上三十六部尊经》中原有的神格；“洞玄灵宝”，说明其抄本受灵宝经传统的影响，可能来自《玉皇经》中的“灵宝玉篇真文”；“高上玉皇”，给本经赋以新的神格，即玉皇天尊为本经所出之处；“尊典”，即《玉皇经》中提及的“玉宸尊典”，新出天命、典格、经典之代表。“太上洞玄灵宝高上玉皇尊典妙经卷上”这个经题，不但延续了瑶经连缀“玉皇尊典”和“三十六部”两种信仰传统的做法，而且更加突出“玉皇尊典”的地位。cod. sin. 2690 抄成于 1818 年，AA009 抄成于 1857 年，两经都使用“天运”纪年，前者还具有洪门三点会的思想背景。这反映出清代中叶嘉庆、咸丰朝，民间教门或曾通过抬高“玉皇尊典”的地位，强化玉皇的神格，以达成其影响现实的政治与宗教目的。这一思想倾向的影响已波及瑶族等少数民族群体。

无独有偶，cod. sin. 599 经题中的“玉典经”也可能是“玉皇尊典”的略称，亦可佐证《玉皇经》与《太上三十六部尊经》的交叉与嫁接。质言之，瑶族《尊典经》与《玉皇经》同为转抄自《道藏》的经书，两经共同建构了瑶族经教系统的神圣秩序。然而，这个被建构起来的秩序究竟是什么？建构过程又如何？本章第三节将展开论述。

（3）冠以“大洞”之题。

这种情况极少见，仅见于 cod. sin. 908 与 cod. sin. 910 两个抄本。

其经题如下：

> cod. sin. 908 大洞经中卷。
>
> cod. sin. 910 十大洞经中卷；大洞经中卷。

cod. sin. 908 与 cod. sin. 910 的特殊之处在于经题中皆有“大洞”二字，且整部经未见“尊典”字样。很明显，以“大洞”为题，或以“尊典”为题，代表着两种独立的命名规则和思想流派。在某种程度上，二者甚至是相斥的。cod. sin. 908、910 两经皆只标人名、未记日期，其成书时间未知。

文本特点上，cod. sin. 908、cod. sin. 910 也具有细微的特别之处：

首先，相比其他抄本，这两个抄本在每部短经末尾的偈语和灵符书写上，更显随意和不规范。《道藏》印版《太上三十六部尊经》每部短经末配四言十六句的偈语，共四列，每列四句；后配灵符十二道，共三列，每列四个。其偈语与灵符排列整齐，格式与经文正文区别显著。而 cod. sin. 910 中的偈语，句与句之间全无空格，和正文连成一体。其后的灵符书写亦随意性较大，部分灵符几乎为抄写者重新创作，其符形与《道藏》中原本相去甚远。

其次，经首列出本册所有短经的经题。尽管分册和体例发生变化，但经首列短经之题的做法和《太上三十六部尊经》完全一致。仅有标明“大洞”的这两个抄本恪守此规。其他所有抄本（包括那些标名“尊典”的抄本）都未在经首列出短经经题。

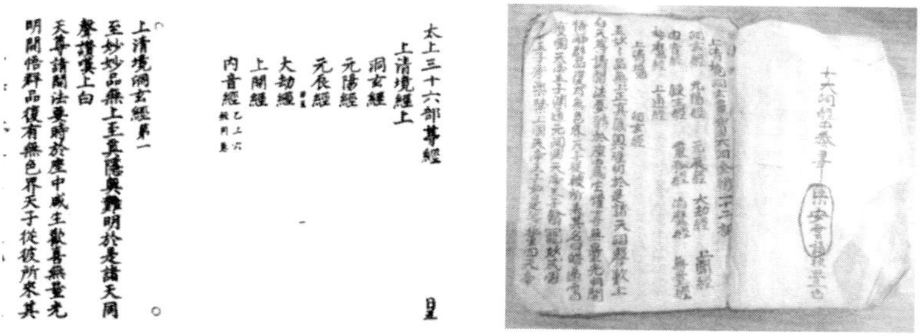

图 15　“上清境经”开篇的经目列表：道藏《太上三十六部尊经》①
（左），瑶抄本 cod. sin. 910（右）（笔者摄）

cod. sin. 910 在开头列出本册所有短经经目，很可能是因为抄写者直接见到了《道藏》本《太上三十六部尊经》。或者，其他抄本的缔造者也见到了《太上三十六部尊经》本文，但他们由于种种原因，最终都舍去了开头这个看似冗余无用的经目，而并不在意这一点是否与原文一致。由此可清晰地看出，以“大洞”为经题的抄本特别重视《太上三十六部尊经》中的“三十

① 《道藏》第 1 册，第 586 页。

六部”思想传统，以至于必须要在开头列出三十六部具体的经题，以强调其正统性与复古性。

“大洞”一词在道经中相当普遍，大部分情况下用以指代上清派传统。然而，在“三十六部”经目背景下，“大洞”却专用以指称神圣经典的源出之地。《太上三十六部尊经》“太清境洞渊经”中云：“大洞太清经中，宝云玉座、五色祥云遍满虚空，无有穷尽。”① 此处的“大洞”，正是“三十六部经”所出的三天三境。

与《太上三十六部尊经》关系非常密切《无上内秘真藏经》卷四“辩相明部帙品”叙述了“三十六部经”的由来，其中亦述及“大洞”：

> 天尊曰：善哉，善哉！子之所问，正得机宜。一切诸法，并是经目，无内无外，非长非短，微妙清净，常住不坏。何以故？法性空故，愚人浅识，不悟大道，失真常性，迷或正经，示为部帙。
>
> 一者上清、二者妙真、三者太一、四者妙林、五者开化、六者仙人、七者黄林、八者上真、九者道教、十者上炼、十一者上妙功德、十二者道德，此十二部经，蕴在大洞玉清境藏中，无毁无坏，无生无灭，湛然常住，遍众妙门。
>
> 一者洞玄、二者元阳、三者原辰、四者大劫、五者上闻、六者内音、七者炼生、八者灵秘、九者消魔、十者无暑、十一者案摩、十二者上通，此十二部经，在大洞上清境藏中，微妙清净，为诸天根本、万有之基。

---

① 《道藏》第1册，第600页。

> 一者太清、二者彻视、三者集仙、四者洞渊、五者内秘、六者真一、七者集灵、八者中精、九者无量、十者集宫、十一者黄庭、十二者小劫，此十二部，配属大洞泰清境藏中，济生度死，为万法舟航。
>
> 此三清奥内真藏之中，示有名迹，显众妙经，包罗无外，妙入细微。①

文中罗列了“三十六部经”题目，其思想内容与《太上三十六部尊经》一脉相承。经文中称，“三十六部经”的神圣之处在于其为常住不坏的空无法性之外显，“经”与“法性”之间颇为类似“名迹”与“实相”的关系。这些出生于“法性”的真经，蕴藏在“大洞玉清境”“大洞上清境”“大洞泰清境”三处，每处十二部，合为三十六部。“三十六部”之数也并非固定，因为“一切诸法，并是经目”，真经可以遍及一切。天尊为教化愚人，才勉强演说此“三十六部”，作为所有经法的纲目，“显众妙经”。文中“大洞”之名始终冠于三清三境之前，暗示“大洞”为三清三经的共同属性，因其可蕴藏、显化三十六部尊经故，“三十六部经”与“大洞”之间亦存在名实关系，换言之，“大洞”即“法性”或“大道”的形象化表达。

因此，在经题中强调“大洞”，意在突出“三十六部经”的合法性与神圣性。并且，尽管《无上内秘真藏经》中的引文将“三十六部经”分列入三清三境中，但瑶族抄本经题中因强调“大洞”，并没有落入三清三境分类的窠臼。相反，由于“大洞”为三清三境的共同前缀，瑶族抄本反而消解了三清三境之间的相

① 《道藏》第1册，第466页。

异。换言之，以“大洞”为题的瑶族抄本，其置造者并没有受太多通行道经分类思想的影响，在他们那里，“三十六部经”仍是一个具象化概念，是“大洞”中的蕴藏与外显。

以“大洞”为题的瑶族抄本虽然数量少，但是，我们可以断定，这些抄本中没有“玉皇尊典”信仰思想的混入与“染着”，是《太上三十六部尊经》非常纯粹的一类抄本。这类抄本的存在，说明朴素的、具象化的“三十六部经”思想观念仍在瑶族中占据一席之地。在“玉皇尊典”的大势之下、缝隙之间，以较次要和隐晦的方式存续着。

另一些题名中出现“大洞”的抄本，则与“尊典”传统并存，乃至混合。如抄成于咸丰四年（1854）的 cod. sin. 325，标题与扉页上均标“太上尊典经书中卷”，但正文第一页却注明本册的小标题：“上清境洞玄大洞金衡一十二部”，并紧随其后，罗列了本册诸短经的经题。罗列经题的做法与 cod. sin. 910 一模一样，可见其仍受“大洞”及具象化“三十六部经”传统影响。此经末尾标注“太上洞经中卷终”，“洞经”一语即为“大洞”的另类表达。cod. sin. 325 的经题反映了瑶族抄本中的多种教派传统混合、嫁接的文化现象：“太上”得名于《太上三十六部尊经》之题，“尊典”与玉皇信仰有关，这两条书写在封面上，成为本抄本的“主流价值”；而主流之下，第一页和末尾的“大洞”与“洞经”，以及开头罗列的短经经目，无不说明本抄本并没有抛弃“三十六部经”思想，而是将之变成隐藏在主流之下的“次要价值”。

（4）用“南华经”作经题，或在题中加入“南华”字样。这种情况仅见于云南存的一套三册抄本。

云南所存抄本为笔者在田野考察中所收集，前文已述及来源，此处不赘。一套共上、中、下三卷三册，三册装帧高度一致，封面、封底皆为褐色厚纸，封面外略有破损，内页糊上一层字纸，出自更古老的经书，字迹不清难以判断。这套抄本于越南阮朝明命九年（1828）抄成，为金门瑶书主蒋金霈请来自粤东的先生谈大观代笔书出。

三册抄本均在封面正中上部横向书“南华经”三字，其下分别竖向书“玉清尊典上卷”“上清尊典中卷”“太清尊典下卷”；扉页再次标明经题，分别为“南华经玉清尊典上卷全部”“南华经上清尊典中卷全部”“南华经太清尊典下卷全部”。封面经题中，“南华”和“尊典”两个语素彼此独立，但扉页经题中，“南华”和“尊典”被连缀在一起，两种传统的嫁接十分明显，尽管这种嫁接仍显生硬。

本套抄本内容与《太上三十六部尊经》完全一样，与其他题为《尊典经》的抄本无异。这套抄本忠于原文程度高，除去少数录入错误以外，各短经末的偈语、符的排列格式都和原文一致。

但是，经题中的“南华经”来自何处？此经和《庄子》是否有关系？因为现有资料太少，无法作出准确判断。可以肯定的是，以“南华经”之题称呼“尊典经”，必然和某种地方传统相关，这很可能是两广的客家人、瑶族、畲族移民移居越南之后，为强化故土记忆而形成的一种文化现象。

此经中卷的正文之下有两处注解：

其一，“元阳经”中有“贪欲嗔恚”之句，“恚”字下加小字注解“音慧，字□，恨也”；

其二，“炼生经”偈后、符前，用小字加注解“道念：若同诚念成仸多，过后方知前事错，老来方斈少时非”。此注信息量颇为丰富，“仸”为“佛”之异体字，“斈”为“学”字，瑶族抄本常用上述写法。“若同诚念成仸多”，说明念诵在此被作为一种有效的修行法门，“同”字暗示着此为道场共修念诵，而非单独念诵。念诵道经的目的竟是为了“成佛”，足见佛、道两教对瑶族社会的影响同时存在。“过后方知前事错，老来方斈少时非”，为明清时期民间广泛流传的劝善格言，类似格言多被收入启蒙教材中，本书置主或抄写者显然对汉语启蒙教材十分熟练。“道念”二字，更加证实了此经的道场修诵背景。诵及此处，带领修行的道士开始称念七言诗句，勉励大众。

综观这两处注解，不难看出尚文礼、学念经，在清代瑶族社会相当普遍。对瑶族而言，诵经不但是宗教意义上的修行手段，更是学习汉字、传承华夏文化（或者汉族地方性文化）的独特方式。这种尚文学教的倾向，在远离故土的瑶族移民中特别强烈。

二　开经玄蕴咒

瑶族《尊典经》抄本上卷开头部分，除去两种题为“大洞”的抄本，其余的都有“开经玄蕴咒”。这种体例和《太上三十六部尊经》以及在诵经前加上“八大神咒”的现代课诵本并不同，故值得关注。

开经玄蕴咒

云篆太虚，浩劫之初。乍遐乍迩，或沉或浮。五方徘徊，一丈之余。天真皇人，按笔乃书。以演洞章，次书灵符。元始下降，真文大（诞）敷。昭昭其有，冥冥其无。

沉疴能自痊，尘劳力（溺）可浮。幽明将有赖，由是升仙都。

抄本中出现笔误、错字现象不可避免，此咒亦不例外。比如 cod. sin. 1182 中把“尘劳溺可扶”抄成“尘劳力可浮”。但所有抄本中，此咒都称“开经玄蕴咒”，故可从咒名和内容的对应关系上入手展开研究。

此咒广泛见于宋代道书，但是许多道书中并未冠以“开经玄蕴咒”之名。如《灵宝无量度人上经大法》卷十四“洞视神真品”中，其名为七催大咒中“第一催咒”前半部分；在《灵宝领教济度金书》中，此咒被称为“启经”或“开经咒”，并且《灵宝领教济度金书》诵经仪轨中还有另一则“玄蕴咒”：“寂寂至无宗，虚峙劫仞阿。豁落洞玄文，诚测此幽遐。一入大乘路，孰计年劫多。不生亦不灭，欲生因莲花。超凌三界徒，慈心解世罗。真人无上德，世世为仙家。”① 内容与此处的“开经玄蕴咒”截然不同。《无上黄箓大斋立成仪》沿用了《灵宝领教济度金书》的做法，该咒亦被称为“启经”，只不过在其后增加了诵经人物、事由等启白内容。瑶族《尊典经》中称此咒为“开经玄蕴咒”，由于上述道书中的咒名与内容不相应，故《尊典经》与本段提及道书间的思想关系不大。

将此咒称为“开经玄蕴咒”的做法仅见于两部道书：王契真《上清灵宝大法》和《金箓十回度人三朝转经仪》。王氏《上清灵宝大法》卷二十四“修斋转诵门”中，列举了修诵《度人

---

① 参见《灵宝领教济度金书》卷 82“升坛诵经仪”（载于《道藏》第 7 册，第 407 页），此咒见于该经多处，如卷 143“早朝升坛诵经仪”和“午朝升坛诵经仪”、卷 146“诵诸品经仪”、卷 157“上转经仪”。

经》的多种仪轨，将诵经分为长斋修诵、行道修诵、入室修诵等不同情况。其中，入室修诵时，先须叩齿、念咒请神、上香，次念诵心香咒、净口咒、净身咒、净天地咒、开经玄蕴咒。此处入室修诵前念诵的数种咒语，为当前玄门课诵时念诵的"八大神咒"的主体部分。《金箓十回度人三朝转经仪》同样是为修诵《度人经》而设的诵经仪轨，在"早朝仪"中，诵此咒为诵经前的必要程序，其诵经仪步骤依次为高功启白、降神王、宣疏、皈依，此后敷坐开经、存思，再念开经玄蕴咒。《金箓十回度人三朝转经仪》为金箓斋的一部分，专为帝王寿诞所设，通过十遍转读《度人经》以祝寿祈年。此经撰作于明代，[①] 此处分析可见，其思想及仪轨受宋代道书的影响大。

瑶族《尊典经》抄本在诵经前录"开经玄蕴咒"的做法，乃是受到王契真《上清灵宝大法》或《金箓十回度人三朝转经仪》中修诵仪轨的影响。前经在修诵仪轨中使用五条神咒，后者仅用"开经玄蕴咒"一条。在没有其他旁证的情况下，笔者认为瑶族《尊典经》创制者不可能舍弃其他四条神咒不用，故采用排除法，推知瑶经的转写者见到过《金箓十回度人三朝转经仪》，并借用了其中在诵经前用"开经玄蕴咒"的做法。有趣的是，王契真《上清灵宝大法》"修斋转诵门"和《金箓十回度人三朝转经仪》两经所修诵的都是《度人经》，可见这两经思想渊源之深。瑶经从其中撷取"开经玄蕴咒"置于正文前，可看作对道经中诵经仪轨的简单化用。这既反映出《尊典经》是瑶人进行道场修诵的重要经典，又暗示着《尊典经》和《度人经》

---

① 参见任继愈主编：《道藏提要》，北京：中国社会科学出版社，1991 年，第 220 页；萧登福：《正统道藏总目提要》，台北：文津出版社，2011 年，第 487 页。

在瑶族宗教观念中，可能存在某种内在联系。

三　符的用法

相比《太上三十六部尊经》，瑶族《尊典经》的另一大不同，在于所有短经后、灵符前，皆用小字标注一句“某某经灵符，佩服可以延生去病”。本章研究的 22 种抄本中，在此处全部相同，无一例外，仅有部分抄本在文字表述上有细微差异，如 cod. sin. 2690 中“太乙经”后标“太乙经灵符，佩服少之时”；cod. sin. 1184 中，除第一部短经后灵符前标“佩服之，可以延生去病”外，后诸品符前均省略为“佩服云云……”（“集宫经”后略异，为“服佩云云……”）；云南存《尊典经》抄本卷中里，“炼生经”后灵符前注“炼生经灵符，佩服可以延生去病大吉”。

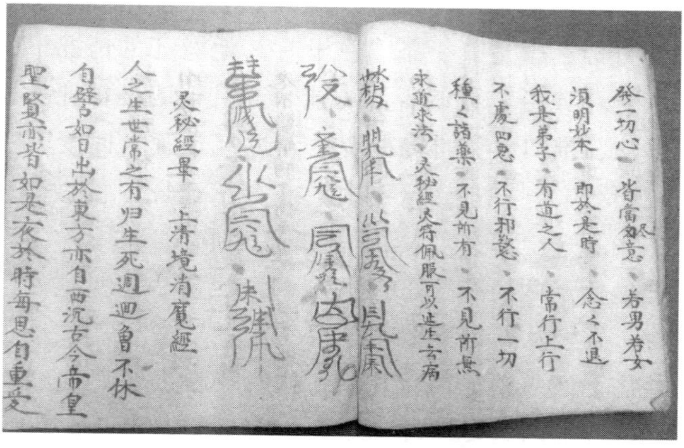

图 16　cod. sin. 301《尊典经中卷》内“灵秘经”后的灵符

（笔者摄）

文句的细微差异不但没有改变这句批注的基本内涵，反而突出了一个基本事实：无论瑶族《尊典经》各抄本间思想倾向有何差异，其操作层面都呈现出很高的同质性——通过佩戴、服用其中灵符达到延生去病的目的。

瑶族掌握着一套运用符咒的完整技术。这些符咒不仅用在宗教活动中，也广泛见诸瑶人的社会生活。赵家旺将瑶族神符分为五大类：用于救疾治病的符；用于治丧的神符；建造新房的安土神符；用于生产活动的神符；用于调解纠纷和防止盗贼的神符。其中，用于治疗疾病的符数量最多，又可具体分为数小类：治病符、收魂符、护身符、安胎符、催生符、断血符、洗毒符、治猪牛鸡瘟病符等。① 黄方平发现，优棉（尤勉）瑶族民间还保留着近三百种灵符，其中治病符可分科为：心痛符、脑痛符、头痛符、肚痛符、泻肚符、大病符、台病符、小儿见哭符、小儿夜哭符、小儿惊风符、通大便符、通小便符、犬狂病符、妇女生产符、胞衣不出符、生产不出符等。②

瑶族灵符多画在姜黄浸过的黄纸、桃木片或竹片上，根据灵符的不同目的、功效，可用来张贴、随身携带，也可以焚烧化水后吞服。使用治病灵符时，大多采用佩戴、吞服二法。瑶人往往把疾病的发生归咎为鬼怪作祟，通过符咒便可以驱邪赶鬼，鬼怪离开后疾病方能痊愈，这是瑶族使用灵符治病的社会心理逻辑。拨开宗教文化中神秘主义的迷雾，瑶族符咒治病的内在机理和道教符咒治病的原理一致：道教符咒治病术之所以会有一定的“医疗”作用，实质是在道门施符念咒背后，暗含某些药物治疗

---

① 赵家旺：《瑶族神符》，《广西民族研究》1992 年第 4 期。
② 黄方平：《优棉民间符咒之道教文化透析》，《民族论坛》1993 年第 2 期。

和精神治疗、心理治疗的因素。①

瑶族符咒治病术带有浓厚的道教色彩，乃至其直接从道教中吸收而来，并结合民族传统形成自己的特色。② 道教使用符咒治病的历史悠久，《太平经》中就有多个用于治病驱邪的“复文”，早期天师道更是大兴符水治病之道。无论是道教还是民间宗教中，早期的医用符咒都比较简单，随着时间的推移，符咒治病术日益丰富、细化，并与各地区、各民族的传统相结合，形成了各具特色的整体性治疗理论与技术。使用符咒治病，首先需要如法画符，道教书符时，一般都要静心、定息、凝神，再存思、运气、掐诀、念咒。如画“住头痛三火符”，先要净心定息，左手掐诀，右手拿笔，口中微咒，心中存神，依诀画符。③ 此外，为了让灵符发挥更大效力，符咒疗法还把画符、用符前后的沐浴、诵经、斋醮等也包罗进来，形成一整完整的画符、用符术法。如瑶人在使用符咒治病的过程中，画好符后，道公和师公还要念经喃请变符，借用神灵的力量和法师的修为，以增强治病功效。

瑶族《尊典经》乃是用于道场修诵的经本，又特别强调灵符的“延生治病”之用，为取得最大的功效，此经把诵经和用符有机地结合在一起。很可能在修诵实践中，前面诵经正是后面用符治病的必要准备。

诵经与用符治病相结合的方式，见于道教神咒经系。《太上洞渊神咒经》云：

道言：道士若有隐山谷，或在人间，当一心救济百姓危

---

① 盖建民：《道教符咒治病术的理性批判》，《世界宗教研究》1999 年第 4 期。
② 黄方平：《优棉民间符咒之道教文化透析》，《民族论坛》1993 年第 2 期。
③ 李远国：《道教符箓与咒语的初步探讨》，《中国道教》1991 年第 3 期。

厄困笃者，为其转经行道，一日三时。行道转经一日三时讫，当即为中庭北向，上大驱除宝章一通，并佩九天大箓神符，绢素书之，佩服神符，令病人速得痊愈，人鬼无他，一一解除了了。是诸鬼神，各各为道士收瘟摄毒，助其道士救病来焉。①

此段讲述在一日三次诵经行道之后，佩戴、服食神符治病的情形。宋元道法中有“酆都法”，亦为诵经之后佩服灵符，用于收鬼治病，《元始说度酆都经》云：

昔北方天中太微上帝告我，令救天下兆民：有灾之日，列我之位，建大七元灯，一日三时，行道转经，诵念北极杀鬼天蓬神咒。鸣鼓启建，吏兵乃降，灵官召十天魔王，收鬼治病，佐天正炁，扶助国民。佩服神符，镇五方，断截精鬼。②

上文在术法上承袭了神咒经系“先转经行道、后佩服神符”的做法，但指导思想发生改变，比前经更为精巧，即依靠太微天帝、吏兵、魔王等神明的力量收鬼驱邪。两经将诵经和用符相结合，其指导思想与操作方法都很类似瑶族符咒治病术，或为瑶族用符治病的道法渊源。

然而，尽管瑶族《尊典经》如此强调灵符的功效，但各抄本中灵符的数量和符形却发生了很大的改变，表现为：（1）数量的增删，《太上三十六部尊经》中，每部短经末配灵符 12 道，共 3 列，每列 4 个；瑶族抄本中的灵符数量有增有减，总数上有

① 《太上洞渊神咒经》卷十九“诸天命魔品”，载于《道藏》第 6 册，第 68 页。
② 《道藏》第 34 册，第 449 页。

的少至2个、有的多至13个，排成不整齐的1—3列，更有部分短经后的灵符间彼此连接，难以独立分开。（2）符形的改变，每个《尊典经》抄本的思想渊源不同，加之每位抄写者或法师画符习惯各异，抄本中的符形稍异于《太上三十六部尊经》，这本为正常现象，可是在部分瑶族抄本中，符形改变程度非常大，乃至与原经相比很难找到相似之处，可以说其灵符为重新创作而成。随着不断转抄，在经文内容保持不变的情况下，《尊典经》中灵符的“瑶化”程度越来越高，不同抄本之间的符形差异越来越大。

《尊典经》中的符在瑶人生活中占据重要地位，可以用来治疗疾病乃至延长生命，寻求、仰赖这些灵符，某种程度上构成瑶人的希望与寄托。如若这些符已经被大面积“篡改”，那么改变后的灵符是否还具有“延生去病”的功效？既然瑶族道士或抄经者可随意创作或改写符文，那么灵符“延生去病”之功效到底源自《太上三十六部尊经》本身，还是瑶族抄本书写者的法力和他们所传承的道统？灵符本为相对固定、能够沟通天地鬼神的符号系统，当此符号系统在传抄中形状变更后，是什么延续并稳固着其祈禳、治病的功效，使其不至于“失灵”？

对于上述问题的答案，《尊典经》抄本中亦透露出一些线索。笔者发现，《尊典经》在神名的书写方式上与道教《太上三十六部尊经》完全不同。卷下“中精经”中，将度死、济生等十方天尊名号按每行两位的顺序整齐列出，这与《太上三十六部尊经》中将名号混于经文中的做法迥异。cod. sin. 1138 和 cod. sin. 1184 更是将十方天尊名号中“天尊”二字提前顶格，置于每行最顶端。这种书写格式，反映出抄写者对神格的特别重视。无独有偶，cod. sin. 281 中“内秘经”里空出一页，空页上有另一种字体用淡色墨渍写成的“太清照化广得妙道真人”称号，空页前后的文本却是连续的。纸张紧俏的时代，为何此经中要专门空出一页？答案很简单，只是为了尊重这张已经写下真人名号的字纸。

由此可见，与道藏中《太上三十六部尊经》注重文式整齐、文字美观不同，瑶族经书并不注重短经末尾诗偈和灵符的排列是否整齐、规范，反而着重突出神名的尊贵与神圣，以重视神灵来提升经书的宗教品质与信仰素质。乃至有可能在读诵至神名处时，配有专门的仪式或动作，这便是特别将神名单列、以示强调的原因。

在瑶族宗教信仰的实践中，《尊典经》中最重要的无过于神明与灵符：神明为崇拜、祈祷的对象；灵符为治病、禳解的工具。通过诵经来请神、拜神，借助神明的威力加持灵符，才是《尊典经》中灵符“延生去病”功能真正的保障。按此逻辑，抄写时就不必拘泥于符形与原文是否一致，因为无论符形怎么改变，只要其仍在修诵尊经、崇奉神明的心理基础上画成，都具有和原符同等的神力，乃至具有超越原符的“延生去病”功能。正是这些看似不起眼的格式的改动，暗示着瑶族在重新书写道教经文时，将佩服灵符以治病的道教传统，染上了瑶族思想文化的独特色彩。

第三节 体例改变：经教分类思想体系的碰撞与重构

一 《尊典经》对道经“三洞三十六部”分类法的借鉴

瑶族《尊典经》抄本与《太上三十六部尊经》的体例有很大的不同，在改变经题的同时，还改变了分册方式与体例。

《太上三十六部尊经》一卷，共分六品：玉清境经上、下；上清境经上、下；太清境经上、下。明《道藏》与《中华道藏》皆遵循此例。但是，瑶族《尊典经》抄本无一例外地分为上、中、下三册，分别对应《玉清境经》《上清境经》和《太清境经》，每册收录十二部短经。而且，绝大多数《尊典经》抄本分册的题名中，还冠以“洞真”“洞玄”“洞神”之称，并特别强调“十二部”的概念。如 cod. sin. 2690 末尾处题名为“玉清境洞真经一十二部卷上”，cod. sin. 301 的册题为“上清境洞玄经十二部卷中”，cod. sin. 1184 册题为“太清境太清经一十二部卷下”。这些标题中“三洞”“十二部”的语素在《太上三十六部尊经》中未见，据此可以断定，《尊典经》抄本形成之初，瑶人已具备“三洞十二部”体系的思想背景，并有意识地把它和《太上三十六部尊经》中的“三洞三十六部”道经分类思想相融合。

“三洞”“四辅”“十二部”是传统的道经分类方法，这套方法是在实践中逐步形成的。东汉以降，道教兴盛，道书纷纷出世，至晋代已形成了上清经、灵宝经、三皇经的经书体系，刘宋道士陆修静撰《三洞经书目录》总括三洞，“三洞”之名始肇于此。“四辅”为太玄、太平、太清、正一，太玄辅洞真，太平辅洞玄，太清辅洞神，加上通贯诸部的正一，为四。“三洞”“四辅”总称“七部”。“十二部”则为道经的十二种部类，亦即道经分类的目录学体系：第一本文，第二神符，第三玉诀，第四灵图，第五谱录，第六戒律，第七威仪，第八方法，第九众术，第十记传，第十一赞颂，第十二章表。孟安排集《道教义枢》卷二系统阐释了三洞、七部、十二部之义，完整地呈现出道门通行的“三洞四辅十二部”的分类体系。

然而，还存在另外一套体系道经分类，即“三洞三十六部”。《一切道经音义妙门由起》“明经法第六”引“常住镇经目”云：

> 三洞三十六部真经，都合二百六十二万八千二百二十卷。祕在三清之境，玄台之上，大有紫微太极三宫之中，焕然朗曜。各有仙童玉女三千万人，常烧香散花。①

三十六部真经为天宫宝藏，具体而言共分三洞，对应一炁化生之三天，每洞有十二部经。《太上洞玄灵宝因缘业报经》卷十“叙教品第二十六”云：

> 道君曰：元始以一炁化生三炁，分为三天。一曰始炁，为清微天，号玉清境，天宝君所化，出洞真经十二部，以教天中九圣；二曰元炁，为禹余天，号上清境，灵宝君所化，出洞玄经十二部，以教天中九真；三曰玄炁，为大赤天，号

① 《道藏》第 24 册，第 733 页。

太清境，神宝君所化，出洞神经十二部，以教天中九仙。三十六部亦曰三乘：一曰大乘，二曰中乘，三曰小乘。①

“三洞三十六部”分类法中也有“三洞”“十二部”之说，但是与“三洞四辅十二部”分类法所不同的是，此处“三洞”并非指不同经系，而指经书所出之境和不同神格，此处“三洞”能与大、中、小三乘对应，尊卑次第显著。此处“十二部”也并非目录学分类，而指三天三境各自所藏的十二部具体经书。把“十二部”具体化为“十二部经”，为“三洞三十六部”分类法最突出的特点。

陈国符先生爬梳出《道藏》中列有“三十六部”经目的道经，主要包括：《太上三十六部尊经》《无上内秘真藏经》《太上灵宝洪福灭罪像名经》《太上黄箓斋仪》、王契真《上清灵宝大法》。② 其中两部道书在列出“三十六部”经目时也列出了卷数：《太上黄箓斋仪》卷五十二称三十六部共有“一百八十七万六千三百八十卷”，王契真《上清灵宝大法》卷五十三所载三十六部经总卷数亦与杜光庭所述相似，故《道藏提要》认为此两经中的“三十六部”皆指部类，近似于目录学分类，并非指单经，与《太上三十六部尊经》中的内涵有所不同。③

尽管上述道书都列出了“三十六部”的经题，但这些看似具体的经题仍和现存道经内容出入甚大，如“玉清境上清经”并不是《上清大洞真经》，“玉清境道德经”也不是老子《道德经》，“太清经黄庭经”也不是内外《黄庭经》。那么，这些经题

① 《道藏》第 6 册，第 127 页。
② 陈国符：《道藏源流考》，北京：中华书局，2012 年，第 250—255 页。
③ 任继愈主编：《道藏提要》，北京：中国社会科学出版社，1991 年，第 6 页。

背后的主要内容是什么？何以能自成体系成为三洞经教的代表？

笔者发现，虽然篇幅差距很大，但在思想内容上，部分相关经典与《太上三十六部尊经》中的短经是互相贯通的。例如，《道藏》收《大乘妙林经》三卷，卷上“观真相品”以“种”“芽”“兔角”为譬喻，探讨了诸法能生、所生、因缘生成等问题，从思想内涵到所举事例，皆深受佛教中观派思想影响。《太上三十六部尊经》中有“玉清境妙林经”，末尾偈诵云：

> 若生邪见，是不信空，诸漏诸尘，从何而有？如其本有，乌得无为？若其今有，云何得生？为是缘生？为是寄生？为无因生？为是共生？离诸问答，等既无生。故知非有，不可思议。①

其中数问，亦反映出中观派的思想，其破斥自生、缘生、共生、无因生四种邪见之语，实同于龙树《中论》所言：“诸法不自生，亦不从他生，不共不无因，是故知无生。”② 可见《大乘妙林经》与《太上三十六部尊经》中“玉清境妙林经”，虽然文本详略差距甚大，但思想主旨一脉相承，都是受佛教中观派思想影响而作。

类似例子在《太上三十六部尊经》中还有数处，“太清境集宫经”中描述诸仙真所居宫观境界云：

> 所居宫观，随意高下，应念具足。无量宝网，及诸宝树，弥覆其地。自然清风吹诸宝网及诸宝树，发微妙音，有

---

① 《道藏》第1册，第579页。

② 参见《中论》卷一，载于《大正藏》，台北：台湾新文丰出版社，1976年，台北：台湾新文丰出版社，1976年，第30册，第2页。

遇其风，皆能令诸尘劳不起，其风拂身，自得清凉无量快乐，散诸香花遍满其地，随色次第而不杂乱。①

其文为仿照三国康僧铠译《无量寿经》中西方极乐世界的依报庄严境界而撰。

另外，“上清境元阳经”与《太上灵宝元阳妙经》思想内容有相通之处，都借鉴佛教理论而撰成。“玉清境开化经”“玉清境道教经”和“太清境小劫经”中有大量文段与《太上一乘海空智藏经》卷七“平等品”中相关文段高度近似，似为从《海空经》中攫取篡改而成。见下表：

表 10 《太上三十六部尊经》与《太上一乘海空智藏经》相似文段对比（笔者制）

《太上三十六部尊经》		《太上一乘海空智藏经》卷七“平等品”
位置	文本	
玉清境开化经	常得法轮，入不退行，常生法地，得是事已，心得闻法，了解苦、空、无常、无我，常、乐、我、净，既闻法已，各率眷属而还本土。如是众中，复有解脱知见妙理得法宗本，十二因缘，辩了三相，如见说法得道、得果、得因、得缘，无量妙通，轮神入定，了说无漏智慧，善信方便，谓是大慈，入空寂定，不可思议。②	常得法轮，入不退行，常得法地，安乐不动。见海空城，心观诸法，了解苦、空、无常、无我，常、乐、我、净，既闻法已，各率眷属而还本土。如是众中，复有知见妙理，得法宗本，三十六部真经，辩了三相知见，说言得道、得果、得因、得缘，无量妙通，转神入定，了说无漏智，善巧方便，谓是大慈，入空寂定，不可思议。③

① 《道藏》第 1 册，第 605 页。
② 同上，第 579 页。
③ 同上，第 667 页。

续表

玉清境上真经	如五道大力鬼神，则于劫中，皆同天地生化，为生疑网，求于祭酒，永居土地，不能听戒，去失道本。如汝等心欲闻我正教，当于此时，发无上大智慧心。①	尔时五道大力鬼神，俄然答曰：我昔之时，曾经出家，为生疑网，四魔乱我，去失道本，使我于此。我非人也，我今得闻，示诸善恶。②
太清境小劫经	智得者，念念是心；行解者，求道出家；显利者，接引众生；利用者，思念圣人；智慧者，得大神力；得力者，得无所畏；德满者，神通自在。如是七者，去来往返无所滞碍，故有如是微妙，与诸众生用为法药，济度诸厄、疾病、苦恼。若善男女能得了解，得真实言说，识大法力宗源，入大道因缘，从所念处，得无量因缘，得无上至真大智慧，深妙难思。③	一者智德，念念是心，行入不退，所行常静；二者行解，思道出家，常得法味，精进坚固；三者显利，承接众生，令得离苦，常闻道法；四者利用，思念圣人，善多方便，饶益一切；五者智慧，真人童子，得大神力，悉从道成；六者得力，一切众生，承道出世，得无所畏；七者德满，神通自在，去来往返，无所罣碍，故有斯妙。用为法力，济度众生，若善男子，能得解脱，了说言实，识法宗本，入道因缘，我所念处。所以者何？上道无底，深妙难思。④

《无上内秘真藏经》卷四“辨相明部帙品”列出了一份“三十六部”经目，《太上三十六部尊经》直接沿袭了《无上内秘真藏经》的目录结构，将其中玉清、上清、太清三境共三十六部经依次列出，配上偈语和灵符，形成格式规范、短小精炼的

① 《道藏》第1册，第583页。
② 同上，第668页。
③ 同上，第607页。
④ 同上，第666—667页。

"三十六部经"。《无上内秘真藏经》中有避唐讳的痕迹，丁培仁先生认为，《无上内秘真藏经》《太上一乘海空智藏经》《大乘妙林经》《太上灵宝元阳妙经》都成书于唐代，且出自同一批人之手，即在唐高宗、武则天时，为李荣等人所造。① 这批经典受佛教影响极大，初唐时期，面对佛经的大量译出与普及流行，道门中李荣等人为振兴道教而积极应对，借鉴佛经思想内容而撰作出这批道经。

因与这批道经具有显而易见的亲缘关系，故《道藏通考》将其断为唐初或更早，② 萧登福先生则把此经和《无上内秘真藏经》都断为南北朝末，③ 这两种断代的观点显然都是基于《太上三十六部尊经》和唐代李荣等所出道经的亲缘关系而作出。但是，上述观点却没有充分考虑《太上三十六部尊经》中与新出道法相关的语素。劳格文（John Lagerwey）先生依据经中的北宋道法"四圣照法""天心法"（此二者见"太清境中精经"）与"十一曜法"（见"上清境内音经"），将此经断为宋代④，丁培仁先生亦将此经断为宋代⑤——尽管其内容无疑承袭了初唐修道思想及"三十六部"分类框架。

"三洞三十六部"分类法内部，是否还存在不同的次级思想传统呢？其分类法历史进程中是否发生过变化？为解答这些问题，必须通过对比各道书中"三十六部"经目的变化，来理出

---

① 丁培仁：《增注新修道藏目录》，成都：巴蜀书社，2008 年，第 119—120 页。

② 任继愈主编：《道藏提要》，北京：中国社会科学出版社，1991 年，第 5—6 页。

③ 萧登福：《正统道藏总目提要》，台北：文津出版社，2011 年，第 17—18 页。

④ Kristofer Schipper and Franciscus Verellen. *The Taoist Canon*：*A Historical Companion to the Daozang*. Chicago&London：the University of Chicago Press，2004. pp. 1086.

⑤ 丁培仁：《增注新修道藏目录》，成都：巴蜀书社，2008 年，第 120 页。

其隐微的逻辑。王契真《上清灵宝大法》卷五十四“斋法宗旨门”所记“三十六部”尊经经目为：

洞真十二部

上清经一部八千卷，妙真经一部五百卷，太一仙经一部八百卷，妙林仙经一部八十卷，开化经一部八千卷，仙人侃经一部七千卷，黄林先生经一部一万八千卷，太上真经一部一万五千卷，道教经一部一万五千卷，炼精经一部八万八千卷，功德经一部八万四千卷，道德经一部五千卷。

洞玄十二部

灵宝经一部八千卷，元阳经一部百十二卷，元辰经一部一十万卷，大劫经一部一万卷，开山经一部十万卷，诸天内音经一部十万卷，八炼生尸经一部十万卷，灵和心音经一部八万卷，消魔经一部八万卷，无量寿经一部八万卷，按摩经一部十万卷，道身经一部十万卷。

洞神十二部

太清经一部八千卷，彻视经一部九万卷，集仙品经一部八万卷，洞渊神咒经一部八万卷，内秘经、真一经、集灵经、中精经、无量品经一部八万卷，黄老集宫经一部八万卷，黄庭经一部十万卷，小劫品经一部八万卷。[①]

其中洞真十二部经，共二十四万九千三百八十卷；洞玄十二部经，共八十五万八千一百一十二卷；洞神十二部经，五十九万八千卷。三洞三十六部合计，共一百七十万五千四百九十二卷。通过经目对比，发现《上清灵宝大法》所载经目和《无上内秘

① 《道藏》第31册，第200页。

真藏经》《太上三十六部尊经》中经目高度相似，唯《无上内秘真藏经》中卷帙略而简，《上清灵宝大法》中卷帙繁而杂，似是前者的简单经目扩充而成。另外，《太上灵宝洪福灭罪像名经》收录两种经目，其第一种也与《上清灵宝大法》中经目一致，无疑也是对《无上内秘真藏经》中经目的扩充。

但另一方面，《太上黄箓斋仪》和《太上慈悲道场消灾九幽忏》二书中所记经目基本一致，却与《太上三十六部尊经》这个系统的经目完全不同，甚至连同部经划入哪一洞、哪一天的顺序都有分歧。例如，“道德经”在《太上三十六部尊经》一系道经中列入“玉清境经”，而在《太上黄箓斋仪》等书中却列入“太清境经”；“元阳经”在《太上三十六部尊经》一系道经中列入“上清境经”，在《太上黄箓斋仪》等书中却列入“玉清境经”。

据此，结合相关道经断代的研究成果，可将“三洞三十六部”分类法的内在变动梳理如下：唐代，为了应对佛教经典大量译出，道门中的有志之士在参照原有“三洞四辅十二部”分类思想的基础上，放弃目录学分类，另辟蹊径，为每“洞”提出了具体的“十二部”经书书目，“三洞”共三十六部真经。事实上，他们不仅提出了目录，还掀起过“造经运动”。其用意在于，通过具体、规范的经目来构建系统化、理想化的道经结构，以改变原先“三洞”经目中书目杂乱、道派芜杂的情况，达到掣肘佛教，与其并驾齐驱的目的。首先，李荣等人在唐高宗、武则天时期造作《无上内秘真藏经》，提出一份“三十六部”尊经经目；但是到中、晚唐时期，又出现了一份新的“三十六部”经目，见于《太上慈悲道场消灾九幽忏》（李含光作序，成书于唐代宗朝）和《太上黄箓斋仪》（杜光庭编，成书于唐僖宗朝）。后出的“三十六部”经目与《无上内秘真藏经》中的经目整体思想结构一致，但是在将哪些经纳入“三十六部”、将三十六部经分别划归哪一“洞”等问题上，和李荣等人的分类产生分歧，应为其他道派所撰作。

宋代，以《无上内秘真藏经》为代表的“三十六部”经目体系得到了进一步发展，主要表现为：（1）王契真《上清灵宝大法》和《太上灵宝洪福灭罪像名经》① 收录了该经目，并扩充了卷帙；（2）《太上三十六部尊经》产生，即有人根据已有经目配以偈语、灵符，造作出整本道经。这标志着，高度规范化、形式化的“三十六部”经被落在了实处。

值得注意的是，有宋一代，《太上慈悲道场消灾九幽忏》和《太上黄箓斋仪》收录的另一份经目，却销声匿迹，不见发展。显然宋以后，《无上内秘真藏经》一系已经成“三十六部”分类法中的主流，《太上三十六部尊经》就是其中硕果。

综上所述，对比“三洞四辅十二部”和“三洞三十六部”两种经书分类体系，其异同为：

（1）两套分类体系中“三洞”内涵基本上相同，但是“三洞四辅十二部”中的“三洞”更强调历史与现实中道经的不同授受与承传；“三洞三十六部”体系中的“三洞”并不强调经系传承，而强调说经者的神格，并将玉清境经、上清境经、太清境

① 劳格文（John Lagerwey）认为，因《太上洪福灭罪像名经》中提及《无上秘要》和《高上玉皇本行集经》，故其成书时间不早于宋代。参见 Kristofer Schipper and Franciscus Verellen. *The Taoist Canon*: *A Historical Companion to the Daozang*. Chicago&London: the University of Chicago Press, 2004. pp. 1104—1105.

经与佛教的大乘、中乘、小乘对应起来，突出“三洞”各阶位的差序格局。如《太上三十六部尊经》中的“玉清境妙林经”与独立的《大乘妙林经》思想内涵一脉相承，从经题可见，“玉清境”正与“大乘”相对。援引佛教“三乘”概念入“三洞”，是由“三洞三十六部”分类法提出时佛教经教大发展、对道教经教体系构成冲击的历史背景所决定的。

（2）两种分类法对“十二部”的界定不同，“三洞四辅十二部”中的“十二部”是目录学分类，“三洞三十六部”中的“十二部”是指三洞中每洞各有的十二部具体经书。《太上三十六部尊经》为格式规范、篇幅相等的三十六部短经合集，正是将三洞各有的十二部经具象化的结果。然而，在《太上黄箓斋仪》和王契真《上清灵宝大法》中，“三十六部”经的容量和卷数大大增加。《道藏通考》认为，两经中的“十二部”之含义，似乎由具体经书变成了十二个部类。那么，《太上黄箓斋仪》和王契真《上清灵宝大法》中的“十二部”是否已经变成了目录学概念呢？笔者认为，这种说法并不准确。因为，和大部分道经的降世过程类似，“三洞三十六部”尊经秘藏于三清三境之上，不但根据世人的根器分出大、中、小乘，而且根据当世的需要、民众的接受程度而降世相应数量的卷帙。因此，无论道书中提及的“三洞三十六部”真经的卷数多少、篇幅长短，“三十六部尊经”归根结底是一个神学概念。况且，“三洞三十六部”尊经内部缺少系统化与分类的标准，它始终不能成为自洽的目录学范畴，故不能用来为新出道经判教。“三洞三十六部”的价值主要体现在：从宗教神学角度看，这些经书代表着道教宇宙观的理想化经藏；从思想史角度看，它们又吸收、汇通了各教派的思想。[①]

瑶族《尊典经》的所有抄本都呈现出非常鲜明的道经分类意识，具体体现在：

（1）遵循《太上三十六部尊经》和《无上内秘真藏经》中的“三洞三十六部”分类传统，特别强调“三十六部”具体的经。那些题名为“大洞”的抄本中这一倾向更加明显，题名为“大洞”的抄本是《尊典经》抄本中沿袭“三洞三十六部”分类法的正统。

（2）强调“三洞”概念，《尊典经》不但分为三册，每册对应一洞，而且在各册册题上直接标出“洞真”“洞玄”“洞神”之名。除了题名为“大洞”的抄本，所有瑶族抄本都具有这种特征。这一现象很可能是“三洞三十六部”和“三洞四辅十二部”两种分类法调和的结果。

（3）《尊典经》与《玉皇经》存在明显的亲缘关系，以《太上三十六部尊经》冠以“尊典”之名，这意味着，将《玉皇经》也纳入了道经分类体系中。

那么在经典分类和建立教理体系上，除了借用道经“三洞三十六部”分类法之外，瑶族是否还有与众不同的经典分类思想？笔者研究发现，其答案是肯定的。

① Kristofer Schipper and Franciscus Verellen. *The Taoist Canon*: *A Historical Companion to the Daozang*. Chicago&London: the University of Chicago Press, 2004. pp. 22.

二 以“三光三品衙门”思想体系对“玉皇尊典”判教

瑶人运用经书时，大多配合法书使用。法书是瑶族经典中的一种特殊文本，其内容主要为丰富多样的存思术法。瑶族的宗教实践中，法书大多与经书、科仪书相结合而运用，例如，在修诵经典或依科演教的过程中，要同时默看或默诵法书中的术法，依其请神、存思，将相应内容与当下诵经或行科的步骤相结合，以使经典或科仪法事发生真正意义上的效力。故针对不同的仪式，瑶族法书中都辑录了与之相对应的存思术法。

法书在瑶族经典中具有极高的秘传性、神秘性，且在使用时不能出声念诵、只能默看不宣，故又名为“秘语”（一作“密语”）或“金语”。法书抄本的文本特点非常鲜明：字体较经书、科仪书抄本的字体小很多；少分断或不分段；各部分存思法彼此独立，不具连贯性；多用红色符号圈点、标出法的名称及关键字。最重要的是，法书一般都明确标注禁止翻看、外传等保密性警语。

研究法书或秘语类抄本，是理解瑶族宗教文化、信仰内涵的核心和枢机。因为具有高度的秘传性、信仰性和模糊性，对法书进行系统研究的难度极大。但是，我们仍可以舍总体、抓局部，从细节入手，将“法”与“经”相结合，以加深对两类文本的理解。从某种程度上说，“法”与“经”“科”之间是表里关系，只有深入理解了法书中的思想，才能更好地解读“经”及“科”的宗教内涵及文化意义。

瑶族法书上记载了数种与诵经有关之“法”，主要包括：

(1) 修诵经典时的仪轨与存思法；(2) 各部经书在信仰体系中的地位及象征意义。通过研究诵经之“法”，我们得以触碰瑶族经书分类思想及信仰本质。下文将从法书中与《尊典经》和《玉皇经》相关的内容入手，探寻两经背后的思想结构。

德国巴伐利亚州立图书馆藏有 cod. sin. 770《道教受戒密语》，第二篇上记载“又开经之法”，云：

> 中卷尊典经，生山林草木，江河地里国土，黍米田地，插种禾谷苗稻也。又下卷，生出水国江河湖海，龙鱼龟鳖水类禽□，拨入田中，用养禾苗也。
>
> 若是玉皇三卷，即天书，字是诸天星斗，即金单星，诵了即天清星斗出现也。又中卷即日宫，地书，字为田地书，字为旧地书，字适禾稻苗根，诵了运入田中，种禾苗下来乃上青也。又卷（下）即月府，为水，有鱼鳖龟龙水类，运入田土，养和（禾）苗也。

此处点出《尊典经》中、下卷，及《玉皇经》三卷宗教的象征意义与功能，唯阙《尊典经》上卷。cod. sin. 777《道教师教一本受戒密语》第十一篇载“又论开经先存经坛之法”云：

> 上卷尊典经，生出诸天星斗，二十八宿，九宫八卦全完。十二国中生黍米宝珠，敷满了也。日月二宫，照明天下。
>
> 先诵玉皇大部经，玉皇三卷宝经。上卷金星，即天也，书字是诸天星斗，即金，诵了星斗出现是也。中圈（卷）是地，日宫，书字是禾根，种田，送（诵）了成宝粪，入田养禾根，发菁莠（秀）也。下卷即月府，为有鱼鳖龟龙

水类，成宝，运入田地养禾稻，生嫩嫩也。

此处补充了《尊典经》上卷的“法”，可与上段文共同参看。cod. sin. 770 和 cod. sin. 777 中“法”的内容大体一致，两法书的底本内容应该相同，但在传抄过程中发生了文段的增或删。两段文中，《玉皇经》上、中、下卷分别对应了金星、日宫、月府三重境界，各自有着不同功能：上卷对应金星（cod. sin. 770 中作“金单星”），诵完之后天气清朗、星斗出现；中卷对应日宫，诵完后可以开田地，种植禾苗；下卷对应月府，诵完后可以生出江河湖海、各类水族，还能将水运入田中浇灌禾苗。

诵经法中，对《尊典经》的处理与《玉皇经》有所区别，并没有将《尊典经》上、中、下卷划入星、日、月三重境界，但从内容上可以看出，修诵《尊典经》各卷的功效和修诵《玉皇经》的效应几乎一模一样。质言之，《尊典经》上、中、下三卷，同样对应星、日、月三界，只是此两段文中未曾言明。

笔者在云南省麻栗坡县收集到道公盘妙通祖传的一套法书抄本，其中《初真秘》第八篇“又开经咒之法/叩师开经咒法”中载：

> 上卷尊典、玉皇属金星，字如诸天星斗，眼见耳闻十口诵，个个米字成金宝块，金银块光净。中卷尊典、玉皇属日中界宫，为造山河、木草、地理、百谷、六畜，篇书字诵成珍珠、金银、宝贝，万物、六畜千千万万，钱财性气。又下卷尊典、玉皇属月府，水界河源万物是龙身，字是龙鳞甲，诵者成百宝金银，又变成龙鱼水类，百物生气。

此处明确将《尊典经》和《玉皇经》相提并论：两经的上、

中、下三卷分别对应金星、日宫、月府三处。那么，修诵三卷所得的功德各有哪些呢？总括以上三种“诵经法”，列表如下：

表 11　瑶族法书中修诵《尊典经》《玉皇经》各卷功德（笔者制）

<table>
<tr><th rowspan="3">修诵经卷</th><th rowspan="3">宫府</th><th rowspan="3">界</th><th colspan="2">诵经功德象征事物</th></tr>
<tr><th rowspan="2">分　别</th><th rowspan="2">共有</th></tr>
<tr></tr>
<tr><td>尊典、玉皇上卷</td><td>金星</td><td>天</td><td>诸天星斗出现，日月照明天下</td><td rowspan="3">生出金银百宝</td></tr>
<tr><td>尊典、玉皇中卷</td><td>日宫</td><td>地</td><td>生成国土田地、山林草木、禾苗六畜</td></tr>
<tr><td>尊典、玉皇下卷</td><td>月府</td><td>水</td><td>生出江河湖海，鱼鳖龙龟，水入禾田</td></tr>
</table>

不难看出，金星、日宫、月府三界的划分及其对应事物，颇类似道教天、地、水三官思想。然而，金星、日宫、月府是瑶族宗教思想中普遍使用的一组概念，并不能仅凭孤证，就下结论金、日、月三星就等同于天、地、水三界。要想准确地把握这组概念，仍需笔者进一步研究与论证。可以肯定的是，金星、日宫、月府绝非自然界的太阳、月球和金星，而是象征意义上的三重境界或者三个世界。

cod. sin. 1021《度亡秘语一本》第二十二篇“一论诵经法”云：“想月府、日宫、金星三个衙门”，cod. sin. 1111《天师受戒秘语》第六篇“又开经之法”云：“先存经坛即是金沙敷地，存月府、日宫、金星三品衙门拨开，在此迷河水□月、日、金星三品天地。”从这两处可以看出，月府、日宫、金星乃“三品衙门”，但又绝非人间的衙门，因为在诵经前要存思坛场“金沙敷地”，已经进入超现实的想象世界了。故可知月府、日宫、金星为超越人间的、象征性的“三品衙门”，也是“三品天地”。

这不免令人联想起道教“三洞三十六部”分类法中的三天三境:“玉清境”“上清境”“太清境”。也就是说，在金门瑶的宗教观念中，《尊典经》和《玉皇经》的上、中、下三卷可以直接通达神圣的三品衙门、三品天地——金星、日宫和月府。这个经书分类的模型颇类似于《尊典经》中的“三洞三十六部”模型，并通过两经之间的紧密关系传递到了《玉皇经》之上。换言之，瑶人将道教的“三洞三十六部”思想结构与本民族的“三光三品衙门”结构嫁接在一起，提供了经书分类框架，并通过“玉皇尊典”体系的成功搭建，将《玉皇经》的内容装进了这个判教的框架中。

月、日、金星的“三品”框架非常强调品级、次第，如cod. sin. 777《道教师教一本受戒密语》中述诵《尊典经》上卷之功德，不但生出诸天星斗，还生出“日月二宫”。由此可见，金星之品秩不但远高于日、月二宫，而且还能生出它们。受“三洞三十六部”分类思想影响的《太上洞玄灵宝因缘业报经》中记载“一炁化生三炁”，继而形成“三天”和“三清三境”，也是根据化生的先后顺序来排定大、中、小乘的秩序，能生者较大或位格较高，所生者较小或位格较低，这与瑶族月府、日宫、金星“三品衙门”的观念有着异曲同工之妙。

然而，纵然大部分瑶族法书将《尊典经》和《玉皇经》上、中、下三卷归入月府、日宫、金星“三品衙门”，也有少部分瑶族法书不做如此划分，而是提供了其他分类方式。如cod. sin. 629《早晚伸斗安龙解冤法》第十七篇“入诵经之法”云:“想玉皇上卷属金星，中卷属日公，下属南北斗。”这里将《玉皇经》下卷归入了“南北斗”，而非“月府”，且中卷的归属也变成了“日公”，而非“日宫”。又如笔者在云南省麻栗坡县收集到道公邓道天祖传的法书《经骨秘》抄本，上载“又论玉皇分尊典宝诵”云：

> 金丹生青炁，生成黍米，生成米衍星，生成黄金气，即是玉皇经一函。
>
> 三十六部尊经，上部玉清宫，黍米，是十二部。中部上清宫，金星，一十二部。(下部)是太清宫，是晚星，一十二部。共成三十六部尊经。要诵完一函，存上金星，引上三天之上，渺渺大罗天玉清宫，交纳黍米万宝也。

此抄本中另有“又论玉皇经分仪诵法”，亦将玉皇、尊典同论，此处略。针对《玉皇经》和《尊典经》三卷诵法，上文中提出另一套系统：上卷为玉清宫，共十二部经，属黍米星；中卷为上清宫，共十二部经，属金星；下卷为太清宫，十二部经，属晚星。黍米星从何处来呢？上文第一句称“金丹生青炁，生成黍米”，交代了《玉皇经》的生成过程。如果将此处“黍米”和下文的“黍米星”等而视之，等于此文直接提出道炁和三清境之间辗转化生的观点，这与《太上洞玄灵宝因缘业报经》中的“一炁化生三炁、分为三天”的思想非常接近。可以说，这段文中的思想观点，可以看做瑶化之后的“三洞三十六部”分类法。

值得注意的是，此处并未采取“金星—日宫—月府”的“三品衙门”说，而采用了“黍米—金星—晚星”的“三宫三十六部”说。尽管所对应的星斗与宫位之名不同，但瑶族通过种种努力，对道经分类法进行选择性吸收与创造性改动这一点上别无二致。

出于对玉皇信仰与对“三洞三十六部”分类法的重视，瑶人通过改动经题、重新分册等方式，巧妙地将《玉皇经》和《尊典经》两经联系在一起，并将之并入瑶族“三光三品衙门”或“三宫三十六部”系统之中。“三光三品衙门”结构是特别为经典分类所作，还是瑶族固有的宇宙观念，尚不能确定。可以确定的是，《玉皇经》和《尊典经》为金门瑶经书系统中完全誊抄自道经原文的两部大经，它们连同其背后的独特的思想与价值观一起，共同构成了金门瑶宗教信仰的教理基础。

第四章　丧场轨范与仪法大全：瑶族《度人经》三种

瑶族重视孝道，用于丧场度亡的书在经教中占很大比重。金门瑶丧场用书以科仪书为主，此外还有一定数量的经书、法书及疏表格式书。其中，科仪书包括《丧家科》《丧家三时科》《炼度科》《绕棺科》《喃灵科》《十王科》《破狱科》《临时发丧科》等，用于斋醮治丧；法书包括《丧家秘语》《度亡秘语》《斋短治亡堂金语》等，配合科仪书使用。

下面单论丧场所用的经书。金门瑶丧场中主要使用《度人经》《救苦经》《血湖经》等经书，并配合其他咒语。例如云南省文山壮族苗族自治州蓝靛瑶在修斋送终法事中，有“升度”仪节，主要内容为奉请诸神真后进行诵经：“讽诵《玉皇经》《度人经》《救苦经》《弥罗经》。”① 又“启师破狱”科中亦有诵经仪节：“献食完满，诵经答神，厶先灵，仰师九帝下降看诵。

① 熊有章主编，熊建文、熊跃清撰稿：《蓝靛瑶修斋送终全集》，文山州非物质文化遗产保护和艺术研究中心编印，文内资准字 2019—LY0015 号，2019 年，第 97 页。

大斋念：《度人经》、《救苦经》（公）、《血湖经咒》（婆）、青华咒、弥罗咒。”① 从后文中收录的经文可见，上述丧场中修诵的《玉皇经》并非全经，仅为“经纂”，弥罗经咒也出自玉皇经系；而《救苦经》和青华咒多用于济度男魂，出自救苦经系；血湖经咒多用于女魂。唯《度人经》不分性别，全经在丧场中地位极高、分量极重。

图 17　金门瑶丧场用书（部分）

（云南文山盘道登藏，笔者摄）

金门瑶丧场主要选择《度人经》《救苦经》《血湖经》三经，并非偶然为之，其背后有深厚的经教渊源及复杂的社会原因。三经同用丧场，反映在抄本体例上，即“共本”。所谓“共本”，即将两部或多部经书合抄一本。除经济原因外，“共本”的目的是突出同类经书的功能与用途。可以说，“共本”本身就带有功能性分类的意味。科仪书与法书抄本中，“共本”现象非常普遍，因为这些共本的科仪大多被用于同一仪式中，而法书由

① 熊有章主编，熊建文、熊跃清撰稿：《蓝靛瑶修斋送终全集》，文山州非物质文化遗产保护和艺术研究中心编印，文内资准字 2019—LY0015 号，2019 年，第 119 页。

于不需出声念诵，其字体较小，为节约篇幅往往将多种存思法共抄一本。经书抄本中“共本”现象并不多，因为各部经书的功能相对独立，用法也自成一体。因此，经书“共本”现象值得特别关注，它暗示着“共本”的各部经书存在紧密的内部关联。

具言之，德国巴伐利亚州立图书馆藏的金门瑶丧场用经书存在如下“共本”现象：

（1）《度人经》和《救苦经》共本：cod. sin. 338 和 cod. sin. 2671 中，《救苦经》在前，《度人经》在后，两抄本的版本与体例完全一致，且都题名为“救苦大部经”。另一种体例的抄本 cod. sin. 639 中，《度人经》在前，《救苦经》在后，题名为“度人经”及“度人经大部”。

（2）《度人经》和《血河经》共本：cod. sin. 2689 中，《度人经》在前，《血河经》在后，抄本题名为“度人经”。此处的《血河经》为仿照《血湖经》而写成的短经。

（3）《血湖经》和《金章经》共本：cod. sin. 1158 中，《血湖经》在前，《金章经》在后，抄本封面上注明“血湖经在头，金章经在尾”，经末还标注“二本共一册”。本抄本中，丧场用《血湖经》和延生醮用的《金章经》出现共本，可谓特殊的“共本”现象。

这些因功能相近而合抄一处的“共本”经书，可称为“功能性共本”，值得注意的是，笔者发现的所有金门瑶《救苦经》抄本皆为共本。也就是说，没有真正意义上的单行《救苦经》抄本，且都与《度人经》合抄。这暗示着丧场法事中《救苦经》不具有独立地位，且和《度人经》的关系非常密切。很可能《救苦经》只是丧场修诵《度人经》时的补充和辅助。

实际上，《度人经》在金门瑶丧场中的地位和作用最为重要。如果说《救苦》《血湖》诸经是为丧场某些仪节而专设，那么《度人经》则起到了领起整场仪法的作用。例如，云南文山蓝靛瑶丧场“点丧场灯”的仪式节中，所用科仪书《丧葬科》一共提及“点丧场灯”十三次：前三次为总赞道、经、师三宝；后十次分别配东、南、西、北、东北、东南、西南、西北、上、下十方度人天尊，基本架构完全宗依《度人经》。前三段赞咏更是将《度人经》提到了与三宝、三元同等重要的位置，具录如下：

洞玄灵宝无量度人经中，燃点落气/报恩灯供养，十方无量度人无上道宝天尊，大圣太乙救苦天尊，上元一品赐福天官大帝，天府部众，惟愿放毫光，流演金光气，灿烂丧场中，用荐此亡灵，往生神仙界。

……

洞玄灵宝无量度人经中，燃点落气/报恩灯供养，十方无量度人太上经宝天尊，大圣九幽拔罪天尊，中元二品赦罪地官大帝，地府部众，惟愿放毫光，流演金光气，灿烂丧场中，用荐此亡灵，往生神仙界。

……

洞玄灵宝无量度人经中，燃点落气/报恩灯供养，十方无量度人玄上师宝天尊，大圣朱陵度命天尊，下元三品解厄水官大帝，水府部众，惟愿放毫光，流演金光气，灿烂丧场中，用荐此亡灵，往生神仙界。[①]

---

① 熊有章主编，熊建文、熊跃清撰稿：《蓝靛瑶修斋送终全集》，文山州非物质文化遗产保护和艺术研究中心编印，文内资准字 2019—LY0015 号，2019 年，第 52—53 页。

《度人经》为明《道藏》的首经，也是流传最广、影响最大的灵宝经。在民间社会和少数民族中的影响同样巨大。就金门瑶丧场而言，《度人经》为诸经法提供了轨范，故本章选取丧场用经的代表《度人经》为主要研究对象。

道教《度人经》自传入瑶族后，增衍出很多新版本，它们丰富了瑶族经教的内涵，搭建了金门瑶丧场法事的基本框架，具有重大的文献学和仪式学意义。另一方面，瑶族诸版《度人经》进入学术研究视野，这丰富了“度人经系”的内涵，为考察《度人经》文本、思想及相关仪式的变迁提供了宝贵资料。

德国巴伐利亚州立图书馆藏的已编目瑶族手抄本中，《度人经》抄本共有六部：cod. sin. 321、cod. sin. 1001、cod. sin. 338、cod. sin. 639、cod. sin. 797、cod. sin. 886。笔者在随机翻阅未编目抄本时，另发现三部：cod. sin. 2689、cod. sin. 2671、cod. sin. 2713。上述九部《度人经》抄本为本章主要研究对象。

与《玉皇经》《尊典经》抄本最大的不同是，瑶族《度人经》并非完全照抄道教《灵宝无量度人上品妙经》。相反，瑶族《度人经》极为复杂，它们在内容上多有增删与改动，在思想上呈现不同倾向，据此分出三个次生的《度人经》版本。分叙如下：

（1）“太上洞玄灵宝无量度人上品妙经”：基本内容与道教《度人经》一致，多题名为“度人经”或“太上洞玄灵宝度量度人上品妙经”，是瑶族三种《度人经》中与道经最接近的版本。此版包括 cod. sin. 321、cod. sin. 639、cod. sin. 1001、cod. sin. 2689，共四个抄本。值得注意的是，cod. sin. 639 虽题名“度人经大部”，但内容与瑶族“度人经大部”类目并不相同，而与瑶族“太上洞玄灵宝无量度人上品妙经”一致，故分在此处。

（2）“度人大部经”：为道教《度人经》经文融合注、法、符、图等多种元素而成，为金门瑶最详细完备的度亡所修诵的大经。包括 cod. sin. 338、cod. sin. 2671，共两个抄本。其文本特点有三：其一，诵经前添加了详尽的仪轨及存思法，借此将诵经与修道相结合。其二，正文为经、注交叉结构，注解交织于经文之中，这些注解系在相关道书基础上造作而成。其三，已发现的所有《度人大部经》抄本，皆与《救苦经》共本。《度人大部经》在共本抄本中占绝大部分篇幅，但是，这些共本抄本乃至从未标出“度人经”之名，而直接名以“救苦经”或“救苦大部经”。《度人大部经》是瑶族经书与法书类抄本融合后的新出文本样式。其中大量的存思法术及注解，是研究瑶族丧场救度的宝贵文献。

（3）“度人道场经”：此类“道场经”文体特点鲜明，为经文与偈诵组成的分段交叉行文，分别用“请诵真经”和“宝偈当宣”交替领起。经文内容出自道教《度人经》，偈诵则为根据经义造作成的七言诗偈。金门瑶的“道场经”多与度亡道场有关，《度人道场经》是瑶族经教、科仪这两类文本融合之后的新出文本样式。包括 cod. sin. 797、cod. sin. 886、cod. sin. 2713，共发现三个抄本。

需要说明的是，尽管金门瑶丧场用经“共本”现象普遍，但本章只着眼于《度人经》展开研究，而暂时忽略共本抄本中与主题无关的经文。下表分列出金门瑶三种《度人经》、九个抄本的版本信息：

表 12　巴伐利亚州立图书馆藏瑶族《度人经》版本情况（笔者制）

体例	编号 cod. sin	经题	篇数	行字	文本状况	人名	时间
太上洞玄灵宝无量度人上品妙经	321	度人经；度人经部；度人本愿集；太上洞玄灵宝无量度人上品妙经	26	每半篇8列；每列13—15字	白棉纸；封面一半破损，字大工整，排列整齐，书法一般	置羽士主李院莲；置主□云惠、东主□云□借	丁巳岁六月二十八抄完
	639	度人经大部；度人经；太上洞玄灵宝无量度人上品妙经；太清洞（玄）灵宝无量度人本行章经	16	每半篇10列；每列20—24字	棉纸，四孔线装；封面封底深褐色，内页有折痕和局部磨损；字迹飘逸工整	邓经尊集	嘉庆十三年四月初二日抄完毕
	1001	太上洞玄灵宝无量度人上品妙经	6	每半篇16—19列；每列19—34字	文字很小，抄写随意	李道陞	N
	2689	度人经；太上洞玄灵宝无量度人上品妙经	12	每半篇11列；每列23—24字	白棉纸线装，封面、封底为褐色厚纸，正中上部有V形破缺，书写工整整齐	书主邓演天抄一日之功也；士邓云瞻乙也；书主李玄机；邓演飙集；	皇号戊岁十一月初四日早启夜完笔

续表

度人大部经	338	救苦大部经	17	每半篇8—9列；每列20—24字	灰白色棉纸，线装；内页有淡黄色污渍；墨迹较淡，书写工整	蒋天开集；书主邓云利；置主邓云御；置主邓云玉	乾隆五十六年辛亥①岁姑济朔丑笔邓金官并
	2671	救苦经大部	18	每半篇列；每列字	淡黄色棉纸，线装，文本情况好。字迹飘逸工整，书法精美。	彭道英；主彭道瑛用；邓经□；彭经□	N
度人道场经	797	度人道场经；道场经	14	每半篇10—12列；每列18—20字	黄草纸，黑线随意装订；开本较小，封底下部有倒V形破缺；字迹一般且不太整齐	置主李妙聪全旧本；李云光卖分冯玄奉置；置主李妙聪/李朝明/李法朝全旧本；安先生明李朝明；姓音正音龙西郡；陇西郡子	丁亥年本录使（十）月初九日辰时

① 抄本上用大字书“丁亥岁”，又在“丁”字右用小字注明“辛”。辛亥岁，应为乾隆五十六年（1791）。

续表

度人道场经	886	度人道场经；度人道场科	15	每半篇10列；每列14—17字	文本状况好；字迹一般，排列整齐，封面有虫蛀	羽士卢弦猄全集也；书主卢玄宗；代笔邵老大遇字	N
	2713	度人道场共散花解结；度人道场	23	每半篇7列；每列14—15字	淡黄色棉纸；字大工整，书法精美，小节开始处有红笔标记	东主盘玄照；弟子盘经亮置用	N

《度人经》抄本具有显著的类型化特征，上表列出了三种类型的经本：《太上洞玄灵宝无量度人上品妙经》《度人大部经》和《度人道场经》，三经同以《度人经》为底本，但内容与结构却截然不同，故不宜同论。下文将在梳理道教《度人经》文本和思想变迁之后，分类研究瑶族三种《度人经》抄本。

第一节　道教《度人经》的文本变迁

《度人经》是灵宝主经之一，自其造构以来即备受重视，在道教中历史悠久、地位尊崇。《度人经》传抄甚广，有多种版本及注本，文本变迁史及背后的教派衍化非常复杂。《度人经》研究历来为学术界所重视，学术成果颇丰。瑶族抄本《太上灵宝无量度人上品妙经》《度人大部经》和《度人道场经》的内容都基于道教《度人经》，故要研究瑶族抄本，首先有必要梳理道教《度人经》的研究成果。

明《道藏》中首经为《灵宝无量度人上品妙经》，共六十一卷，其与古灵宝经中一卷本《度人经》并不相同。陈国符先生率先注意到了差异，他指出，六十一卷本只有第一卷是经文，其他都是敷衍经文而成。[①] 陆修静《灵宝经目》著录曰："'无量度人上品'一卷已出。卷目云：《太上洞玄灵宝无量度人上品妙经》。"[②]《灵宝中盟经目》中第十四经记为《太上洞玄灵宝无量度人上品妙经》一卷，[③] 乃为《度人经》古本经文仅有一卷的佐证。故要研究《度人经》经德，必须关注一卷古本。

古灵宝经为东晋末葛洪从孙葛巢甫所造构，后经陆修静整理编修、增加而大行于世。《度人经》是古灵宝经中的著名经典之一，不少研究者将其直接归于葛巢甫。萧登福提出，葛巢甫不仅构造了《度人经》，为烘托其地位之崇高，还构造出《太上洞玄灵宝诸天内音自然玉字》和《太上诸天灵宝度命妙经》，前者解释"元始灵书中篇"，后者为相关经典，二经同云篆体的《云篆度人妙经》一起，构成《度人经》之翼辅。[④] 也有学者提出异议，因为《元始五老赤书玉篇真文天书经》（即《五篇真文经》）最早出，为灵宝首经，《度人经》托名元始天尊，较为晚出，故可以确定葛巢甫造作了《五篇真文经》《空洞灵章》等，

① 陈国符：《道藏源流考》，北京：中华书局，2012 年，第 70—71 页。

② 参见敦煌写本 P. 2556 "灵宝经义疏"，载于《中华道藏》，北京：华夏出版社，2004 年，第 5 册，第 510 页。

③ 参见《洞玄灵宝三洞奉道科戒营始》卷四，载于《道藏》第 24 册，第 758 页。

④ 萧登福：《正统道藏总目提要》，台北：文津出版社，2011 年，第 1 页。

但《度人经》《灵书度命经》等，尚不能确定是否出自葛巢甫之手。[①]

一卷本《度人经》的成书时间约为东晋末、刘宋初，但具体时间仍颇多争议，施舟人（Kristofer Schipper）认为其成书于东晋末的公元400年左右，[②] 柏夷（Stephen R. Bokenkamp）将其断为葛巢甫之后、严东之前，即公元400—485年之间。[③] 刘屹则根据诸家对陆修静《太上洞玄灵宝授度仪》中征引情况的研究及陆氏经目，将《度人经》的成书时间确定在刘宋初的437—471年间。[④]

《度人经》在灵宝经序列中所出稍晚，所以其思想内容在继承古灵宝经《灵宝五符序》及《五篇真文经》的基础之上又有所扬弃：一方面，《度人经》发挥了古灵宝经中神化五方符、咒的思想，并在强调劫运观念的基础上，将原东、西、南、北、中五方分出东北、东南、西北、西南，合上、下形成十方。又将东、南、西、北各分为八天，合三十二天。可以说，《度人经》构建的宇宙方位比《五篇真文经》更加丰富而立体。[⑤] 另一方面，《度人经》舍掉了古灵宝经中的部分思想内容，如《抱朴子·登涉篇》中载“入山宝日”及“六甲秘咒”之文，并称以上内容见于《太上灵宝五符序》卷下，然而今道藏《灵宝度人

---

① 丁培仁：《道教文献学》，成都：四川大学出版社，2019年，第147页。

② Kristofer Schipper and Franciscus Verellen. *The Taoist Canon: A Historical Companion to the Daozang*. Chicago&London: the University of Chicago Press, 2004. pp. 214.

③ Stephen R. Bokenkamp. *Early Daoist Scriptrues*. Berkeley: University of California Press, 1999. pp. 380.

④ 刘屹：《度人与度亡：一卷本〈度人经〉的形成及其经教基础》，《敦煌吐鲁番研究》2016年第1期。

⑤ 卿希泰主编：《中国道教史》，成都：四川人民出版社，1996年，第390页。

经》则无其文。① 曾经《灵宝五符经》被简称作“灵宝经”，如今，人们却多将《灵宝度人经》简称为“灵宝经”。可见，《度人经》地位上升超过了《五符经》等早出之经，已成为灵宝经的代表。

《度人经》自问世以来地位便不断提升，其文本与思想也相应日趋繁复。《度人经》在南北朝以后的道教史上写下了浓重的一笔，甫问世之初，便不断被道教类书与历史典籍征引。曾先后见引于《无上祕要》（成书于北周）、《三洞珠囊》（成书于唐代）、《云笈七签》（成书于北宋）。从类书中的征引情况可见，《度人经》文本与思想在基本保持稳定的大势下，亦经历了一些细微变化，这种变化是受当朝道教思潮影响的结果。至迟到唐代，《度人经》已取得经藏中的优势地位，乃至成为道教经典的代表。下文将按照历史顺序，分述《度人经》的文本发展及影响。

一 唐代：大兴写经之风

唐代，《度人经》出现了大量的官方和民间写本。其中最有代表性的是大批敦煌写本，大渊忍尔（Ōfuchi Ninji）、王卡、叶贵良等学者对其进行了整理。叶贵良统计发现，敦煌文书中共有《度人经》残卷二十二件，包括大渊忍尔《敦煌道经·目录编》著录十一件（实为十二件），王卡比定五件，荣新江发现德国藏

---

① 陈国符：《道藏源流考》，北京：中华书局，2012 年，第 63—64 页。

一件，《敦煌宝藏》拟定一件，叶氏本人发现三件。[1] 敦煌唐写本体例较一致，遗憾的是大多为残卷，仅 P. 2606 公认较完备，存 262 行，其中“民”字为避李世民讳而缺笔，可知其抄成于唐太宗朝以后。然而，王卡录“唐末镇海军古写本一件”，于 1956 年温州龙泉塔出土，现存温州博物馆，[2] 写成于唐乾宁四年（897 年），共存经文 279 行，较 P. 2606 多出卷首十余行，几近全经完备。其书写精良，不逊于盛唐时的敦煌写本。[3]

唐代乃道经转抄的高峰时期，《度人经》无疑为其中之大宗。不仅出现大量写本，还将经文勒石铭记。郑州市博物馆现存一《度人经》经幢，其本立于郑州开元寺旧址，于 1974 年移入馆内。原寺中此经幢与佛教《佛顶尊胜陀罗尼经》左右同列，两经幢形制相同，均为八棱形，刻石风格也基本相同。石上记载此幢立于唐代会昌六年（846 年）。[4] 立幢恰逢唐武宗去世后，在“会昌法难”刚结束之际，将佛道二教经幢并立于佛寺门口，其匡扶两教、拨乱反正的意图不言自明。《佛顶尊胜陀罗尼经》为唐密神咒，建立经幢素为佛教传统，与之并立的《度人经》经幢，不但象征唐代《度人经》在道教中的尊胜地位，也暗示着其经和佛教（尤其唐密）具有千丝万缕的内在关联。

---

① 叶贵良：《敦煌本〈太上洞玄灵宝无量度人上品妙经〉辑校》，成都：四川大学出版社，2012 年，第 3 页。

② 王丽苹：《唐乾宁写本〈太上洞玄灵宝无量度人上品妙经〉考释》，《温州文物》2016 年第 2 期。

③ 王卡：《敦煌道教文献研究——综述 · 目录 · 索引》，北京：中国社会科学出版社，2004 年，第 101—102 页。

④ 赵灵芝、张体义：《唐会昌六年道教度人经幢》，《中原文物》1995 年第 1 期。

二　宋代：版本增衍，经法繁化

《度人经》文本史上，宋代是关键性的历史时期。其时“度人经系”得到长足发展，其思想内涵也发生了转折。宋代，《度人经》的文本增衍主要表现为三个方面：出现六十一卷《灵宝无量度人上品妙经》；形成了“一卷增字本”经文；演化出大量“灵宝度人系”道法。

其一，六十一卷《灵宝无量度人上品妙经》的出现。

《宋史·艺文志》中将《度人经》分为两个版本：“一卷本”和“六十一卷本”。而宋以前的《度人经》注本均为“一卷本”，说明《度人经》“六十一卷本”当为两宋之间增衍。

明《道藏》中的《灵宝无量度人上品妙经》共六十一卷，各卷品名不同，但经文体例都为第一卷增衍而成：以“道言”领起，仅在关键处改变为相应神名、天宫名等。并且，后六十卷中附加的真文、神符等符咒内容，为原第一卷所不具。增衍后的版本不仅体现出《度人经》文本的发展，还反映了其背后教派势力的崛起。

《高上神霄宗师受经式》云：

> （元始天尊）演说《灵宝度人》神霄众经，并以授于玉宸太上道君。因命天真皇人并上清诸真人，总其元义，开品分条，共为六十卷，以应六甲之数，皆以无量度人为首。
>
> 其经既成，简奏虚皇，遂使藏于紫微上宫，仍今付于神霄玉清真王君，秘于东极华堂琼室之内，至于后劫，方当下传。逮其炎宋兴隆，太平烝至，时际吉会，神霄真王当降世

间以为人主，遂举其弟青华君代领神府之任。真王受天明命，绍承丕祚，统御九有，协和万邦，显彰道化，阐神元风。

政和壬辰之后，青华时来密会禁掖，神明齐契，天人相通，所以告于期运者焉。于是真王飞神达变，洞合紫清，乃以神霄琼室所秘《灵宝真经》六十卷。又以昔侍元始，同登郁罗，观览三元灵光玉网之炁，而成《高上神霄玉清祕箓》三卷，尝于上皇年间详考于玉晨之手，定格于紫微之房，亦在神霄，历劫禁重，今并当出。①

其文沿袭道教降经传统，续写了南北朝《度人经》产生以来的降经掌故。称元始天尊在传此经与玉宸太上道君后，又于近世付神霄玉清真王长生大君。神霄玉清真王下生，成为人主宋徽宗，为应劫而于政和壬辰年（1112）后将后六十卷《灵宝度人》下传人间，以“协和万邦，彰显道化”。可见，后六十卷《度人经》出自北宋神霄派道士之手。

降经的真实用意在于神化宋徽宗，他是集政权与教权于一身的圣主，他自任教主，将神霄派推至最高位。高上神霄玉清真王成为继元始天尊、玉宸道君之后的“高上神霄大道三师”（祖师、宗师、真师）之一，为突出神格的变迁，此经之名突出“灵宝度人”，而不再称“太上”，甚或直接称其为《高上神霄灵宝度人经》。②

降授《度人经》后六十卷，使神霄派的道、经、师结构趋

① 《道藏》第32册，第637页。
② 同上，第638页。

于完备。就经教而言，同《度人经》一起降授的，还有《高上神霄玉清秘箓》三卷。再加上宋徽宗御制《道德》《南华》二经解；徽宗作序、李玉德解《灵宝度人经义》及御制的系列科仪书及颂词，共同构成了北宋神霄派的经教体系。关于六十一卷《灵宝度人经》的成书及后六十卷的增衍，美国汉学家司马虚（Michel Strickmann）曾作详尽考证与研究。[①]

北宋皇室极为重视《度人经》，《度人经》在宋代著录中或为三卷，或加注为二卷、四卷，二卷本乃宋真宗制序、宋徽宗书注。上行下效，至迟至宋代已有人直接以“灵宝经”代称此经，[②] 可见其时《度人经》已居灵宝诸经法之首。后六十卷的出世掀起了一场“度人经系”的造经运动，衍生出了一批附会皇室背景的阐释之作。其中《灵宝无量度人上品妙经符图》三卷，提出所谓“灵宝三图”：始青变化之图、碧落空歌之图、大浮黎土之图，题名为北宋赵佶。然而，劳格文（John Lagerwey）和丁培仁都认为此书并非宋徽宗本人所作，因其中不称“朕”，且不避宋圣祖讳。[③]

六十一卷《度人经》被收入《政和万寿道藏》和《正统道藏》，又为《道藏辑要》所转载。这部经对研究宋代道教意义重大。

其二，“一卷增字本”形成。

叶贵良把一卷本《度人经》分为“一卷本系统”“一卷增字

① 参见 Michel Strickmann, *The Longest Taoist Scripture*, History of Religion, 1978, No. 17. pp. 331—353. 中译文见刘屹译：《最长的道经》，《法国汉学（第七辑）》，北京：中华书局，2002 年，第 188—211 页。

② 丁培仁：《道教文献学》，成都：四川大学出版社，2019 年，第 680—682 页。

③ 参见 Kristofer Schipper and Franciscus Verellen. *The Taoist Canon: A Historical Companion to the Daozang*. Chicago&London: the University of Chicago Press, 2004. pp. 1084. 以及丁培仁：《增注新修道藏目录》，成都：巴蜀书社，2008 年，第 84 页。

本系统”和“六十一卷本系统”①。“一卷本系统”即为南北朝至唐代，吐鲁番、敦煌写本中较为稳固的本文样态。叶氏认为，在“一卷本系统”增衍为“六十一卷本”的过程中，产生了“一卷增字本系统”，主要表现为在原本基上增加了“元始灵书上篇”“元始灵书下篇”和“太极真人颂”三部分。

纵然文本细节多有改动，但“一卷本系统”《度人经》的内容架构却相当稳固。张万福的《洞玄灵宝无量度人经诀音义》和陈景元《元始无量度人上品妙经注》“经说”中详述了“一卷本系统”及其组成部分。《正统道藏》中《灵宝无量度人上品妙经》卷一则是基于“一卷增字本”系统。为方便叙述，下文将《正统道藏》版《度人经》卷一分为如下九个部分：

甲　道君前序。自“道言：昔于始青天中”至“东向诵经”，交代说经主体（元始天尊）、地点（始青天中大浮黎土）、受众（太上道君、天真大神、上圣高尊、妙行真人、无鞅数众等，太上道君为本经当机者，亦为宣说“道言”者），及说经缘起。

乙　正经第一章（元始洞玄灵宝本章）。前题名“元始无量度人上品妙经”，内容自“元始洞玄灵宝本章”至“列言上清”，记十方无极飞天神王行迹，以及三十二天、三十二帝和五帝大魔王的内讳。

丙　正经第二章（元洞玉历，龙汉延康）。自“元洞玉历”至“祸及七祖翁”，记欲界、色界、无色界三界飞空魔王歌音。

丁　道君中序。自“道言：此二章并是诸天上帝及至灵魔王隐秘之音”，至“洞明至言也”，概括经德，讲述奉经的利益

① 叶贵良：《敦煌本〈太上洞玄灵宝无量度人上品妙经〉辑校》，成都：四川大学出版社，2012年，第7页。

和传授流通的禁戒。

戊　元始灵书上篇。前题名“诸天中大梵隐语无量音，道君譔”。为东、南、西、北四方共三十二天的韵语，上篇。

己　元始灵书中篇。题“道君譔”，为东、南、西、北四方共三十二天的韵语，中篇。

庚　道君后序。自“道言：此诸天中大梵隐语无量之音”，至“大量玄玄也”。叙“大梵隐语”的由来及经旨。

辛　元始灵书下篇。题“天真皇人譔”，为东、南、西、北四方共三十二天之韵语，下篇后附类同“后序”的短文，自“天真皇人，梵炁玄辽”至“服佩明验，施之于至学，不宣于下俗也”。主述天真皇人之德与诵经、服佩的利益。

壬　太极真人颂。自“神云焕层虚，梵罗屯碧霄”至“稽首望玉宸，灵华散金毫”。以诗赞体歌诵太极真人之德，和前文主旨及文体皆有显著差别。

以上九部分内容，明显为数个不同背景的经文模块连缀而成。特别是“辛”和“壬”部，主述对象已经偏离了前文中元始天尊及太上道君等尊神，因“道君后序”中提及天真皇人曾为大梵隐语正音，故其处把“元始灵书下篇”的撰作者由道君改为天真皇人，足见其附会。又引入“太极真人”等新神格，且后半部分行文风格多为汉风骈文，一改经文前半“梵华合用”的文风。附会、连缀迹象相当明显，可断言其文乃后世增入。根据张万福、陈景元之论，知“元始灵书上篇”亦为后人所加，“一卷本系统”中本无其文。换言之，“一卷增字本”系统增加了“元始灵书上篇”“元始灵书下篇”和“太极真人颂”三个部分，从某种程度上说破坏了原“一卷本系统”的完整性，并混入新的思想内容。

“一卷本系统”由甲、乙、丙、丁、己、庚六个部分构成，存世的22个敦煌抄本都属于“一卷本”系统。明道藏“度人经系”中采用“一卷本系统”的有：《云篆度人妙经》一卷、《灵宝无量度人上品妙经符图》三卷、《无量度人上品妙经旁通图》两卷、《洞玄灵宝度人经大梵隐语疏义》一卷、张万福编《洞玄灵宝无量度人经诀音义》一卷、陈景元集严东、薛幽栖、李少微、成玄英注的《元始无量度人上品妙经四注》、张宇初《元始无量度人上品妙经通义》四卷、薛季昭《元始无量度人上品妙经注解》三卷。“一卷本系统”流行甚广，被关注和重视的时间跨度很大，从南北朝到明代，各家注本层出不穷。又，台湾地区的闽派道士在实践中所用的《度人经》都属于“一卷本系统”，结合宋室南渡后福建地区才被真正开发的历史来看，很可能在宋代之前《度人经》仅有一卷本存世，而并无增字本。①

王皓月参照佛经的三分结构对古灵宝经作科判，将“一卷本系统”《度人经》分作序分、正宗分和流通分：“道君前序”判作序分，“元始洞玄”和“元洞玉历”两章经文判作正宗分，“道君中序”判作流通分，其后的“道君后序”为“元始灵书中篇”的流通分，而“元始灵书中篇”本身又为全经流通分之正宗分。② 其灵宝经判教系统的建立，有助于我们理解“一卷本系统”《度人经》的内在逻辑结构。

---

① ［日］大渊忍尔（Ōfuchi Ninji）著，隽雪艳、赵蓉译：《敦煌道经·目录编（上）》，济南：齐鲁书社，2016年，第126页。

② 王皓月：《析经求真：陆修静与灵宝经关系新探》，北京：中华书局，2017年，第430—431页。

“一卷本系统”《度人经》的文本建构过程，历来为学术界所争议：“道君前序”是否见于古灵宝经的最初版本？以大渊忍尔（Ōfuchi Ninji）为代表的日本学者认为，因为南齐严东未为“道君前序”作注，而《无上秘要》又收录了“道君前序”，故“前序”很可能并不见于原经，而是在严东之后、《无上祕要》之前所添加。这种观点遭到了其他学者的质疑与反对，施舟人（Kristofer Schipper）认为其论证并不充分，① 萧登福举出敦煌诸写本皆有“道君前序”的论据，认为“道君前序”为本经所有，非后人所增纂。② 刘屹则认为陈景元编四注本时，是选择性地引用严东注文的，故未引之处并不代表严东未曾作注，进而推知未有其文，故他也认为《度人经》“一卷本系统”就是陆修静和严东所看到的《度人经》。③

由此可见，由上文甲、乙、丙、丁、己、庚六个部分组成的“一卷本系统”《度人经》，不但在文献史上被诸家证明为最早版本，而且文本内在逻辑方面也能较好地自洽。那么“一卷本系统”是何时增衍为“一卷增字本”系统的呢？

“一卷增字本系统”包括上文“甲”至“壬”所有九个部分。主要见于诸家注解：青元真人注、清河老人颂、郭冈凤参校的《元始无量度人上品妙经注》三卷，萧应叟《元始无量度人上品妙经内义》五卷，陈观吾《太上洞玄灵宝无量度人上品妙经注》三卷，陈椿荣集注《太上洞玄灵宝无量度人上品经法》

---

① Kristofer Schipper and Franciscus Verellen. *The Taoist Canon: A Historical Companion to the Daozang*. Chicago&London: the University of Chicago Press, 2004. pp. 712.

② 萧登福：《正统道藏总目提要》，台北：文津出版社，2011 年，第 1—6 页。

③ 刘屹：《度人与度亡：一卷本〈度人经〉的形成及其经教基础》，《敦煌吐鲁番研究（第十六卷）》，上海：上海古籍出版社，2016 年，第 103—123 页。

五卷。其中有注本在“一卷增字本”上再做增加，如青元真人《元始无量度人上品妙经注》增入《天公经》中“上篇龙章凤篆之文”，与元始灵书上、中、下篇并列为四。

考据上述注本的成书时间，可找出“一卷增字本”成书年代的下限。此四注皆作于宋元时期，萧应叟注本前有注者于宋理宗宝庆二年（1226）的上表，陈观吾注本前有元代至元丙子年（1276）所写的序言，此两书时间明朗。陈椿荣集注本序中提及“政和御注”，亦知其为南宋时作。

青元真人注、清河老人颂、郭冈凤参校本较为复杂，因为青元真人和清河老人的真实身份并不清楚。该注末尾附“诵经灵验记”，常提及淳熙、绍熙、庆元、嘉泰等南宋年号，又陈观吾注曾征引青元真人注，[①] 足见青元真人为南宋年末人，而此书之出必定早于陈书，应成于1204—1276年之间。鲍菊隐（Judith M. Boltz）根据清河县（今江苏淮安）设于1270年左右的史实，将青元真人注本的成书时间断为1270年之后。[②]

由此可见，上述四个注本皆出于南宋或元朝，故稳定形态的“一卷增字本”《度人经》出现的时间下限为南宋。进而言之，“一卷增字本”的文本形态与“六十一卷本”的首卷并无二致，很可能就是在六十一卷本“降授”之后，才开始提取第一卷编作单行本，广泛流传。萧登福认为“一卷增字本”就是在北宋徽宗朝所增衍，其创作过程与“六十一卷本”一脉相承。他认

① 参见《太上洞玄灵宝无量度人上品妙经注》“卷上”和“卷中”多处出现“东海青元真人曰”内容。载于《道藏》第2册，第397—425页。

② Judith M. Boltz（鲍菊隐），*A Survey of Taoist Literature: Tenth to Seventeenth Centuries.*（《十至十七世纪道教文献通论》）. Berkeley: University of California Press. 1987. pp. 328.

为，“一卷本”中的“元始灵书中篇”意为“中心篇章、精要篇章”，并非上、中、下之方位概念。① “一卷增字本”将其附会为方位，才增入了《元始灵书》上、下二篇。萧氏以“一卷本”为正统，以“一卷增字本”为后出附会之文。又，谢聪辉考据了“一卷增字本”增添新经文的顺序：先增入“元始灵书下篇”和“太极真人颂”，最后才增入“元始灵书上篇”。其成书时间应在南宋宁宗嘉泰四年（1204）之后至陈椿荣注本成书之前。②如此，就把“一卷增字本”的出现时间推至南宋。

至此，研究问题就变成了：“六十一卷”《度人经》在何时分离出第一卷作为单行的“一卷增字本”？“一卷增字本”发生了哪些文本变化，又如何稳定下来？在已厘定“一卷增字本”产生的大致时间段之后，继续深入下去，恐怕就需要加入历史学及道教宗派学的考据与研究，已然超出了本书的关注范围。

“一卷增字本”的产生和流通，是建立在宋元新道法兴盛的时代背景上的。采用“一卷增字本”的注解本，从思想和宗教实践两方面看，其动态性与活力都非常强，其注解之丰富灵活，已经溢出了传统灵宝经解经的范式。如萧应叟以《易》学比附《度人经》来解说丹法，并从内丹道入手阐发“性情论”；③ 青元真人注本常用《道德经》之意来解《度人经》；陈观吾则以内丹修炼说杂糅佛理以说《度人经》；陈椿荣则在书中提供大量“经法”和“诀法”，以诵《度人经》配合修行。且陈注本将

① 萧登福：《正统道藏总目提要》，台北：文津出版社，2011 年，第 1—6 页。

② 谢聪辉：《一卷本〈度人经〉及其在台湾正一派的运用析论》，《中国学术年刊》第 30 期春季号，2008 年，105—136 页。

③ 张崇富：《〈度人经内义〉的性情说》，《西南民族学院学报（哲学社会科学版）》2003 年第 5 期。

《度人经》分作四十七章，其做法与王契真《上清灵宝大法》相同，而与金允中《上清灵宝大法》不同，劳格文据此认为陈椿荣注本与浙东天台灵宝法有关。[①] 我们将在下一部分展开论述。

其三，“灵宝度人”道法勃兴。

灵宝派甫一产生，就极大地改变了此前道教的价值取向和行法方式。灵宝派既吸收了上清派存神、诵经等修炼方法，又超越了上清派追求个人修炼成仙的目的，而提出了普度大众的“大乘之法”。另一方面，灵宝派既吸收了旧天师道的治病救人、驱鬼首过等修炼方式，又扬弃了其中不被时代发展所接受的部分，并将斋醮科仪推至新的发展高度。[②]

从思想史的角度看，灵宝经产生时，道教和佛教在仪式服务主导权方面竞争激烈，其结果导致了两教在教义和宗教话语上发展和趋同。[③] 与佛教融合的趋势，在《度人经》中表现得特别明显，例如，经中“十方”“三界（欲界、色界、无色界）”等概念来自佛教，并且《度人经》还将上述概念作了“中国化”处理。[④] 不仅如此，柳存仁先生将《度人经》中五方五帝、五天魔王等内容与拜火教、摩尼教经典进行对比，发现道士对拜火教及摩尼教有着凌乱而不完全的了解，他们在此基础上模仿和抄袭了

---

① Kristofer Schipper and Franciscus Verellen. *The Taoist Canon*: *A Historical Companion to the Daozang*. Chicago&London: the University of Chicago Press, 2004. pp. 721.

② 卿希泰主编：《中国道教史》，成都：四川人民出版社，1996 年，第 395—397 页。

③ ［美］柏夷（Stephen R. Bokenkamp）：《蚕与菩提树》，载于柏夷著，孙齐、田禾等译：《道教研究论集》，上海：中西书局，2015 年，第 20 页。

④ 路旻、刘永明：《从敦煌本〈度人经〉及南齐严东注本看道教天界观的形成》，《敦煌学辑刊》2017 年第 1 期。

摩尼教经典的部分内容而造作道经。[①]

质言之，灵宝派注重斋醮、符箓、劾鬼、召神，它包罗万象，连诵经和存神也被融入了斋醮科仪。但是，并不能因为汇通诸家，就认为灵宝经缺乏内在独立思想，其实，灵宝经中的思想具有相当深刻的本土性和内生性，例如，灵宝“五篇真文”及“五方五帝”的姓讳名色，其功效与符略同，可以用来召劾鬼神。这种思想观念，本为汉人遗说的进一步阐发。[②]《云篆度人经》中的“云篆”也具有和符图相似的作用。通过这些精心构造的真文、符图、云篆来救度种民度过劫难，乃是灵宝经普传的主要目的。故灵宝诸经在道教文献学上亦可被归入“符咒道法”类，而非通途的“教理教义类”。[③]

《度人经》不但继承了古灵宝经的思想架构，还在汇通诸家学说的基础上，进一步发展完善了劫运观和宇宙观。《度人经》对各家学说兼收并蓄、调和改造的开放态度，为自身发展打下了坚实的理论基础和群众基础。其“度人”及“度亡”的大乘思想，深刻地契合了社会大众的心理需求。《度人经》原始文本即具备道法性质，在实际修诵中往往也需要配合道法与符咒使用，故其经很容易增衍为道法。宋代，在皇室的推动下，许多以道法、符咒、科仪为主的“经法类”道书应运而生，“灵宝度人”系道法勃兴。

“六十一卷”本《度人经》的后六十卷，多加入云篆、符

---

① 柳存仁：《唐代以前拜火教摩尼教在中国之遗痕》，载于柳存仁著：《和风堂文集》，上海：上海古籍出版社，1991 年，第 534 页。

② 陈国符：《道藏源流考》，北京：中华书局，2012 年，第 67 页。

③ 丁培仁：《道教文献学》，成都：四川大学出版社，2019 年，第 147 页。

策，已有将经文演述为道法的倾向。其后风气大开，南宋以降，将《度人经》增衍成仪法的做法非常流行，将经、注、科、符混杂，打破了数种文体之间的壁垒，造就了一批“度人经系”的新道经。主要包括：南宋陈椿荣集注《太上洞玄灵宝无量度人上品经法》五卷，南宋宁全真授、王契真撰《上清灵宝法大法》六十六卷，《灵宝无量度人上经大法》七十二卷，南宋金允中《上清灵宝大法》四十四卷，《灵宝玉鉴》四十三卷。

《灵宝无量度人上经大法》和王契真《上清灵宝大法》都是天台山灵宝东华派道法集成。前文已述，陈椿荣集注《太上洞玄灵宝无量度人上品经法》也具有天台东华派的思想背景。萧应叟《内义》中数次述及“经法”，其内容多取自《灵宝无量度人上经大法》和王契真《上清灵宝大法》，可见萧注较晚出，且也受东华派灵宝道法的影响。

《灵宝无量度人上经大法》卷三“修诵琼编品”和“修诵存思章”述诵《度人经》之仪轨，并配诵经符图与存思法，乃至靖室布局，无不周全。卷九“十转回灵品”则依《度人经》中天尊十过说经的事迹，敷衍出“十转回灵”之法，此卷经文以“说经某遍”和“玄师曰”交替领起，为经文、科仪和注解的混合文体。卷五至卷七的“灵宝符命品”，则将《度人经》中的每句四言经文各自敷演成灵符，并在其下注明功效及用法，从敕鬼、解灾、治病到护身、保命等，不一而足。

王契真《上清灵宝大法》的做法类似，卷三“十玄修用门”即阐释《度人经》十遍说经之德，其中多配存思法及符图，图式和《灵宝无量度人上经大法》中的又有差别。王氏《大法》卷六“修炼佩服门”，示佩、服《度人经》中三十二天内音之术法。卷十八至卷二十三为“经句符书门”，将《度人经》句演化为符书，下各配用法，例如“十二道言”可配一年之数，其经句符书“治万兵，集千神，召和炁于身田。”①

天台四十九品灵宝法中，“以经中一句作一司”，“断章破句”编造道法职司，以《度人经》中四字一句编造法印，形成一批新法印，如混洞赤文印、灵书中篇印、八为龙文印、元始符命印、自然灵章印、敕制地祇印、历关诸天印、召集群仙印、普告三界印、严摄北酆印、明检鬼营印。② 这种做法遭到了金允中的批评：

> 王升卿所编《灵宝大法》考证甚多，其以经句为司处亦有数条，失于删去，已为不当。而台山排联补缀，碍理极甚，如掌醮司、降圣司之类是也。自宋齐唐，洎于宋朝，所设罗天醮三千六百位，则包总备具，亦无此等司治……
>
> 允中今立玄穹主宰品，以明三清三帝三炁之源。继之以三界官曹品，以备关申之目。祈禳升度，拔幽济显，已足备事。恐学者反谓此书之略，或轻易增入，谬妄名司，贻害无穷，故不得不为之辩。③

金氏不满的主要原因，是天台灵宝派篡改经意、造作法印，使法教丧失严肃性。金氏还在卷十“本法印篆品”中批评以《度人经》之文为印的做法不合古制。根本而言，金氏只是坚持古制不容随意更改，并非反对将《度人经》道法化。因金氏同样重视度人经法，以之作为“灵宝大法”的立教之本：

① 《道藏》第30册，第816页。
② 李志鸿：《〈度人经〉与宋元道教》，《中国道教》2010年第5期。
③ 参见金允中《上清灵宝大法》卷五，载于《道藏》第31册，第372页。

惟《度人》之一卷，备拯济之深枢，内而炼行修仙，可以登真度世；外而立功蒇事，可以福显利幽。……于是纂聚中洞诸经符咒诀目，集以成书，而实宗于《度人》之一卷。惟经乃法中之本，而法乃经之用。法出于灵宝，而隶乎洞玄，故谓之灵宝大法。①

《度人经》的道法化不仅见于"灵宝大法"中，也见于其他宋元道派。

混元法始创者为武昌人雷时中（字默庵），于玄武圣诞焚香朗诵《度人经》，感动雷霆猛吏辛天君现身，得路大安降授"混元六天如意道法"，故称其法为路大安于晋代亲遇太上老君得授，教人专诵《度人经》。雷时中奉路大安为祖师，传授混元法时先令弟子精心诵经，并且讲授度人经旨，称法要"十回度人"。② 混元法的影响颇大，在宋、元、明数朝中皆有活动。元人薛季昭在其《度人经注解》的跋文里，称"大改元岁在戊申六月一日"宿于先天坛时，梦见"普济一炁真人老祖师雷默庵"为其语言，故知其注乃受混元法影响而作。③ 张宇初《度人经通义》多处引"默庵曰"之文句，跋文为"青帝辛天君降笔跋，默庵先生所书，武昌卫镑本"，④ 以辛天君之口吻，再述向雷默庵降授经文之掌故，并勉励弟子诵读《度人经》。综上可知，混元法派的雷时中曾为《度人经》作注，且对后世道法影响颇大。

此外，宋元有雷法"天心地司大法"，奉蜀人廖守真为宗

① 参见金允中《上清灵宝大法》"总序"，载于《道藏》第 31 册，第 345 页。
② 参见《历世真仙体道通鉴续编》卷五，载于《道藏》第 5 册，第 446 页。
③ 参见《元始无量度人上品妙经注解》卷下，载于《道藏》第 2 册，第 467 页。
④ 参见《元始无量度人上品妙经通义》卷四，载于《道藏》第 2 册，第 331 页。

师，廖常踟趺坐诵《度人经》，感应神妙。[①] 此法其余行法方式与通途雷法无别，并未特别强调专诵。宋元年间，诸多道派或专修“灵宝度人”法，或修其他道法时兼诵《度人经》。

宋代“灵宝度人”系道法的兴盛，对后世影响巨大。“度人经系”的发展，助长了道法空前繁复、道派林立的趋势，又将《度人经》的修诵和运用发挥到了极致。“化经为法”“经法合用”的方式，将诵经与科仪及行法实践紧密结合。这种对道经的创造性运用前所未有，不但重新定义了道经在道教中的地位和作用，而且打破了传统道书中经、科、法的分野，实现了文本与思想的嫁接与融合。

宋代道教向四周少数民族地区传播，《度人经》和“灵宝度人”系道法也扩散到了汉文明的边缘之地。如其传播到福建及台湾后，便落地生根地形成了独具特色的经科体系，在台湾现代道教法事中仍然十分活跃。[②] 就瑶族而言，宋代开梅山以后道教广泛传入瑶区，故瑶族的科仪与道法受“灵宝法”影响极深，至今，瑶人仍将《度人经》广泛运用于丧场超度中，并且形成了一系列瑶化后的《度人经》经本，这些文本呈现出鲜明的经、科、法汇通融合的特点。

三　明代：度人经系确立《道藏》中尊位

“六十一卷”本《度人经》问世以来，因宋代皇室的支持，

---

① 参见《道法会元》卷246“天心地司大法”，载于《道藏》第30册，第517页。

② 参见《〈度人经〉在台湾“伏章”仪节中的运用内涵》，载于 Florian，C. Reiter ed. *Foundations of Daoist Ritual*：*A Berlin Symposium*. Wiesbaden：Harrassowitz Verlag. 2009. pp. 71—83.

在道教中取得了至高无上的地位，陈致虚言“是经为三洞之冠”即指《度人经》升入洞真部之后成为全藏首经，学界大多认为，这一事件发生在《政和万寿道藏》中。[①] 但是，有学者据《太极祭炼内法》和龙彼得（Piet van der Loon）经目中的信息否定了这一论断，认为宋徽宗以道君皇帝自居，故不愿意受教门传统和先例的约束，更不愿意神霄派受约束于传统道教教法内，故没有将《度人经》升为《道藏》之首。意即其地位无限尊崇，远超于道藏之外。[②] 可备一说。

“六十一卷”本《度人经》在《正统道藏》中的首经地位亦值得深入探讨。这种“首经”现象并不限于《灵宝无量度人上品妙经》一部，而是“度人经系”诸经都由“洞玄部”改划入“洞真部”，删除“洞玄”字样，并升入道经“十二部类”各部之首。总览整部《正统道藏》，除《金箓十回度人三朝开收仪》《金箓十回度人三朝转经仪》被划入“洞玄部威仪类”，《太上洞玄灵宝净明飞仙度人经法》被划入“洞玄部方法类”之外，其余所有和《度人经》相关的经典，都被划入“洞真部”，且位置在每部类前列，具如下表：

① 参见丁培仁：《增注新修道藏目录》，成都：巴蜀书社，2008 年，第 119—120 页。

② 王亚：《宋徽宗与道教关系再探：从〈政和万寿道藏〉之首说起》，《弘道》2017 年第 2 期。

表 13 “度人经系”在《正统道藏》洞真部中的位次（笔者制）

部类	本类位次	经题
洞真部本文类	1	灵宝无量度人上品妙经
	2	元始无量度人上品妙经直音
洞真部神符类	2	云篆度人妙经
洞真部玉诀类	1	元始无量度人上品妙经四注
	2	元始无量度人上品妙经注
	3	元始无量度人上品妙经通义
	4	元始无量度人上品妙经内义
	5	太上洞玄灵宝无量度人上品妙经注
	6	元始无量度人上品妙经注解
	7	太上洞玄灵宝无量度人上品妙经法
	8	洞玄灵宝度人经大梵隐语疏义
	9	洞玄灵宝无量度人经诀音义
洞真部灵图类	1	灵宝无量度人上品妙经符图
	2	无量度人上品妙经旁通图
洞真部方法类	1	灵宝无量度人上经大法

司马虚（Michel Strickmann）首先注意到了这一现象，亓尹则在此基础上分析了其成因：《度人经》经名中的“上品”二字，被明道藏编撰者张宇初视为元始天尊亲定的品次，其所出品格尊崇，绝非其他道经能比。加之《度人经》行文多用极简略的四言联句，对各种修道思想既兼收并蓄，又仅简要罗列而未作

深入阐发，以及其“普度”的救度观念及政治隐喻，都为帝王提供了可资利用的政治资本，亦留下了依主观意图解经的余地。[①] 因而备受推崇，一跃为全藏首经。

综上所述，《度人经》的兴盛，带动了“度人经系”——包括经科、经法、云篆、符图、音韵等系列“上品”经法整体地位的上升。其影响甚巨，纵向言之，从南北朝贯至明清而长盛不衰，在宋代以后达到顶峰；横向言之，经中“普度”的大乘思想，令帝王皇室、贩夫走卒、四海诸族都广泛接受，积极传播。

在漫长的历史时空中，“度人经系”历经了文本和思想的变迁，因时、因地之异，呈现出丰富多彩的文本样貌。宋以后经、科、法交融贯通，对民间宗教信仰和少数民族信仰产生了巨大影响。就瑶族而言，金门瑶内部流通的三种不同“度人经”——《太上洞玄灵宝无量度人上品妙经》《度人大部经》和《度人道场经》，就是“度人经系”在金门瑶群体中文本增衍和思想汇通的丰硕成果。

第二节　瑶本《太上洞玄灵宝无量度人上品妙经》

《太上洞玄灵宝无量度人上品妙经》共有四种抄本，为三类瑶本《度人经》抄本中数量最多的。包括 cod. sin. 321、cod. sin. 639、cod. sin. 1001、cod. sin. 2689。瑶本《太上洞玄灵宝无量度人上品妙经》皆转抄自道教“一卷本系统”《度人经》，

① 亓尹：《〈度人经〉研究——以文本流变、思想贡献为中心》，四川大学硕士学位论文，2017 年，第 93—94 页。

且未在原文基础上做较大增删。下文将首先厘清四个瑶抄本上的人名与时间信息，并在此基础上探讨该版本的思想内容。

一 传抄时间

四个抄本中，除未记时间的 cod. sin. 1001 外，其余三个抄本均能推出相对明确的抄写时间。

cod. sin. 639 标“嘉庆十三年四月初二日抄完毕”，即抄成于 1808 年。本抄本上的人名“邓经尊”及装帧、字体皆与 cod. sin. 627《玉皇经》下卷、cod. sin. 599《尊典经》中卷及 cod. sin. 630《玉枢经》完全相同，为同套。

cod. sin. 2689 标“皇号戊岁十一月初四日早启，夜完笔”，抄成时间未明确。其书上款识有三：邓演藴、李玄机、邓云瞻。本抄本格式、款识与 cod. sin. 2686《玉枢经》、cod. sin. 2687《玉皇经》卷上、cod. sin. 2688《玉皇经》卷中、cod. sin. 2690《尊典经》卷上皆相同，可与之断为同套。根据第三章中对传抄时间与地点的研究可知，此套经书为邓演藴抄成于嘉庆二十三年戊寅年（1818）至二十四年己卯年（1819）间。本抄本上标记“戊”字，能证明其抄成于 1818 年。本套经书款识皆不记当朝皇号，疑具有反清复明的民间教门背景。

cod. sin. 321 封面破损一半，款识不清，正中书“度人经”三字，旁边另一种字体书“东主□”等字。扉页书“度人经部，置羽士主李院莲”，旁书“丁巳岁六月二十八抄完”，左边用另一种字体标“置主□云惠、东主□云□，借……”，其中数个字被人为抹掉，辨识不清。余处无人名与时间信息，cod. sin. 321

仅记年号干支，难以准确断代。德国巴伐利亚州立图书馆藏的瑶族抄本中，标“李院莲”的还有 cod. sin. 2639《玉皇经》卷上，其书扉页标明“玉皇经书上卷”“置主李院莲传留子孙应用”“咸丰五年乙卯岁仲夏月念（廿）六日抄完”。“咸丰五年乙卯岁”即 1855 年，如果这两个抄本同出一人，那么 cod. sin. 321 中标记的“丁巳岁”就应该是两年后的咸丰七年（1857）。

但是，cod. sin. 321 和 cod. sin. 2639 的装帧、书写差距较大，从汉字书写习惯来看，两抄本并非出自同一人之手。cod. sin. 2639 排版工整，书法水平高，而 cod. sin. 321 则显得较为草率——仅从扉页的款识来看，就有多处不严谨：其款“度人经部，置羽士主李院莲”的正确语序应为“度人经一部，置主、羽士李院莲”。又，cod. sin. 2639 上款识简单，除“李院莲”一个人名外再无余款，cod. sin. 321 上则有另一种字体书写的“置主□云惠、东主□云□，借……”等文字。因此，纵然同标注一个名字，我们并不能推断 cod. sin. 321 和 cod. sin. 2639 为同套。

因为抄写时间和人名相关，这两个抄本并非毫无关系。它们的装帧、格式也很相似，经题、人名与时间的书写位置较吻合。很可能，cod. sin. 321 为抄写者根据和 cod. sin. 2639 同出一套的《度人经》底本所抄成，在抄写过程中保留了原有人名。这样就能解释为什么出现“置羽士主”这样奇怪的款识前缀了：如果照抄时比较草率，则很可能出现类似笔误，但若为新置办的抄本，如此错误几乎不可能出现在扉页款识中。作者依旧本转抄时，连原款识一起抄下并发生笔误。转抄本 cod. sin. 321 抄成之后再经易主，“□云惠”和“□云□”二人通过非购买的手段得到此经，自命为新的“置主”“东主”，并标明“借”字。

故 cod. sin. 321 虽与 cod. sin. 2639 并非严格意义上的同套，但 cod. sin. 321 却很可能为 cod. sin. 2639 同套经书的转抄本。因此，cod. sin. 321 上的人名信息并不准确，时间信息却很有参考价值。至少可知 cod. sin. 321 的抄成时间应在 cod. sin. 2639 的成书时间“咸丰五年”（1855）后，可能为咸丰朝“丁巳岁”或民国“丁巳岁”。因时间前不著录年号，德国学者把此经中的“丁巳岁”断为民国丁巳年（1917）。[①]

总结上述各经的成书时间为：

cod. sin. 639 嘉庆十三年（1808）；

cod. sin. 2689 嘉庆戊寅年（1818）；

cod. sin. 321 咸丰丁巳年（1857）或民国丁巳岁（1917）。

相比其他瑶族抄本，瑶本《太上洞玄灵宝无量度人上品妙经》抄本并不算古老。其流行于清代嘉庆朝至清末民国时期，为典型的清代中后期抄本。

上述五种抄本中都未标明地点信息。

二　删减情况及思想倾向

和道教《度人经》最接近的瑶本《太上洞玄灵宝无量度人上品妙经》共有四个抄本：cod. sin. 321、cod. sin. 639、cod. sin. 1001、cod. sin. 2689。四个抄本的基本结构全部依“一卷本系统”《度人经》，基本包括以下部分：

---

① Thomas O. Höllmann und Michael Friedrich eds., Botchaften an die Götter. *Religiöse Handschriften der Yao. Teil I: Bestände der Bayerischen Staatsbibliothek München. cod. sin.* 147 *bis*. *cod. sin.* 1045. Stuttgart: Franz Steiner Verlag, 2004. pp. 150.

甲 道君前序。

乙 正经第一章（元始洞玄灵宝本章）。

丙 正经第二章（元洞玉历，龙汉延康）。

丁 道君中序。

己 元始灵书中篇。

庚 道君后序。

瑶经四个抄本的结构与内容完全一致，应出自同一版本。但尽管瑶本《太上洞玄灵宝无量度人上品妙经》结构与道教《度人经》“一卷本系统”相同，在内容上仍有数处相异，研究其相异之处，有助于我们从整体上把握瑶经的思想倾向。具述如下：

（1）经题

金门瑶抄本《太上洞玄灵宝无量度人上品妙经》经题为：

cod. sin. 321 度人经；度人本愿集；太上洞玄灵宝无量度人上品妙经。

cod. sin. 639 度人经大部；度人经；太上洞玄灵宝无量度人上品妙经；太清洞（玄）灵宝无量度人本行章经。

cod. sin. 1001 太上洞玄灵宝无量度人上品妙经。

cod. sin. 2689 度人经；太上洞玄灵宝无量度人上品妙经。

四个抄本共有的标题为：简题“度人经”，繁题“太上洞玄灵宝无量度人上品妙经”。“太上洞玄灵宝无量度人上品妙经”一题在明《道藏》诸经的标题中仅见两处：南宋陈椿荣《太上洞玄灵宝无量度人上品妙经法》和元代陈致虚《太上洞玄灵宝无量度人上品妙经注》。陈椿荣《经法》正文中，标题中仅用“洞玄灵宝无量度人上品妙经”，阙“太上”二字，但正经前释题批注中，又出现了对标题中“太上”二字的注释，[①] 且“经诀”中所引经名用“元始无量度人上品妙经”，又与正题不同。[②] 这说明，陈椿荣《经法》中标题是几经修改而成。明《道藏》中标题和正文中题名不吻合的情况相当普遍，应为入藏时篡改所致。

实际上，“太上洞玄灵宝无量度人上品妙经”为“一卷本系统”《度人经》最古老的经题，陆修静《灵宝经目》和《灵宝中盟经目》皆用此题，吐鲁番、敦煌的绝大多数唐写本也采用此题。可见唐前《度人经》的文本内容和标题相当稳定。由唐代以降的写经之风可以推断，题为“太上洞玄灵宝无量度人上品妙经”的“一卷本系统”《度人经》在民间社会多有流传。

宋代“六十一卷本”和“一卷增字本”《度人经》问世后，经文多经整编，为推广新道法及收入道藏，《度人经》也数易其题。如宋徽宗作序的《灵宝无量度人上品妙经符图》内页题名为“灵宝无量度人上品妙经”，阙原本“太上”二字。有趣的是，《度人经》大部分注本（无论是基于“一卷本”还是“一卷增字本”）虽然改变了标题，但是正文前的标题并未改变，仍然保留着以“太上洞玄灵宝无量度人上品妙经”为题的原貌。这种普遍存在的文不对题的现象，说明极有可能《度人经》标题为入藏之时临时改动的。

---

① 陈椿荣集注《太上洞玄灵宝无量度人上品妙经法》卷二中，元始正经经题“元始无量度人上品妙经”下释云：“皇人曰：此乃道君标目。前题‘太上洞玄灵宝’者，玉晨道君序经，故以‘道言’标首，此经直云‘元始无量度人’者，是天尊自说，以‘元始’为题。”载于《道藏》第2册，第481页。

② 陈椿荣集注《太上洞玄灵宝无量度人上品妙经法》经诀云：“向来臣某升入经座，看诵《元始无量度人上品妙经》若干卷。”载于《道藏》第2册，第518页。

道教数版《度人经》的标题可被解构为几部分：

甲 太上/元始。

乙 洞玄灵宝/灵宝。

丙 无量度人。

丁 上品妙经。

甲为说经之神格或敬语，乙为三洞品秩，丙为经德，丁为本经判教之尊位。对比原题“太上洞玄灵宝无量度人上品妙经”，可见明道藏“度人经系”的经题中，丙、丁部分相当稳定，基本没有变化，甲、乙部分却改变很大，变化主要为：

甲 太上/元始

将“太上”改为“元始”的做法很普遍，如《元始无量度人上品妙经直音》《元始无量度人上品妙经四注》。或者直接取消“太上”、也不用“元始”，如《灵宝无量度人上品妙经》《灵宝无量度人上品妙经符图》。

“太上”一词，诸家注本解释不同，主要有三说：其一，为尊重之语。唐薛幽栖注曰：“太者，至大之名，上者，尊崇之称。”薛少微注曰：“太上，极道之境。”① 张宇初注云：“太者，大也。上者，尊也。无上之上，是为极尊。”②

其二，为大道的代称，或从大道演变迁流的角度解释“太上”，多见诸丹家注本。陈致虚注曰：“太，性之体、命之应，即造化主宰；上，命之体、性之用，能化生诸天。”③ 又引《混

① 参见《元始无量度人上品妙经四注》卷一，载于《道藏》第2册，第188页。
② 参见《元始无量度人上品妙经通义》卷一，载于《道藏》第2册，第293页。
③ 参见《太上洞玄灵宝无量度人上品妙经注》卷上，载于《道藏》第2册，第394页。

元实录》云："王问曰：'何谓道？'老君曰：'乃太上灵宝，生于天地之先，大无不包，细无不纳。天得之以清，地得之以宁，神得之以灵，物得之以生，人得之以形。人若修之，便得神仙，飞步玉京，故曰太上。'"① 萧应叟注曰："太上者，无极至尊也，元始之始也。即父母未生以前，一点真阳之精，二炁相感而生两肾。两肾既生，便生两目。然后攒簇五脏，已圆其容，方有身也。"② 青元真人注曰："'太上'二字之妙，言不能尽，混沦未判，此一炁包括在恍惚之中，无名无形，含真一之灵，即其象也。太者，大也，为至大之称。上者，尊也，处崇高之位。昔天地未分，先肇五太：太虚、太元、太素、太质、太极也。五太既分，然后三才立，乾坤叙位。道大、天大、地大、王亦大，道得一而成其大，故曰太也。上者，聚三才之质者，故成上也。太上为道德之祖，天地之根，故标经首。"③ 因"太上"地位崇高，故居标题之首。

其三，释为神格之名，但诸家所指神格又有所不同。张万福《洞玄灵宝无量度人经诀音义》云："《太上洞玄灵宝无量度人上品妙经》者，斯乃人法双举，总别俱舍，太上一代之法王，道君宣经之化主。"④ 此处"太上"所指为"玄经之化主"太上道君。因其"体贵德尊，穷理尽妙，转回靡测，难可思议"，故名"太上"。薛季昭注则以"太上"为《度人经》的受经者"玉晨高上大道君"："太上者，即玉晨高上大道君也。元始天尊之弟

① 参见《太上洞玄灵宝无量度人上品妙经注》卷上，载于《道藏》第 2 册，第 394 页。

② 参见《元始无量度人上品妙经内义》内义表，载于《道藏》第 2 册，第 332 页。

③ 参见《元始无量度人上品妙经注》卷上，载于《道藏》第 2 册，第 251 页。

④ 《道藏》第 2 册，第 527 页。

子、太微天帝君之师，居上清上元玉宸宫。既授以经，因正题首标之。”[1] 又有学者强调《度人经》对汉代“太一神”信仰的重视和尊奉，[2] 标题中“太上”或为“太一神”的尊称。

诸家注本注意到全经前题“太上洞玄灵宝无量度人上品妙经”和正经经题“元始无量度人上品妙经”的区别，大都将之解释为说经神格的不同。前序为道君所记，故标“太上”；正经为元始宣说，故标“元始”。唐薛幽栖注云：“前题兼称‘太上洞玄灵宝’，此题直云‘元始无量度人’，序题‘太上’，欲明太上所序经，前则都总部秩之名，后则单指一经之目。”[3] 李少微注云：“前是道君序经，故以‘道言’标首，此是天尊自说，故书‘元始’为题。又自然已前，亦是《道君小序》，混沌已后，方是《天尊本章》也。”[4] 萧应叟注中则称经题为道君所标经目：“皇人曰：此乃道君标目也。《内义》曰：玉笈琼章，分为三洞，曰洞真、洞玄、洞神。总而言之，是为一乘也。此经属洞玄，为众经之冠，故太上道君叙经于前，题曰《太上洞玄灵宝》也。此则直标《元始无量度人上品妙经》者，以明虚皇天尊所说。在经，故以此名篇，在丹，则金液还丹也。”[5]

综上所述，明《正统道藏》“度人经系”诸经经题改“太上”为“元始”，或去掉“太上”二字，是为了强调此经中元始天尊的神格、淡化太上道君或玉晨大道君的作用，最终目的是提

① 参见《元始无量度人上品妙经批注》卷上，载于《道藏》第2册，第441页。
② 卿希泰主编：《中国道教史》，成都：四川人民出版社，1996年，第390—392页。
③ 《道藏》第2册，第199页。
④ 同上，第199页。
⑤ 同上，第353页。

高《度人经》的神圣地位。大规模改动经题，是宋代以后道门人士受皇权影响而为的结果。

乙 洞玄灵宝/灵宝

这类改动又分两小类：一是去掉“洞玄”，只保留“灵宝”，如明《道藏》首经经题“灵宝无量度人上品妙经”；二是去掉“洞玄灵宝”四字，这种做法在诸家注本中很常见，除陈椿荣和陈致虚注本保留原题外，其余所有注本全部去掉“洞玄灵宝”四字。“洞玄”为三洞品秩，“灵宝”为道君所居之天，两词连用，强调了此经的出处与品级。薛季昭注曰：“灵宝者，即三宝之中一章。按《生神章经》云：‘龙汉开图，化生灵宝君，至赤明元年出书度人时，号上清玄都玉京七宝紫微宫，道君所居之天也。’此《度人经》，是太上道君灵宝天尊所集，故曰灵宝。”① 青元真人注义同薛注，阐发更具体：“洞玄者，乃三洞之品，洞真、洞玄、洞神是也。又曰洞者，通也，达也；玄者，奥也，妙也。谓元始洞达玄一不二之道，以御灵宝也。灵宝者，玉宸道君受元始玄一之炁，化生为赤明劫，位灵宝之宫。明此经乃道君受元始之教也。灵者，含育万物，变化莫穷。宝者，光明莹彻，人所珍爱。而此灵宝为万化之始，神明之宗，罗络诸天，生成万有，莫不由之。”② “洞玄灵宝”既说明此经属三洞经中的洞玄部，又暗示其为太上道君灵宝天尊所集。以“太上洞玄灵宝”为题，古灵宝经的经题风格鲜明。

明代编修《道藏》时，“度人经系”诸经被整编进洞真部，为此首先须去掉经题中的“洞玄”或“洞玄灵宝”字样，以提

① 《道藏》第2册，第441页。
② 同上，第251页。

高经书的品秩。这是明《道藏》中“度人经系”经题改变的根本原因。张宇初在批注《度人经》时也相应地改变了对“洞玄灵宝”的释读，完全舍弃了传统按品秩及出处来解经，而从心性学角度略析“洞玄灵宝”为：“洞者，空洞明彻，玄者，湛寂幽微。灵乃真性长存，宝乃元命流行。能修之于身，则能度人，所度无穷，非可限量也。夫证上乘之道，不离乎自心。此心即道即经，是以虚灵无碍，而度人无量矣。”①

然而，数种瑶抄本都保留着“一卷本”《度人经》的原标题“太上洞玄灵宝无量度人上品妙经”，瑶抄本所宗依的版本极可能并非出自明《道藏》系统。这说明在民间社会，“一卷本”《度人经》从未断绝传承，它的经题“太上洞玄灵宝”，乃至内容仍原作保持着高度的一致性，并未受统治者及道门上层调整经教地位的影响。这可能暗示，在“一卷增字本”和“六十一卷本”《度人经》尚未问世的宋代以前，“一卷本”《度人经》就早已流行于瑶区了。

另外，cod. sin. 639 正文前题“太上洞玄灵宝无量度人上品妙经”，后题却为“太清洞（玄）灵宝无量度人本行章经”，“太清”本为炼丹家常用语，“太清天”与“三洞天”之说有着根本的不同，此处“太清”应为“太上”之讹，不必追详。但后文中“本行章经”的提法值得注意。cod. sin. 321 卷末题“度人本愿集卷之终”，“本愿集卷”与“本行章经”有着异曲同工的意味，cod. sin. 1001 卷末标“度人愿集经”，正确语序应为“度人本愿集经”，则“本愿集经”之名同于 cod. sin. 321。那

① 《道藏》第 2 册，第 293 页。

么，瑶族《度人经》题中“本行”“本愿”的语素出自何处？

《道教义枢》载《度人本行经》及《度人本际经》之名，[①]《一切道经音义妙门由起》“明居处第四”载《太上洞玄灵宝真文度人本行妙经》之名，“明经法第六”载《灵宝真文度人本行经》[②]。上述四经中的短暂引文，都述太上道君、元始五老、元始天尊等生平，堪称诸神格的“本行”集。《一切道经音义妙门由起》引《太上洞玄灵宝真文度人本行妙经》云：“太上道君于西那天郁察山浮罗之岳，坐七宝骞木之下，长斋空山，静思神真。”[③] 唐成玄英在度人经注中引《本行经》云：“道君是西那玉国人，盖紫晨以流芳，皇上之胄裔，能尊承灵宝，元始封为郁悦那林昌玉台天帝。”[④] 两处内容相同，可见成玄英所引的《本行经》很可能就是《太上洞玄灵宝真文度人本行妙经》。

无独有偶，李少微《度人经注》中也引述《本行经》五方五帝的姓讳、服色、主司职事等，并在其后评论：“五老非后学而成，真者自受符命，各治一方，大劫交周，其位仍易也。”[⑤]《一切道经音义妙门由起》引《灵宝真文度人本行经》云：“元始五老非以为后学而成真也。所以寄胎托孕，生于人中，或因水火而练化者，为欲随世改运，轮转因缘，经粗入妙。”[⑥] 两处语言略有差异，但都描述了元始五老并非天生，而是修学所成，且仍受劫运轮转迁易的影响。可见李少微所引《本行经》正是

① 《道藏》第 24 册，第 803 页。
② 同上，第 726、731 页。
③ 同上，第 726 页。
④ 《道藏》第 2 册，第 189 页。
⑤ 同上，第 208 页。
⑥ 同上，第 731—732 页。

《灵宝真文度人本行经》。然而，《太上洞玄灵宝真文度人本行妙经》和《灵宝真文度人本行经》两经主旨一致，都主叙《度人经》中的听经者、受经者的本行由来，但《一切道经音义妙门由起》分两处征引二经，且经题有异，故并不能确定这两部被引之经为同一部。

《道教义枢》原题"清溪道士孟安排集"，成书于唐高宗时。《一切道经音义妙门由起》为唐玄宗御制序，由史崇玄等奉敕校编撰。《度人经》四注本中，引用《本行经》的成玄英注和李少微注亦作于唐代。故知"本行""本愿"类道经盛行于唐。

"本行"或"本愿"经，在古灵宝经中较常见，如《太上洞玄灵宝智本愿上戒上品经》《太上洞玄灵宝本行宿缘经》《太上洞玄灵宝本行因缘经》，造作"本行"经影响力持续到南北朝至隋唐，如《太上洞玄灵宝诫业本行上品妙经》，其中多叙经教缘起、神真修行历程及前世故事，是灵宝经系统对佛教"本生""本行"类经典的回应与仿写。瑶抄本《度人经》中出现"本生""本行""本愿"等语素，可从侧面证明流传于金门瑶族中的《太上洞玄灵宝无量度人上品妙经》，其文本基础正是唐本"一卷本系统"《度人经》，并且抄经者接触过"度人本行"类经书或其引文。故这类抄本仍保留着唐前古灵宝经的古朴文风，受宋代"度人经系"影响较小。

（2）开经玄蕴咒

瑶族《太上洞玄灵宝无量度人上品妙经》的四种抄本 cod. sin. 321、cod. sin. 639、cod. sin. 1001、cod. sin. 2689 中，正经前全部配咒。皆不著咒名，其内容实为"开经玄蕴咒"：

云篆太虚，浩劫之初。乍遐乍迩，或沉或浮。五方低

> 徊，一丈之余。天真皇人，按笔乃书。以演洞章，次书灵符。元始下降，真文诞敷。昭昭其有，冥冥其无。沉疴能自痊，尘劳溺可浮。幽明将有赖，由是升仙都。

本书第三章第二节中曾分析过“开经玄蕴咒”。对于瑶族法师而言，《度人经》和《尊典经》同为经书类抄本，此咒可在数经前通用。故前文结论也适用本处。上文分析认为：此咒多用于宋以后道场修诵，并与王契真《上清灵宝大法》和《金箓十回度人早午晚朝转经仪》中的诵经仪法渊源很深，可做参考。

（3）删除诵经前“存思”和“出官”内容

瑶族《太上洞玄灵宝无量度人上品妙经》和道教“一卷本”《度人经》在内容上的最大不同，是瑶本删除了诵正经之前（即“道君前序”最后部分）的“存思”和“出官”内容。瑶本“道君前序”到“万神朝礼，名书上天，功满德就，飞升上清”就结束了，后文直接进入正经“元始无量度人上品妙经”。

仅瑶抄本 cod. sin. 2689 中缺少道教《度人经》的内容为：

> 道言：行道之日，皆当香汤沐浴，斋戒入室，东向，叩齿三十二通，上闻三十二天，心拜三十二过，闭目，静思身坐青、黄、白三色云炁之中，内外蓊冥，有青龙、白虎、朱雀、玄武、狮子、白鹤罗列左右，日月照明，洞焕室内，项生圆象，光映十方，如此分明。[①]

瑶抄本 cod. sin. 2689、cod. sin. 321 和 cod. sin. 639 共同缺少的道教《度人经》内容为：

---

① 《道藏》第 1 册，第 3 页。

密咒曰：无上玄元太上道君，召出臣身中三五功曹、左右官使者、侍香玉童、传言玉女、五帝直符、直日香官各三十二人，关启所言，今日吉庆，长斋清室修行至经，无量度人，愿所启上彻，径御无上三十二天元始上帝至尊几前。

毕，引炁三十二过，东向诵经。①

几种瑶族抄本删除的部分存在差别：cod. sin. 2689 删除了“存神”和“密咒”全文，但 cod. sin. 321 和 cod. sin. 639 仍保留第一段“存神”内容，只删除了“密咒曰”至“东向诵经”的部分。也就是说，“密咒曰”至“东向诵经”部分的内容，是所有瑶抄本共同缺少的。除去缺失上述内容之外，瑶抄本前后的文本形态完整而连续，并无破缺，这说明抄经者所见的“一卷本”《度人经》本身是完整的，但在抄写时出于某种原因，人为地删除了从“密咒曰”至“东向诵经”的经文。

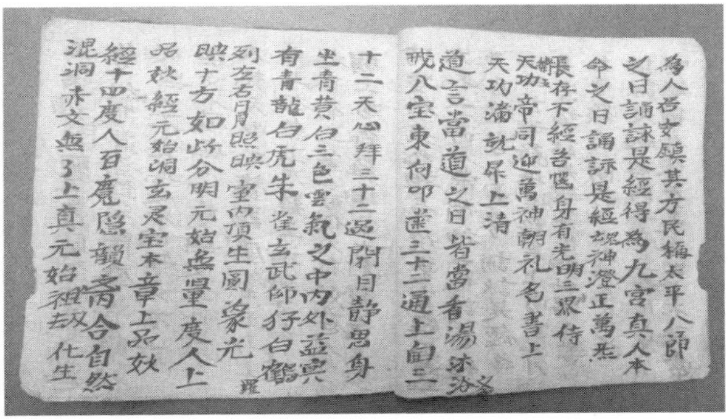

图 18　cod. sin. 321 书页：文本连续，但缺少“密咒”至“东向诵经”的内容（笔者摄）

---

① 《道藏》第1册，第3页。

瑶抄本所缺的内容可细分为两部分：

其一，“道言”至“如此分明”，即“存思”，为部分瑶抄本所阙；

其二，“密咒”至“东向诵经”，即“出官”，为所有瑶抄本所阙。

《度人经》“存思”法，本为诵经之前斋戒入室，叩齿心拜，存思上达三十二天、三十二帝，再如法存想三色云气，继而存青龙、白虎、朱雀、玄武、狮子、白鹤、日、月等瑞象，以作瑞应辅助诵经。存思行道的方法出于上清派及方仙道，此处被用于诵经前召集、沟通神灵。青元真人认为，诵经前存思的根本目的是召出五脏神，达到内、外境界贯通冥合：“如是内境亦明，外境亦明，蓊然冥合，故曰蓊冥。此存青龙自肝出，居吾左。白虎自肺出，居吾右。朱雀自心出，居吾前。玄武自肾出，居吾后。狮子、白鹤各以六数存之，自六腑而出，居吾左、右、前、后。左目化为日轮，现紫赤之光九重。右目化为月轮，现黄白之光十重。与身想去九尺，光明焕烂，射入鼻中，通脑后，入金华宫，结成圆光，大如车轮。”① 其解读具浓厚的内丹修炼色彩，可备一说。然而，将存思解读为出身神，虽颇类似“出官”，但所出之神截然不同，仍不能混为一谈。《度人经》原文并无明确的“出身神”之意，《度人经》初成书时如何进行诵经前存思，仍未确知。旧天师道惯于向神真叩头礼拜，上清派为不惊扰身神殿宇，多用“心拜”而不“形屈”，《度人经》文中用“心拜”，暗示其或有上清派背景。

---

① 《道藏》第 2 册，第 262 页。

“密咒”之后为“出官”仪。类似的段落在后世多称“发炉”，“出官”为出身中官将吏兵，“发炉”本义则为斋醮科仪中面对香炉念诵咒祷。“出官”仪源于旧天师道，“发炉”“复炉”之称最早却为陆修静整编灵宝斋法时所使用。古灵宝斋中有三对对应的节次：“入户”与“出户”、“出官”与“复官”、“发炉”与“复炉”，[①]《度人经》中并未出现“发炉”之名，直接称“密咒”，且经文中仅见此处“出官”、不见“复官”或“复炉”，据此推知《度人经》的成书年代应早于陆修静整编灵宝科仪之时，即先于《太上洞玄灵宝授度仪》成书。《度人经》是典型的“灵宝旧经”，它整合了旧天师道和上清派的仪法，并具备古灵宝斋的雏形。

“发炉”亦因道派有所分别，主要差异为祈请的神真不同。蒋叔舆《无上黄箓大斋立成仪式》云：

> 经道分三洞，教亦殊科。如“上元五灵五老神真”云，为上清发炉。“太上灵宝无上元尊”云，为自然发炉。“传言玉女上奏皇君”云，为洞神发炉。“太上玄元五灵老君”云，为正一发炉。[②]

蒋书前文亦记，“三天玄元始三炁太上老君”为灵宝发炉。《度人经》中所祈请神真为“无上玄元太上道君”，“玄元”一语具备正一发炉的特点，后文“功曹”“使者”等亦为旧天师道用语。可见其文本来出自旧天师道。

---

① 吕鹏志：《唐前道教仪式史纲》，北京：中华书局，2008年，第203页。
② 《无上黄箓大斋立成仪》卷三十二“释发炉”，载于《道藏》第9册，第751页。

“发炉”或“出官”为传授《度人经》经前的预备仪式。“密咒”段之后即进入正经，在道教传统诵经仪中正经部分有“八天”“三界”“灵书中篇”“澄清韵”等数首经韵唱诵词。《度人经》经韵传授必以神秘性仪式为承载体，[①]“发炉”即为其神秘性和神圣性的起点。发炉的本质，即高功法师内运精神，以意念灵通合上天真神，最终达到感降神灵的实际效应。[②]其运作原理，乃通过存思道场内神灵或召出体内真神，达到与上界神真的感应道交。

召出体内神的做法即“出官”。发炉中是否有出官，关键在于发炉辞中是否见“身中”二字，如《度人经》中“召出臣身中……”之句。“出官”为古天师道的普遍仪式，最初用于上章仪中，天师道祭酒出身中之官，主要目的是让所出之官将章文传送天曹，故不出官则无法上章。而出官的前提是受箓，只有受过箓的人，才能将箓上官将吏兵（其本质是道炁）纳入自己的身体之中，行仪时才有官可出。[③]按天师道的教阶制度，受外箓后可署散气道士，再往上就迁署治职，同时受阶位更高的正一箓。根据《上清黄书过度仪》《太极真人敷灵宝斋戒威仪诸经要诀》中保存的出官启事之辞可知，仙灵箓上的将军吏兵还可以和其他身中之官一并由行仪者召出，执行传递文书和向天神报告的任务。[④]

在其后更为完善的诵经仪中，“发炉”后高功需礼经、称法

---

① 陈文安：《早期道教经韵授度体系研究》，西南大学博士学位论文，2017 年，第 138 页。

② 王家祐：《道教斋醮科仪精义》，《四川文物》1997 年第 5 期。

③ 吕鹏志：《唐前道教仪式史纲》，北京：中华书局，2008 年，第 25 页。

④ 同上，第 197—198 页。

位，“称法位”即自称法职和箓阶，并向上界报告修斋目的。张宇初《度人经》注本曰：“并出关启所言，具位默奏，事意当随所缘，至诚述事。”① 其“具位默奏”，即为“称法位”。那么，没有法位、法职者是否可以出官和受经？

萧应叟《度人经》注云：“关启所言，受法箓者，即具位。如未受法箓，即称奉道弟子，当尽心中所欲言词。然亦贵在简当，至诚默奏。”② 陈椿荣自称“太上三五都功职箓弟子”，其《度人经》经法曰：“受法箓则称法位，未受法箓则称奉道弟子某，今某日吉庆，斋戒清堂，为某事诵经。”③ 陈说与萧说类似，将受法箓和未受法箓这两类人进行区别处理。同样的做法还见于南宋道书《灵宝无量度人上品妙经符图》。从侧面可以看出，宋代未受箓、无法位法职而受经，已成为普遍现象。未受箓者可以受经，但“称法位”时有所区别。这并非宋元道教的独创，早在《洞真太上太霄琅书》中，就允许未受箓者受经：“凡未受箓，乃得受经，习戒建德，如说修行，自得道真，不假受箓。”④

然而，未受箓者在受经时是否可以出官？成书于隋唐的太玄部传授仪《传授经戒仪注诀》载“斋竟奏表法”，中有小字注文曰：“师无治箓，亦不出官，不出官者，入祝发炉，直捻香，仍向北小坐，鸣鼓读表。”⑤ 日本学者广瀬直记（Hirose Naoki）研究此段文发现：道士若无天师道的治箓，就不能进行出官。而即使没有治箓，同样可以进行发炉。灵宝发炉是在正一发炉基础上

① 《道藏》第2册，第303页。
② 同上，第352页。
③ 同上，第480页。
④ 《道藏》第33册，第664页。
⑤ 《道藏》第32册，第174页。

添加“出官要素”而形成的，因而原来的出官需要天师道的治箓，而经灵宝派改造后、包括了出官意味的发炉则不再需要受箓了，也即是说，那些没有治箓的道士使发炉增衍出了出官的效用。她认为，陆修静在整理道教科仪时，将已经兼有出官功能的灵宝发炉与“出官”再次组合，经陆整理的仪式又传给了张万福、杜光庭等人。[①] 由此可见，《度人经》中的“密咒”文，虽然撷取了旧天师道的出官仪，但其将正一发炉与“出官”相结合的方式，已然具备了灵宝发炉的内容雏形。在六朝天师道教团趋于松散的历史背景下，改造之后的灵宝发炉，专为方便那些没有治箓的道士。诚如广濑氏所言，出官仪的变迁反映出当时有治箓的道士和没有治箓的道士之间的张力。没有治箓的道士们通过文本和思想的重新嫁接，在授经时采用那些新出的、包含了出官内容的发炉文，变相地绕过了“出官须受箓”的天师道旧制。

宋代以降，道法日益民间化与世俗化，没有治箓的道士普遍使用灵宝发炉文。但正如前文所引萧应叟、陈椿荣、张宇初的《度人经》注中所言，有、无治箓的道士，在“关启”或“称法位”时具体做法仍有区别。那些没有治箓的道士即便使用了含出官内容的发炉文，也要面对此处无法位可称的尴尬。萧应叟、陈椿荣、张宇初注本中提出未受箓者以“奉道弟子”代替法位，是为应对方案。

瑶抄本《太上洞玄灵宝无量度人上品妙经》刻意删除了含有“出官”内容的“密咒”文，指向如下可能性结论：（1）瑶经的最初传抄者本身不具备法位，并且是正一传统的坚定拥护

① 参见［日］广濑直记（Hirose Naoki）《发炉与治箓——正一发炉与灵宝发炉的比较》，《人文中国学报》2018 年第 1 期。

者，在出官问题上持保守态度，不接受南宋新道派提出的调停方案；（2）传抄本经主要是为了个人或家庭读诵，而非道场修诵，出于谨慎态度删除其中仪式部分，更方便流通；（3）瑶本《太上洞玄灵宝无量度人上品妙经》版本的形成时间应在南宋诸《度人经》注本问世以前，或最初传抄者并未见过上述注本，没有机会在法位问题上发展出灵活态度。上述几点可能同时具备，也可能只具一、二点。通过上述分析，我们能看出，瑶本《太上洞玄灵宝无量度人上品妙经》的最初传抄者对传经一事持严肃的复古主义态度，故在流通经法的同时，删除了所有可能与正一古制相违的部分。

（4）末尾添加赞颂

cod. sin. 1001 和 cod. sin. 321 末尾附有短颂，两抄本中赞颂的内容与体例完全一致。第一段赞颂紧接经文，汇集两抄本、校正别字后为：

> 元始大道，金口宣扬，度人会上步莲房，随处现音，万范开张，地久天长。

“金口”，cod. sin. 1001 作“今日”；“随处现音”，cod. sin. 1001 中作“随处现清黄”；“地久天长”，cod. sin. 321 中作“地人天长”。两抄本都于此赞颂后标注经题，除“度人卷之终”之外，还标“度人愿集经卷之经”（cod. sin. 1001）和“度人本愿集卷之终”（cod. sin. 321）。题后又赞曰：

> 云篆天书，无量度人，三十二帝乘空临，四八妙难伦，枯骨成人，黍米放光明。

以上赞颂均据《度人经》内容编造，未见于道藏。两赞均为崇奉经德，前赞颂元始天尊说经之德，后赞颂云篆天书和三十二天帝无量普度人天之功。赞颂中有“莲房”之语，“六十一卷本”《灵宝无量度人上品妙经》中多次叙述元始天尊悬坐莲花上，如卷十八“素景曜灵品”云：“元始天尊玄坐空浮万叶宝莲之上”，[①] 卷六十“炼气变仙品”云：“元始玄坐虚浮绀碧莲花之上”，[②] 经中，元始天尊常以莲花为座驾，意象鲜明，有佛、道融合的意味。经中还用“莲胎”象征“圣胎”，以作祈嗣之用，卷四十二“祈求嗣续庆延门阀品”云：“元始即于宝珠之内，化舍莲胎婴之相”，[③] 佛教唐密有“胎藏界”之喻，以莲花胎藏象征净菩提心，《度人经》中的“莲胎”说，反映出宋代道法密教与道教交融。由思想内涵推断，金门瑶《太上洞玄灵宝无量度人上品妙经》中赞颂的造作时间应在北宋以后。

cod. sin. 1001 和 cod. sin. 321 两经都在后题中标“本愿”字样，后一条赞颂（“云篆天书，无量度人……”）正是元始天尊和三十二天帝“本愿”的真实写照。前文已分析“本愿”的内涵，这两个“本愿”抄本恰好配合“本愿”赞颂，构成了瑶版《太上洞玄灵宝无量度人上品妙经》特别的一种次级文本。

cod. sin. 321 最末页记录了部分科仪内容，字体潦草，和正文笔迹不同。其墨迹较淡，与封面上的次要落款“置主□云惠、东主□云□”笔迹、墨迹皆相同。可见，这部分内容不但与《度人经》正经毫无文义关联，且其抄成时间比正经抄成时间晚，应为此抄本转让易主后，新“置主”或“东主”随意记录

① 《道藏》第 1 册，第 117 页。
② 同上，第 403 页。
③ 同上，第 280 页。

他们熟知的科仪章句。这部分科仪内容字迹潦草，错别字多，校正后如下：

> 三尺乌巾手内横，大天沙界个众生。不是我金真弟子，谁人感（敢）向里头行。
>
> 稽首皈依道，道气本白前，道降东都传孔圣，道临西竺化金仙，说法利人天。天万岁号修时，历劫修来成，正监里云结篆，正金仙开花众人天。不传正教度众生，清微天宫开妙承，至金道法广普传，云云结孛缘。二合。说法皈依，同衲（纳）大道君。二合。
>
> 稽首皈依经，玉轴与琅函，秘范开持光灿阑（烂），言言句句……

“乌巾”是宋代丧场吊唁时佩戴的暗色头巾，首句便表明了此赞为丧场科仪中的赞颂。“金真”之语见于《度人经》“金真朗郁，流响云营”①，意为自然之章。《灵宝无量度人上经大法》将“金真”敷演为“金真演教天尊”② 和“南昌长生炼金真箓”③，其后，“金真演教天尊”和“金真箓”常见于宋代道法中，可依此划定此赞颂的思想背景。

其后为“三皈依”文，仅“皈依道”部分较完整，全文未见道书。“清微天宫”之语见于《道法会元》中的“玉宸经法炼度仪”，又于“清微帝师宫分品”中称道祖三位，居首的为“玉

---

① 《道藏》第1册，第5页。

② 《灵宝无量度人上经大法》卷四十七“坛图幕式品”，载于《道藏》第3册，第880页。

③ 《灵宝无量度人上经大法》卷五十五“普度符诰品”，载于《道藏》第3册，第929页。

清圣境元始天尊妙上帝”，他“居高上大有玉清宫，又名玉清妙道宫，又名清微天宫。”① 为清微派的主神。此赞颂或为宋代清微派道士所作。

赞颂中有老子化胡、化孔之说，实为在尊老前提下倡导三教同源、三教合一思想。金侯善渊《上清太玄集》卷八载“刘老仙问三教归一”云：“如来妙法谈真性，太上玄机说太丹。孔子五常明日用，三乘混一太虚间。老子如来孔圣同，世人不晓斗争风。假名三教云何异，总返苍苍一太空。”② 亦倡导“三教归一”说，不同的是，瑶经更强调三教中以老为尊，且并未返归“太空”，而是应变自如、开传正教。由此可见，瑶经抄本 cod. sin. 1001 和 cod. sin. 321 中的赞颂具有三教归一、以道为尊的思想特点。

第三节 瑶本《度人大部经》

金门瑶有长经《度人大部经》，其经篇幅长、内容完整、思想丰富，故名“大部”。《度人大部经》的文本基础也是道教“一卷本”《度人经》，但又增加了许多内容，包括：符图、存思法、诵经仪轨和夹在正文中的小字批注。如果说瑶本《太上洞玄灵宝无量度人上品妙经》是瑶族“度人经系”中最接近《度人经》原文的版本，那么瑶本《度人大部经》则是瑶族度人经系乃至所有瑶经中内容最充实、形式最丰富、创造与改动最多的

① 《道藏》第 28 册，第 683 页。
② 《道藏》第 23 册，第 806 页。

版本。金门瑶《度人大部经》是经书和法书融合之后的新出文本样式，为道藏学研究的全新材料，其理论意义和实践价值极其重大。

金门瑶经书类抄本的经题中冠以“大部”之称，并非随意为之，而反映出瑶族经教文化的典型特点。笔者于云南文山田野调查时发现，瑶族法师将经书类抄本分为“大部”和“小部”。“小部”经为夹杂在科仪书中的小段经文，供演行科仪时念诵，并不独立成册。“小部”经篇幅短小，只有半页或数列，其内容为整经的浓缩，有时以大经的经赞为“小部”经。所谓“大部”经，则指那些仪轨完善、篇幅较长、内容完整的单行本经书。“大部”经思想内容丰富、理论性较强、规范化程度高，在实际运用中自成一体，或专用于诵经道场，或作为总纲领起科仪法事。瑶族斋醮科仪的功能各异、繁简分殊，简单的仪式中没有足够的时间修诵“大部”经，便把其中重要的诰文、偈颂、经赞抽出来（或进行重新书写），形成“小部”经。由此可见，“大部”“小部”并非全以经书的部头大小、分量长短而论，更多是靠其经文及仪轨的完整、丰富和独立程度来判定。从外在文本形态看，所有“大部”经都有独立于科仪本之外的单行抄本，几种“大部”经形成的“共本”亦在此列。

然而，若以瑶族法师划定的“大部经”作为学术范畴，又是很不成熟的。因为，瑶族法师认定的“大部经”和他们的手抄本上明确标明“大部”的经书，其外延有很大的广、狭差别。金门瑶法师认为，所有独立成册、内容完整的经书都是“大部经”，他们用包经布将这批经文单独收纳，并贴上“大部经”的标签，有些法师甚至直接在经书抄本的封面上标注“大部经”

或“大部经书”。瑶族法师们分类经书的惯例也以文献学的形式呈现出集体共识：六卷本《文山瑶族文献古籍典藏》（2011 年版）收录云南文山蓝靛瑶的宗教文献，其中有一册书名为《大部经》，其中收入的抄本与德国学者划分入“经书类”的瑶族文献基本一致，分类标准也完全相同，即金门瑶宗教文献中的教理教义类文本。也就是说，依照瑶族法师的分类标准，“大部经”包括了所有的教义类经书，特别是那些于道教渊源深刻的经书，本书所有研究对象都属于此类。

然而，和田野考察中见到的瑶族法师的口头传统不同，瑶族在正式的书面文献上，却非常谨慎地使用着“大部”一词。以“大部”来直接命名经书的情形非常少见。在笔者所见的德国、美国图书馆藏的所有抄本和我国云南、广西、海南田野考察中发现的抄本中，经题中直接标明“大部”的，只有《度人大部经》和《救苦大部经》两部，后者的内容还是从《度人大部经》截取而来。也就是说，目前实际所见的、题名“大部”的完整经典，仅《度人大部经》一种。

含有“大部”字样的经题，也见载于瑶族诵经法中，如德国巴伐利亚州立图书馆藏金门瑶抄本 cod. sin. 777《道教师教一本受戒密语》第十一篇载“又论开经先存经坛之法”，云：“先诵玉皇大部经，玉皇三卷宝经”，但，笔者在现实中并未见过任何《玉皇大部经》，也许 cod. sin. 777 中是直接将三卷本《玉皇经》抄本称为“玉皇大部经”，仅为符合瑶族法师传统的口头分类习惯。

综上所述，“大部”经实际上包含着两重含义：（1）指内容独立、完整的单行本经书，是瑶族法师对经教的分类，存在于口头传统中；（2）直接标名“大部”的经书，以原经为基础，但内容丰富和完善程度远超原经。是瑶族经书类抄本中的特殊文本形态，少量存在于瑶经的书写传统中。

如果以硕果仅存的《度人大部经》为标准，笔者发现，一部真正意义上的"大部经"，已具备经文、经注、法书和科仪书的"四合一"功能，并在汇集多种元素的基础上，形成独立的选择标准与思想取向。"大部经"这种特殊的文本形态，并不应与普通意义上瑶族法师划分经教为"大部""小部"的标准相混淆。以此处所界定的、作为特殊文本样式的"大部经"内涵而论，瑶族法师人为标注"大部经书"的抄本不属此类，德国巴伐利亚州立图书馆藏的、题名为"救苦大部经"的抄本也不属此类，因其中的内容主要转录自道教《救苦经》，缺乏思想内容创新，和特殊文本形态的"大部经"差距甚远。

综上所述，金门瑶对"大部"这一概念存在着相当的模糊性与暧昧态度：它既被广泛用于实际经教分类中，又鲜少见诸正式的古本瑶经标题。这反映出"大部"概念发生了历史性的变化：现代瑶族法师对"大部"的理解，和他们创制经教的先祖相比，已经有了巨大的差异。"大部经"这条特殊的经教分类话语，承载着瑶族经教文化的历史性内涵。在历史进程中瑶族经教的整体思想内容趋于简化，"大部经"这一话语也随之由具象变得抽象：一方面，"大部经"概念所指称范畴的门槛降低、外延扩大；另一方面，"大部经"这一话语内蕴含的神秘性和神圣性成分增加。

本节通过对瑶族《度人大部经》的研究，以透视瑶族对经法的创造性理解和运用，考察其增衍经教、创制特殊文本形态的高明手法。

一 文献概况

德国巴伐利亚州立图书馆藏的《度人大部经》，包括 cod. sin. 338 和 cod. sin. 2671 两个抄本。两个抄本的经名、内容、体例完全一致，皆为与《救苦经》的共本。版本特点为封面标“救苦经大部”（cod. sin. 2671）或“救苦大部经”（cod. sin. 338），但内容中《救苦经》所占分量并不多，且并非“大部”。寥寥数页《救苦经》之后的绝大多数篇幅，内容实为《度人大部经》。cod. sin. 338 和 cod. sin. 2671 的主要内容包括：

甲《救苦经》，文本内容依道教《太上洞玄灵宝救苦妙经》。

乙 由“志心皈命礼”领起的一系列偈咒、宝诰、存思法，为诵《度人经》前的仪轨与存思。

丙“一卷本”《度人经》，经文行文间夹杂小字书写的批注。

乙、丙两个部分构成了《度人大部经》的主要内容，为本节的研究对象。cod. sin. 338 末尾记有与前经无关的内容“重集材楼对”，记录了丧场中财楼科所用的对联格式，应为书主偶然记录，不能算作本经版本的固定内容。cod. sin. 338 和 cod. sin. 2671 的乙部分非常具体而完整，但丙部分却并不完整。两抄本都到“道言：正月长斋、诵咏是经，为上世亡魂”之处即宣告结束，cod. sin. 338 中后为“断地……科终”，cod. sin. 2671 后为“断□□□□毕”，其内容仅相当于“一卷本系统”《度人经》

的四分之一。因结束的地方一样，加之其他地方语言表达和错别字的高度相似，可以断定，其结构和模式已经相当稳固。也能推知，必有一个丙部分完整的《度人经》繁本，此二抄本正是据其简省略后半部分而成。

cod. sin. 338 和 cod. sin. 2671 的另一个共同点，是在两个抄本中，几乎见不到以“度人”命名的经题。乙部分开头没有经题，是根据其内容判断其属《度人经》系统，抄本首、尾经题都标《救苦经》，而且在丙部分开头、原来应该标“太上洞玄灵宝无量度人上品妙经”的地方，也都改成了“太上洞玄灵宝元始救苦天真拔罪妙经”。这个杜撰出来的经题，糅合了“太上洞玄灵宝救苦妙经”和度人经说经者“元始天尊”这两种要素，并强调了其功能性因素为“拔罪”。但是，“无量度人”“上品”等字样被从经题中抹去了，从整个抄本来看，《度人经》的丰富内容和强大功能，都掩盖在《救苦经》的标题之下。

见到改换标题和截短的 cod. sin. 338 和 cod. sin. 2671 之后，笔者推测其背后必然有一个完整的《度人大部经》繁本，那正是 cod. sin. 338 和 cod. sin. 2671 这两个版本进行删减和微调的基础。不出所料，美国国会图书馆藏的瑶族抄本 AA002 就是这样的完整版本。

AA002 为淡黄色棉纸抄写，边缘卷曲，末二篇有破损，其余部分相当完整。共 53 篇，每半篇 7 列，每列约 12—14 字。其抄本书法精良，绘图美观，排版规整，于标题处有多处红色笔迹标记，文本内按正文和批注分大字、小字书写，其体例和 cod. sin. 338、cod. sin. 2671 完全一致，并包含全经，没有剪接现象，可确定其为 cod. sin. 338 和 cod. sin. 2671 的同版。AA002 为独立经书，非共本，明确标“度人大部经”之题，封面正中书“度人大部全卷”，乙部分前标“太上洞玄灵宝元始无量度人上品妙经”，可确定AA002为《度人大部经》的完整本。下文将考察cod. sin. 338、cod. sin. 2671、AA002三个抄本以研究《度人大部经》。

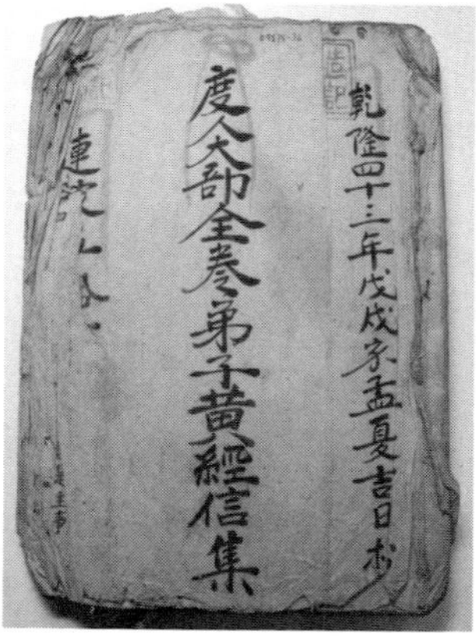

图19　美国国会图书馆藏AA002《度人大部经》封面

（江田祥摄）

从抄写时间看，cod. sin. 338标“乾隆五十六年辛亥岁”，又在“丁”字右用小字注明“辛”。辛亥岁即乾隆五十六年（1791）。cod. sin. 2671未标时间。AA002封面标“乾隆四十三年戊戌岁梦夏吉日抄”，即抄成于1778年。可知《度人大部经》繁本盛行于乾隆年间，在现存瑶经抄本中抄写时间偏早。

从人名看，cod. sin. 338人名信息丰富：封面正中大字书“蒋天开集”，两边用笔迹不同的小字记“书主邓云利”“置主邓云御”，扉页正中大字书“置主蒋道宴集”，旁书“姑济朔丑笔邓金官并”，右边小字书“书主邓云利全用”，左边书“置主邓云玉”，经末也有“邓云玉”的款识。梳理人名信息发现，cod. sin. 338 初由蒋氏（蒋天开、蒋道宴）置造，并托邓金官代笔，之后此书流传到邓氏（邓云利、邓云玉）之手。cod. sin. 2671 封面书“彭道英”，扉页正中书“主彭道瑛用”，两旁分别书“邓经□”“彭经□”，款识相对简单，看不出流通痕迹。AA002 的人名信息也很简单，封面书“弟子黄经信集”，是全抄本上的唯一人名，但其称谓有变，封底书“羽士弟子黄经信集留”，文中标记“玄门弟子黄经信置留子孙。”置主黄经信为道士，经教水平较高。AA002 上多处盖有大红色小方印，为“造记”字样，楷书阳文，双线边框，或为置主的私印。①

三个抄本中都未直接标明地点信息。但 AA002 乙部分“道君前序”末的诵经密咒处，标注“今据大清国云南道厶府厶县厶里厶王下厶村住居”，其书或抄成于云南省。

综上所述，完整的单行本《度人大部经》曾于清代早期至乾隆年间盛行于云南省。但稍后，某地出现了与《救苦经》的共本，在共本中《度人大部经》被褫夺了经题，并删去大半经文内容。这个改动反映出《救苦经》地位的升高，和丧场科仪环节的变动。无论是完整版还是删减版，《度人大部经》在瑶族多姓中都有流转，但以笔者在云南的调查看，田野中已经见不到《度人大部经》，相应的诵经仪法也丧失殆尽。作为一部文献学价值极高的稀缺性大经，《度人大部经》曾流传甚广、后经删减、现在几乎消失，其背后的原因值得深究。

《度人大部经》基于道教“一卷本”《度人经》而作，但从

---

① 何红一：《美国国会图书馆馆藏瑶族文献研究》，北京：中国社会科学出版社，2017 年，第 141 页。

形式到内容，它都和道书差距甚大，为别处所未见。为厘清其书写规律与思想特点，下文将按结构框架对《度人大部经》进行分块考察，以探究其思想内容。

二 正经前的术法和仪轨

《度人大部经》有 cod. sin. 338、cod. sin. 2671、AA002 三个抄本，其中 cod. sin. 338、cod. sin. 2671 正经部分仅录一半，三本细节处也略有差异。但总体体例一致，故下文将略去抄本之间细微的笔误或文字差异，而立足于《度人大部经》的基本结构框架展开。

《度人大部经》整体内容包括三个部分：正经前的存思及仪轨；正经及其中的批注与偈诵；正经后的存思法及仪轨。每个部分又可分为若干小板块，为方便论述，将内容结构列图：

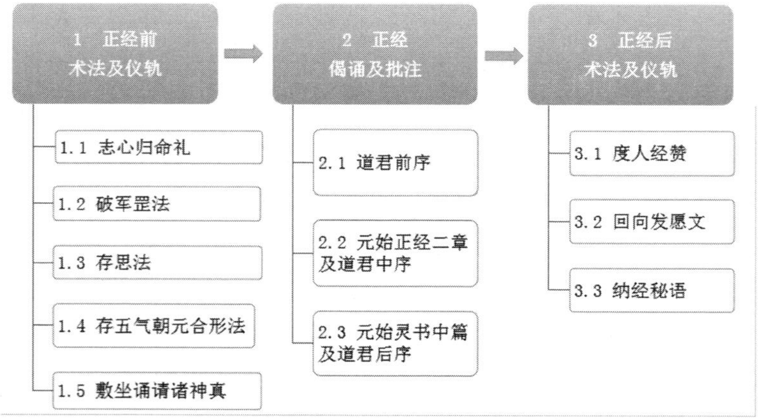

图 20 金门瑶《度人大部经》内容结构图（笔者制）

上图清晰呈现了《度人大部经》的文本结构，下文将分区块逐个介绍其思想内容。只有完全了解经文思想内容后，才能厘清经文结构的内在逻辑与思想根源。为更好地达到研究目的，下文将在校正错别字、异体字的基础上尽量保持瑶经文本的原始风貌，而不用道教经教为标准进行所谓“勘误”。因抄本中的讹误也可成为重要的研究素材。

《度人大部经》的最大特点，是正式诵经前有大量的复杂仪轨和存思法。并配图多幅以达到最佳存思效果，便于诵经。除手工绘图的细节差别外，三个抄本中“正经前的存思及仪轨”基本相同。

1. 志心归命礼

“志心归命礼”后接玉皇宝诰，这部分内容仅见于 cod. sin. 338 和 cod. sin. 2671，AA002 中没有。全文为：

> 志心归命礼，弥逻太宥天，讽诵百宝完，诸星起荡荡，星斗返还源。
>
> 志心归命礼，太上弥罗无上天，妙宥玄真经，渺渺朝金阙，太妙玉清宫，无极无上圣，光朗法放明，寂寂号，玄范总十方，湛寂真上道，恢漠大神通。玉皇大天尊，玄穹高上帝。

“太”应为“大”字之讹；“妙宥玄真经”之“经”应为“境”之讹；cod. sin. 338 中作“讽诵”，cod. sin. 2671 中作“讽经”。“寂寂号”句有阙。

本段由两段文字构成。第一段主述诵经之德，其文不见于道书，但其中“诸星”“星斗”为宋元道法中常用语，反映瑶族星斗崇拜思想。

第二段“志心皈命礼”后接“太上弥罗无上天”的内容，见于多部玉皇系道经，但其名字各异。《高上玉皇本行经髓》称其为“灵宝金书玉篆文”，① 《高上玉皇满愿宝忏》称“玉诰”或“玉帝诰”，为每忏必诵，《诸师真诰》收入其文，称“弥罗号”。

王契真《上清灵宝大法》卷四十四“斋法符篆门”收入此诰全文之云篆文，称其为“金阙玉皇宝诰”，全称“金阙仙箓监真度生玉皇宝诰”，其仪轨云：

> 灵宝大法司，今月某日恭奉，玉皇睿敕颁下玄文宝诰，度脱罪魂超升玉京者……
>
> 右奉金阙仙箓玉皇睿诰，伏请灵宝至真，十方上圣，依灵宝度人之典，施回骸起死之功，敕下九幽，俾苦魂行开泰，诰行诸地，令滞爽以沾恩，主者奉行，恭禀诰命，准此奉行。②

后具年月日时，并具法位、称“承诰奉行”。此诰云篆文如下：

① 《道藏》第1册，第746页。
② 《道藏》第31册，第108—109页。

图 21　王契真《上清灵宝大法》中“金阙玉皇宝诰”云篆文①

王契真《大法》将“金阙玉皇宝诰”用于度亡，玉帝诰命下颁灵宝诸司，请灵宝至真上圣依“度人之典”，下至九幽地府，救度苦魂。宝诰中“回骸起死”句直接出自《度人经》。将“玉帝诰”和《度人经》结合起来用于超度，是灵宝东华派的一大特点。cod. sin. 338 和 cod. sin. 2671 将此诰置于《度人大部经》最前，极有可能正是基于上述教派背景。

① 《道藏》第 31 册，第 109 页。

诵经前先诵“玉帝诰”，为《皇经集注》所提倡：“念此十句圣语，当一句一拜，如不能逐句拜，先一拜，将全句念，后九拜，只念‘玉皇大天尊玄穹高上帝’亦可。礼完，端坐诵经。”① 瑶族《度人大部经》沿袭其制，在之后标“修存真炼诵经端坐如法”。

2. 破军罡法

本部分为三个抄本共有。“破军罡法”由两部分组成，前为说明文字，后配图。说明文字为：

修存真炼诵经与端坐如法

> 先存破军，月月常加戌，时时见破军，（破军）前一位，致死莫前人，飞游八方转，吉凶自然分。何星入中宫是破军，诸事诵经也。

末句 AA002 中作“主事诵经也”。

后配八卦线条图，下书“五月加戌，破军左辅”“九月加戌起，右弼贪狼”“十一月加戌，巨门禄存廉贞”“正、十二月加戌，文曲武曲”等字样。cod. sin. 338 和 cod. sin. 2671 于其后记“何星入中宫，是主事也”。

---

① 《道藏》第 34 册，第 638 页。

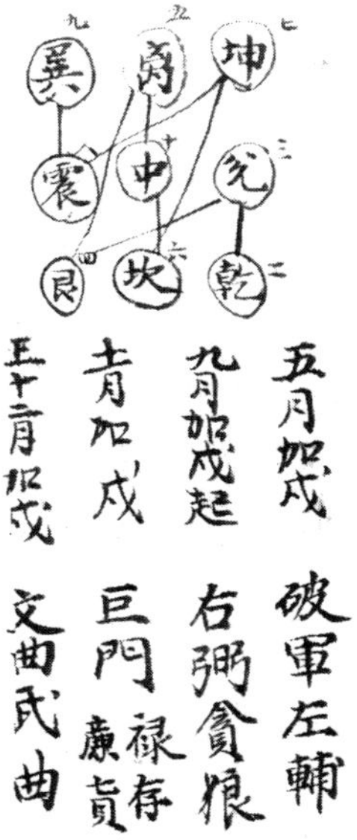

图 22 《度人大部经》中的“破军罡 ”图

（出 cod. sin. 2671，笔者摄）

破军即瑶光星，北斗七星中斗杓第一星。破军所指所轮，四季因而生灭，万物因之消长。故破军又用来指代道法修炼的枢机。“时时见破军”之句多见丹书，用理火候。翁葆光作于南宋乾道九年（1173）的紫阳真人悟真篇注中引《夷门歌》云：“别本云：‘且如正月建寅，立春戌时指艮，雨水戌时指寅。’故曰：‘月月常加戌，时时见破军，金丹大药，家家自有，不拘市朝。’”① 陈致虚在《紫阳真人悟真篇三注》中沿用其说，用甲子推运来描述坎离升降、产生灵药黄芽的过程。用“破军”代

① 《道藏》第 2 册，第 925 页。

指丹法枢机，为南宋丹书的特色。丘处机述著《大丹直指》卷下载“妙旨”云：“月月常加戌，时时见破军。天罡加一位，活曜不传人。”①

破军既为天罡所指，破军罡法在雷法修炼中也备受重视，破军所指之方，即为活曜正炁。由此可见对破军的运用，乃把“内炼”和“外法”进行了有机结合。天心正法以天罡为三光正炁之一，采取天罡炁时所用的正是破军口诀，以找到“天罡建破军之所”：

天罡炁

> 天罡星约离斗柄三丈余，诗云：月月常加戌，时时见破军，要知端的处，向背问元因。以月辰过，将加戌，未过，将加亥数，过取炁时，乃是天罡建破军之所。②

文中“见破军”应为“建破军”之讹，寻找“建破军”之所，本为修炼中存取天罡炁之法。《上清北极天心正法》更是将其敷衍为具体的“天罡论”，又名“天上活曜天罡”及“入斗秘诀”，用于治病驱邪。《法海遗珠》卷四十二“太上禳告心奏秘文”、《道法会元》卷一百五十一“洞玄玉枢雷霆大法”和卷二百十一“天罡生煞大法”沿用其法，亦称“天罡法”，足见其影响甚大。

然而，将天心正法派的“天罡法诀”与八卦图结合运用，道书中却并不多见。此图本为修行雷法时用作择六十甲子吉凶，《道法会元》卷七十六至七十九为火师汪子华所传“雷霆奥旨”

---

① 《道藏》第4册，第403页。

② 《上清天心正法》卷一“三光正炁”，载于《道藏》第10册，第608页。

及“妙契”，即用此法诀推论月建，定位天罡处所，又卷七十八“雷霆妙契”中的“金虎大煞起例”“流火凶星其例”，也都用此图来寻找天罡位。

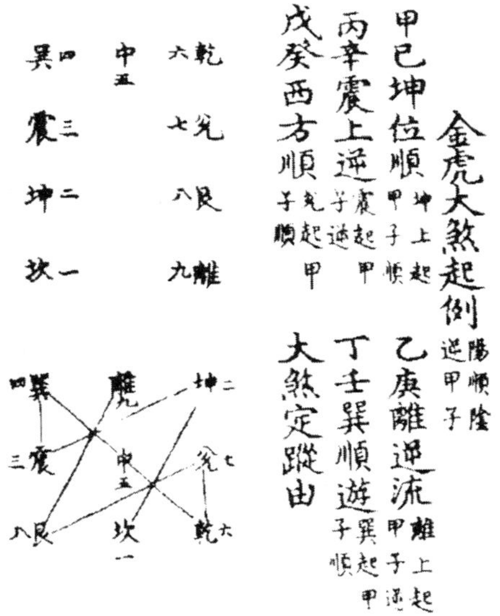

图 23 《道法会元》卷七十八“雷霆妙契”中的“金虎大煞”罡图①

此图亦用来敕鬼封禁，《道法会元》卷六十一“高上神霄玉枢斩勘五雷大法上”中有“使者鼓舞罡”，就是用类似八卦罡图招摄雷部诸神，起封煞禁鬼之用，其法诀颇类似现代民间流传的“八卦护身咒”，行法时道士念咒，身入八卦中宫，则不为众鬼精所害。明代道书《法海遗珠》卷二十一“混合五雷内修”中

① 《道藏》第 29 册，第 287 页。

记“五雷罡”，即招摄天雷、神雷、龙雷、水雷、社令雷前来斩灭妖精之法。其法亦用此罡图，分顺罡和逆罡两种，云：“此乃每日雷霆所在之方。凡于行持之际，先于每日所居之方取报应，就起风云雷电，妙不可言。如遇雷入中宫，则不可行事，此日天将冠冕朝元，行法之士不可不知也。”① 《道法会元》卷九十五“雷霆飞捷使者大法”亦录此法及图，称“雷霆九宫顺逆局”。② 或为《法海遗珠》中内容之源出。“雷霆九宫顺逆局”的做法与“鼓舞罡”相关，中宫亦是特殊方位，雷霆按八卦巡行，行法者取此图以定雷霆之位，雷入中宫则不可用。

由上可知，将八卦罡图结合“破军诀”使用，多见于神霄雷法系统，神霄派以图为主、以诀为辅，并赋予罡图多种含义。瑶经中将“破军法诀”与罡图结合起来运用，采用罡图为工具，用“破军诀法”推论入中宫之事，以定诵经的主事。重视中宫，是瑶族“破军罡法”和神霄法的共同特点，神霄雷法以中宫为“雷电勿用”之处，瑶经借鉴了这种思想，并往前推进一步：因中宫之虚弱，故需诵经以禳解。这种用诵经来代替行法的做法，是瑶本《度人大部经》的典型特点。瑶族“破军罡法”糅合了天心正法和神霄雷法的教法资源，并改变其用法，通过术数推演，将修诵经典和斋主的实际要求紧密地联系在一起。

3. *存思法*

《度人大部经》中诵经前存思术法较多，本书分两部分论述：前者为较散乱、未标题目的存思，统称“存思法”；后者为标明题目的“存五气朝元合形法”。统称“存思法”的部分，依

① 《道藏》第26册，第847—848页。
② 《道藏》第29册，第404页。

照存思内容及对象不同可分为如下环节，分论之：

（1）存诵经环境及诵经者自身

> 先存抬金母木公，庄载真经，金沙敷地，枱脚是四帅，土地是女胃柳土，戊己，本身座也，名一真土发神。

四帅，cod. sin. 2671 中讹作“四师”。本段的存思顺序为：从诵经环境开始，存到道士之身，最后存身内脏腑。诵经环境的存思对象与内容主要为：将安经之台存为“金母木公”，作用为装载真经，又存金沙敷地。将经台之四脚存为四帅，作用为护卫诵经。将靖室土地存为女、胃、柳宿。将道士座位，存为“戊己真土”。

“金母木公”为内丹道术语，象征肝肺正气。然因肺气胜肝气故，道书中多作“金公木母”，“金母木公”的表述非常少见。《道法会元》卷二百四十五为“上清灵宝无量度人上道”，载《度人经》相关术法及仪轨，其中“炼度诀”云：“欲行灵宝大炼之法，当知祖于金母木公，请炁上表，他求不可。”①《道法会元》中“金母木公”为灵宝度人炼度法中的祖炁，瑶经中它们被拟人化了，起到了“装载真经”的作用。“金母木公”之语很可能就出自《道法会元》“上清灵宝无量度人上道”。“金沙敷地”本为佛教形容西方极乐世界的胜景，此处因“金”字与“金母”相关，附会成“金沙敷地”，存思经台为美轮美奂的微观世界，将佛教话语纳入了道法实践。

云南金门瑶的“四帅”说相当固定，即赵、邓、马、关，他们和“五雷”合称“四帅五雷”，为金门瑶科教中最重要的护

① 《道藏》第30册，第516页。

法神。四帅的名字根据不同的法事而有所差别，但姓氏却从未改变。极个别情况下出现的其他姓氏的元帅或将军，也应是混入其他道法传统的结果。宋元雷法中“元帅”“灵官”甚多，金门瑶“四帅”中有三位广泛见于道书，唯“邓元帅”出现频率稍低，且多见于较小众的雷法传统。然而，将赵、邓、马、关四者并称而形成稳定的元帅吏兵体系，几乎不见于道书。《道法会元》卷三十六名为“正一马赵温关四帅大法”，将马、赵、温、关合称“四帅”，为清微派的做法，和金门瑶四帅系统较为接近，唯清微派用“温元帅”，瑶族则用“邓元帅”。《度人大部经》中将经台四脚存为“四帅”，取四者托起经台、卫护诵经之意。金门瑶人把法事中任何和“四”有关的事物皆存思或附会为“四帅”，这已成其习惯性思维模式。

女、胃、柳、氐四宿，为二十八宿中性质同于土星者。《度人大部经》中四者录三，疑转写中漏抄“氐宿”。徐道龄集注《太上玄灵北斗本命延生真经注》卷二云：“五行共禀，七政同科……镇星属土，氐、女、胃、柳四宿同科。”[①] 星宿的五行属性，在明清时期已成堪舆学的普及性知识，《儒门崇理折衷堪舆完孝录》卷二云：“氐、女、胃、柳四宿属土，其气相于夏，旺于夏季。”[②] 对于五姓属性同为土的天干戊己而言，《度人大部经》作出了巧妙安排，将四宿之土象征靖室之土地，以戊己土象征道士座位。一居外围，一居中央，四宿土拱五行土，秩序井然。

其后配图，图示身在青白黄三气上，书“云气之中名（一）

① 《道藏》第 17 册，第 17 页。
② 《道藏》第 35 册，第 605 页。

真土”，如下：

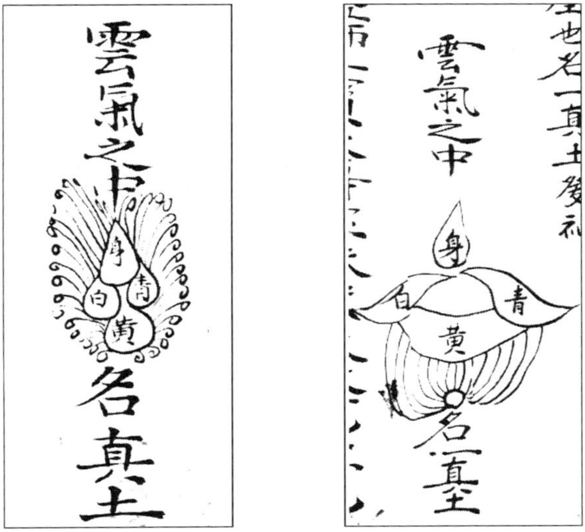

图 24　《度人大部经》中存思图：云气之中名（一）真土

［出 cod. sin. 2671（左，笔者摄），AA002（右，江田祥摄）］

后书：

道经师三宝天尊，宝珠黍米，放十七慈光也，朱雀前，玄武后，青龙左，白虎右，狮子出孔，白鹤出窍，大肠酉，小肠戌，胆寅，胃卯，三焦申，胞胎亥。①

上述图、文内容，为《度人经》“道君前序”末处诵经前存思法改编而成：

道言：行道之日，皆当香汤沐浴，斋戒入室，东向，叩

① 本书中，抄本中本为小字批注者，用波浪线标出。

齿三十二通，上闻三十二天，心拜三十二过，闭目，静思身坐青、黄、白三色云炁之中，内外蓊冥，有青龙、白虎、朱雀、玄武、狮子、白鹤罗列左右，日月照明，洞焕室内，项生圆象，光映十方，如此分明。①

青、黄、白三色云炁，即为玄、元、始三炁，陈致虚《度人经》注云："青为玄一之炁，黄乃元一之炁，白乃始一之炁。三色之义，取法三清，坐而存之，神明自见。"② 又说为三丹田中之炁，陈椿荣《度人经》法云："存三元正宫中有三炁，内彻五脏之间。存下元丹田宫白炁，升中元绛宫黄炁，混合为一，存中元黄、白炁上升上元泥丸宫青炁，混合为一。"③ 又说为人体肝、脾、肺三炁之凝结。瑶经中画出身体居于青、黄、白三炁之上，青、黄、白三字又书于三瓣水滴形状上，从内景论，三炁应为人体肝、脾、肺之炁；从外景论，三炁又有玄、元、始及三丹田气之意。"云气之中名真土"的"真土"承接上文"戊己本身座也，名一真土"，此处所谓"戊己"，不仅指道士座位，更指道士的身体，存思时身土不二，内外景相合。

后为"道经师三宝天尊，宝珠黍米，放十七慈光也"，"宝珠黍米"语出《度人经》，象征金丹；"十七慈光"出《玉皇十七慈光灯仪》，象征金丹的光明德用。朱雀、玄武、青龙、白虎、狮子、白鹤的内容与《度人经》存思法一致，六兽各出脏腑，分居各方，也与经旨吻合。其后为：

① 《道藏》第1册，第3页。
② 《太上洞玄灵宝度人上品妙经注》卷上，载于《道藏》第2册，第407页。
③ 《太上洞玄灵宝无量度人上品妙经法》卷一，载于《道藏》第2册，第477页。

大肠酉，小肠戌，胆寅，胃卯，三焦申，胞胎亥。

此处以六地支配六腑，与前文以灵兽象征五脏六腑的做法相呼应。以十二地支配合十二经络及脏腑，常见道教炼度法中，但各道派的匹配关系有差别。与此处搭配关系最相应的道书为《灵宝无量度人上经大法》，卷六十二“混元阴炼品”中载“十二经络诀目”：

生肾符子文，生心符午文，生肺符未文，生脾符丑文，生膀胱符辰文，生小肠符戌文，生胆符寅文，生大肠符酉文，生胃符卯文，生三焦符申文，生心胞络符亥文，生肝符巳文。①

对比可见，瑶经除了将“心胞络”改为“胞胎”，其余对应关系皆与《度人大法》一致，《度人大法》应为《度人大部经》中这段文本的来源。因此处只录十二经络之六，由此推测，在金门瑶人观念中，前文提及的六灵兽象征另六大经络，故此处只需补足缺少的六经络而已。另因瑶族《度人经》用于丧场度亡，此处存思文不能简单理解为辅助诵经，其实质在于，以道士十二经络之正炁配合五行术法，炼度死魂之阴气。通过存思法，将诵经和超度结合在一起。

（2）存神咒

灵宝天尊，安慰身形，弟子魂肝魄肺，五脏玄明，青龙肝白虎肺，队仗纷纭，朱雀心玄武肾，侍卫我身形。急急如律令。

净心神咒，存八卦；净口，存十二神；净身，存四宿；净天地，存十二支；金光，存十二神，八卦内外分明；开

① 《道藏》第3册，第963页。

经，存十二天卦；北斗，存二十四气；侍经，存三十六禽；五星，存七十二候；外一百刻，外有八卦，添为一百单八，是真土也。

“安慰身形”，cod. sin. 338 和 cod. sin. 2671 中作“身刑”；“急急如律令”，AA002 中作为“急如律令”；“净身”，cod. sin. 2671 中作“净心”；“八卦内外分明”，cod. sin. 2671 中作“内外八卦分明”；“侍经，存三十六禽”，cod. sin. 338 中作“存三十天卦”，cod. sin. 2671 中作“存三十六天卦”；“五星，存七十二候”，cod. sin. 2671 中作“七十二巽”。

本段先列“净身神咒”，在诵咒过程中存思“四脏”，之后再将各咒与存思内容一一对应。神咒与对应内容见下表：

表 14 《度人大部经》中神咒与存思内容对应表（笔者制）

序号	神咒名称	存思内容
1	净心神咒	八卦
2	净口神咒	十二神
3	净身神咒	四宿
4	净天地神咒	十二支
5	金光神咒	十二神
6	开经咒	十二天卦
7	北斗咒	二十四气
8	侍经咒	三十六禽
9	五星咒	七十二候

诵经前须先存诵神咒，是宋代以后诵经道场的特点。所诵念的神咒据道派及所诵经典不同而有差别。萧应叟称诵《度人经》

仪轨为："次啄齿，诵净心口神咒，及净身咒，戒饰身神，次啄齿，念净天地咒、开经玄蕴咒。"① 顺序与瑶族《度人大部经》中存思神咒顺序基本相同。但瑶经在存"净天地神咒"后多了"金光神咒"，并在"开经咒"后增加三神咒：北斗咒、侍经咒、五星咒。

金光神咒为神霄雷法常用咒语，多用于内炼及召摄雷将，《道法会元》《法海遗珠》等道书所辑雷法中多见。北斗咒和五星咒都和星斗崇拜有关。"北斗咒"源出《太上玄灵北斗本命延生真经》，其咒赞叹三台北斗神君及天罡大神之德，兼作召请，多用于祈禳、开度等科仪。"五星咒"的名称多见于宋元道法，但内容各不相同，明代方文照编《徐仙真录》卷二载"五星咒"：

> 五星列照，焕明五方，水星却灾，木德致昌。荧惑消祸，太白辟兵。镇星四据，家国利亨。刊名玉简，录字帝房。乘飙扇景，飞腾太空，出入冥无，游宴十方。五云浮盖，招神摄风。役使万灵，上卫仙翁。②

此咒又称"卫灵咒"，取五行、五星以安镇敕坛，为宋代朝仪中发炉时常用的神咒。"卫灵咒"有多个版本，以"五星列照"咒为卫灵的，多见于《道门科范大全集》和《灵宝领教济度金书》。

"侍经"本为宋元道法中的法职，居"六职"之一，如王契真《上清灵宝大法》卷六十六"文移杂用门"载黄箓大斋中的职事有六：高功、都讲、监斋、侍经、侍香、侍灯。③ 道书中又

① 《元始无量度人上品妙经内义》内义表，载于《道藏》第2册，第335页。
② 《道藏》第35册，第532页。
③ 《道藏》第31册，第336页。

云“五帝”“玉童玉女”等仙真前来侍经，侍经人数在不同道经中不等，一般五老、玉童、玉女各二十四人较常见，唯六十一卷《灵宝无量度人上品妙经》卷二“玉宸大道品”云：“侍经九老、日中灵童、大道玉女各三十六人，扶翊真人，保护受经者身。”①虽然“侍经咒”不见于道书，但《度人大部经》中以“侍经咒”附会“三十六禽”，其三十六之数，或肇于《灵宝无量度人上品妙经》中的侍经“各三十六人”。

《度人大部经》的存思对象具有内在规律，并呈现出数理上的整齐感。分别为：四宿、八卦、十二神、十二支、十二天卦、二十四气、三十六禽、七十二候。四宿，根据《度人大部经》前文单独列出带批注的“净身神咒”可知，四宿即四灵：青龙、白虎、朱雀、玄武，分别对应人体肝、肺、心、肾。八卦和十二地支也容易理解，剩下的几条并未言明，需专做考证。

“十二神”所指，在瑶经中并未言明，但标明“十二神”和“净口神咒”“金光神咒”存在对应关系。笔者在田野考察中发现的云南文山邓道天藏《经骨秘》抄本中，载有“一论经坛十二真人炼丹法”，点校勘误后的文本如下：

> 丹朱口唇，净子气，是天上生真人，为无真，一身。吐秽除氛，净丑气，是无英真人，为公子，二身。舌神正伦，净寅气，是玄朱真人，为白，三身。通命养神，净卯气，是正中真人，为尊，四身。罗千齿神，净辰气，是子丹真人，为太乙，五身。却邪卫真，净巳气，是四灵真人，为司命，六身。喉神虎贲，净午气，是丹元真人，机康，七身。炁神引真，净未气，

① 《道藏》第1册，第9页。

是渊真人，为人延，八身。心神丹元，净申气，灵章真人，为执符，九身。令吾通真，净酉气，是胎光真人，为把箓，十身。思神炼液，净戌气，是爽灵真人，为保，十一身。道炁常存，净亥气，是幽精真人，为生粮，十二身。

《度人大部经》中存思的"十二神"很可能就是《经骨秘》中的"十二真人"，十二真人与十二地支相对应，又各有名号。这些略显奇怪的真人名号所出何处？笔者比对了《度人经》和《玉枢经》原文，找出了其中的联系。

表 15　净口神咒的"经坛十二真人炼丹法"与《度人经》《玉枢经》句对比（出《经骨秘》，笔者制）

净口神咒	咒德	身数	真人名号	讳字	度人经句	玉枢经句
丹朱口唇	净子气	一身	天上生真人	无真	无英公子	一曰天生
吐秽除氛	净丑气	二身	无英真人	公子		二曰无英
舌神正伦	净寅气	三身	玄朱真人	白□	白元尊神	三曰玄珠
通命养神	净卯气	四身	正中真人	尊□		四曰正中
罗千齿神	净辰气	五身	子丹真人	太乙	太一司命	五曰子丹
却邪卫真	净巳气	六身	四灵真人	司命		六曰回回
喉神虎贲	净午气	七身	丹元真人	机康	桃康合延	七曰丹元
炁神引真	净未气	八身	是渊真人	人延		八曰太渊
心神丹元	净申气	九身	灵章真人	执符	执符把箓	九曰灵童
令吾通真	净酉气	十身	胎光真人	把箓		一曰台光
思神炼液	净戌气	十一身	爽灵真人	保□	保命生根	二曰爽灵
道炁常存	净亥气	十二身	幽精真人	生粮		三曰幽精

《九天应元雷声普化天尊玉枢宝经》云："天尊言：身中九灵，何不召之？一曰天生，二曰无英，三曰玄珠，四曰正中，五曰子丹，六曰回回，七曰丹元，八曰太渊，九曰灵童，召之则吉。身中三精，何不呼之？一曰台光，二曰爽灵，三曰幽精，呼之则庆。五心烦懑，六脉抢攘，四肢失宁，宜诵此经。"① 不难看出，除了个别抄写错误外，身中"九灵"和"三精"（即"三魂"），正对应瑶族"十二神"。

而十二神的讳字则两两一组，出自《度人经》正经第二章"元洞玉历龙汉延康"："千和万合，自然成真，真中有神，长生大君。无英公子，白元尊神。太一司命，桃康合延。执符把箓，保命生根。上游上清，出入华房，八冥之内，细微之中。下镇人身，泥丸绛宫。中理五炁，混合百神。"② 其中，无英公子、白元尊神、太一司命、桃康合延等神，能在上清天与人身中自由出入，居人身则为五脏神，具有浓厚的上清派思想特点。萧应叟注曰："无英公子乃肝神也，白元乃肺神也，太一乃百神之主，司命为南上之真，桃康、合延乃左右肾神也。"③ 此处既确定身神与脏器的关联，又把太一与司命、桃康与合延拆句析名，瑶经中将一句拆为两截、分配于两个真人的做法，颇类于此。至于将神名与地支相配合的做法，则见于《灵宝无量度人上经大法》。卷四十九"降召符命品"中以经文配地支、将地支以小字批注呈现：

> 长生大君，子亥；无英公子，寅丑；白元尊神，已未；太一司命君，酉；桃康合延君，辰巳；执符把箓君，子丑；

① 《道藏》第1册，第759页。
② 同上，第5页。
③ 《元始无量度人上品妙经内义》卷四，载于《道藏》第2册，第371页。

保命生根君，大指中；中理五炁君，中指中；混合百神君，卯酉中指中。[1]

文中可见诵念或存思时还需以指掐诀。虽然地支和神真的对应关系不同，但瑶经显然受到了此文的影响。《灵宝无量度人上经大法》拆分《度人经》经句为神名，并配合地支及指诀，以将其经法化。灵宝东华派将《度人经》句衍生为诸司衙门，并以经句为印，乃是将《度人经》术法化的另一种手段。瑶族也将《度人经》经法化，将经句拆分为神真内讳，结合《玉枢经》句及十二地支，构成混融数家道法的“十二神”系统。又将“十二神”或“十二真人”与“净口神咒”及“金光神咒”相配，形成《度人大部经》中的存思经咒之法。

“十二天卦”即十二消息卦，《度人大部经》正经后“纳经秘语”云：“乾天六阳，坤地六阴，共成十二天卦也。”十二消息卦常用指称丹道修炼的火候。

二十四气、三十六禽、七十二候之语，多见于宋元灯仪，如《灵宝领教济度金书》所载“南斗灯仪”“周天灯仪”。而其源出于星斗崇拜，《太上说南斗六司延寿度人妙经》云：“（北斗）每以杓，随月建分，指节气二十四气、二十八舍，应下土七十二候、三十六禽。”[2]《度人大部经》以“二十四气”对应“北斗咒”，以“三十六禽”对应“侍经咒”，以“七十二候”对应“五星咒”，可谓瑶族星斗崇拜的显性及隐性的双重表达。将此三组经咒加在宋代《度人经》修诵仪轨中的诸咒之后，是瑶族

① 《道藏》第 3 册，第 885 页。
② 《道藏》第 11 册，第 351 页。

将星斗崇拜与度人经法相嫁接的结果。

那么《度人大部经》中的九条神咒，是如何与后文九种存思对象结合在一起的呢？具体原因难一概而论，但笔者注意到了咒语句数和存思对象之间具有数理相似性。例如：

净心神咒：太上台星，应变无停，驱邪缚魅，保命护身，智慧明净，心神安宁，三魂永久，魄无丧倾。

共八句，存思时对应八卦。

净口神咒：丹朱口神，吐秽除氛，舌神正伦，通命养神，罗千齿神，却邪卫真，喉神虎贲，炁神引津，心神丹元，令吾通真，思神炼液，道炁常存。

共十二句，存思时对应十二神。

开经玄蕴咒①：寂寂至无宗，虚峙劫仞阿，豁落洞玄文，谁测此幽遐，一入大乘路，孰计年劫多，不生亦不灭，欲生因莲华，超陵三界途，慈心解世罗，真人无上德，世世为仙家。

共十二句，存思时对应十二天卦。

北斗咒：② 北斗九辰，中天大神，上朝金阙，下覆昆

---

① 本咒版本较多，此处引用《灵宝无量度人上经大法》卷三“修诵琼编品”专门修诵《度人经》时的版本。载于《道藏》第 3 册，第 620 页。

② 本咒长短不同，因瑶族信仰与天心正法渊源颇深，故此处用《上清天心正法》卷四中“追魂还体”法所录咒（载于《道藏》第 10 册，第 630—631 页）。《上清天心正法》中的北斗咒比其他道经少末后四句“三台虚精，六淳曲生，生我养我，护我身形”。前文叙北斗九皇之德，文本比较完整，后四句述三台星之德，很可能是在前咒基础上添加连缀而成。

仑，调理纲纪，统制乾坤，大魁贪狼，巨门禄存，文曲廉贞，武曲破军，高上玉皇，紫微帝君，大周天界，细入微尘，何灾不灭，何福不臻，元皇正炁，来合我身，天罡所指，昼夜常轮，俗居小人，好道求灵，愿见尊仪，永保长生。

共二十四句，存思时对应二十四气。

由此可见，神咒的句子数量和存思的神真或卦象数量是一致的。数量上的相同，很可能是瑶人联系匹配两者的原因。神咒为道炁的显化，如果数理上与相应的咒句一一对应，那么在念诵时必然有助于“接通”相应的神真或道炁。基于此可以提出假定，瑶族构造存思法的主要方式之一，乃是数理的共通。

但是，在其余神咒中却见不到这种对应性，比如净身神咒共八句，却对应“四宿”；净天地神咒为二十或二十二句，金光神咒为二十六句，两咒却都对应着“十二地支”或“十二神”；“五星咒”对应“七十二候”，显然其远远不足七十二句。那么，当神咒的句数与神真或道炁数量无法匹配时，存思时的对应关系如何建立？道法千差万别，不同道派各有不同做法，因而想要建立起精准的对应系统几乎是不可能的。如果瑶族经法是在整合诸家道法的基础上形成的，必然同时意味着，为了构建整合的统一系统，必须要作出一些结构调整或让步，或给内容附加新诠释。此问题仍有待于笔者的进一步研究。

（3）存经体

将本部分存思对象命名为“经体”，是因为其并非有形、具体的经，而是高度抽象化的、人格化的经，也可以说是道炁本身。本部分运用丹道理论对这些“无字之经”展开存思，可称为存思“经书之体”。点校并汇集三个抄本，“存经体”内容为：

存四部经：天经心神，仙经脾气，真经肾右，尊经肾左，精也。经降东都炁、离、姹女，经升西竺铅、坎、婴儿，名火，速束交梨，三气湴交媾也。先天一气化生二仪，交合结成一团金血，化生天下三百六十形，人次乃成，金血，丢下五符水团，龙王五部符，金台托化，成肚内两只船，能度众生超凡入圣，诸佛诸仙均尽沾仰。能度凡民，能修善果，能削灾难，能超万类，存没蒙恩，阴阳利济。用进口诀，先默咒：灵宝天尊，安慰身形，弟子魂魄，五脏玄明，青龙白虎，队仗纷纭，朱雀玄武，自秽吾身，凶秽消散，道气长存。急急如律令。

“均尽沾仰”，cod. sin. 2671 作“均沾”，cod. sin. 338 作“均沾仰”；“凡民”，cod. sin. 338 作“万民”。“玄明”，道书作“玄冥”；“自秽”，道书作“侍卫”，上文此两处字形保留瑶抄本原貌。

首先，存思四部经之体。天经、仙经、真经、尊经。四部经虽名为“经”，但其本质是心、脾、左肾、右肾之正气。换言之，读诵《度人经》前，需要存思经之本体为身中道炁。“天经”象征心神之说，出《太上黄庭内景玉经》，其“心神章”云：“六腑五脏神体精，皆在心内运天经，昼夜存之自长生。”①《黄庭经》中“天经”并非经文，而指人体经络、天地经纬，瑶经附会其意。

其次，存思四部经之运转。“经降东都”和“经升西竺”具

① 《道藏》第5册，第909页。

有双重含义：(1) 说明道经的传布与流通，瑶人受“老子化胡”及“三教合一”说影响颇深，如前文 cod. sin. 321《太上洞玄灵宝无量度人上品妙经》抄本中，经末“三皈依”之“皈依道”云：“道降东都传孔圣，道临西竺化金仙。”此处仅将“道”改为“经”字，并将“临”改为“升”，具有相反运动的意味。(2) 代指道炁在人体内的周天运转。如果经体为道炁，那么“经降东都”和“经升西竺”，一东一西，为卯酉周天；小字批注中将“东都”和“西竺”解释为离坎、汞铅、姹女婴儿，为子午周天。本段通过“运经”之语，描述内丹道修炼中真炁运动的过程。

再次，存思经体之用。经体即“先天一气”，本段将经体的德用归纳为两种存思：(1) 生成人种，先天一气化生阴阳，二气混成，故能生天下人民，此为经体的度人之德。(2) 超度亡人，向水府龙宫中丢下“五部符”，阴阳二气便化作龙王肚内的两只船，超度幽冥众生。此处的存思法不见于道书，但和某些道法类似，如黄箓大斋结尾时的投龙简。王契真《上清灵宝大法》卷四十七“斋法符篆门”中特别强调“投龙”时用“五篇真文”为正宗，他批评了当时篡改投龙简文的做法：“凡建黄箓大斋，解坛事毕，则用山土水简，以金龙、金钮、玉璧附之，所以纪勒斋功，关告三元也。其法实本于五老之赤书，自唐张承先法师编叔斋科，已详言之矣。至杜广成编集黄箓斋科，则备述赤书之本末，投简之典格，可谓坦然明白，无可疑者。近世有于三简各撰一符，且各人所传符形异同，岂知投简本意，舍赤书其可行之乎……再详三咒之旨，皆明指五老赤书也。若亦以他符，则与本旨大相违背。”① 王氏重申了投简仪的灵宝道法背景，其文中所强调的“五老赤书”或同于瑶经中的“五部符”。又《灵宝无量度人上经大法》和《灵宝领教济度金书》《上清灵宝大法》等道书中有“茭龙童子”仪节，以龙吏赍简，下达地府，救度亡故魂魄出离生天，瑶族度亡道法中亦有“龙童筊简科”，科场需扎纸龙两条，颇类此处的存思法。

至于“金台托化变成肚内两只船”之说，宋代神霄派有“送瘟船仪”，多收摄瘟鬼入船中，以遣瘟治病，与《度人大部经》中以船只救度亡故出离水府似有不同。此处以两只船于龙王水府中救人，类似瑶族大洪水传说中伏羲兄妹躲进葫芦瓢保住性命的故事。船和葫芦瓢的造型有相似之处，葫芦瓢用于救度灾难中的瑶族祖先，船则用于度亡。此处丢符下龙王水府，为标准的度亡存思。

综上可见，《度人大部经》“存经体”部分有两大作用：度人与度亡，且更重视度亡，这与道教《度人经》的“普度”观一脉相承。在度人时为经，在度亡时变成符，从侧面反映出，瑶族使用《度人经》时宗依纯正的灵宝传统，经、符并用，且经、符同体，皆先天一气所化生，故通过内炼以度亡，最终达到“存没蒙恩，阴阳利济”的目的。

“存经体”结尾用口诀默咒，口诀内容即为“净身神咒”，但不著咒题。这种做法和“存神咒”之初的做法完全一致。为何这两处皆用“净身神咒”而不著咒题？笔者认为原因很简单，此咒以“灵宝天尊”句开头，反复强调此咒，一为借用“灵宝

① 《道藏》第 31 册，第 131 页。

天尊”的神力以行法；二为突出强调《度人经》的灵宝道法背景。抹掉咒题，是为了淡化其普通神咒的背景。

（4）存四帅

> 龙关元帅内肝外眼，九气兵马六千，左甲乙寅卯三木青；虎马元帅内肺外鼻，七气兵马六千，右庚辛申酉四金白；雀邓元帅内心外口舌三气兵马六千，前丙丁巳午二火朱；武赵元帅内肾外耳五气六千兵马，后壬癸亥子一水玄中；自躬真人座戊己丑未辰戌，左五师五大真人，右四圣五大真人，勾陈内脾外身面，一气兵马一万二千，共三万六千，共二十四气真人护自躬真人。

此处将四帅、自躬真人与五行、五脏等对应，信息非常丰富。对应关系如列表：

表 16　“四帅”及“自躬真人”与五行、干支对应表

（出《度人大部经》，笔者制）

帅名	关元帅	马元帅	邓元帅	赵元帅	自躬真人
四灵	龙	虎	雀	武	勾陈
五脏	肝	肺	心	肾	脾
五官	眼	鼻	口舌	耳	身面
兵马	九气兵马	七气兵马	三气兵马	五气兵马	一气兵马
方位	左	右	前	后	中
天干	甲乙	庚辛	丙丁	壬癸	戊己
地支	寅卯	申酉	巳午	亥子	辰戌丑未

续表

象数	三	四	二	一	五
五行	木	金	火	水	N①
五色	青	白	朱	玄	N

上文中，关、邓、马、赵四位元帅分别对应东、南、西、北四方，并与其方相应的五行、五色、五脏及干支配合。但是，四帅和四方的对应关系并非固定不变，而是随科仪的不同相应变化。笔者田野调查发现，某些科仪节次的存思法中，对应东、南、西、北四方的元帅按顺序为赵、邓、马、关，如过法仪式前“抽帅”环节中，以抽取到东方赵元帅为最吉。可见四帅与四方的配合关系是临时的和变动不居的，这种关系和原初以五行配五方性质不相同，应为次生的、后起的。

居中位的是“自躬真人”，而“自躬真人”可能就是指诵经行法的道士本人。《度人大部经》存思法开始时云：“戊己本身座也，名一真土发神。”后配存思图“云气之中名真土”，图中于青、黄、白三色云气之上书一“身”字，表示行法者自身（即自躬真人）坐于三色云气之中。诵经前如此存思，与道教《度人经》“道君前序”末尾处的存思法一致。

自躬真人在五行配合上与四帅有区别，他对应的数字有三个：五，表现为左右分列的五大真人；一，其兵马名为“一气兵马”；十二，兵马数量为一万二千。最末又交代了有“三万六千兵马”“二十四气真人”护卫自躬真人，却并未交代清楚三万六和二十四

① 本书中，抄本中未见之项标“N”。

这两个数字的来源。笔者分析研究发现，三万六千兵马之数，前文中四方每方各有六千兵马，四方共二万四，加上中央的一万二，为三万六；二十四气真人之数，则为四方兵马的气数之和，东、西、南、北的兵马气数分别为九、七、三、五，加起来正好二十四气，中央一气即为自躬真人本身，可不必计算在内。

自躬真人左右，分别为“五师五大真人”和“四圣五大真人”。“五师”和“四圣”连用，多见于《灵宝领教济度金书》中的行道、祈禳类科仪和金允中《上清灵宝大法》，称“北极四圣真君”或“北极四圣元帅真君”及“灵宝五师真君”。但瑶经中并未把“五师”和“四圣”作为单独的五位师尊或四位神真来看待，而把他们看做一个整体，瑶族经教和科仪中常见“五师四圣”之说。

上表提供了两套五行数理系统，一套为出自《尚书·洪范》《礼记·月令》的以一、六为水，二、七为火，三、八为木，四、九为金，五、十为土系统，另一套为出自灵宝经及上清经系统的木九、火三、金七、水五、土一和十二。而道经中的数理系统为在古代五行数理的基础上，加上纳音体系中的生、壮、老数而来。[①] 瑶族《度人大部经》将道经数理系统配合兵马名称，而将来自《洪范》《月令》中的数字单列于后，可见其受到了两大系统的影响，并同时接纳两者，且在两个数理系统的用法上呈现出差别。

上文罗列五方五行的顺序为东、西、南、北、中，这和传统五行的顺生顺序东、南、中、西、北有异。瑶族《度人大部经》

---

① 亓尹：《〈度人经〉研究——以文本流变、思想贡献为中心》，四川大学硕士学位论文，2017 年，第 47—53 页。

改变了五行顺序，是为了突出“中位”统摄四方这一意义。《太上正一盟威法箓》云：“系天师阳平等治，太上中气，东西南北四部，将行督察二十四治，领二十四气。”① 其中“太上中气”领二十四气之说，可与《度人大部经》中的“二十四气真人护自躬真人”之说互参。

4. *存五气朝元合形法*

此部分题名“存五气朝元合形法”，内容如下：

若问大乘路，尾间是初关，一气聚太极，黑帝通血君，壬癸肾亥子胞胎，化符四道，化生壬癸酉脚门，又生两耳，默咒：内有霹雳，雷神隐明，洞慧交彻，五气腾辉，金光速现，覆护真人。急如律令。

金容出世天尊。

第一欲界，真窍金兵，二气隐明堂，白帝持魂君，庚辛酉三焦大肠，化符四道，化生庚辛，鼻门肚下脐。又默咒：火岭熠炽，上下分方，万神侍卫，永扫不祥。急如律令。

火炼丹界天尊。

第二色界，二万里轳心，辘心上安三气重楼过，黄帝中主者，化符八道，化生戊己丑未辰戌，生面身门，默咒：功德金光色……

逍遥快乐天尊。

第三无色界，三万里金桥，至九滩，四气结泥丸，赤帝养气君，化符四道，化生丙丁心口舌，又默咒：玉音摄气，灵凡聚烟，紫气郁秀，辅翼万生，千和万合，自然成真，急

① 《道藏》第28册，第470页。

如律令。

玉眸炼质天尊。

第四色界，四万里，日月星斗，天门皆现，飞星礼帝颜，五气朝帝阙，青帝护魂君，寅甲胆卯乙，化符四道，化生甲乙生两眼，又默咒：愿我三师，上登高仙，为我开度，七祖父母，五苦八难，早升天堂，明入仙籍，永成真人，急如律令。

总朝上帝天尊。第三五天门，天枢院五万里。

之后插入图片，图由两人形组成：下部人形内书十天干，从顶门出云气，在云气缭绕中有上部人形，其旁书“五气朝元是三清”。

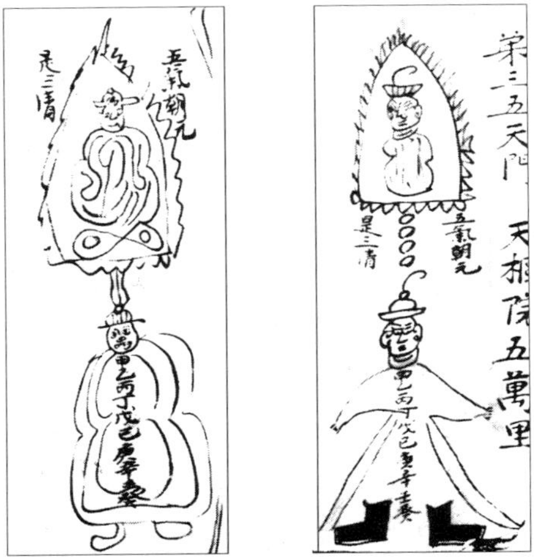

图 25　《度人大部经》中存思图：五气朝元是三清

［出 cod. sin. 2671（左，笔者摄），AA002（右，江田祥摄）］

上文内容分五个部分，按阶梯状上升，又各配五行、五脏、五官、五帝、五神咒、五天尊及相关干支。描述了道士自我修炼至五气朝元的过程，同时也是炼化亡灵再生为人、升入天枢院的过程。

文中以五行配五天尊：水配金容出世天尊、金配火炼丹界天尊、土配逍遥快乐天尊、火配玉眸炼质天尊、木配总朝上帝天尊，顺序为“水—金—土—火—木”，逆则成丹，刚好吻合丹家提倡的五行逆用之序。

五天尊名号见于宋代炼度仪中。《灵宝无量度人上经大法》卷六十一“灵宝炼度品”记载了五行炼度的过程，将五天尊名号用小字附在炼度文后：

> 愿降流水之精，炼而成胞，火炼丹界天尊。昭火之明，炼而成胎，九幽拔罪天尊。乘木之真，炼而为魂，十方救苦天尊。柔金之形，炼而成魄，逍遥快乐天尊。合土之英，炼而为藏，朱陵度命天尊。①

其中亦以五行配五天尊，不过配合关系与瑶族《度人大部经》不同。又金容出世天尊，见于炼度仪中沐浴后、更衣前，出《灵宝领教济度金书》和《无上黄箓大斋立成仪》；玉眸炼质天尊，见炼度仪中朱陵火炼环节，出《灵宝领教济度金书》和《无上黄箓大斋立成仪》；总朝上帝天尊，为炼度仪中涤荡亡灵“污垢”后，朝觐三清、三宝前的宣引之语，多见《道法会元》。瑶本《度人大部经》以五段存思法将内炼中的“五行逆用”与“炼度亡灵”分步骤呈现，瑶族道士在诵念和存思中，自身逆炼

① 《道藏》第3册，第960页。

成丹，同时也完成了亡灵的炼度。

文中还以五行配合五神咒。五咒为：

> 默咒：内有霹雳，雷神隐明。洞慧交彻，五气腾辉。金光速现，覆护真人。急如律令。
>
> 又默咒：火岭熖炽，上下分方。万神侍卫，永扫不祥。急如律令。
>
> 默咒：功德金光色……
>
> 又默咒：玉音摄气，灵凡聚烟。紫气郁秀，辅翼万生。千和万合，自然成真，急如律令。
>
> 又默咒：愿我三师，上登高仙。为我开度，七祖父母。五苦八难，早升天堂。明入仙籍，永成真人。急如律令。

第一段“金光咒”为神霄雷法中之常用咒，多见于《道法会元》。第二段中“万神侍卫”句出自《度人经》，又《度人经》文：“玉音摄炁，灵风聚烟。紫虚郁秀，辅翼万仙。千和万合，自然成真。”① 为上文第四段的内容。《灵宝无量度人上经大法》卷十“洞视降召品”载灵宝降神召灵之法，以《度人经》中这六句为“灵宝灵风聚烟咒”，召请西北方之炁。《灵宝领教济度金书》卷二百八十二“炼秽变神步罡”中以此六句为“祈雪诵”，卷二百八十五“玄灵默朝内诵”又以此六句为“敕墨咒”。《灵宝玉鉴》《道法会元》及王契真《上清灵宝大法》中也用作“敕墨咒”。第五段内容出自宋吕太古集《道门通教必用集》，卷九“精思篇”载：“各礼师存念如法”，在存思、心拜经、籍、度三师之后云：“愿我三师，上登高仙，为我开度，七

① 《道藏》第1册，第5页。

祖父母，早登天堂，我身名入仙籍，永为真人。”[①] 可见瑶本《度人大部经》中的五神咒乃宋元经咒、度人经法及相关灵宝咒拼缀而成。

“存五气朝元合形法”中的“地名”分两类：一是和身体有关的丹道术语，如尾闾、金桥、重楼、泥丸、明堂等；二是道书中未见的“铲心”“九滩”之名。瑶族根据五气行进的距离分列“一万里”到“五万里”，逐步推进，此形象化的表达使功法更容易被理解和切入。存思的最终目的是达到图中所呈现“五气朝元是三清”的境界，具言之，即到达五万里之上的“天枢院”。“上清天枢院”为天心正法的主要府院，使用“天枢院”，透露出《度人大部经》作者的教派背景。

存思图“五气朝元是三清”中，下方人身为十天干、五行混成的“后天之身”，通过存五气朝元，最后达到了五气聚于顶门，并化生出“先天之身”或“身外之身”。至此，体内的五行全部合为一体，形成一团氤氲云气，丹法成就。cod. sin. 2671 抄本中上部的人形，眉心书一个“佛”字，颇有仙佛合宗的意味，但其他两个抄本中并无此字。可见此“佛”字并非《度人大部经》版所有，而只是 cod. sin. 2671 中的偶然现象，或可推测出 cod. sin. 2671 的抄成时间较其他两个抄本晚。

“存五气朝元合形法”之文受道教《度人经》影响颇大。主要表现为两点：其一，存思法中央三步为依次存欲界、色界、无色界，思想基础来自《度人经》“元洞玉历”章中的“三界魔王歌音”；其二，每段存思文的书写顺序，皆可分为三步：存思、

---

① 《道藏》第 32 卷，第 48 页。

默咒、称天尊名。这与《度人经》中“道君前序”末的诵经仪轨是一致的：先以“道言”引出存思内容，再以“默咒”领起出官内容，最后称名、引炁、诵经。据此笔者认为，“存五气朝元合形法”其文是在宋元道法的内容基础上，仿照道教《度人经》中的思想结构和诵经仪轨而书写的。

5. 敷坐诵请诸神真

敷座诵请

以今焚香启请直日、直时功曹，为吾启请：

无上道经师宝天尊，大罗六御高真，玄都诸天五老上帝，雷声普化天尊。上元天官，森罗万象，五师四圣，四帅箓中；中元中界，地府五岳酆都，曹僚部属；下元水府，龙廷圣众，城隍社稷，祀典主宅神祇，掌经掌教，金童玉女，对读仙官，同降经坛，证盟看诵。

以今斋主厶等，虔请命道，躬就斋坛，焚香启请道辈光临。以今仰劳，当日厶土地，直日厶官辰，直时厶宿仙官，为吾速召上、中、下三宝藏主，运经下降，四部真诠，赴降经坛，流入臣身中，与吾看诵，及二十四位真人，异口同音齐声看诵。度人无量天尊。又想神气精血下降也。

cod. sin. 338 和 cod. sin. 2671 中段末的“度人无量天尊”为“救苦无量天尊”，这处改动本质上与两抄本中以《救苦经》之名遮蔽和覆盖《度人大部经》之实的思路一致。

“敷坐诵请”诸神真，即为诵经前祈请四值功曹关告诸神真，请神下降斋坛。上文中祈请的神真包括三类：

（1）降坛证盟类神真。为道经师三宝、六御高真、五老上帝、雷声普化天尊、天地水三官及其部属，这些为神格较高的上位神。其中“五老上帝”带有浓厚的灵宝经系色彩，“雷声普化天尊”和上元天官下辖的“五师四圣”“纂中四帅”则具有宋元正一道法特点。除此之外，降坛证盟之神还包括一些位次较低的辅佐神，他们居于斋坛，对诵经有直接帮助，如掌经、掌教、金童玉女、对读仙官，这些神起着侍经的作用。《灵宝无量度人上品妙经》卷二十二“飞神召灵品”云：“掌经仙伯，监籍大神，执经把籍，齐到帝前，随所应度，严校诸天。”① 其中就有“掌经”一职。

（2）运经下降的神灵，主要为上、中、下三宝藏主。此神不见于道书，依文解意，应为管理上、中、下三处库藏之主，经书平时收纳在天宫库藏中，需要修诵时，由库藏主开启宝藏、运经下降。诵经寄库之说在瑶族相当普遍，诵经可以寄库、纳库，正是瑶人修诵经书的本质性动力。上、中、下三宝库恰好对应金星、日宫、月府三处。笔者在云南文山收集到盘妙通藏《初真秘》抄本，上载“又请去取经书之法”云：“又想手执经书，取祖师银船承载伝师。师在内，棹上月府、日宫、金星，后背至西天，看见刘文经在引罗宫内，下管琅函库……看诵成金银宝贝，成禾谷黍米，月府、日宫、金星饱满，余三库也。”又笔者收集到邓道天藏《经骨秘》抄本载“诵经生身赔库法”：“存原生国中，天地三库，日月三星也。”金门瑶又有“库官”之称，其数也未必为三，而是以十二地支为十二库，每库各有库官主掌，亦具收纳经书之功能。

---

① 《道藏》第1册，第147页。

（3）伴随诵经的神真为二十四位真人，主要功能是陪伴斋主和道辈“异口同音，齐声看诵”。仔细比对上下文可知，这里的“二十四位真人”就是上文中代表四方四帅的共“二十四气真人”，他们保护身居中央的“自躬真人”（道士自身），共同完成经典修诵。

“敷坐诵请”段末尾用小字加注释：“又想神气精血下降也。”这句话是前文诵请神真时的存思内容。可见“敷坐诵请”的三类神真纵然功能不同、名号各别，但本质都是神气精血所化。这就又将诵经和内炼思想结合在一起了。

其后为“志心归命礼”，之后再次出现“玉帝诰”，但此诰呈竖向不规则排布，共八列，下各配八卦，依次从“坤八”至“坎八”。诰文上部书四个大“经”字，下书四行大字“六气九禽”，每行对应两列“玉帝诰”和两个卦象。后配图，图下书“名性经”三个大字，再下书小字：

> 下弦银八两母血，坤八月阴铅，乾八日阳汞，上弦金半斤父精。

“阴铅”“阳汞”后还配卦象，但三个抄本中卦象各异，且于教理不太通顺：cod. sin. 338 和 AA002 中，前后两处都配离卦，但 cod. sin. 2671 中则各配乾、震二卦，考虑到手绘卦象在传抄中极易出现误差，故略不论。

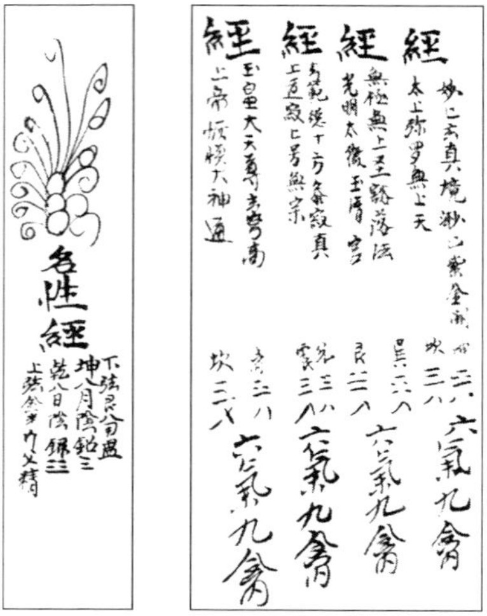

图 26　《度人大部经》中的“玉帝诰”配八卦及存思图“名性经”

（出 cod. sin2671，笔者摄）

此图下方配八卦，图中右数第二卦书写有误，对照上面的卦象以及其他两个抄本，知其本为“乾”卦。故八卦的排列顺序，从左往右依次为坎、离、震、兑、艮、巽、乾、坤，以后天文王八卦论，左四卦坎、离、震、兑居四正位，右四卦艮、巽、乾、坤居四维位。宋元雷法中广泛使用八卦，如《道法会元》卷九十八“九天碧潭雷祷雨大法”中载《盘天经》，即用坎离震兑、艮巽乾坤之法来寻找雷路。《度人大部经》中图下书“六气九禽”，《黄帝阴符经》云：“禽之制在炁。”① 又六、九为《易经》阴、阳之数，“六气九禽”语应为依易经和丹书缀合而成。

值得注意的是，上文“玉帝诰”排列顺序很有意思。“玉帝

① 《道藏》第 1 册，821 页。

诰”共十二句，每列配三句，但排列顺序被打乱，几个抄本都如此，可见并非误抄，而是有意为之，其顺序如下：

表 17　“玉帝诰”经句配八卦顺序表（出《度人大部经》，笔者制）

经		经		经		经	
12上帝10恢漠大神通	11玉皇大天尊12玄穹高	9上道7寂寂浩无宗	8玄范总十方9参寂真	6光明4太微玉清宫	5无极无上圣6豁落发	1太上弥罗无上天	2妙有玄真境3渺渺紫金阙
坎 7	离 8	震 5	兑 6	艮 3	巽 4	乾 1	坤 2

图中“玉帝诰”文字已经过校正，并在每句经文前编号，下方卦象后的数字代表本列诰文在整段中的排序。可看出“玉帝诰”经句顺序被有规律地打乱。主要表现为打破了从右往左按顺序书写的习惯，而是从每部分的第二行开始书写，这意味着乾、艮、震、坎四阳卦所对应的经文顺序为 1、3、5、7 的单数位，而坤、巽、兑、离四阴卦对应的经文则占据 2、4、6、8 的双数位，如此改变很容易理解，因为它符合“阳动阴从”“阳奇阴偶”的易数原理。但是，第二个改变就颇为费解了，除第一组外，剩下三组经文把每个部分经文开头属“阳”的列空两格，并把“阴”列中排列不下的最后两个字书写其上，笔者从未在其他道书中见过这种书写方式，所以暂时无法给出准确解释。如果这种改动不是为了提行和强调首字，那么经文顺序的布局改

变，或许暗示着其中真炁流动的方向。

“玉帝诰”配八卦图的文字书写方式，从外观上看很像某类幡式。幡首、身、脚一应俱全。其首部书写的四个大的“经”字，令人联想到前文“存经体”时所存思四部道炁所化之经——天经、仙经、真经和尊经。道教有以“玉帝诰”为符命超度九幽的做法，可参见王契真《上清灵宝大法》卷四十四“斋法符篆门”和《灵宝无量上经大法》卷五十六“救取亡魂品”。两部《大法》都以“玉帝诰”逐字作云篆，用于度亡法事中，因缺少相关田野资料，实践中“玉帝诰”是否被立为幡文或书符使用，仍不清楚，但灵宝东华派将“玉帝诰”及云篆符咒化的做法，可与瑶本《度人大部经》中对“玉帝诰”的特别处理做比较。

“金半斤、银八两”为丹道术语，萧应叟《元始无量度人上品妙经内义》以六十四卦配《度人经》句，云：“泰者，天地交而万物生也，至于申时，名曰金半斤。”[①]《紫阳真人悟真篇注疏》等丹书中，论及采太阴之气为丹药时，用“上弦金半斤”“下弦水半斤”之语。“银八两”或“水银八两”为烧炼金丹之药物，《道枢》卷三十三载“参同契中篇”云：“丹之九转是为金砂。金砂者，阴之爻一百就是有二，其为金八两焉；阳之爻一百九十有二，其为银八两焉。”[②] 瑶经中以“金半斤”“银八两”为金丹药物，实乃宗依上文之造作。旧制一斤等于十六两，以半斤对八两，再配以阴阳、铅汞、乾坤、父精母血之语，形成瑶族独特的丹道话语体系。

① 《道藏》第2册，第385页。
② 《道藏》第20册，第783页。

三　正经中的偈诵及注解

瑶族《度人大部经》的正经部分与道教"一卷本系统"《太上洞玄灵宝无量度人上品妙经》内容一致，但是其全文都穿插着许多偈诵和小字批注，是为《度人大部经》最大的文本特点。若按照佛经三分结构序分、正宗分、流通分对道教《度人经》判教，则"序分"为元始天尊说经前的内容，瑶本《度人大部经》中的"序分"如下：

太上洞玄灵宝元始无量度人上品妙经

讼：太上端居太极先，本身于父母未生，金于度人须要真经度，若问真经癸是铅汞，是根本造化也。

道言：十二月癸子胥，地雷复，天生真人，中藏沙，能起万物也。天一生水，一阳也。昔于始青东方甲乙木天中碧落南方丙丁火空歌大浮黎土西方庚辛金，碧落空歌最妙音，大浮黎土向坤寻，风清动神其甚净，寂微阳炼五阳，是乾卦，五阳，天风姤起也，受元始度人无量上品北方壬癸水。

元始天尊当说是经是一气戊已土，周回十过自甲至壬癸，以召十方是十大真人，始当诣座。天真大神是五老说经教，上圣高尊，妙行真人，无鞅数众，乘空而来，飞云丹霄，绿舆琼（轮），羽盖垂荫，流精玉光，五色五行、五帝、五老也郁勃，洞焕大空，七日七夜是水类一成，共七窍，诸天日月星宿，璇玑北斗所指之方玉衡，一时停轮，神风静嘿，山海藏云，天无浮翳，四气朗清，一国是一身也地土是戊已土，山川林木，缅平一等，无复高下，土皆作碧玉，无有异色。众真侍座，元始天尊玄坐穹浮五色狮子之上，青、黄、白三色也。讼曰：玄座浮空五色狮子，盲聋赐跛病离，地泄时金玉露形，飞空奔得金摽儿。元始座下放光，救拔哑者能言，病者能离。

上文在点校、汇集三个抄本的基础之上，最大限度地保留了文本原貌，文句不通之处亦予保留。文中划线的小字部分在瑶本《度人大部经》中为小字批注，这些批注是在道教《度人经》基础上添加的内容，它们大体可分两部分：

其一，紧密穿插于正文中的批注，往往针对文句而作，且把文本割裂成碎片，如“昔于始青东方甲乙木天中碧落南方丙丁火空歌大浮黎土西方庚辛金”一句中，注释和正文交叉行文，紧密结合。注释既解释了正文，从整体上看又有独立的思想，本书后文将探讨其思想特点。

其二，在正文中穿插的偈颂，多出现在正文文本开端、结尾或完整表意文段结束之后，具有总结、归纳、领起的作用。多为七言骈句，大多由“颂曰”或“颂（讼）”领起，有时也省略“颂”字。这些偈颂对瑶本《度人大部经》起到提纲挈领的作用，故在逐块解读正经前，很有必要对这些偈颂进行专门整理和分析。

《度人大部经》全文共有偈颂 25 条，其中“道君前序”部分 8 条，“元始正经”两章共 9 条，“道君中序”部分 5 条，“元始灵书中篇”部分 2 条，“道君后序”部分 1 条。偈颂底本全部出自陈致虚著《度人经注》，仅文字上略有出入，文字误差多因转抄中笔误所致。为尽量呈现瑶经写本的本来风貌，下表仅作基本的字形校对，对《度人大部经》中偈颂的笔误原样录入。

表 18　《度人大部经》和陈致虚《度人经注》偈颂内容对比（笔者制）

编号	板块	度人大部经		陈致虚《度人经注》	
		位置	内　　容	位置	内　　容
1	道君前序	经首正文前	太上端居太极先,本身于父母未生。金于度人须要真经度,若问真经癸是铅汞。	经首正文前	太上端居太极先,本于父母未生前。度人须要真经度,若问真经癸是铅。①
2		首句中	碧落空歌最妙音,大浮黎土向坤寻。风清动神其甚净,寂微阳炼五阳。	天尊说经前	碧落空歌最妙音,大浮黎土向坤寻。流精洞焕神风静,湛寂微阳炼五阴。②
3		天尊说经前	玄座浮空五色狮子,盲聋赐跛病离。地泄时金玉露形,飞空奔得金摽儿。	十遍说经后	玄座空浮五色师,盲聋喑跛病皆离。地藏泄时金玉露,飞空夺得金摽儿。③
4		十遍说经后	宝珠黍米在空玄,上圣高真总见前。朱冀步无鞅数众,方知经力妙玄玄。	元始悬宝珠	宝珠如黍在空悬,上圣高真总现前。珠口且容无鞅众,方知经力妙玄玄。④
5		魔王内讳处	内名隐韵不甚仑,无位真人号尊。了得内名须用,方知劫劫镇长存。	魔王内讳后	内名隐讳不堪论,无位真人号独尊。了得内名须受用,方知劫劫镇长存。⑤

①②③④⑤:《道藏》第 2 册,第 394—395、396、398、400、403 页。

续表

6		生死蒙恩后	上天所宝不得轻传，若得可亲即可上天。金宝如心何所以，至经微妙福无边。	生死蒙恩后	上天所宝不轻传，若得亲传可上天。金宝效心何所贵，此经微妙福无边。①
7		三月长斋后	三月长斋诵咏是经，诸天之上计其名。人知其本命诵咏，日月用之间颠倒。	三月长斋后	三月长斋诵是经，诸天上圣为书名。人知本命咏经日，日用之间颠倒行。②
8		行道入室处	入室之初劫不妄情，诵经行道早修身。传言玉女先关召，三十二天次第升。	行道入室后	入室之功却妄情，诵经行道早修行。传言玉女先关启，三十二天次第升。③
9	元始正经	元始正经经首	元始先天神气精，元功之妙最神灵。度我人须人度，上品丹房是妙经。	元始正经经首	元始先天神炁精，玄功无量最神灵。度人度我须人度，上品丹房是妙经。④
10		玉山上京处	玉京元始座瑶台，上品妙经论演十过。普值神灵行梵气，三莘离便五文开廓。	玉山上京段后	玉京山上郁罗台，上品经诠演十回。普植神灵行梵炁，三莘离便五文开。⑤

①②③④⑤：《道藏》第2册，第404、406、408、409、411页。

续表

11		十方神王来集前	无极天真集蕊宫，丹举御浮空。倾光回驾群仙度，阳长阴消妙化功。	十方神王来集后	无极天真集药宫，丹舆绿辇御浮空。倾光回驾群仙庆，阳长阴消妙化功。①
12		三十二天帝名前	天帝玉真六六天，丹成道备与天年。形神俱妙经申满，劫劫长存位上仙。	三十二天帝名前	天帝玉真六六天，丹成道备与齐年。形神俱妙经功满，劫劫长存位上仙。②
13		三十二天帝名后	三十二天总是尘，色心睹寂见金身。九和十合经中满，金简宫中侍女玉宸。	三十二天帝名后	三十二天总是尘，色心都寂现全身。九和十合经功满，金阙宫中侍玉宸。③
14		魔王名号后	赫变威权正令魔，无干犯鬼无妖婧。一此人祖气还丹就，三界列言奏上清。	魔王名号后	赫奕威雄正令行，魔无干犯鬼无精。一此祖气还丹就，三界列言奏上清。④
15		元洞玉历混合百神	混合百神赖此经，尊妙甚分明。天中梵气胎婴就，万气齐仙步玉京。	元洞玉历混合百神后	混合百神赖此经，此经尊妙甚分明。天中梵气胎婴就，万气齐仙步玉京。⑤

①②③④⑤：《道藏》第 2 册，第 412、414、418、420、422 页。

续表

16		三界歌音之前	今时惶惶,日夜恾恾,谁知地狱与天堂。好将金眼看浮世,焕丑何人歌洞章。	欲界魔王章后	伶俐惺惺日夜忙,谁分地狱与天堂。好将冷眼看浮世,焕醒阿人歌洞章。①
17		色界魔王之章	色界天中于公尘,此身非净即非真。要知我界何难,度者如金有几人。	色界魔王章后	色界天中十八尘,此身未净即非真。要知我界何难度,度者如今有几人。②
18	道君中序	魔王隐韵后	一此人财利不关心,金宝何为度得任。我是金城亲行屎,还丹即是龙虎。	魔王隐韵后	一些财利不关心,金宝何为度得人。我是青城亲付属,还丹只要龙虎亲。③
19		诵经功德消诸不详	有形有影都寻踪,迹到无为体太空。若问无形何所以,似金身放在黍米中。	诵经功德消诸不详	有形有数有终穷,直到无形体太空。若问无形何所似,全身放在黍珠中。④
20		诵经功德南宫升仙	计日更生随学功,圆八万显金容。大罗天上风流好,通道无求色即空。	诵经功德南宫升仙	计日更生随学功,功圆八百显金容。大罗天上风流好,通道元来色即空。⑤

①②③④⑤:《道藏》第2册,第423、423、425、429、429页。

续表

21		诵经功德保国度民	度人有大夫无边，句句分明好结缘。无量劫来师与友，如全都会大罗天。	诵经功德保国度民	度人功大果无边，句句分明好结缘。无量劫来师与友，如今都会大罗天。①
22		诵经功德神魔保举	凡有是经炼丹诚，投免得步玄门。三天行满功完事，金阙宫中步玉颜。	诵经功德神魔保举	凡有是经便炼丹，丹成克得步玄阑。三千功行浑余事，金阙官宫礼玉颜。②
23	元始灵书中篇	西方八天后	妙哉灵宝度人经，玉简金书籍上清。都馥功中神唱礼，缨自有宫有明。	东方八天后	妙哉灵宝度人经，云篆天章閟玉清。阿奕华都行梵炁，幽冥闻此获更生。③
24	元始灵书中篇	灵书中篇后	天尊说经教无穷，大范灵书显至。好也是于真灵用，大罗天上总安。	灵书中篇后	天尊说法度天人，大梵灵书显至真。好是真经灵验处，大罗天上总安身。④
25	道君后序	道君后序中	此经秘在大罗，玉女持花秘法延。经是母成功行满，鸾驾凤舞驾云锐。	经末复炉后	此经秘在大罗天，玉女持花侍法筵。经足丹成功行满，鸾翔凤舞驾云锐。⑤

①②③④⑤：《道藏》第2册，第431、432、434、437、440页。

相比陈致虚《度人经注》中的偈颂，瑶本《度人大部经》中的偈颂有几点发生了改变：

其一，位置变化。陈注的文本格式很规整：在引用意义较完整的一段正经后，以“上阳子曰”领起批注，经过一段征引与论述，最后以“颂曰”领起的四句七言偈诵作结。整篇批注为整齐的经、注、颂交叉行文结构。瑶本《度人大部经》则不然，插入偈颂的位置发生了改变，有的偈颂仍旧位于经文段末，但是有的却移到了经文行文中。位移次数虽不太多，但是却把陈注本中建构起来的经、注、颂交叉文本结构完全打破。瑶本的偈颂位置移动的规律性不强，呈现较大随意性。

其二，字数增删和内容篡改。多次转抄之下，瑶本《度人大部经》中的偈颂失去了规整的“四句七言”体例，出现许多字数增删、一句多字的情况，同音字、形近字频出，因字义讹误严重、原偈颂难以辨明，有的偈颂中甚至出现了编造附会的倾向。上表第 10 处偈颂出现在“郁罗箫台、玉山上京”经文处，陈注中偈颂首句为“玉京山上郁罗台”，而在瑶经中已变为“玉京元始座瑶台”。“元始”二字乃是在多次转抄、丧失陈注原句的情况下，根据《度人经》说经神格而附会添加。随着瑶经手抄本转抄次数增多，附会文义的现象必会越来越严重。

其三，省略部分偈颂。陈致虚注本在“元始灵书中篇”中针对四方各八天、八帝名号都分别配有偈颂。但瑶本《度人大部经》只录这部分的首、尾二颂，并把第一条偈颂的位置由原本的“东方八天”后移到了“西方八天”后。同样的现象出现在“道君后序”中，瑶经未收录“道君后序”中的所有偈颂，仅保留最后一条。实际上除去陈注中的偈颂外，瑶本《度人大部经》中还有其他多种批注正经的方式，如用六十四卦对应三十二天和三十二帝。这些新批注的加入，可能是不再重视和保留完整陈注的主要原因。

瑶本《度人大部经》以“一卷本系统”《度人经》为基础文本，但是陈致虚批注使用的是“一卷增字本系统”《度人经》，他在序言中讲授了此经的传授和增补，称“元始灵书中篇”“元始灵书上、下篇”及“太极真人颂”乃分不同批次降下，他还特别强调“元始灵书上、下篇”的重要性：“《天公经》云：大罗天宫有《灵书上篇》……于是玉宸道君撰《元始灵书》三篇，凝云作篆，每字方广一丈，八角垂芒，以镇三十二天。即如上三篇，皆道君所述，天真皇人所书也。后天真皇人美此隐音，重述《灵书下篇》，森角储云是也，如此乃有四篇。今人止谓中篇而不诵上、下篇者，岂上天秘惜、而下世罕闻之乎？”[①] 陈注驳斥了其时采用仅有“灵书中篇”的“一卷本”《度人经》的现象，可谓和“一卷本”系统势不两立。然而，为何“一卷本系统”的瑶族《度人大部经》还转抄陈致虚的批注呢？并且在抄写偈颂时直接忽略了那些增衍的内容。

陈致虚为元代道士，其《度人经》注作于元至元丙子年(1276)，注释中多引用萧应叟、青元真人之说，但偈颂部分应为作者自身观点的阐发。历代《度人经》注疏可分为“世法”与“道用”两类，严东、薛幽栖、李少微、成玄英、陈景元及宋徽宗御注主要以“世法”来作注，强调念诵以求福；萧应叟等主要以“道用”作注，强调修行而登仙。[②] 陈致虚则以“世

① 《道藏》第2册，第432页。
② 任继愈主编：《道藏提要》，北京：中国社会科学出版社，2005年，第41页。

法”和“道用”相结合来注经，即是他本人所言“道用与世法并行，以道用而隐世法，以世法而全道用”的性命兼修之道。[①]陈又将道用与世法释为“释氏修性、道家修命”之性命混融说，并引《混元实录》所载老君于龙汉劫在五国内分身教化、西化胡王的故事。可见其有佛道双修的思想倾向，具体而言，影响他最多的为佛教禅宗和道教金丹派南宗。这种思想倾向表现在偈颂中，就是他追求“经足丹成功行满”，重视诵经与内炼结合，认为必须二者兼具才能达到“形神俱妙”境界。瑶族《度人大部经》选录陈注中的偈颂，与他追求“世法”和“道用”结合、强调两教或三教融合的思想立场是内在一致性的。瑶族《度人大部经》同样非常重视诵经与内炼的结合，并在文中通过大篇幅的存思法将二者取象比类地对应起来。

1. 道君前序

瑶族《度人大部经》的三个抄本中，cod. sin. 338 和 cod. sin. 2671 内容并不完整，均从开始录至“道言：正月长斋，诵咏是经”之处便划下省略号、宣布科终。可能限于篇幅，或是这两个抄本本来就被抄写者当作“救苦大部经”的一部分来处理，故“不必”完整转录。但通过前文分析，我们可以确定 AA002 和 cod. sin. 338 及 cod. sin. 2671 所依版本完全一致，因而 AA002 呈现的就是《度人大部经》全貌，从下文起所引文本都来自 AA002《度人大部经》。

要分析《度人大部经》中每个板块最具特色的内容，进而研究整经思想，我们必须跳出穿插在行文中的大量、琐碎的批

---

① 参见《太上洞玄灵宝无量度人上品妙经注》卷上，载于《道藏》第 2 册，第 394 页。

注，而把焦点集中在该板块最重要的文本上。基于如是取舍原则，本书首先集中精力分析正经的思想内容，而把细碎的批注文字放到后文处理。

瑶本《度人大部经》的“道君前序”和道教《度人经》最大的不同有两处：（1）以元始十遍说经配合月令及五行河洛之数；（2）在末处进入正经前的存思发炉环节，文本发生改变。下文分述。

以说经十遍配合节气月令，原文如下：

> 说经一遍，正月立春、雨水，十月胞胎、精血，诸天大圣同时称善，是时，一国是一身也男阳男女阴女聋病，耳皆开聪。说经二遍，二月惊蛰、春分，二月胎形也，盲者目明。说经三遍，三月清明、谷雨，阳神为三魂，动以生也，喑者能言。说经四遍，四月立夏、小满，阴灵魄净，镇形也，跛痾积逮，皆能起行。说经五遍，五月芒种、夏至，行五脏以安神，久病痼疾，一时复形。说经六遍，六月大暑、小暑，六律定六腑，用资灵，发白反黑，齿落更生。说经七遍，七月立秋、处暑，通流七精，闻七窍明也，老者反壮，少者皆强。说经八遍，八月白露、秋分，景神降真灵，妇人怀妊，鸟兽含胎，已生未生，皆得成人。说经九遍，九月寒露、霜降，宫室罗布以精也，地藏发泄，金玉金生水类露形。说经十遍，十月立冬、小雪之节气，定万象形也，枯骨更生，皆起成人。①

注文中以十遍说经配合正月至十月，每月辅以相应的两个节

① 《度人大部经》，美国国会图书馆藏瑶族手抄本，AA002，篇11a—12b。

气。若以十二月令中的正月至十月论之，则少十一月、十二月，实际上并不匹配。此后零碎的注文说明，此处的“十月”并非十个自然月，而取法怀胎十月，以十遍说经配十月怀胎，象征孕育金丹的过程。陈致虚《度人经》注和萧应叟《内义》都记载了“天地媾精”后成胎生形的过程：

故老君曰：天地媾精，阴阳布化。一月为胞，精血凝也。二月为胎，形兆胚也。三月阳神为三魂，动以生也。四月阴灵为七魄，静镇形也。五月五行分五脏，以安神也。六月六律定六腑，用资灵也。七月七精开七窍，通光明也。八月八景神具，降真灵也。九月宫室罗布，以定精也。十月炁足，万象成也。①

陈注中多处征引萧注，上述文段也应来自萧注，为其内丹思想的形象化阐发。瑶族《度人大部经》继承其丹道思想，以元始说经象征丹光下注，以说经十遍象法金丹成就，与宋注本一致。

又以经文第二段配五行及河洛之数：

是时，元始天尊说经一遍，天一生水，东方无极无量品至真大神无鞅之众，浮空之至。说经二遍，地二生火，生太初，南方无极无量品至真大神无鞅之众，浮空而至。说经三遍，三天生木，生太素，西方无极无量品至真大神无鞅之众，浮空而至。说经四遍，地四生金，太始，北方无极无量品至真大神无鞅之众，浮空而至。说经五遍，天五生土，太

① 《元始无量度人上品妙经内义》卷三（载于《道藏》第2册，第354页）以及《太上洞玄灵宝无量度人上品妙经注》卷中（载于《道藏》第2册，第410页）。

极也，东北方无极无量品至真大神无鞅之众，浮空而至。说经六遍，天一与地六，水也，东南方无极无量品至真大神无鞅之众，浮空而至。说经七遍，天二与七，生火也，西南方无极无量品至真大神无鞅之众，浮空而至。说经八遍，三与八，生木也，西北方无极无量品至真大神无鞅之众，浮空而至。说经九遍，四与九，生金也，上方无极无量品至真大神无鞅之众，浮空而至。说经十遍，天五与地十，生土也，下方无极无量品至真大神无鞅之众，浮空而至。①

上文复述天尊十回说经，以召十方大神。因前文通召十方，未显指其方所。薛幽栖《度人经》注本以段首的“是时”为天尊初说经之时，称前段为明十遍说经之经德，此段复述则为强调十方位次。王契真《上清灵宝大法》卷四“十玄修用门”以五行生数、成数配元始天尊十遍说经，云：“师曰：十转之道，乃五行生成之道。十转之法，是天尊十过说经神化者，是其理矣。”② 又以五行生数、成数分别解释经德，如一为水之生数，对应五官为耳，故说经一遍时，“一国男女聋病，耳皆开聪”，至六遍说经，因六为水之成数，故“发白返黑，齿落更生”，亦为肾水返还之功。瑶本《度人大部经》以五行生数、成数配合说经十遍的做法，很可能是受王氏《大法》启发而为。

又以说经的前五遍配合“五太”，尽管其处排列顺序错误。青元真人注本以“五太”之说批注“太上洞玄灵宝无量度人上品妙经”经题中之“太”字：“昔天地未分，先肇五太：太虚、

① 《度人大部经》，美国国会图书馆藏瑶族手抄本，AA002，篇 12b—14a。
② 《道藏》第 30 册，第 679 页。

太元、太素、太质、太极也。五太既分，然后三才立，乾坤叙位。道大、天大、地大、王亦大，道得一而成其大，故曰太也。"[1] 然青元注中所列"五太"的具体内容与瑶经中不同。瑶本《度人大部经》批注中的"五太"应为太易、太初、太始、太素、太极。这个版本的"五太"多见于道家诸经，但列子、老氏多只言前四，不言"太极"，只有部分道经同时强调五者，如成书于元代的《玉清无极总真文昌大洞仙经注》。

以五行配合十方的做法，贯穿瑶本《度人大部经》全经，但五行所匹配的方位则不时发生变化，这充分证明《度人大部经》为多种修道思潮影响下的"融合"之作。例如，在元始正经"元始洞玄灵宝本章"中亦提及十方无极神王，批注并没有采用此处以生数、成数配合五行的做法，而是以十方配十天干，其所对应的五行发生了彻底的变化：

> 东方无极飞天神王长生大圣无量度人，甲木。南方无极飞天神王长生大圣无量度人，乙木。西方无极飞天神王长生大圣无量度人，丙火。北方无极飞天神王长生大圣无量度人，丁火。东南方无极飞天神王长生大圣无量度人，戊土。东北方无极飞天神王长生大圣无量度人，己土。西南方无极飞天神王长生大圣无量度人，庚金。西北方无极飞天神王长生大圣无量度人，辛金。上方无极飞天神王长生大圣无量度人，壬水。下方无极飞天神王长生大圣无量度人，癸水。[2]

瑶本《度人大部经》中"道君前序"部分相比道教《度人

---

① 《道藏》第 2 册，第 251 页。

② 《度人大部经》，美国国会图书馆藏瑶族手抄本，AA002，篇 24b—25a。

经》的第二大不同，在于发炉出官部分发生了文本改变。具体而言，是在存思后的“默咒”部分增加了内容，这代表瑶族在修诵此经时，在原有仪轨上做了增衍。录文如下：

> 默咒：贪罗郁罗，符无所陀，太极阴阳包和，出有入无，出入生死，鬼神莫测，变化自全，元始混气，玄之又玄，上于有终，下洞大渊，神之一变，沉疴自痊，炼魂浴魄，真阳自全，斋戒礼讲，万过升仙，无上秘咒，受命绵绵。重宣秘咒：贪罗洞明，玉清上极，梵炁氤氲，分灵布气，降注付身，形神俱妙，与道合真，臣身得道，七祖飞仙，垂如金格，统摄万灵，急如元始度人律令。无上玄元太上道君，召出臣身中三五功曹，左右官君使者，侍香金童玉女，五帝直符，直日香官，各三十二人，关召启所言，今日吉庆，长斋清堂，修行至经，无量度人。
>
> 今据大清国云南道厶府、厶县、厶里、厶王下厶村住居，奉道斋主厶等，乞建无上厶斋，虔请命道厶厶，躬就厶斋坛，看诵《度人经》已百卷，特用预修，资荐亡故厶正魂（升）仙界，作冥程之福果，四奉天、地、水、阳，臣厶及二十四位真人密咒曰：臣及甲乙，转经受生，愿所启上彻，径御陛下无上三十二天元始上帝至尊几前御陛。毕，引气三十（二）过，东向诵经。
>
> 取万神，朝处总命申上起子，顺行，逢太岁是也，指方玉帝桉，临时，元始初开无量上品，一音经才出众知闻，灯自许时续，不俱天尊老君，天地交泰卦。

文中直线下划线内容为瑶本《度人大部经》相比道教《度

人经》的增衍之处，添加下划线便于对比。

第一段“默咒”后的批注部分“贪罗郁罗……”见于多种道经，但各经中名称不同，《太上三洞神咒》称为“诵经密咒”，《黄帝太乙八门顺逆生死诀》称之为“度人经出官密咒”。其咒多见于《度人经》经注、经法及《太上洞玄净明飞仙度人经法》，王契真《上清灵宝大法》中亦用此咒，但金允中的《大法》未提及。唯张宇初的《度人经注》中引雷默庵之语，明确反对用此咒：“密者，低声也。咒者，祝也。默庵曰：自下文‘无上玄元’起，至‘至尊几前’一段，即低声祷祝之言，不必别诵咒。其‘贪罗郁罗’，乃后人所加，岂宜诵之？”① 足见此咒为后出，并为雷法混元门等派所反对，亦不为明代正一道正统所接受。瑶经对此咒的接受，足见其教法上的民间化倾向。

下文道教《度人经》作“侍香玉童，传言玉女”，瑶本《度人大部经》作“侍香金童玉女”，乃附会民间通俗话语之辞令。再下段交代诵经的背景，其中包括具体地点、斋主及道士姓名、斋事及斋坛名字，以及诵经目的。其内容及结构颇类似《无上黄箓大斋立成仪》及王契真《上清灵宝大法》中所载“开经疏”，但内容远为简化。王氏《大法》中“开经疏”收入卷六十六“文移杂用门”，又较《立成仪》中的为简，文为：

> 大明国某乡贯居具位臣姓某，敬露丹诚，上干洪造。臣伏为入斋意至醮用物仪具状投某人门下，祈请道士一坛，就某处崇建无上黄箓大斋三昼夜，冀集阴功，总资超度。谨涓某月某日，开坛蒇事，请命祈恩，所有太上诸品真经、天尊

① 《道藏》第2册，第302页。

睿号，预取某日为始，开函看诵。今先具品目敷奏如后。

一请道士看诵《太上洞玄灵宝无量度人上品妙经》若干卷……①

此“开经疏”中亦交代修诵经典的具体地点、斋主及其道士、行斋时间及斋事类型，并在后文列出所诵经目及诵经目的。和瑶本《度人大部经》中不同的是，王氏《大法》中的“开经疏”有“称法位”的痕迹，称“具位臣”，而瑶经中虽以“臣”自称，但并无任何具法位的痕迹。陈椿荣《度人经》经法注“臣及甲乙”云：“某人之理也。受法箓则称法位，未受法箓则称奉道弟子臣某。今某日吉庆，斋戒清堂，为某事诵经。若为他人，则言臣某为某人某事诵经，奏述诵经之意旨。”② 瑶经中并无称法位之语，很可能使用此《度人大部经》的道士根本未受法箓，不具有法位。

瑶本《度人大部经》中还有“特用预修”一语。在宋代道法中《度人经》经常用于预修，《灵宝领教济度金书》载“预修黄箓斋”，中有“十回度人法祈禳道场”，卷三百二十又载“斋醮须知品”，讲述预修的重要性：“诸预修黄箓，盖原于北帝伏魔经金箓度命。有人堕狱，刑罚莫施，北帝启开其故。元始谓此人生存，曾受九真戒长生、救苦二符，所以如此。若世人能受持，则死后皆然。因此遂有预修金箓度命之科。”③ 可知预修时，不只是诵经，还要给付长生、救苦的符命，才能起到济度存亡的作用。给付符命的做法在灵宝东华派中非常盛行，王契真《上

① 《道藏》第31册，第338页。
② 《道藏》第2册，第480页。
③ 《道藏》第8册，第823页。

清灵宝大法》卷四十五“斋法符篆门”载“长生符生身受度告文”：“元始符命，监生大神，覆护预修弟子某，生身受度，劫劫长存，随劫轮转，与天齐年。永度三途五苦八难，超陵三界，逍遥上清。”① 金允中认为，“预修”诵经乃灵宝古法，后期才发展为“习仪演事”。金氏《上清灵宝大法》卷二十九“奏申文檄品”载：“盖古来灵宝法中叔云：黄箓前期三十六日，预修诵经堂，率同斋之士，入靖对斋，不交人事，精诚看诵《度人上品妙经》、《九天生神章经》、《道》《德》二篇、《黄庭玉经》，近期则习仪演事，此古法也。”②

从文本看，瑶本《度人大部经》中的“预修”并不规范，因为不见在黄箓斋前三十六设立日诵经堂的痕迹，也不能从文本看出瑶人是否在修诵《度人经》的过程中授受了长生、救苦等符命。但可以肯定的是，灵宝古法中，先以预修诵读《度人经》来辅助斋事，其后才发展为完全依靠习仪演事。换言之，“预修诵经”和“习仪演事”两种做法在时间上具有先后性，在功能上具有替代性。这就能解释为何瑶本《度人大部经》中有如此多的存思法与斋法仪式的痕迹，因为《度人大部经》成书时，“预修诵经”乃“习仪演事”的前身，前者实际上包含着后者的部分功能。

南宋青元真人注、清河老人颂、郭冈凤参校的《元始无量度人上品妙经注》中，在经首“昔于始青天中碧落空歌大浮黎土，受元始度人无量上品”之后作颂：“元始初开无上品，一音

① 《道藏》第31册，第118页。
② 同上，第536页。

初出众知闻。法灯自许时人续，不但天尊与道君。”① 瑶本《度人大部经》“道君前序”的最后一段就转抄自此处。由此可见，瑶本《度人大部经》的缔造者是在阅览多种经注、经法后选择此偈颂的，以配于元始正经之前，正应元始初开说经之景。

和道经不同，瑶本《度人大部经》在插入预修疏文之后又有一次密咒，曰“臣厶及二十四位真人密咒”，其中添加了“二十四位真人”之名，“二十四位真人”为四方正气及身中身神所化，前文已有分析。笔者认为，呼召真人下降一同诵经，这可能是在瑶族法师没有受箓、不具法位时的替代性举措。有道箓者受到箓中兵将的护持而具有合法性，无道箓者则在诵经前加上繁复的存思仪轨，并存思、呼召二十四真人共同诵经，以期达到和有道箓者同等的效果。

2. 元始正经二章

瑶本《度人大部经》正文中穿插了许多碎片化批注，除此之外，在“元始正经”二章中，最引人注目的当属以经文与六十四卦、三丹田相对应配合的内容。

在“元始洞玄灵宝本章”中，四方共三十二天、三十二帝名号被单列，各配一卦，合六十四卦。其前有颂：

> 讼曰：天帝玉真六六天，丹成道备与天年，形神俱妙经申满，劫劫长存位上仙。三十二天，合六十四卦也。

前四句颂词来自陈致虚《度人经》注。后补“三十二天，合六十四卦”句，领起下文。

此后的四方各八天、八帝，每天、每帝各配一卦。并在各天

① 《道藏》第2册，第252页。

总名下方用小字标注八卦信息：

东方八天，震上，卯；巽下，巳

南方八天，上离，午；下离，未

西方八天，上乾，酉；下乾，戌

北方八天，上坎，子；下艮，寅

我们发现，以六十四卦配合三十二天、三十二帝的规律之一，是各方首句“天”和“帝”皆配八正卦，其后七句皆配迭卦。如图所示：

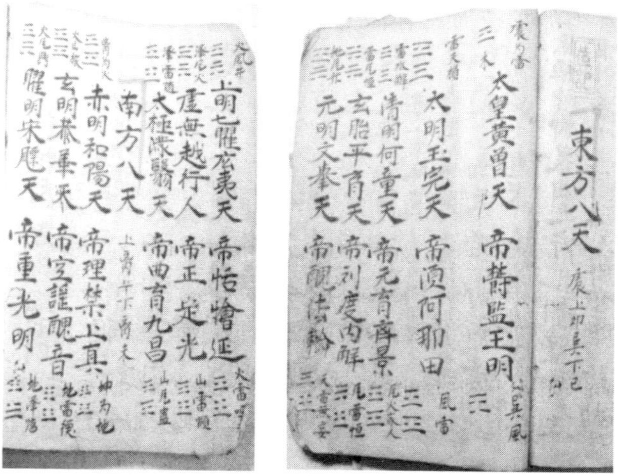

图 27　《度人大部经》书影：三十二天、三十二帝配六十四卦（局部）

（出 AA002，江田祥摄）

但是，各天总号下标注的卦相和首句下出现的卦相却有偏差，并不对应，如下表所示：

表 19　三十二天帝和卦象、五行对应表（出 AA002《度人大部经》，笔者制）

四方各八天八帝		东	南	西	北
题下卦象	上	震	离	乾	坎
	下	巽	离	乾	艮
首句卦象	天	震	离	兑	坎
	帝	巽	坤	乾	艮
题下五行	上	卯	午	酉	子
	下	巳	未	戌	寅

南、西两天中，题下卦象和首句卦象有一半不相匹配；东、北两天中，题下卦象与首句卦象则完全一致。这种将八正卦两两分为一组、四组并列的做法，和《度人大部经》诵经前仪轨中“敷坐诵请诸神真”后，以“玉帝诰”拆句配合八正卦，共竖向组成四组的做法具有方法论上的内在一致性。然而，“玉帝诰”配卦和“三十二天”配卦的卦象排列并不一致，前者按四正、四维之序拆分八卦，此处则完全按照后天八卦的五行顺生顺序排列。东方卯巳地，对应震、巽二卦；南方午未地，对应离、坤二卦；西方酉戌地，对应兑、乾二卦；北方子寅地，对应坎、艮二卦。

然而，每方天、帝之名所对应的卦象并不规整，并非按照八正卦分为八宫、交迭而成十六卦来配合每方天帝。换言之，各方天、帝和卦象的配合呈现出很大随意性，例如“北方八天”中，八天所配八卦依次为：坎为水、泽水困、水雷屯、水火既济、泽天夬、雷风恒、地水师；八帝所配八卦依次为：艮为山、山火贲、山天大畜、山泽损、火泽睽、天泽履、风泽中孚、风山渐。可见，“北方八天”虽由坎、艮二卦领起，但其后所配的八卦并非坎宫和艮宫八卦的叠加。瑶本《度人大部经》中的卦象排列与通途周易的顺序不同，是否有其内在的规律性，还是仅为附会之作？此问题仍有待于笔者进一步研究。

以卦像配合经文，还见于后文中对五斗的批注：

> 东斗主算，震卦，三，木，西斗记名，兑，酉卦，四，金也，北斗落死，卦坎，子，三，木也，南斗上生，离卦，午，火也，中斗大魁，艮卦，丑未辰戌，五，土，☶，总监众灵。

《灵宝无量度人上经大法》和两部《上清灵宝大法》中，都以东斗配卯、西斗配酉、北斗配子、南斗配离、中斗配子午，与此处相同。王氏《大法》中多处以五斗经句为符书，益算辟鬼。此处将震、兑、坎、离分别配东、西、北、南斗，方位配合关系也和后天八卦相同。唯以艮卦入内配合中斗，为诸道经所未见。八卦中属土的还有坤，为何《度人大部经》用艮卦配土，而不用坤卦，亦值得探讨。

“元洞玉历”章中，在欲界、色界、无色界的三界处，配以三清、三元、三丹田之语：

> 第一欲界飞空之音，下刀下鸟一万里，太清下元，下丹田，子亥文也。
>
> 第二色界魔王之章，上清中元，中丹田，中岛空界二万里，白衣，金兵，升色界，色界天中于公尘，此身非净即非真，要知我界何难，度者如金有几人。

“第三界无色界魔王之章”后未配批注，此处未录，但可以推知其所配内容必为“玉清上元”“上丹田”之语。“第二色界魔王之章”中“色界天中于公尘”的偈颂出自陈致虚《度人经》注。取上文两条材料中的相通之处，发现其以欲界配合太清、下元、下丹田，距离为一万里；以色界配合上清、中元、中丹田，距离为二万里。三清、三元、三丹田道教常用话语，配在此处，反映了瑶族三清、三元信仰与丹道思想的杂糅。“一万里”“二万里”之数为道经所未见，瑶本《度人大部经》诵经前存思的“存五炁朝元合形法”中，以色界配二万里、无色界配三万里、此后再次现的“色界”配四万里，最后到达五万里“天枢院”。从一万里到五万里，距离的增加反映出修行者通过内炼三丹田之炁，最后天门脱胎、与道合真的旅程。将体内三丹田配比三界，那么通过内炼超脱出体外的过程自然就等于“跳出三界外”。当走完“五万里”全程到达“天枢院”时，修行者自然也就“不在五行中”了。以三界配三丹田的做法，再加上从一万里到五万里的距离概念，是瑶族《度人大部经》撰作者将修诵《度人经》和内炼中三、五之丹法数理进行叠加整合的结果。

3. 元始灵书中篇

瑶本《度人大部经》“元始灵书中篇”中较有规律性的批注，为以四方三十二天配合四灵及五行象数。具录如下：

> 东方八天：甲乙、寅卯，二木成数，入青龙，肝，眼，春，震，铅汞，寅，风，木也。
>
> 南方八天：丙丁，二，火数七，步朱雀，心，口舌，夏，离，永坤土，赤龙，离火也。
>
> 西方八天：庚辛，四，金，申酉戌，数九，肺，鼻，白

虎，乾，四，金也。

北方八天：壬癸，亥子丑，一，水数六，肾，耳，亥，武，坎，黑虎，艮土也。

“东方八天”中应为“三数成木”，笔误抄成“二数成木”，录上以保持瑶抄本原貌。文中以东木、南火、西金、北水对应五行相配之象数、季节、五官、五脏，前文已多做分析，无须赘言。唯“南方八天”和“北方八天”中出现“赤龙”“黑虎”二语为前所未见。“赤龙”“黑虎”语出《悟真篇》偈：“赤龙黑虎各西东，四象交加戊己中。复姤自兹能运用，金丹谁道不成功。”北宋翁葆光注曰：“东是青龙木，木生火，故龙之弦气属火，火居南而赤，故曰赤龙。西是白虎金，金生水，故虎之弦气属水，居北而黑，故号黑虎也。赤龙又曰姹女，黑虎又名金公，二物犹砂中汞、铅中银也。赤龙、黑虎合两弦之气，交南北东西，即是东西南北合也。”[①] 萧应叟引《悟真篇》中“赤龙”“黑虎”偈批注元始天尊十遍说经、金丹大成的功德。此处“赤龙”“黑虎”之语出现在“元始灵书中篇”的批注中，说明瑶本《度人大部经》的注释并非对灵宝经的五方、五行的简单比附，更加入了宋代丹道思想的内涵。

4. 象数与丹道：贯穿全经的诠释思想

由前文可知，金门瑶《度人大部经》中蕴含着丰富的象数与丹道思想。然而，尚有前文未论及的诸多象数及丹道批注贯穿全经，在或琐碎、或具体的表述中勾勒出瑶族对《度人经》的诠释体系。象数和丹道思想的批注，构成了一个个或整或零的网

---

① 参见《紫阳真人悟真篇注疏》卷六，载于《道藏》第2册，第948页。

络，贯穿整部经文中，有的非常系统，能够提纲挈领；有的则十分琐碎，仅在行文下用小字标记只言片语。就内容而言，这些注释有的为仿照道经的理论、方法附会而成，有的取材自瑶族信仰乃至民间故事。下文将从内容与形式等方面进行介绍和评述。

（1）以“十二道言”象征丹道火候及亡人饮食

瑶本《度人大部经》在每条“道言”下均配注文，按先后次序具录如下：

道言：十二月癸子肾，地雷复，天生真人，中藏沙，能起万物也，天一生水，一阳也。

道言：十二月丑、艮、脾，地泽临二阳，无鞅真人天产土、脾，中脏安太极。

道言：正月，甲寅，地天泰，玄朱真人，胆，天三生木，能脱万枷锁，三阳，三还返也。

道言：二月，卯，正中真人，胃，雷天大壮，四阳，沐浴。凡诵是经十过，天一至地一也。

道言：三月，辰，巽，子丹真人，膀胱，泽天夬，五阳，四还二返也。

道言：四月，巳，丙，回向真人，为乾天卦，肝，六阳还，三返也。

道言：五月，午，心，丹元真人，天风姤䷫，四返六还。

道言：六月，未，大渊真人，二阴，七返五还也，坤卦䷁。

道言：七月，申，灵童真人，八还六返，三焦，三阴也，天地否卦。

道言：八月，酉，□□真人，大赐，风地观卦䷓，四阴，沐浴。

道言：九月，戌，爽灵真人，九还七返，山地剥卦䷖，小肠，五阴，为真土也。

道言：十月，亥，壬，幽精真人，胞胎，入绝，坤䷁，十月脱胎也成，真人引入金门，是重楼宝珠，含金谷，而金丹祖气也。

文中有数处转抄中发生的错误，但不影响整体思想内容的呈现。

“道言”，乃太上玉晨大道君之言。玉晨道君为《度人经》的主要受经者，他在经中以“道言”叙元始说经本末，并演说经义，辅助宣化。故“道言”分布在《度人经》道君前序、中序和后序中，道君前序六则、中序五则、后序一则，共十二则，合称“十二道言”。《度人经》中道君的所有宣化之语皆以“道言”领起，元始亲诲穿插其中，故“十二道言”乃串起全经的纲目。

王契真《上清灵宝大法》卷十八“经句符书门”载“十二道言七炁成符”，以指诀配合行炁，云：“师曰：道言者，乃元始之敕，众经之首也。其十二年按一年之数，可以治万病，集千神，召和炁于身田。”① 瑶本《度人大部经》应受其启发，以十二道言配一年十二月。另外，瑶经中又以十二道言配十二真人，十二真人即诵经前存思法中“净口神咒”和“金光神咒”所对应的“十二神”，前文已经论证，“十二神”名号即为《玉枢

① 《道藏》第30册，第816页。

经》载身中九灵、三精之名。瑶经又以十二道言配十二消息卦，以象征丹道修炼的火候和内炼过程，这和瑶人将修诵《度人经》视作修炼丹法的观念一脉相承。

瑶族存思法特别强调“十二道言”的象征意义。除了上文中将“十二道言”比附于十二月令、十二消息卦和九灵三精之外，瑶族还有不同于道经的、关于十二道言的独特解读，即将“十二道言”存思为亡人的饮食。德国巴伐利亚州立图书馆藏 cod. sin. 770《道教受戒密语》抄本载“又开经之法”，其中关于《度人经》的存思为：

> 又度人经是月府日宫，为连般（莲船），用度亡人升天也。内有十二道言，是十二个仙桃果子，用变养亡人，永无饥无渴也。又变无量精田，生出黍米宝朱（珠）养亡人，十二茶油子养亡人也。

又 cod. sin. 777《道教师教一本受戒密语》中载：

> 又诵度人经姓超，是月府日宫，为莲船，用度亡故升天也。诵了成家，成牛马猪羊。
>
> 内有十二道言，十二个仙桃果养亡人也。又三十二天帝，色生三十二天帝，十二国中十二国度，三十六洪屋花园，满堂影光，亡人住处也。又生黍米宝珠，十二茶油用养亡人，无饥渴也。

瑶族法书中的诵《度人经》存思法中，将“十二道言”存思为“十二个仙桃果”“十二茶油子”，用以养育亡人，使其在阴间永无饥渴。这和道经所载的存思法截然不同，“十二个仙桃果”“十二茶油子”到底是何物？是否可循丹道思想将之解为无形无相的金丹或法食，用以抚慰冥亡？

笔者认为，并不能简单地循着道教丹道思维作如上解读。因为，上两段文本中的存思对象是非常具象化的，不但出现了熟悉的“日宫”“月府”之称，还有动态意象用“莲船度亡故生天”。并且，瑶族存思法中《度人经》不仅可以存变为“十二仙桃果”等食物，还能变成良田万顷、出产“黍米”，又变成猪马牛羊，用于亡人畜养使用，甚至经中三十二天帝还能起造洪屋和花园，供亡人居住。所有形象都非常具体、有章可循，就连稍显抽象的“日宫”“月府”，由前文分析可知，也不过是瑶人心目中“三品衙门”中的下两个。因此，我们有理由认为，瑶族法书中的《度人经》存思法，实际上为亡灵造构出一个物产丰富、富饶美丽的灵界世界。这个世界里丰衣足食、物产丰富，且具体可感，对于瑶人来说具有某种抽象的真实性。

瑶族灵界世界的架构或许受过道教的影响，例如其有“度人生天”之语，但是，瑶人心目中这个亡灵生活的世界，与道教天界是完全不同的。道教的天界或神仙界虚无清净、逍遥自在，其本质乃道炁化生。但瑶人宇宙观中的亡人所生处，不过是现实世界的美好映射。那里仍有稻谷、仙桃、六畜，不过物资丰盈、人民欢乐，远胜此岸世界。但就根本而言，我们在瑶人对灵界的构想中，看不到道教宇宙观的超越性和非实体性。这便是瑶族自身的存思对象和道教影响下的存思对象之间的不同。更重要的是，在瑶族存思法中，彼岸灵界内所有真实具体的美好事物，都可以通过此岸的诵经、修斋来获得——这正是瑶人修诵《度人经》的深刻心理基础，他们所谓的度亡，就是通过诵经为亡人变现衣食房屋，让他们在彼岸世界“活”得更好。

瑶族存思法中“莲船度人”的譬喻，和瑶本《度人大部经》诵经前“存经体”处的存思法类似，“存经体”中述：

> 先天一气化生二仪，交合结成一团金血，化生天下三百六十形，人次乃成，金血，丢下五符水团，龙王五部符，金台托化，成肚内两只船，能度众生，超凡入圣，诸佛诸仙均尽沾仰。

修诵《度人经》，便可以在龙王界内，用金台托化成莲船两只，以船运载亡灵至富饶美好的彼岸世界，这就是瑶人心中修诵《度人经》的真实用意。“莲船度亡”之说，承载着瑶族创世神话中关于大洪水的集体记忆，值得笔者做进一步研究。

（2）按同类经句的数量批注为相应象数

道教《度人经》原文中有数处排比式经句，瑶本《度人大部经》在这些排比式经句下加上相应的批注。笔者发现，这些批注和经句内容并没有直接的联系，之所以添加它们，只是因为这组排比经句的句数和所注事物的数量恰好匹配。例如将四句“天真自然之音”经文批注为四季：

> 此音无所不辟，春季也；无所不禳，夏季也；无所不度，秋季也；无所不成，冬季也；天真自然之音也。

又如，将五个排比经句批注为五行，并在细微处做了改动：

> 天中之音，合木；天中之尊，明火；天中之神，天金；天中之魔，帝出；天中之灵，日月玉眼。

除依经句数量添加批注，还有一种情形是按照经句中有价值的词组数量来匹配同数量的批注。这类批注穿插在句子中间，切割了完整的行文，形成一种特殊的交叉式表达。例如，将《度人经》中的“十戒”经句切割以配“十天干”：

> 不杀甲乙也不害乙也，不嫉丙也不妬丁也，不淫戊也不盗己也，不憎贪庚也不欲辛也，不憎壬也不嫉癸也……诵之十过，甲乙至壬癸。

上文末句中，又以“诵经十过”配“十天干”。这说明经句和批注之间的配合关系在瑶本《度人大部经》中并不固定，其间也无甚严密逻辑可言，更多是信手拈来、随机附会的结果。也有以相同五行的阴阳二天干批注五句排比经文的情形，例如：

> 无文不（光），是甲乙也，无文不明，丙丁也，无文不立，戊也，无文不成，己也，无文不度，庚辛也，无文不生，壬癸也。

从上述例子可见，瑶人有非常发达的术数思维，而用这套根深蒂固的五行象数观念来批注经文时，呈现出一种悖论形态：一方面，这套术数思维被套用在经文的每个间隙，深深内镶于经文中；另一方面，以术数来注经的出发点仅仅在于经文中有合乎其数理规律的某种巧合，其批注是建立在经句数量基础上的，基本不与经义发生直接关联。这种倾向发展到极致时，就变成了切割经句以配合象数，例如：

> 昔于始青东方甲乙木天中碧落南方丙丁火空歌大浮黎土西方庚辛金，受元始度人无量上品北方壬癸水。

诸注皆以“始青天”象征东方木气，萧应叟《内义》更以碧落空歌为火之象、以大浮黎土为土之象。但是，此处以“西方庚辛金”注“大浮黎土”，并切割经句，在后句上强加注释“北方壬癸水”，可谓瑶经中的独创了。切割经句强以批注的现象，反映了《度人大部经》创作者具有深厚的术数思想基础，并且在整个批注过程中运用了高超的联想能力，为了使经书看起来更具有术数特征而多有附会，甚至不惜改变《度人经》的本义。很有可能，注经者并不在乎《度人经》经义的完整性和准确性，而只是迫切需要术数、道法的实际效应和《度人经》神圣性救度效应的叠加。

（3）以经文中的数字引出相关故事

最典型的为：

> 亿曾万祖，幽魂苦爽，皆即受度，上升朱宫，救苦接也，格皆九年，九年，有母刘氏四娘，死入地狱，得九年，东极化蛟龙，接母出阳世，受化更生，金生数九也。

这段经文出自“道君前序”中诵经功德部分，经文叙述修诵《度人经》十过之后，可以令祖先上升南宫，受度更生。

批注文字讲述了一个较为完整的超度祖先的故事。这个故事不见道书，为民间传说改编而来。“刘氏四娘”为目连救母民间故事中的母亲，有著名川剧《刘氏四娘》，相比此处其人名相同，但故事情节并不相同。此处刘氏四娘为“救苦”的母亲，因生前作恶死后堕入地狱，九年之后，“救苦”修炼成就，化为蛟龙之身，接引救度母亲出离地狱，更生为人。这个故事和经前“存思法”中丢下五符至龙王处救度亡人的思想一以贯之。龙可潜可飞，故救苦天尊可化为龙身，下潜地狱救母上升。

这段文中批注和正文衔接的关键点，在数字“九”。批注列于“格皆九年”后，是为突出说明“九年”，乃是救母出地狱故事中的关键要素。经中亦暗示了原因：“九”象征七返九还之道，唯经九转方能还丹，又九为阳极之数，象征凡人修炼成了龙身，能自由升潜。此处还标另一原因：“金生数九也”。此句有讹，可能为抄写笔误，因金生数为四、成数为九。内炼的“药物”本是五行逆用的水中之金，以金居九数时象征金丹炼成，功行圆满，有救母出苦之德。又其母名为“四娘”，应金之生数，暗含着未来将得到救度的可能性。

可见，此处虽着墨不多，但用简练的语言把民间故事和《度人经》经文有机融合在一起，生动地诠释了经文“格皆九年”，并举例证明。这是瑶本《度人大部经》中唯一用来表法的故事。但值得注意的是，这个故事并不是修诵《度人经》的感应故事，故事中的主人公也并非《度人经》中任何一位神真，反而是看似和经旨不太相干的“救苦”（救苦天尊）。换言之，纵然经文和故事在内容上高度契合，然而本质上二者还来自不同系统。是什么将它们链接在一起呢？答案就是数字“九”，或者说，是故事和经文背后共同的内炼思想：七返九还的金丹大道。瑶本《度人大部经》从一个数字出发，衍生出另一经文系统的感应故事，可谓将“术数注经法”运用到极致。

（4）以丹道、术数思想批注偈颂

如上文所论，瑶本《度人大部经》共引用陈致虚《度人经》注中25段偈颂，有趣的是，这些所引的偈颂中，有的又得到了进一步的注释。具录如下（抄本中偈颂的笔误和错漏较多，录入时不刻意修改，尽量保持文本原貌）：

讼：太上端居太极先，本身于父母未生，金于度人须要真经度，若问真经癸是铅。汞，是根本造化也。

碧落空歌最妙音，大浮黎土向坤寻，风清动神其甚净，寂微阳炼五阳。是乾卦，五阳，天风姤起也。

讼曰：内名隐韵不甚仑，无位真人号尊，了得内名须用，方知劫劫镇长存。内名，金丹、大丹也。

讼曰：上天所宝不得轻传，若得可亲即可上天，金宝如心何所以，至经微妙福无边。此时火卦，传师世人，无不度有功不度。

元始先天神气精，元功之妙最神灵，度我人须人度，上品丹房是妙经。丹房，即是天经所在之处也。

讼曰：天帝玉真六六天，丹成道备与天年，形神俱妙经申满，劫劫长存位上仙。三十二天，合六十四卦也。

三十二天总是尘，色心睹寂见金身，九和十合经中满，金简宫中侍女玉宸。九和十合，离坎交媾也。

赫变威权正令，魔无干犯鬼无妖婧，一此人祖气还丹就，三界列言奏上清。祖气、丹，即是精神气也。

混合百神赖此经，尊妙甚分明，天中梵气胎婴就，万气齐仙步玉京。混合百神，先前造化混合精血，成万物也。

一此人财利不关心，金宝何为度得任，我是金城亲行conf，还丹即是龙虎。离坎、铅汞，即是金丹祖气也。

有形有影都寻踪，迹到无为体太空，若问无形何所以，似金身放在黍米中。大道原在黍米宝珠中，名一真土也。

度人有大夫无边，句句分明好结缘，无量劫来师与友，如全都会大罗天。度人原精血亡人媾合为成经，不是闭也。

凡有是经炼丹诚，投免得步玄门，三天行满功完事，金阙宫中步玉颜。凡诵经，须要炼金丹祖气，方诚经也。

上文中波浪线部分为瑶本《度人大部经》批注中所征引的陈氏注本中的偈颂，加着重号的部分则为对偈颂的批注。可以看出，所有对偈颂的批注都从丹道或易理思想的角度进行，其中有些为根据上下文文义和偈颂主要思想的发挥，另一些则为和正文不直接相关的内容拼接。

这种对注中偈颂再加注的做法，让我们明确了瑶本《度人大部经》的成书过程：《度人大部经》并不是一次性书写完成的，而是分步骤进行的。文本建构的过程中，先在道教《度人经》中添加了陈致虚注里的部分偈颂。然后将加入的偈颂都视为全经的有机组成部分，进而从丹道修炼和易理象数的角度对整经作批注。甚至可以推测，上两步并非一个人完成的、也非同一时间完成。因为，这两部分文本之间存在着明显的误读和附会。如第二条偈颂为：

碧落空歌最妙音，大浮黎土向坤寻，风清动神其甚净，寂微阳炼五阳。是乾卦，五阳，天风姤起也。

陈致虚《度人经》注中，原偈颂末句为“湛寂微阳炼五阴”①，但瑶本《度人大部经》在抄录时发生笔误，把“五阴”误抄成“五阳”。其后的偈颂之注，就依据误抄成的“五阳”大做文章，将其附会为五阳爻的天风姤卦。显然，如果瑶经经文正确地抄成“五阴”，则此后的注释很难附会到姤卦的，因为按其逻辑“五阴”对应的为地雷复卦。也就是说，对偈颂的批注其实是在误

① 《道藏》第2册，第396页。

抄偈颂的基础上所作。基于这一文本证据，我们很难想象偈颂和注释的书写是在同一时间进行的，因为如果如此，那么作注时必然非常仔细地检查和核对原文，而不会出现类似错误。甚至可以假设，带有误抄偈颂的《度人大部经》经本已经流传一段时间之后，才有人根据这个含有讹误的版本添加注释，最终形成现在这种稳定文本样态。以此推演，我们也很难确认《度人大部经》的其他部分是一次性写入的还是逐步增衍的，须仔细推详。

瑶本《度人大部经》思想混杂倾向十分明显。它显然是不同道派、不同传统修道思想和方法的杂糅，并且很难还原混杂和杂糅的历史过程。然而，综合上述所有证据，笔者认为该经的多位作者至少具有两种显著的思想倾向：

（1）忠于道教“度人经系”的解经倾向，明显受到宋代道教《度人经》术法化的影响。瑶本《度人大部经》中那些能在道经中找到具体文本来源的批注都出自这位作者，他所选用的主要文本和语素来源都限于道教“度人经系”范围内，特别是陈致虚《度人经注》，和更为久远的、以丹法释经的萧应叟《内义》。此外他还大量借鉴灵宝东华派道经，特别是《灵宝无量度人上经大法》、王契真《上清灵宝大法》以及《灵宝领教济度金书》，这三部经都属于天台山东华派中的“改革派”，这种明显的择经倾向，暗示瑶本《度人大部经》的作者之一很可能就是天台东华派道士。这一结论与本书第二章对《玉皇经》研究的结论不谋而合，唯一差别是《玉皇经》中“复古派”金允中一系“灵宝大法”的影响更大，而此处情况恰好相反，《度人大部经》的主要思想来源是王契真的“灵宝大法”。

（2）以瑶族存思法、易理象数、丹道思想及民间传说来解经的倾向。实际上，在未做更深入细致的研究比对之前，我们不应简单地把象数、丹道思想、瑶族法书所载的存思之术以及民间传说归为一类，有可能这些批注来自两位或者多位背景不同的作者，当然也可能上述诸家理念已融入同一位作者身上。如果是后一种可能性，那么这位作者本人便是一位将瑶族存思法、民间传说和象数、丹道思想整合之后的“杂家”。其解经非常注重象数的整齐与美观，为保持文本的对称性和美观性，不惜加入思想内容距离较远、略显牵强附会的批注。他还非常善于采用规整而隐蔽的样式作注，将瑶族存思法中的思想隐蔽在道教修道思想的文段中，如在经前存思时看似不经意地加入瑶族“莲船度人”存思法。这类作者在前一类作者批注的基础上进行再创作，他们或有意、或无意地将之前作者的批注纳入自己的思想体系，而并不在乎是否紧扣或偏离《度人经》原文文意。

瑶族《度人大部经》背后至少存在上述两类作者，为这部经带来了文本的丰富性与思想的张力。我们可从中看出道教经文在少数民族化的过程中，文本变迁及增衍的种种方式、策略与技法。

四 正经后的术法和仪轨

瑶本《度人大部经》正经之后，其仪轨和赞颂主要分三部分：经赞、回向文和纳经秘语。下文按顺序分析。

1. 度人经赞

元始无量度人上品妙经纂

始青天上，浮黎国中，黍米宝珠，度人无量，十方无极，五帝大魔，十二道言，三十二天帝主，欲色三界，十遍回灵，无极八门，四千隐语，生死蒙福，入圣超凡，四千四百四十九字，冥慧洞清，大量玄元也。咒：唵，行呵心咤哆嗚嗖噜，娑婆诃。

上述内容紧接《度人大部经》正经后，题名"经纂"，实为"经赞"，"经纂"或为瑶语口语记音的讹误。经赞称"元始无量度人上品妙经"共四千四百四十九字，其实道教《度人经》中"元始正经"部分仅二千五百余字，而"一卷本系统"《度人经》全文达五千六百多字，与此处所载字数均不符。《大宋天宫宝藏》中的度人经本，字数为四千五百七十六字，[①] 略近于此处所录字数。"经赞"末句后附梵咒"唵，行呵心咤哆嗚嗖噜，娑婆诃"，此咒亦出现在《度人大部经》正经最末"大量玄玄也"句后，其意难解，亦不见他处。类似梵咒多见于《道法会元》和《灵宝领教济度金书》中，为宋代雷法诸派常用。

此"经纂"叙全经之旨要，其体例不见于道书，但在金门瑶经书类抄本中比较普遍。本书第二章研究的《玉皇经》卷下"经诰版"中，也有"玉皇经纂"，体例与本处相同。这两处"经纂"的内容不同，但组成范式具有内在结构化特点，可分为以下几个部分：

① 丁培仁：《增注新修道藏目录》，成都：巴蜀书社，2008年，第82页。

表 20 金门瑶经书抄本中"经赞"的内容结构（笔者制）

内容板块	度人经纂（赞）	玉皇经纂（赞）
叙经主旨	始青天上，浮黎国中，黍米宝珠，度人无量，十方无极，五帝大魔，十二道言，三十二天帝主，欲色三界，十遍回灵，无极八门，四千隐语。	金阙玄穹主，高上玉皇尊，诸佛圣师，万天帝主，演三卷五品之妙法，周十号万德之洪名，放十七大光明，示三十种功德。
赞经德用	生死蒙福，入圣超凡	拔度生死，运化古今
点明字数	四千四百四十九字	一万二千三十六字
重申文题	冥慧洞清，大量玄元也	洞玄灵宝，高上玉皇本行集经卷

如上表，两处"经纂"内容都由四部分组成：（1）叙经主旨和中心思想；（2）赞叹本经的功德和作用；（3）点明整经的字数，明确表达对经文文字的尊重，并将之神圣化；（4）最后回到经文或经题，重申主旨。这可谓是瑶族"经纂"的标准格式。其中，"点明字数"一项是"经纂"中可圈可点之处，为道教诸经赞少见。一方面，能够据其中提及的字数，考察作赞时宗依的经文版本，例如"玉皇经纂"中称其经为"一万二千三十六字"，但明道藏中所收《玉皇经》为一万四千余字，此赞肯定不是依据明道藏中的《玉皇经》而作。另一方面，点明全经字数，反映了造作"经纂"者对文字的尊敬和重视。瑶族诵经存思法中，每一个字都可以化为金银财宝，上纳三天、养育灵魂，在瑶人心目中，经中的文字不仅是人间的表意符号，更是贯通三界的、能生出无尽美好事物的妙宝。将经文文字神圣化的倾向，

是瑶族信仰思想的一大特点。

2. 回向文

经赞之后入回向文，记录诵经功德、回向仪轨等，亦反映瑶族修诵经典的心理旨趣。其文具录如下：

入回向文

以今修斋报恩，斋主厶等，虔请命道，与道众等，躬就斋坛，清晨开经咒曰，帝道请圣，光临看诵《元始无量度人经》已百卷，度人经纂，讽演玉皇上帝宝号，《救苦经》，青玄斋号，十二河源神咒，吉凶全用也，南斗火官神咒，北斗消灾神咒，承经玉女神咒。

已上经功，谨伸回奉十方三宝，六御高真，诸天五老，诸天星斗府列位星君，三元三官大帝，五师四圣真君，三府真仙，坤界圣贤，阳间祀典，境社神祇，孤魂滞魄，六道四生，经坛会内一切威灵，转伸回向。

回向既毕，特用资荐亡故厶厶，系及付荐亡故厶厶位等灵，并资幽爽，两班圣众，斋坛内外一切威灵，承此经功，上祈超度仙界。

夫经者，太上妙语，天尊金口，莫不开函演诵，奉出三天。天上闻经，莫不开泰；地下闻经，即灭灾殃；禾谷闻经即丰熟；六畜闻经则兴生；亡者闻经，则离地狱；枯骨闻经则更生；众灵闻经，超离苦趣；幽爽闻经则生天；冤魂闻经则解脱；滞魂闻经则逍遥。诵之者何灾不灭，咏之者何福不臻。承此经功，增延寿算，祈超仙界。

又念亡故厶正魂，伏愿出重重之地狱，升上上之天堂，不饥不寒，得达九天九品。前生有罪，承经卷以超升；命过有愆，仗经文而度脱。白鹤迎归三清岸，青牛引向大浮黎，男女也。修斋荐之恩，拔超魂登净界域。

臣厶诵经，内想外想，心思杂想，错讹漏字，颠倒经文不正，凭天师、祖师，而改过自身；秽眼见秽炁，凭箓将、帅将以消愆；句句消灾，行行灭罪，凭三官而改过，伏愿五帝以除愆。庶使经因通真达帝，道还金阙，经入琅函，稽首拜天仙，真经天尊经返驾。度人无量天尊。

宋代诵经后的仪轨中，有的亦包括回向文。但道书中并无与此处回向文相同者。此回向文中多个部分取材于道教《度人经》句或者相关仪法，为瑶本《度人大部经》作者依据“度人经系”背景知识和话语体系而造作。具言之，此回向文由五部分组成：

（1）总结所诵经咒

从“以今修斋报恩”至“承经玉女神咒”。

回向文首先列举了道众奉斋主之命，在斋坛所诵经咒，包括：《度人经》百卷、度人经纂（赞）、玉皇上帝宝号、《救苦经》及青玄斋号、十二河源神咒、南斗火官神咒、北斗消灾神咒、承经玉女神咒。上述经咒中，《度人大部经》内仅录有经文和经纂（赞）。余下部分中，玉皇宝号与《度人大部经》经首的“玉帝诰”相照应；《救苦经》和青玄号出自救苦经系统，与《度人经》同用于丧场；南、北斗二咒为宋代拜斗的常诵之咒，承经玉女神咒或为侍经所用之咒；“十二河源神咒”中“十二河源”的说法来自《度人经》本文。萧应叟《内义》云：“十二河源者，月为太阴之精，诸水之母。井是天河之源，众水之泉。

每一月一周天，一年十二月皆过东井，沃黄华，濯天人之容。”①“十二河源”与炼度仪中的水炼“黄华荡形”有关，瑶本中的“十二河源神咒”极可能也用于丧场炼度。

总之，此处提及的经咒都为瑶族丧场中的常用经咒，不仅包括度人、救苦等丧场专用经，还有用于炼度的“十二河源咒”。至于星斗崇拜及玉皇宝号部分，或为瑶族一般性斋仪皆具的通用环节。

（2）将诵经功德回向诸神真

从“已上经功，谨伸回奉”至“转伸回向”。

接下来将诵经功德回向，所回向的诸神真依次为：十方三宝，六御高真，诸天五老，诸天星斗府列位星君，三元三官大帝，五师四圣真君，三府真仙，坤界圣贤，阳间祀典，境社神祇，孤魂滞魄，六道四生，经坛会内一切威灵。此处神真的排列顺序与诵经前召请的神真顺利基本一致，唯有两处不同：其一，缺少诵经前神目中的“雷声普化天尊”，增加了“诸天星斗府列位星君”。其二，在“五师四圣”之后添加了“三府真仙”，“三府真仙”的神格较少见，其出处也为道教度人经系。六十一卷本《灵宝无量度人上品妙经》中多次出现“三府”之称，卷二十六“明体贯气品”云：“诵之十过，则太上遥鉴，三府记名，妖邪殒首，滞爽登升，济度垂死，绝而得生。”②《灵宝无量度人上经大法》卷二十九云“上玄所治品”载：“三宫九府，天、地、水府各有一宫，一宫有三府，共九府。上元天官三府左、右、中，中元地官三府左、右、中，下元水官三府左、右、

① 《道藏》第 2 册，第 361 页。
② 《道藏》第 1 册，第 170 页。

中。"[①] 可见"三府"为三元宫内的官署，司生杀之事。"三府真仙"应为前句"三元三官大帝"的部下，在功能上有类似之处，唯所司巨细不同。总体而言，除了经后神目更为强调斗府神真和三元宫的地位及功能外，正经前后的神目大部分相同，并无实质性差别。

瑶本《度人大部经》在诵经前"敷坐诵请"诸神，诵经结束后，又将"经功"回向给诸神真。前后两相呼应，形成一套请神、送神的完整体系。笔者认为，这种前后呼应的"请神""送神"体系，是瑶族对道教灵宝斋法行法中"入户"和"出户""发炉"和"复炉""出官"和"复官"这三组前后对应的仪式节的效法与模仿。在诵经中添加"请神"和"送神"仪节，在内容上，神真的介入增加了诵经的道力和灵验程度，在形式上，经文前后的整齐对应有助于提高诵经仪的权威性和规范性。

（3）承经功德超拔亡灵升天

从"回向既毕，特用资荐亡故ムム"至"修斋荐之恩，拔超魂登净界域。"这部分内容最长，为回向文的主体。又可以分为三个小环节：

首先，先点明主旨，回向经功的目的是为了资荐亡故超升仙界。

其次，赞颂经文的功德妙用，从天上、地下、禾谷、六畜、亡者、枯骨、幽爽、冤魂、滞魂等方面，分述经典的救济之功。这段文字不见于道书，在叙述顺序上，始自"天上"，渐次下行，又重点着墨于地府界，特别强调此经对亡者、枯骨、幽爽、

① 《道藏》第3册，第771页。

冤魂、滞魂的救度，正与《度人经》的度亡旨趣相符。后用“诵之者何灾不灭，咏之者何福不臻”作结，点明主题，再次强调诵经之功能帮助超升仙界。“何灾不灭”“何福不臻”句出自“北斗咒”，此处移用赞颂《度人经》的经力，再次体现出瑶族星斗崇拜与普度亡魂观念的混合。

最后，讲述了亡故正魂承经超升的具体过程。先是离苦得乐，离开地狱升上九天。次忏悔宿殃，《度人大部经》没有单列的忏悔文，仅在此处表达诵经可以起到忏悔宿世罪业的作用。再次为描述超升的过程：“白鹤迎归三清岸，青牛引向大浮黎。修斋荐之恩，拔超魂登净界域。”即赖白鹤、青牛的迎接和引导，亡魂承修斋之恩上升，画面感非常强烈。“白鹤”“青牛”句后用小字注“男女也”，以白鹤、青牛象征阴阳，针对男、女亡魂而分别设置。可以说，本段文字勾勒出了亡魂承修诵《度人大部经》的功德生天的全过程，有理有据有节，逻辑清楚，主旨明确，为此回向文的中心目的。

（4）忏除诵经中的错讹

从“臣厶诵经，内想外想”至“伏愿五帝以除愆”。

本段内容在道经中少见，主要为忏悔诵经中的错讹、不敬之处，其功能类似诵念佛经前后所念的“补阙真言”。本段文字简明，主要依凭天师、祖师、箓将、帅将、三官、五帝之力，求忏除诵经中字句错漏等过失。这段文所祈请的神真中，除“五帝”来自《度人经》及灵宝传统外，其余诸神都深具正一道的特点，其中，“帅将”应为金门瑶常用的护法神将赵、邓、马、关“四帅”，对“帅将”进行忏悔，所依凭的仍为宋代道法中流行的将军元帅之法，这种方法是从正一传统中的官将吏兵之法发展而来的。

"句句消灾，行行灭罪"之语多见于黄箓斋仪，其本意为叹灵宝经及经宝之德，并不专用于《度人经》。《黄箓十念仪》中"三皈依"之皈依经宝偈云："宝藏灵文，玉字金书，龙章凤篆。三十六部，万八千篇。指引沉迷，超升道岸。行行灭罪，句句消愆。此世他生，常当信礼。"① 因为黄箓斋中修诵多部经典，瑶族把这段经文用于"补阙"应该也不止针对《度人经》的修诵，而很可能被广泛运用于所有诵经道场。

（5）天真返驾，经回琅函

从"庶使经因通真达帝"至"真经天尊经返驾"。

此部分甚为简短，讲述诵经结束，神真与真经皆移驾返回。"道还金阙，经入琅函"句出自《灵宝领教济度金书》卷二百三十五"十回度人经法道场"，"十回度人经法道场"中，诵经后有忏方、结经、发愿、复炉、设醮、三献、存神烧香、出堂等步骤。"三献"中的"终献"文云："道还金阙，经入琅函，羽葆珠幢，将回霄驾，云骈风盖，谅返天衢。"②

此段可看做"回向文"第二部分"经功回向诸神真"的延续，神真闻经欢喜，移驾返回。这段文中，虽然神真返回天宫，和复炉、复官中神真返回道士体内的运动方向不同，但都为散坛返驾，就坛场的聚散而言，具有相似的意义。"道还金阙，经入琅函"的思想背景是将"道"和"经"视为上天所秘藏的重宝，不轻易为人所见，因救度世人才在特定机缘下开敷。此句置于"回向文"最末，增加了《度人大部经》的神圣性，并暗示本经

① 《道藏》第 9 册，第 736 页。
② 《道藏》第 8 册，第 158 页。

确为来自金阙琅函的纯正道法。

3. 纳经秘语

《度人大部经》的最后一部分内容为“纳经秘”。金门瑶在诵经之后，有“纳经”“缴经”的传统，这也是其法书中“诵经法”的主要内容。“纳”有二意：一为缴纳，以向上缴纳金银财宝为喻，表将诵经功德回向给某仙境、某库府；二为收纳，诵经后需要收纳经卷本身，及收纳返还身中精、气、神。对金门瑶“纳经秘语”的研究，有助于了解瑶族的宇宙观、经教观及其存思法术的民族特点。

瑶本《度人大部经》后的纳经文较长，且结构清晰，内容比一般瑶族法书更丰富，生动地记载了修诵《度人经》后特殊的纳经方法。《度人大部经》中“纳经秘语”题名为“此纳经秘”，之后为正式内容。其内容可按层次分三部分，下文按顺序论述和研究。

（1）经返宝珠，丹道成就

本部分全部为小字注释及配图，内容如下：

一卷三密，三三成九，九九劫运，三三度一春，九九八十一度也。经八八宝珠，返名一也，肾、脾、心也，精神炁血部真诠，还源复性。一年十二月，一日十二时，八刻，为一周天，完毕也。万卷仙经括总同金丹，即是此根宗，依地坤位，生成体种，向干（乾）家交感通，乾天六阳，坤地六阴，共成十二天卦也。铅是父精金半斤，汞是母血银八两，大卷、小卷、三卷也。

后配图：

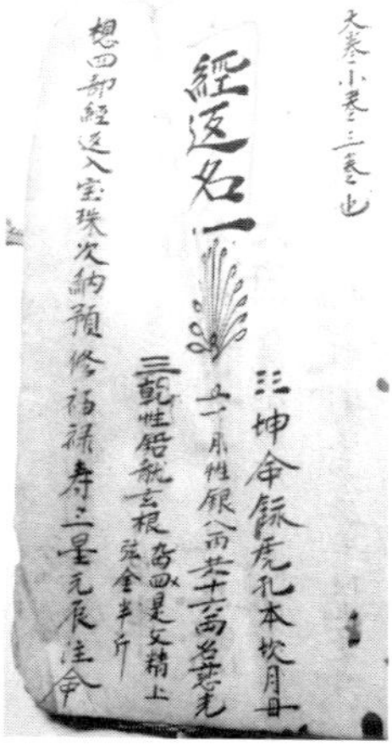

图 28　《度人大部经》正经后的存思图：经返名一

（出 AA002，江田祥摄）

又文：

想四部经，返入宝珠，次纳预修福、禄、寿三星，元辰注命，亡纳福圆生处，圣贤三色界，预修七分，金修三分功德，次到道士纳元辰还身，又七分金修。

上述内容不见于道书，为金门瑶族独创的纳经之法。文句简明，但包含着丰富的丹道思想。第一段记述了“经返名一”的过程，从易数、火候角度论证了通过诵经炼成内丹的修道过程。其中涉及的周易术数及丹道火候思想主要有三点：

其一，“一卷三密，三三成九归春”。“九”既为阳数之极，又象征金丹成就，金门瑶经书和科仪书中，常将从一至三、从三至九的增长和累积过程比喻为九月怀孕，足月降生，瑶族经常使用孕育和生产的时间推演来象征科仪法事及诵经的进展，其内在含义为斋法的功满德就、道士的丹功成就的过程。“一卷三密”，《度人大部经》只有一卷一册，并不清楚“三密”的准确所指，也许意为《度人大部经》配有三段诵经秘语，但笔者并未发现支撑材料。其实，使用“三”数是瑶人的思维习惯，原因正在于取法“三三成九”、功德圆满之意。例如，许多在道教中完整的一卷经书，其瑶本都被分为三卷，本书前文研究的《尊典经》就是一例。这样做的用意在于，修诵三遍三卷本经书，便能“三三成九”，功德孕育“足月”，可以“降生”归一了。又瑶族法事中有许多三次特定动作、绕行三圈、奠酒三杯的细节，大部分在存思法上都有攒三为九、推春降生之意。

其二，将年、月、日、时配比一周天。“一年十二月，一日十二时，八刻，为一周天，完毕也”，这是丹道修炼中的火候思维，上文既已“经返名一”，金丹结成，这里就需用周天火候，徐徐养育。

其三，乾坤六阳六阴，合为十二天卦。“十二天卦”即“十二消息卦”，此处再用乾坤、龙虎的比喻，来描述结丹及阴阳变化过程。后配存思图“经返名一”，图下文字为：

> 乾，性、铅、龙、玄根、离，是父精，上弦金半斤；坤，母、命、汞、虎、孔本、坎、月，母血，下弦性银八两；共十六两，名慈光。

配图和文字令人想起《度人大部经》修诵正经前“敷坐诵请”后的存思图“名性经”，两图有很多类似之处，图下所配文字也可以前后呼应。

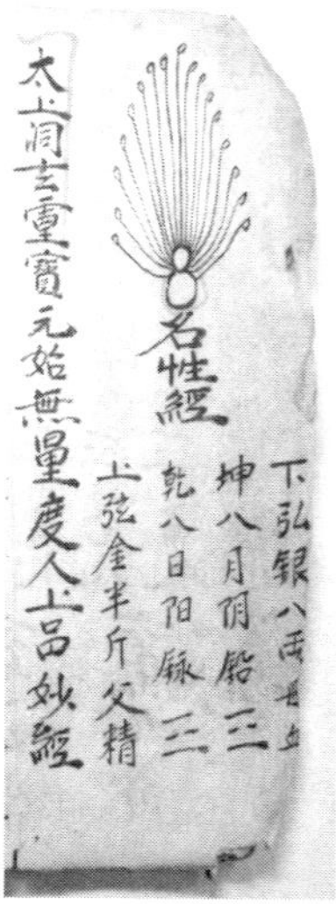

图 29　《度人大部经》正经前的存思图：名性经

（出 AA002，江田祥摄）

如果把正经前后的两幅存思图放在一起，就发现图示的基本形态完全一致，只是运动方向不同。经前的存思图“名性经”向外扩散，由一至多；经后的存思图“经返名一”为向内收摄，由多至一。对比参看两图，能概括出瑶本《度人大部经》的经教观念：经书平时秘密收藏在“琅函”或“宝珠”中，需要诵经时打开，好比丹光发散，故为“名性经”；诵完之后又将经书收回来，丹光内收，故名“经返名一”。诵经的本质即是播撒丹光，救度众生。而这个“释放—收摄”过程的动力性因素，正是“纳经秘”第一段反复出现的乾坤、阴阳、天时、卦象的运动。可以说，金门瑶将道教丹法“顺则成人、逆则成丹”修炼思想匹配“开经”和“纳经”的诵经过程，形成了独特的“散则为经、聚则成丹”的“诵经即内炼”思想。

“经返名一”图之后的文段，仍然围绕“纳经”展开：“想四部经，返入宝珠。”“四部经”之说，亦贯穿瑶本《度人大部经》首尾，诵经前的“存经体”中云：

> 存四部经：天经心神，仙经脾气，真经肾右，尊经肾左，精也。

其处的“四部经”为天经、仙经、真经、尊经，并以此对应人体脏器心、脾、肾。诵经后“纳经”文中有句“精、神、炁、血部真诠，还源复性”，句中四部“真诠”所象征的为人体精、神、炁、血。前后两处对“四部经”的存思，一对应实质性的脏器，一对应脏器所象征的精神性功能，首尾呼应，其身神观、丹道思想前后统一。

后文述“四部经”收纳回向之处，又求斋主福禄寿、求亡人生福德之处，最后纳归道士本命元辰。如此，诵经功德通过形象化的“缴纳”方式得以圆满回向。

（2）以“还纳身神”为复官

这部分内容最长，为瑶本《度人大部经》纳经秘的主体部分。其中引证广泛，存思方式复杂多变，整体而言，这部分的主要思想内容为“复官”，金门瑶诵经仪“复官”的最大特点，在于所复之官为身神，而不是古天师道的靖中诸神或受箓者的箓中兵将。采用身神复官，既是未受箓者的替代措施，又是灵宝诵经仪和上清派身神思想结合的结果。

本部分细节步骤具论如下：

第一步：呼召、存思身神合形。

臣厶谨集身中，有三部八景，十二宫辰，五脏、金、木、水、火、土也，六腑、大肠、小肠、胆、胃、膀胱、三焦，四肢、两手、两脚也，九窍、是眼、耳、鼻、舌、顶上是也，血脉、三千二百形影、三万六千毛孔、一百二十精光，并入身中，毋令失散。太灵中宫，脾也，太乙守房，百神禁国，魂肝、卯魄肺、酉同回，长生脾也视，塞灭邪，急如律令，五老丑文，神王大煞，寅。

默咒：太上延生，台光灵玄，阴返七魄，阳返三魂，肝、肺，真气灶还，长荣延寿，邪气不入，真气长存，阴炁散荡，阳气生魂，依吾教旨，上奉三清，运属五行，降付守护，身形七魄，和合三魂肺也，三魂皈身，流入三田，炁入不乱，永保长生长生位也，急如律令。

这两段文中，前段通过批注罗列身神系统，后段则直接呼召魂魄流入三田、神炁回流人身。

第一段中提及的身神系统包括：三部八景、五脏六腑、九窍血脉、三千二百形影、三万六千毛孔、一百二十精光。这些身神的名称和存神的做法，很类似上清黄庭派存思身神的做法，不同的是，瑶本《度人大部经》中并不像黄庭派那样，存思身神的形象、服色、名字，而是以咒语配合存思，赋予既定咒语以新的含义，如此便能在念咒时起到存神之效。本段中“太灵中宫，太乙守房”之咒，见于多种元、明道书。成书于元统二年（1334）的《太上玄灵北斗本命延生真经注》卷二中用此咒注步罡踏斗之法，云：

然后叩右边齿七通，咒曰：太宁九宫，太乙守房。百神参位，魂魄和同。长生久视，塞灭邪凶。急急如太上老君律令！真君曰：此咒是太上金口所宣，子当持此二咒，神将、灵童、玉女自然随子身守护驱使也，瘟瘴传尸、刑狱刀兵永不近身。[1]

可见“太灵中宫，太乙守房”咒具有延生护身、驱邪伏魔两大功效。以下各道经中的相关经法，皆在此两大功效上增衍。明代道书《太上三洞神咒》卷五“祈禳驱治诸咒”以此咒为“太灵九宫咒”，又卷十二“开度祈禳登斋诸咒”取咒语的前半部分，名“闭炁安神咒”。《法海遗珠》卷三十二“北帝四圣伏魔秘法”以此咒为“塞鬼洞咒”，奉北帝四圣敕令斩馘鬼妖。《道法会元》卷一百零七“高上景霄三五混合都天大雷琅书”中，用此咒以“夺天地生旺之炁以安己身”，[2] 以达到延年久视的目的。瑶本《度人大部经》取用此咒，为取其延生护身的效应。

第二段则以“默咒曰”领起咒语“太上延生，台光灵玄……”敕令魂魄复体。这条咒语的基本框架见于明代道书《太上三洞神咒》和《道法会元》，《道法会元》卷一百二十一“南宫火府乌旸雷师秘法”载“住头痛法”，其中载此咒。《太上三洞神咒》中亦名此咒“头痛咒”，瑶经中仅取其咒的后半部分。道书所载的“头痛咒”后半部分内容为：“太上延生，台光爽灵，辟除阴鬼，断绝邪精。灵源不竭，寿考长宁，阴逐七魄，阳有三魂，邪炁不入，真炁长存，依吾教旨，上奉三清。”[3] 瑶本《度人大部经》受神霄雷法影响照搬了全咒，但又在中添加

① 《道藏》第 17 册，第 18 页。
② 《道藏》第 29 册，第 474 页。
③ 《太上三洞神咒》卷八，载于《道藏》第 2 册，第 107—108 页。

了几句——“阴炁散荡，阳气生魂”以及“运属五行，降付守护，身形七魄，和合三魂，三魂皈身，流入三田，炁入不乱，永保长生”。增加的文句特别强调三魂、七魄返回身体、流入三田，并且还要做到“邪炁不入，真炁长存”，如此才能“炁入不乱，永保长生”。瑶本《度人大部经》的增句，就完全改变了道书中“头痛咒”的本来用意，而将之变成了召请身神复体的敕令之咒。

第二步：以道教“复炉”为框架，进行“身神复官”。

又念咒：上皇天真，使我升灵，清斋操炼，诵咏金书，七祖拔散，上朝太玄，延寿长年，克名录书，急如……

又念咒：阴阳使者，三炁灵官，左右龙虎官君，侍香诸灵官，当令臣坐坛看诵经之所，自然生金液丹碧之英，百灵众真交会，在此香火炉前。当今丹诚上达，恩贶下施，十方仙童玉女，榜持兰烟，前臣常来。诵经事毕，炁不散乱，精神如古，真炁流入身中，所启所奏，径诣至真无极大道，三清上帝，昊天玉皇上帝陛下，急如……

又念咒：元始天尊，修炼雷霆，日月交合，星宿璇玑，五行交结，运动乾坤，威灵霹雳，邪鬼灭形，五明交合，万道明威，经诵完毕，随吸皈身，五灵运合，我得长生，摄利顺度唎贞乾哼产唎，大宥妙庭，急如……

又念咒：天灵节永……急如……四灵养生天尊，春夏秋冬也。

又咒：事毕迴脑腑，寅卯木，脑腑复玄关，巳午火也，万神总归一，丑未辰戌，元辰来往还，申酉金，一气复还乡，子癸水，纳道士。叩齿三通。阴液□□□福往，位又随□妻顺到一，命官入中宫道子癸。

又念咒：生生身自在，七，妻妾位，世世保安宁，六，奴婢也，善心光中应，五，男女也，应如谷利贞，四，田宅也，三元神拥护，三，兄弟也，高圣眼同明，二，才帛也，无灾亦无障，命官也，永保道身宁，本命及子位，入身吸官炁，皈身也。

本部分内容由六段咒语组成，第一段咒语“上皇天真，使我升灵……”为道教诵《度人经》后，领起“复炉”及“复官”内容的咒语。此后的五段咒语大多能在道经中找到痕迹，但是瑶本《度人大部经》根据自身“复官”的特殊需要，对来源和功能各异的咒语加以改造，最终指向身神复官的目的。下文分段论述。

第一段“上皇天真”咒，诵经后用此咒的做法，出自陶弘景《登真隐诀》中的“诵黄庭经法”，后为陈椿荣于《太上洞玄灵宝无量度人上品妙经法诀》中用于诵经后，列入经后诸咒之一。王契真《上清灵宝大法》卷二十四“修斋转诵门”、《灵宝领教济度经书》卷二百八十二“炼秽变神步罡”亦于经后用此咒置于“复官”前，陈致虚《度人经注》中沿用其做法。四部宋元道经虽都于诵《度人经》后用此咒，但王氏《大法》《灵宝领教济度金书》、陈致虚《度人经注》都将此咒置于复炉、复官之前，与陈椿荣《法诀》中有所不同，瑶本《度人大部经》中咒语的位置和王氏《大法》等三部道经一致。

以上道经中，该咒文本均有细微差异，可通过文本比较，看出和瑶本《度人大部经》最接近者：

表 21 《度人大部经》与相关道经的“上皇太真”咒内容对比（笔者制）

《登真隐诀》	陈椿荣《法诀》	王契真《大法》	林灵真《金书》	陈致虚《经注》	瑶本《度人大部经》
上皇太真，使我升虚。清斋澡炼，诵咏金书。七玄披散，上朝帝卢。延年长存，刻名箓书。①	上皇太真，使我升灵。清斋澡炼，诵咏金经。七玄拔散，上朝太虚。延年长存，刻名玉书。②	上皇太真，使我升真。清斋澡炼，诵咏金书。七玄拔散，上朝太虚。延年长存，克名箓书。③	上皇太真，使我身灵。清斋澡练，诵咏金书。七玄披散，上朝太虚。延年长存，刻名箓书。④	上皇太真，使我升灵。清斋澡炼，诵咏金经。七玄披散，上朝太虚。延年长存，克名录书。⑤	上皇天真，使我升灵。清斋操炼，诵咏金书。七祖拔散，上朝太玄。延寿长年，克名录书。

从上表可见，除《登真隐诀》外的四部道经中，“上皇太真”咒内容差距并不大。具言之，瑶本《度人大部经》中的此咒与王契真《大法》中的较为接近。但是，因笔者所见的《度人大部经》抄本的体量仍显不足，加之瑶经转抄过程中的错字现象又很严重，故不能直接断定瑶本《度人大部经》中的“上皇太真”咒转抄自王契真《大法》。但前文已数次论及，瑶本《度人大部经》受王契真《大法》及“灵宝东华派”的影响是非常显著的，此处又可作一例证。

第二段咒语“阴阳使者，三炁灵官……”较长，能看出明显的“复官”意味。本段咒语为混合文本，由“主体框架”和“复官”组成，复官主要为“诵经事毕，炁不杂乱，精神如古，真炁流入身中”之句，剩下的内容都可视为“主体框架”：

---

① 《道藏》第6册，第617页。
② 《道藏》第2册，第517页。
③ 《道藏》第30册，第877页。
④ 《道藏》第8册，第491页。
⑤ 《道藏》第7册，第439页。

> 阴阳使者，三炁灵官，左右龙虎官君，侍香诸灵官，当令臣坐坛看诵经之所，自然生金液丹碧之英，百灵众真交会，在此香火炉前。当今丹诚上达，恩贶下施，十方仙童玉女，榜持兰烟，前臣常来……所启所奏，径诣至真无极大道，三清上帝，昊天玉皇上帝陛下……

可见此“框架”中，先召请“百灵众真”来到香火炉前，然后请仙童玉女下降，帮助关告启奏，到达三清、玉帝等高位神面前。这套“主体框架”多见于宋元的朝仪或者行道奏告仪末尾，但名称有所不同。如《灵宝无量度人上经大法》卷十四“洞视神真品”称其为“复炉”，《灵宝领教济度金书》卷四十三“九朝行道仪第一日午朝”名为“存神烧香”，卷一百五十六“第三日晚朝行道仪”名为“复炉”，元代道书《清微玄枢奏告仪》中称为“发愿复炉”。至明代，这套框架被用于金箓、玉箓斋的早、午、晚三朝仪中，亦为《太上元始天尊说北帝伏魔神咒妙经》中的“伏魔经坛谢恩醮仪”所采用，唯明代道书不用“复炉”之名，统称“存神烧香”。可见，此“主体框架”始兴于宋元东华派、清微派等新兴道派，到明朝时，它取得了皇室认可的地位。明代并不将之称为“复炉”，等于褫夺了其作为复炉文的资格，其原因可能就是因为这套框架中没有“复官”内容。如前文所论，古天师道要求必须授受道箓才能“出官”和“复官”，新出灵宝经派为了在那些没有受过道箓的道士中推广，构造了新的发炉和复炉仪，淡化了其中“出官”和“复官”的色彩。我们可将此“主体框架”视为典型的灵宝复炉仪，明代强调依循古制，回归正一派及天师道正统，就不再将这种“复官”色彩很弱的复炉文本视为严格的发炉了。

本段中“诵经事毕，炁不杂乱，精神如古，真炁流入身中”句，虽未明确点出身内之官名，但从“真炁流入身中”的文句，已能看出这是典型的“复官”内容。

这段密咒的首句在道经中本为“香官使者”，瑶本《度人大部经》中则为“阴阳使者，三炁灵官”。“阴阳使者”为正一箓中的兵将，《太上正一盟威法箓》中载“太上三五解妨害宝符妙箓”，箓中兵将就有“上仙都阴阳使者和神吏五人”。[①] 将“香官使者”改为“阴阳使者”，或暗示着瑶本《度人大部经》的作者为受过箓的道士——即便他所受的箓很可能为附会正统道箓的民间私箓。据此推知，瑶本《度人大部经》采用了宋代灵宝派通用的复炉文，并在其上加入了“复官”仪，暗示自己已受过箓的特殊身份，并以正一道正统自居。但是，描述“复官”过程的语句仍然非常隐晦，对所复之官、箓中兵将的名号等描述也闪烁其词，又和正统的正一道经书有所差别。笔者认为，瑶本《度人大部经》无疑具备民间道法与正统道教的双重背景，而成书的时代背景，极可能是民间化的灵宝派与官方的正一派关系较为敏感的时期：一方面，在道统上，存在“正统”与“非正统”道派、“民间”与“官方”道派之间的张力与竞争；另一方面，在道法上，多种道法之间又不可避免地在实践中相互碰撞、借鉴及融合。

第三段咒语“元始天尊，修炼雷霆……”其中一部分亦出自神霄雷法，瑶本《度人大部经》在其上做了增衍。《道法会元》卷七十六“汪火师雷霆奥旨”为王文卿所传，法事周完后

---

① 《道藏》第28册，第474页。

有归心、归身、归雷、归魂、收光诸咒，其“归心咒”曰：“玉帝降命，炼度雷霆。威震霹雳，邪鬼灭形。金光交射，五炁腾腾。行事既毕，随吸归心。阴阳混合，我得长生。顺吒唎哳唵吽吽神，急急如玉皇上帝律令敕。”①

《度人大部经》在引入此咒时，作了“增句”和“换句”处理。增句方面，主要增加了“日月交合，星宿璇玑，五行交结，运动乾坤”。换句处理，则为将原咒中“玉帝降命”换为“元始天尊”，将“金光交射，五炁腾腾”换成了“五明交合，万道明威”，将“阴阳混合”换成了“五灵运合”，将“行事既毕”换成了“经诵完毕”。这几处“增句”和“换句”，可以说是根据《度人大部经》的内在需求量身定制的。从功能用法而言，把行法后用咒移用作诵经后用咒，祈请的主神变成了《度人经》的说经者元始天尊。从咒语内容而言，雷霆本为阴阳混合之气，故道经原咒强调“阴阳混合”之金光，但瑶经中刻意淡化雷法的色彩，加入了不少星斗崇拜的内容，并将《度人经》原文中出现的日月、璇玑、五星等内容和身中五灵、五脏结合起来，既为将其“随吸皈身”创造了可行性，又提高身神的地位和神学价值。

第四段咒语未录完整，仅有首句“天灵节永”，后配“四灵养生天尊”。宋元雷法中多有“天灵节荣”咒，并多与“四灵”的运用相联系，《无上玄元三天玉堂大法》卷二十四“延生度厄品”载：“天灵节荣，愿保长生。太玄之一，守其真形。五脏神君，各保安宁。”② 名此咒为“纳官灵咒”，有复神纳官之意。又

① 《道藏》第29册，第274页。
② 《道藏》第4册，第87页。

《高上神霄玉清真王紫书大法》中此咒名为“存神咒”，云：

肝主藏魂，肺主藏魄，心主藏神，脾主藏志，肾主藏精。青龙还吾肝，白虎还吾肺，朱雀还吾心，玄武还吾肾。黄龙镇吾脾，以为实腹。众邪恶鬼，不得下居。急急如律令。

又法，卧时，以手抚心上，祝曰：天灵节荣，愿保长生，五脏君侯，愿且安宁。男官念七遍，女官念二十四遍，令人长生无疾矣。①

可见，其文明显有纳官、复身神的含义。之后此咒的用法日趋丰富，如《法海遗珠》卷十五“奏传混炼法式”中以此咒来“出四灵”，又《道法会元》中，多处使用此咒来还魂，以治疗小儿魂魄不稳等疾。北斗经系的《经注》和《太上七元金玄玉章》中也有此咒，但只述其延生之功，不言纳官回灵之用。

第五段咒语较为特殊，是此处诸咒中唯一未见于道书的咒语。正文为：

事毕回脑腑，脑腑复玄关。万神总归一，元辰来往还。一气复还乡。

此咒共四句，从内容看并无特殊之处，仍主述金丹之事。并且，强调的仍是“还复”“归一”的主题，后以十二地支配批注，加上术法以寻找“一”所在的方位。这条咒语，是瑶族将“万神归一”的复官思想具象化和术数化的产物。

第六段咒语“生生身自在，世世保安宁……”与《太上玄

---

① 《道藏》第28册，第579页。

灵北斗本命延生真经》中偈大略相同，北斗经偈曰："生生身自在，世世保神清。善似光中影，应如谷里声。三元神共护，万圣眼同明。无灾亦无障，永保道心宁。"① 用以赞颂北斗七元君之德。瑶经中在偈句上没有增删，但用前七句分别配六亲、财帛等七宫位，用第八句配本命及子位，吸炁入其宫以象征皈身。

第五、六两段咒语，都以咒句配合方位，在实际操作中很可能配有步罡、行道或者礼方等，在相应方位上完成身神入体的"吸炁"等动作。这种做法已经突破纯粹存思之法了，更类似于"演咒"。如果说在整个"身神复官"过程中，前四咒是单纯靠存思来复官，第五、第六两咒则很可能为通过仪式与存思的结合，在"演咒"中完成复官过程。

瑶本《度人大部经》中的"身神复官"法，与道教《度人经》后的"复炉"及"复官"有所不同。萧应叟《内义》在修诵度人经后亦有复官及诸仪，曰：

> 诵经十遍毕，叩齿三十六通，心拜十方而起，南面下座，东向立。心礼三拜，密咒曰：臣诵经已竟，向来所出身中三五功曹、左右官使者、侍香金童、传言玉女、五帝直符、直日香官，各三十二人，请还入臣身中，复于宫室，毋令差互。后召复到，一如故事。
>
> 次精思身中诸神各还宫讫，叩齿三通，咽液三过，上香，密咒曰：向来听经圣众，解坛散席，各复所司。神风静默，山海肃清，千邪伏匿，百灵护形。
>
> 次自东为始，存天真上升，每方心拜三拜，三叩齿送

① 《道藏》第11册，第347页。

之。次鼻引三色云炁，咽入五脏，想四兽复本位，叩齿三通，咽液三过。然后收经出室，语言无碍。诵经如不依此，不若不诵，而免怠慢之愆。①

陈致虚《度人经注》后的复炉、复官，除开始用“上皇太真”咒，其后的流程并无溢出萧书之处，且更为简略。值得注意的是，陈致虚注仅复“身中三五功曹”等官，不涉及四灵。陈椿荣《度人经法》中则大量扩充复炉与复官的内容，在前后添加了大量的咒语、法诀及指诀，但复官与复四灵等基本内容，亦与萧注无异。

由上可以看出，道经中的复官，所复对象主要为“身中三五功曹”等神，多为旧天师道传统下的箓中兵将，这些兵将因受箓而居道士身中。但在箓中兵将复官之后，也要对“身中诸神”进行复官，以确保“四兽复本位”。瑶本《度人大部经》的复官法中，则舍掉了箓中兵将，而将身中诸神大书特书，并增衍出较复杂的“身神复官”的做法。在复官的具体做法上，也不按道经中较为程序化的叩齿、咽液及上香密咒，而是直接使用大量的密咒与存思法，并适当加入了“演咒”成分。这种重视咒法的改动，与《度人大部经》“元始正经”开始前发炉仪的改动方向是一致的。瑶族之所以强调“身神复官”，恰好说明造作《度人大部经》的道士并不被正统的正一道所认可，而又偏偏想要证明自己作为道徒的规范性地位，故寻找到原有道法中的较薄弱的部分，大肆发挥和阐扬。如前文所论，他们或许还仿照正一箓自造私箓，故一方面有意避开传统的箓中兵将，另一方面又强

① 《道藏》第2册，第389页。

调自己进行复官的能力充足、做法正当，且远比纯粹草根性的民间香火团体更为专业和高明。瑶本《度人大部经》中多处文本来源于天台东华派诸经，尤其是奉行创新的王契真、林灵真系统，很可能《度人大部经》的作者就是东华派道士。这个结论与“身神复官”环节中呈现出的教派倾向是完全吻合的。

在“身神复官”之后，以称三天尊名作结：

> 还神龙肝复虎肝性玄肾天精肾尊血流入身形。
>
> 还甲乙木功丙丁火报戊己土德己辛也天庚辛金尊壬癸水。
>
> 体青龙入肝道神心安炁入脾也静白虎鼻肝天精入耳肾尊液入口舌耳也。

称三天尊名时，须配合相应的存思法：称“还神复性天尊”时存思肝、肾气血流入身形，称“还功报德天尊”时存思十天干，称“体道安静天尊”时存思四灵入脏腑。三称天尊，可以看做瑶本《度人大部经》对“身神复官”的提纲挈领式总结。

(3) 寻元辰禄马位以纳经

本段内容较简单，但术法难度较高：

> 次取元辰□禄马，主经□，又主福寿元辰，并预修库藏经教，及亡灵，随本生月加戌，顺逢时，生在厶位是也。又主经库藏，并真□□□□□□，正月顺行，逢月生即叫，时生逆□□，见酉时也。又主禄位，甲禄在寅，主寿，值申子辰，马□寅，主人翁及寿也。又各年属厶□□，众灵万□。□□□□□，中上起子，逢太岁纳众灵也，□□□□□□，众天堂，□□□□□□岁是也，众灵地狱，巳上起子，顺行

逢太岁是也。

全段主要内容为寻找斋主及亡灵本命元辰的禄马之位，禄马位和术数有关，其意义重大：不仅主福寿、还为经库，又为生人禄位。因此要通过术数推演，找寻禄位以纳经。术法中所用“加戌之法”，非常类似经首的“破军罡”，其实质为天罡法，推测天罡行度以施行法事，为天心正法及雷法其他派别所用。诵经前后皆需要用此法寻找方位，足见瑶族对其法的重视，将“天罡法”放置在《度人大部经》开头和结尾处，形成了又一组前后呼应的关系。

论及禄位，《道法会元》卷二十四“清微灌斗五雷大法”和卷一百一十四“太极都雷隐书”指明了十天干的禄位，有“甲禄在寅”之说，本命天干的禄位，多被清微派和神霄派用来作为行法、布符的参考方位。瑶本《度人大部经》则把禄位当成了诵经及科仪是否能发生效力的关键，这种术数和法术泛化的思想观念贯穿瑶本《度人大部经》始终，形成了其不同于相关道经的鲜明特色。

第四节　瑶本《度人道场经》

金门瑶的第三类《度人经》抄本，名为《度人道场经》，顾名思义，是用于道场修诵的度人经本。《度人道场经》文本最显著的特点，是将经文拆成片段，并与偈颂穿插行文。这些偈颂多为七言八句，为相关经文内容改编而成。全经主体为经、偈的交叉行文，并在开头和结尾处添加道场修诵的简单仪节。

金门瑶族抄本中有一类经书，专名为“道场（经）”。笔者所见的包括德国巴伐利亚州立图书馆藏的 cod. sin. 319《阎罗道场》及本节研究的三个《度人道场经》抄本，又云南文山道公邓道天所置“大部经书”中有大批“道场经”：《阎罗道场经》《父母恩重道场经》《血湖道场经》《消灾道场》《救苦道场》及《度人道场经》。这些“道场经”在名称上语焉不详，或自称为“经”，或自称为“科”，或者干脆在标题中省略掉“经”“科”等文本类型用语。如邓道天的《消灾道场》《救苦道场》二经同卷，封面上标明“二科共一卷”，但又在旁边标注其类目为“大部经书”，令人分不清楚这两部书到底属于“科”还是“经”。命名上的不确定与暧昧特质，暗示着瑶族“道场经”确为一种介于“经”和“科”之间的文本。这种过渡文本的性质，在“道场经”的内容中也有所呈现，下文将详述。瑶族“道场经”多用于丧场，正是在瑶族丧场仪轨日益完善的历史进程中，集体修诵经书成为丧场科仪的重要组成部分，才衍生出这种“经科合一”、便于丧场或道场修诵的抄本样式。

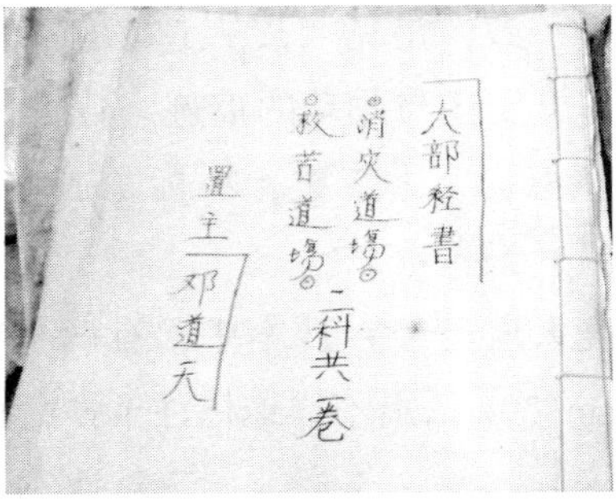

图 30 “消灾道场”与“救苦道场”共本的金门瑶抄本

（云南文山邓道天藏，笔者摄）

需要说明的是，“道场经”虽然为一类瑶族经书类抄本的共同名称，但各本“道场经”之间内容上的差距却非常大，例如开头与结尾的诵经仪轨在诸种道场经中异质性程度很高。但是，几乎所有“道场经”抄本的正文部分都具有一个共同点：即都采用一段经文、一段偈颂的交叉行文结构。经文用来读诵，偈颂可能用来演唱。唱、和交织的形式，形成了适合道场修诵的特殊文体。因此，本节对瑶本《度人道场经》的分析的结论，在主体文本形式方面适用于所有“道场经”，而在其首尾仪轨、内容方面，则具有很强的个性化特征，和其他“道场经”差异甚大，不可作为普遍性结论。

一　文献概况

德国巴伐利亚州立图书馆藏有三种《度人道场经》，cod. sin. 797、cod. sin. 886 和 cod. sin. 2713。三个抄本的基本内容与结构一致，应出自同一版本。而这种体例亦与云南文山邓道天所置藏的手抄本完全一致，足见《度人道场经》的文本具有相当高的稳固性，看不出变迁与改动的痕迹。数个抄本中，cod. sin. 2713 的文本状况最好，字大工整，小标题上还有红笔标记，为瑶族《度人道场经》最善本。

德藏三个《度人道场经》抄本中，有两个都没有标注时间信息，只有 cod. sin. 797 语焉不详地标注了抄写日期：

cod. sin. 797 丁亥年本录使（十）月初九日辰时。

该抄本上出现的人名虽然多，但没有任何人名和其他抄本相同，故难以通过相关性判定准确抄写时间。德国学者根据文本和书写情况，将其中的“丁亥年”断为1947年。[①] 同样，他们也把未标时间的cod. sin. 886断为20世纪抄成的。[②] 瑶本《度人道场经》的成书与流行，暗示着当时瑶族聚居区内，仍经常举办有较大规模的、常规性的道场修诵活动。20世纪前半叶战事频仍，如此背景下的瑶族社区是否有安全之处，瑶人是否仍有空间进行《度人道场经》的修诵，尚待考证。

和大部分抄本一样，瑶本《度人道场经》的三个抄本都未标明任何地点信息。但是，它们在人名标注上较为复杂。

> cod. sin. 797 置主李妙聪全旧本；李云光卖分冯玄奉置；置主李妙聪、李朝明、李法朝全旧本；安先生明李朝明；姓音正音龙西郡；陇西郡子。
>
> cod. sin. 886 羽士卢狘猔全集也；书主卢玄宗；代笔邵老大遇字。
>
> cod. sin. 2713 东主盘玄照；弟子盘经亮置用。

三个抄本都存在不同程度的文本转让现象。cod. sin. 797上出现的人名最多，其初置者为李妙聪，文中强调“全旧本”，暗指他的文本乃依照旧本转抄而来，并忠于古制。又李妙聪之名与“李朝明”“李法朝”同标一处，后文又用不同字体强调李姓的纳音“正音陇西郡”，故李朝明、李法朝很可能与李妙聪有亲缘关系，此抄本是李妙聪置造后传给他们的。之后，这个抄本流传

---

① Thomas O. Höllmann und Michael Friedrich eds., Botchaften an die Götter. *Religiöse Handschriften der Yao. Teil I: Bestände der Bayerischen Staatsbibliothek München. cod. sin.* 147 *bis*. *cod. sin.* 1045. Stuttgart: Franz Steiner Verlag, 2004. pp. 473.

② 同上，pp. 538.

到了“李云光”手中，最终，他将本经卖给了“冯玄奉”。可见 cod. sin. 797 至少经过三次转手。

其他两个抄本的情况相对单纯。cod. sin. 886 上仅出现一位置主“卢玄宗”，卢姓在金门瑶中甚少见，但他自称“羽士”，且在另一处使用“卢狘猔”的写法，在汉字旁加上“犭”部为汉字瑶化的重要特点，可依之判定卢玄宗为瑶族的民族身份。姓氏不同于“金门瑶五姓”的原因很多：可能出自瑶族旁支、也可能为外姓入赘。卢玄宗的文化水平并不高，此抄本为请“邵老大”代笔抄写而成，而“邵”为古地名常用字，代笔者称“邵老大”，没有文人常用的字或别号，可见其仅会读写，文化水平亦十分有限。cod. sin. 2713 上标“盘玄照”“盘经亮”两个姓名，而且两人的师徒关系很清晰，此经为盘玄照给付弟子盘经亮置办而成。

瑶本《度人道场经》的题名颇有趣，三个抄本上所有经题如下：

> cod. sin. 797 度人道场经；道场经。
>
> cod. sin. 886 度人道场经；度人道场科。
>
> cod. sin. 2713 度人道场共散花解结；度人道场。

和本节开始的分析类似，本经题名有三种方式：（1）称“度人道场经”或者“道场经”，“道场经”只是对“度人道场经”的习惯性简称，如 cod. sin. 797 首尾之题那样；（2）称“度人道场科”，cod. sin. 886 末尾采用这种称谓，将其断为科仪书；（3）直接称“度人道场”，模糊“经”“科”之别，文本情况最好的 cod. sin. 2713 采用这种做法。事实上，本经在瑶人心目中是介于经、科之间的双相文本，在称名上并无统一和固定标准。故本经在实际传抄中，经常出现“经”“科”二名同时出现在同一抄本中的情形，如 cod. sin. 886 中那样。

又，三个《度人道场经》抄本在正经末尾都附有“散花解结”仪节，这种做法不见于其他门类的“道场经”。可见，将“散花解结”置于《度人道场经》之后，已为此经中约定俗成的特殊做法。但这亦为我们判定《度人道场经》的标准文本结构带来了一定的困难，“散花解结”的内容相对独立和完整，那么到底“散花解结”是不是独立于《度人道场经》的单独仪式环节呢？三个瑶族抄本对此的回答并不一致。cod. sin. 2713 认为“散花解结”乃连缀在《度人道场经》之后的、相对独立的仪式节，言下之意其并不能被视为《度人道场经》的内部组成部分，故在标题上称“度人道场共散花解结”，体现出二者并列、彼此相对独立的关系。而在另两个抄本 cod. sin. 797 和 cod. sin. 886 中，标题上并未做特别标注，等于直接将“散花解结”默认为《度人道场经》的有机组成部分了。

云南文山道公邓道天所置的《度人道场经》为他于近二十年前根据家传的古本转抄而成，古本现已不知所踪。其转抄本系钢笔字抄写，封面、封底和内页皆为普通白纸，共 13 篇，每半篇 8—9 列，每列 20—21 字，字迹较潦草，但排列整齐。封面正中书“度人道场经一科”，右边书“大部经书”，左边书“置主邓道天”，文本内数处标“邓道天号”“书主邓道天”。本抄本的内容与结构同德藏 cod. sin. 797、cod. sin. 886、cod. sin. 2713 完全一致，但在书写上更为草率和随意，细节损失较多。

二 结构与内容

瑶本《度人道场经》结构和内容可分为三部分：正经前的仪轨（包括步虚、三皈依、启经、开经玄蕴咒和经纂）；正经；正经后仪轨（包括散花解结、末偈、忏悔、发愿、回向、拜谢回灵）。下文将按此顺序，分别研究全经各部分的内容。

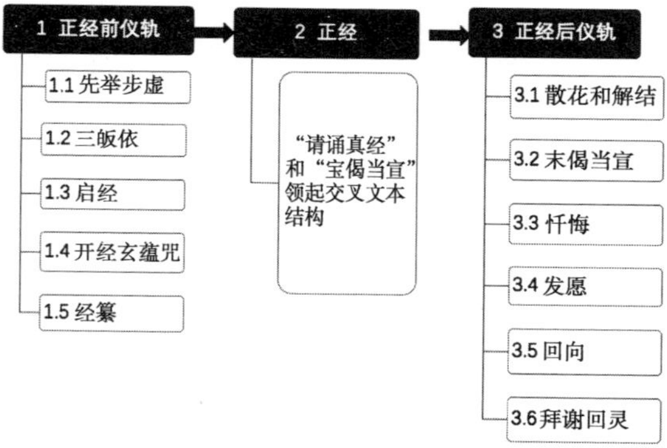

图 31 金门瑶《度人道场经》内容结构图（笔者制）

1. 步虚

先举步虚

大道洞玄虚，有念无不起。

伏以虚无大道，乘妙像于阎浮。碧落至真，降纂经于人世。作度人之慈父，为夜壑之舟船。应运无方，阐扬有处，沾恩蠢动，泽被含生。礼之则福及须臾，瞻之则度人无量。善愿此通望真光，而鉴格不违本愿。俯赐威光，乘龙凤以来临，感赴道场，证盟按演。

“大道洞玄虚，有念无不起”之颂，本为杜光庭集《太上黄箓斋仪》行道仪中的“三启颂”第三首，其全文为：“大道洞玄虚，有念无不契。炼质入仙真，遂成金刚体。超度三界难，地狱五苦解。悉归太上经，静念稽首礼。”① 颂中有皈依太上真经之句，盖其本为“礼经”之用，《无上黄箓大斋立成仪》卷三十二“斋法修用门”阐述了此颂的由来：“右出《洞玄灵宝消魔宝真安志智慧本愿大戒上品经》，亦见《玉京山步虚经》，谓之‘礼经’。祝每终一首，各称善一拜。真人口诀云：侍经仙童玉女，闻此祝皆欢悦，而佑兆身也。是大经悉用此咒而礼拜矣。若冥心礼经者，亦心祝其文，乃上仙之秘也。斋法以经为祖，凡是建斋，三宝之前必安神经，以镇斋坛。”② 此颂之后，即为三礼道、经、师宝，这种顺序不但见于上述两经，还见于《灵宝领教济度金书》中“宿启仪”和“三朝行道仪”中多处。瑶族《度人道场经》中仅录“大道洞玄虚”颂首句，其后文段也多有差异，但其后仍接“三皈依”道、经、师宝，与道经无异。可见纵然文字和内容发生了改变、删减，但其结构骨架仍与道教黄箓斋仪保持一致。

“伏以”领起之段，为法事开始前的启白之语。广泛见于各类科仪法事的开端。其文可分为三个层次，先叙述《度人经》降经的过程，次叙述其经度人、度世之德，最后希望经中神真来降赴，为诵经道场作证盟。此段文不见于道书，但“阎浮”“碧落至真”“度人无量”等词见于《度人经》经文，“鉴格”即斋

① 参见《太上黄箓斋仪》卷三十九“迁拔言落景行道”，载于《道藏》第9册，第291页。

② 《道藏》第9册，第573页。

醮法式，成书于宋代的《道门通教必用集》卷四“启奏篇”云：“请迎之礼既殚，鉴格之情无爽。”[①] “俯赐威光”之语亦常见于宋代道书，为法事前请神的常用文句，《无上黄箓大斋立成仪》卷二十九载“炼度幽魂醮献仪”，其中高功法师对圣启白之后云：“伏乞真圣监观，仙灵降格……俯赐威光，监临炼度。”[②] 由此可见，此段文为瑶本《度人道场经》的撰作者按照宋代科教法事前启白语的格式、结合《度人经》的内容重新编撰而成。

2. 三皈依

稽首皈依无极大道

皈依道，道法自然尊，法本自然皈妙道，盘皇末岁混玄元，无量亦无边，皈依玉清元始尊。(二合)

皈依经，太上最灵文，诵读玉经修宝忏，留恩赐福与凡民，句句尽珠珍。皈依上清灵宝尊。(二合)

皈依师，正一度人师，体挂冠裳持玉简，口谈妙典度群迷，道法度人师。皈依太清道德尊。(二合)

三皈依，三界独称尊，有叩有求皆感应，蒙恩赐福受无穷。亡者早超升。

皈依道经师三宝，皈依天地水三官，皈依丧/道场诸贤圣，圣众作证盟，按演荐亡灵，往生神仙界。

数个《度人道场经》抄本中，此段文字有细微差别。cod. sin. 886 中在“皈依道/经/师”前加“稽首”二字，并在“皈依玉清元始/上清灵宝/太清道德/尊”前加上“说拜”二字。

① 《道藏》第32册，第23页。
② 《道藏》第9册，第548页。

充分说明此段“三皈依”文的使用方法为每读一段，稽首礼拜一次，而且每段最末句后皆标“二合”，即重复唱诵一次，这是道场诵经、配合乐器唱诵时的典型做法。类似“三皈依”文段广泛见于宋代黄箓斋的度亡类科仪中，《灵宝领教济度金书》中有“三宝赞”，普遍用于济度亡魂的科仪节次中，如炼度醮仪、普度净供仪、五冥官醮仪、玄都大献玉山净供仪及催召仪。这些仪式中的“三宝赞”与瑶本《度人道场经》中的“三皈依”内容差异很大，但其章法非常类似，且部分语素相同。故有理由认为瑶经中这段“三皈依”与上述道经相关段落有着内在的联系，或为在后者的文本框架下，结合《度人经》修诵实践而撰作的内容。

瑶经中“三皈依”具体内容不见于《道藏》，其核心内容由三小段组成，每段格式一致，都包含下列五个要点。

表 22　《度人道场经》“三皈依”文本内容分解（笔者制）

皈依三宝	三宝之名	三宝之体用	三宝之德	皈依三清
皈依道	道法自然尊	法本自然皈妙道 盘皇末岁混玄元	无量亦无边	皈依玉清 元始尊
皈依经	太上最灵文	诵读玉经修宝忏 留恩赐福与凡民	句句尽珠珍	皈依上清 灵宝尊
皈依师	正一度人师	体挂冠裳持玉简 口谈妙典度群迷	道法度人师	皈依太清 道德尊

上表把这段“三皈依”文分为五个部分：先皈依三宝，次按顺序述赞三宝之全名、体用及三宝之德，后将道、经、师三宝替换为皈依玉清、上清、太清三清。实际上，此“三皈依”文

是皈依“三宝”和皈依“三清”的混合文本，在每小段末句皈依“三清”之前那些赞颂“三宝”体、用、德的文句中，也能看出其中暗含“三清”的内容要素。

例如，“皈依道”后称“盘皇末岁混玄元”，盘皇即盘古，在早期道书中被认为是“元始天王”的别名，如《仙苑编珠》引《元始上真记》云：“昔二仪未分，溟涬蒙鸿皮，日月未具，状如鸡子，混沌玄黄。乃有盘古真人，天地之精，自号元始天王，游乎其中。”① 后来，随着元始天尊的神格升高、取代了元始天王的地位，盘古又成了“元始天尊”的别名，明代朱权《天皇至道太清玉册》“道教源流章”云：

> 天皇，即玉清圣境元始天尊，盘古氏是也。昔在象帝之先，空洞自然之中，有百千万重正炁，结而化生妙无圣君，历尊号曰大罗元始天尊无为自然妙无上帝，后人谓之无上道宝。②

这段论述将“盘古氏”与“元始天尊”相等同，二者同谓“无上道宝”，也等于巧妙地将“皈依道”和“皈依玉清元始尊”两者结合起来、相提并论了。由此可见，瑶本《度人道场经》中“三皈依”与《天皇至道太清玉册》中的思想观念相同。

然而道书中多称“盘古”或者“盘古氏”，鲜见“盘王”乃至“盘皇”的称谓。瑶族以龙犬“盘瓠”或“盘护”为民族始祖，称“盘王”，后在中原帝制的影响之下，亦称“盘皇”。道教影响之下，瑶族又将道教盘古信仰引入，此后瑶人的信仰对

① 《道藏》第 11 册，第 21 页。
② 《道藏》第 36 册，第 363 页。

象“盘王”或“盘皇”便具备了双重意义：代指“盘瓠”或“盘古”。瑶族大量经书文献、史诗歌谣与围绕这个主题进行了持续的口头与书面创作，使得“盘王”“盘皇”的内涵日渐丰富，具备多姿多彩的面貌。例如，云南金门瑶中流传“玉皇管天、盘皇管地”的说法，将“盘皇”与“玉皇”视为一母所生的同胞兄弟，共同掌管天地。其中“盘皇”的神格和功能显然完全不同于《度人道场经》中“盘皇末岁混玄元”所阐述的那样了。白玉蟾《海琼白真人语录》曾记述“盘古王”为“巫法”师祖之一：

> 巫者之法，始于娑坦王，传之盘古王，再传于阿修罗王，复传于维陀始王、长沙王、头陀王、闾山九郎、蒙山七郎、横山十郎、赵侯三郎、张赵二郎，此后不知其几。昔者巫人之法，有曰盘古法者，又有曰灵山法者，复有闾山法者，其实一巫法也。亦多窃太上之语，故彼法中多用太上咒语。①

白玉蟾提及的“盘古法”影响了南方诸省，也包括瑶族，上文此“盘古王”的神格和道经中的“盘古”已大异其趣。瑶本《度人道场经》中的“盘皇末岁混玄元”，叙说盘王具有混元之德，放在皈依“三宝”“三清”之首，等于将之神格等同于元始天尊，这显然是站在道经的立场上说的。然而，其中所用语素为“盘皇”，这个典型民族化的词组表明，瑶经的撰作者不但具有深厚的民族宗教文化背景，还将民族创世神“盘皇”加到主叙大道及元始天尊的句子之上，附会道教的“盘古”王，通过

① 《道藏》第 33 册，第 113—114 页。

这种方式来提高“盘皇”的地位，并调和民族信仰与正统道教。

“三皈依”文中的其他语句，透露出瑶本《度人道场经》造作时的宗教活动状况：“体挂冠裳持玉简”反映出法师的一般性装束，“诵读玉经修宝忏”则暗示，《度人道场经》成书时，瑶族已对经书的用法主要分为“诵经”和“修忏”两种方式，本经正是在这种经忏流行与兴盛的背景下，应时代需求而成书的。

三段皈依文之后有总述，先赞叹三宝三清的德能“三界独称尊”，后论及“三皈依”的目的：为求得三宝、三清的庇护，使斋主得福、亡者超升，冥阳两利。最后一段则在皈依三宝、三清的基础上扩大了皈依对象的范围，还皈依了天地水三官以及丧场或道场诸位圣众，皈依对象更为具体，为即将开始的诵经道场做准备。

3. 启经

举金真演教天尊

伏闻太上圣教，好生于至神，无量混元者书妙炁，阴阳于不测，冲点难所听，以无为着象之形，范围出赞，藏用显仁，光总杳冥，化民育物，物虽则今古之以制，训无道以归善行。

了宝藏以灵文，贶其秘典，纷纭玉笈，充溢丹函，龟遍庸城，自在高真而降授，赤明开图龙汉，应运劫以传流。斯思赴视听者，光在人心言意来至之，弼至成治，渐清群生，首出凡流玩百代，干戈俶优之际，用之岂违，虫蝗莫感之时，舍之可就。

太上灵宝度人经者，元始妙言，玉宸宝诰，浮黎真境，纪谈授之初，紫微上宫，显传秘藏，皆诸天之妙韵，为大范之仙章。八角垂芒，本于神龛，千祇列位，度于人魔。其或育质圆方，禀利胥壤，少思寡欲，皆为皈真。端虑洁以勤宣，洗心而戒诵，精车积纸，粹外充言，可以不自涉春，晦而难明，无不烛颜，虚言室之而登受，城志心所集，尔福何穷。稽首皈依无极大道。

"金真演教"为开敷经典、敷扬道化之意。《太上三洞表文》中"卷帘通真表"云："伏以百千万重道炁，玉相凝辉，三十六部尊经，金真演教。"① 《玄门报孝追荐仪》在卷首"启师"中云："恭以金真演教，弘敷拔度之文，玉册垂科，茂著升迁之法。"② "举金真演教天尊"为宋元斋法中朝仪及黄箓斋开头部分的内容，如《灵宝领教济度金书》卷八"朝奏次序"载："知磬举金真演教天尊赞，引法师至左幕上香，再拜启白。"③ 可知此《度人道场经》出于宋元之后无疑。

"金真演教天尊"后的大段内容，全部出自萧应叟《内义》所引述宋真宗所制《度人经》序，《内义》引真宗序以释经题，云：

我朝真宗御制序曰：大易垂教，先于至神；混元著书，本于妙道。契阴阳之不测，标冲默之难名。盖以阐无为之为，着无象之象，范围幽赞，藏用而显仁；恍惚窈冥，化民而育物。虽古今而异制，诚训导以同归。

若乃藏室灵文，招台秘籍，纷纶玉笈，充溢丹函。龟关

① 《道藏》第 19 册，第 870 页。
② 《道藏》第 9 册，第 57 页。
③ 《道藏》第 7 册，第 77 页。

墉城，自高真而降授；赤明龙汉，应劫运以流传。斯固超视听之先，在名言之表，弼成至治，渐渍群生。首出于九流，抗行于百代，干戈俶扰之际，用之而岂遑？虫鱼咸若之辰，拾之而孰可？

《度人经》者，元始之妙言，玉晨之宝诰。浮黎真境，纪谈受之初；紫微上宫，显械藏之迹。实诸天之隐韵，为大梵之仙章。八角垂芒，本于神翰；千祇列位，普度于人灵。其或育质圆方，禀和霄壤，少私寡欲，背伪归真，端虑以洁斋，洗心而成诵，精专外积，纯粹内充，可以自晦而明，无幽不烛。类虚室之生白，同温泉之荡邪，熙熙而陟春台，济济而跻寿域。至诚所极，介福何穷！①

萧应叟《元始无量度人上品妙经内义》前的“内义表”作于南宋宝庆二年（1226），故瑶本《度人道场经》版本的成书时间肯定在此之后。萧书以丹道思想解释经旨，仅把宋真宗御制经序放在正文开头的“释经题”中，备一家之言。而瑶本《度人道场经》征引宋真宗御制经序中的部分内容，并将之单列，提前到诵经前的“启白”环节中，等于极大地尊奉宋真宗序的地位。这说明，瑶族对宋代官方认可的道经的极度崇奉，并且在修诵道经中，暗含着归附宋代中央皇权的意图。

从文本对比可知，瑶经征引宋真宗序言的内容中讹误与改动很多，也有诸多漏字、错字，几乎失去了原文的畅达。瑶人似乎不十分强调书写的准确性，当然也不排除为了刻意增强经文的神秘色彩，在行文中有意舍去一些字句的做法，目的是令文句不

① 《道藏》第2册，第335—336页。

通、外人无法看懂而保密。除去上述讹误，瑶本《度人道场经》还在征引宋真宗御制序时添加了数处内容：

其一，在全文开头加上“伏闻”二字，在最末加上“稽首皈依无极大道”，这样做的目的显而易见，即使得真宗御序更符合诵经道场“启白文”的体裁要求。

其二，末段中提及经题时，将真宗原序中的“度人经”改成了“太上灵宝度人经”，如前所论，“一卷本系统”《度人经》多用“太上灵宝度人经”之题，这里将经名做此处理，是想强调内文中使用的经典正是最古老、正宗的“一卷本”系统，即没有“元始灵书上、下篇”和“太极真人颂”的版本。但是这里同时带出一个悖论：“一卷本系统”的《度人经》在宋代演化出了“一卷增字本”，神霄派更进一步造作出了“六十一卷本”。宋真宗重视《度人经》，尚不清楚版本情况如何，但到徽宗朝，他本人即为道君皇帝属神霄派，故“六十一卷本”出世后，举国上下必然对新出的版本青睐有加，这种推崇新出版本的倾向很可能贯穿整个宋代。道门中的部分人出于政治等目的，也较可能选择新出的《度人经》版本，萧应叟《内义》就采用了“一卷增字本”《度人经》。但是，为何瑶族《度人道场经》一方面坚持使用古老的“一卷本系统”，另一方面又依附皇权、推崇宋真宗之序呢？要回答这个问题，需要进行更多的历史及文献研究。

其三，瑶族抄本中误抄或者改动了一些词语，这些耐人寻味的“笔误”从侧面反映出瑶经在书写时的行文习惯，书写讹误中恰好能透露出金门瑶族模式化的集体意识，故很有必要对文本传抄中的讹误进行研究。瑶本《度人大部经》在转抄宋真宗御制序言时，（1）将“妙道”误写为“妙炁”；（2）将“诫训导以同归”转写为“训无道以归善行”；（3）将“虫鱼”讹写为“虫蝗”。

下面对以上讹误依次说明与解释：（1）瑶人更重视较容易体会到的“炁”，而非不容易体会到的清虚之“道”，其信仰的具象化、实体化思维特征较为明显。（2）此经抄成之时，瑶人普遍有行善之风，并以善行进行社会矫正，误写成“训无道以归善行”，令经典的经文也染上劝善书的色彩。（3）“虫蝗”的困扰为农业生产者的重要议题，笔者在调查中发现，金门瑶甚为推崇一部改编自道经的《虫蝗经》，希望借助经力，解决农业病虫害问题。这从侧面反映出《度人道场经》成书时，作者所在的瑶族小社会已经长期处于农耕文明的定居状态，这吻合金门瑶作为“平地瑶族”的支系特点，相比高山瑶族而言，平地瑶族已经改变了“一山吃完过一山”的刀耕火种、不断迁徙的生活形态，他们居住在更接近山下汉人的平地区域，定居并从事农业生产，甚至已经发展出集约化的农业生产模式，其社会存在和社会意识两方面的受汉文化影响的程度都很高。

4. 开经咒、经纂及首偈

按臣各恭敬志心归命礼十方三宝，当愿信人/亡灵心开悟解，受持读诵。未念经，先念开经玄蕴神咒。

太上经题请为宣说。

太上洞玄灵宝无量度人上品妙经纂。

一心奉请当斋正荐初化亡故厶，超离灵位之前，随我慈光，引诣三宝御前，听斯经荐。香花请……慈悲引道天尊。

道法真中真，真宗摄有灵，皈依礼三宝，功果自然成。

亡者既到道前朝礼三宝。亡者朝礼道/经/师三宝，朝礼天/地/水三官，朝礼丧场/斋坛诸贤圣。经声用荐此亡灵，往生神仙界。

宝偈当宣

太上洞玄灵宝号，无量度人妙纂经。太极太初先立定，洪蒙未判未分明。汉皇祖帝定乾坤，阵死横亡无数命。大道哀怜常忟念，故作洞玄无量经。说拜无量度人天尊。

度人经偈荐亡灵，荐悼亡灵生天界。

首段中"按臣各"在 cod. sin. 797、cod. sin. 2713 中作"接臣名"，此后"心开悟解，受持读诵"之句见于《太上黄箓斋仪》卷五十二"转经"，其"三皈依"中的皈依经宝为："志心归依，十方经宝。当愿众生，心开悟解，受持转诵。"① 其文后来也用于宋元道书的转经行道仪中，特别在《无上黄箓大斋立成仪》《灵宝领教济度金书》及明代的金箓转经仪使用最多。瑶族《度人道场经》中将原文"十方经宝"改为"十方三宝"，将祈请的对象的"众生"改为"信人"和"亡灵"，作丧场诵经专用。

此后的程序依次为：

(1) 念开经玄蕴咒。文中未录咒文，在诵经前念开经咒已为瑶族诵经道场的一般性规则；

(2) 宣说经题及经赞。此后引亡灵离开灵位，随道慈光至三宝前听经，宣"道法真中真"偈，此偈前两句与《太上洞渊神咒经》卷三"缚鬼品"中咒语相同，其为："道法真中真，真

① 《道藏》第9册，第341页。

中复有灵。三洞入人门，万鬼皆灭形。”① 此处或为依其内容重新撰写后两句。之后亡灵朝礼道经师三宝、天地水三官、丧场或斋坛诸圣贤，其顺序、内容与前文“三皈依”环节中，道士朝礼的顺序、内容皆相同，只是朝礼主体由道士换成了亡灵。末句为“经声用荐此亡灵，往生神仙界”，此句为全经道法的核心意旨，后文在各段诵经后反复咏唱，此处为第一次出现，奠定了“度人道场”道场集体诵唱的基调。度化亡灵“往生神仙界”句普遍见于道教黄箓斋度亡科仪中，如《灵宝领教济度金书》中的度亡道场。

（3）宣偈。本部分以“宝偈当宣”领起，是《度人道场经》中首次宣偈，其后正文中偈语皆用“宝偈当宣”领起。作为全经首偈，此偈主要交代《度人经》的出世因缘并赞叹经德。先述“五太”之初、鸿蒙未判，后汉皇开国，导致死伤无数，故大道哀悯死难者，遂作此经，开设度亡道场。《道德篇章玄颂》序言云：“汉皇启运，斩蛇之剑倚青天。绵绝既兴，文物斯盛。”② 显然瑶本《度人道场经》的作者将汉代作为文明的起点，汉代以降阴阳始分，在阳间“文物斯盛”，但一将功成万骨枯，阴间却留下了许多死难者。此经正为弥补“启运”带来的伤害，承担“阴”面的作用——丧场度亡。这里的《度人经》出世之说，显然和道经记载中元始天尊、太上道君、天真皇人之间的说经与授受大异其趣，提供了另一套话语。瑶本《度人道场经》中的“《度人经》出世说”并不关心《度人经》具体的传授过程，而着眼于其救度亡魂的功效与作用，即“度亡”，把道教

① 《道藏》第6册，第12页。
② 《道藏》第19册，第821页。

《度人经》本有的“度人”等用完全排除在外了。并且，此处将《度人经》的度亡功能放到宏大的历史背景下，为汉皇定天下而救度亡魂，可以说填补了文明的不足，撑起了“救度天下”的另一种形式，其功甚巨。文中的“汉皇”很可能是虚指，并不单指代汉高祖，而是代称象征汉文明的君主、抽象的汉族帝王，甚至映射《度人道场经》成书时的汉族帝王。他们用武力取得国家统一、开辟文明纪元，其中“阵死横亡”之魂则成为瑶族《度人道场经》的主要救度对象。

5. 正文：诵经与宣偈的交叉行文

瑶本《度人道场经》正文为“诵经”与“宣偈”的交叉行文，两部分内容分别由“请诵真经”和“宝偈当宣”领起，如第一段所示：

请诵真经

始清天上，浮黎国中……经声用荐此亡灵，往生神仙界。

宝偈当宣

始清天上玄又玄，浮黎国土会群仙。碧落空歌祥光放，召集无鞅诸圣贤。元始初登狮子座，说经十过度人天。天尊妙行俱来瞻，总听天尊谈秘语。说拜无量度人天尊，度人经偈荐亡灵，往生天界。

正文部分共分八组“诵经＋宣偈”文段，其内容不同，但格式全部保持一致：“请诵真经”部分中，先放一段《度人经》原文，结束后加上一句“经声用荐此亡灵，往生神仙界”。“宝偈当宣”后的内容则为根据前一段经文改编而成的七言诗偈，此后加上“说拜无量度人天尊”和“度人经偈荐亡灵，往生天界”之语。除《度人道场经》中第八条偈语外，前七组中的“宝偈”都为七言八句，格式相同，字数一致。

这种交叉行文结构非常适合道场诵经，经、偈末尾重复不变的句子有回向的含义，即点出诵经、宣偈的目的是为超度亡灵生天，具有韵律感，适合群体一起唱诵。又“说拜无量度人天尊”处，应有集体性礼拜天尊的动作。仅从文字看，整经“请诵真经”和“宝偈当宣”的排列显示出整齐错落的音韵美。

“宝偈当宣”中的偈语是根据对应的经文文段编撰而成的，基本上相当于对经文中心思想的总结和对重点段落的重复宣诵。书成偈语的形式，主要目的是便于整齐地唱诵和传播。值得注意的是，瑶本《度人道场经》正文虽依道教《度人经》原文而作，但这八段“经文＋偈语”并没有涵盖《度人经》原经文的所有部分。经、偈与原文对应情况如下：

表 23 《度人道场经》经、偈与道教《度人经》内容对应关系（笔者制）

序号	请诵真经	宝偈当宣	对应《度人经》的内容
1	始清天上，浮黎国中……	始清天上玄又玄，浮黎国土会群仙。碧落空歌祥光放，召集无鞅诸圣贤。元始初登狮子座，说经十过度人天，天尊妙行俱来瞻，总听天尊谈秘语。	“道君前序”第一道言

续表

2	黍米宝珠，度人无量……	黍米方圆五丈光，宝珠永作度人船。道引众真齐仰首，说经都竟一时间。叩者如同细雨降，一国男女尽倾心，凡诵请咏此真经，亡者早登无为国。	“道君前序”第二道言
3	十方无极，五帝大魔……	十方无极十天王，五帝大魔列五方，三界群真皆稽首，魔精丧眼鬼妖亡。上天所宝勿轻传，慕道之人方可授。不得轻传于下世，轻泄陋慢及九玄。	“道君前序”第三、第四道言
4	十二道言，三十二天帝主……	十二道言说十章，东南西北四维天。上有八天门八境，中安八帝八仙乡。九和十合变无穷，并是诸天上帝讳。三十二天卅二帝，主镇乾坤大国王。	“元始正经”元始洞玄灵宝本章
5	欲色三界，十遍回灵……	欲色之天难可测，飞空之韵妙发号。魔王鉴举上天门，出入华门三界内。仰望大罗森渺渺，恭瞻宝殿崇巍巍。但能得过轮转中，十遍回灵当得度。	“元始正经”元洞玉历章
6	无极八门，四天隐语……	无极八门中有路，四天隐语少人知。坛娄阿荟隐神仙，南阎洞浮诜诜号。刀利禅猷泥宛数，获无自育道乾坤，此诸大梵隐天文，幽寂度人无量数。	“元始灵书中篇”
7	四生蒙福，入圣超凡……	六道四生皆蒙福，超凡得圣入仙乡。知音有异诵能持，此是皇人亲受记。若是识者能顿悟，大慈上早观真空。万灵振集伏群仙，同入无为妙纂偈。	“道君后序”

续表

8	四千四百四十九字……	若能持诵会思存，昼夜如星飞运转。句句超凡并入圣，言言度脱往生天。臣今稽首诵真经，亡者承经皆托化。	N

从上表可见，瑶本《度人道场经》所宗依的道教《度人经》仍为“一卷本系统”，其中经、偈内容贯穿全文，是全经的主要组成部分。但是，这些经、偈并没有穷尽道教《度人经》文的所有部分，例如“道君中序”及“道君前序”的后半部分在上表中就没有涉及。可见，瑶经并不是对原《度人经》的简单复刻或者偈颂归纳，而是在原文的基础之上做了选择、提炼与升华。相当于通过这八段经文和偈语，选出了作者眼中的《度人经》经旨。而在《度人道场经》行文中，所有“请诵真经”部分都仅录一句话，后面加上省略号，也就是说，瑶人在实际的道场修诵中，有可能配合《度人经》原文依次念诵，但更有可能，根本就将原经文一带而过，而将注意力全部集中到集体唱诵依据经文创作的偈语上。

最后一条经、偈不见于《度人经》原文，但其中“四千四百四十九字”之语，也见于瑶本《度人大部经》末尾的“经纂”：

元始无量度人上品妙经纂

始青天上，浮黎国中，黍米宝珠，度人无量，十方无极，五帝大魔，十二道言，三十二天帝主，欲色三界，十遍迴灵，无极八门，四千隐语，生死蒙福，入圣超凡，四千四百四十九字，冥慧洞清，大量玄元也。

如前文，“经纂”即经赞，为瑶人根据全经内容所做的总结与赞颂。在“经纂”中点明经文全文字数的做法，是瑶族“经纂”的一大特点。瑶本《度人道场经》根据此“经纂”作偈曰：

若能持诵会思存，昼夜如星飞运转。句句超凡并入圣，言言度脱往生天。臣今稽首诵真经，亡者承经皆托化。

其中阐明，如果不计昼夜地如法持诵并思存《度人经》，就可以达到超凡入圣、度脱亡者生天的效果，其中的“句句”“言言”之语，正对应“经纂”中的“四千四百四十九字”。此偈为根据“经纂”所作，《度人道场经》把末尾的“经纂”也视为全经的有机组成部分。通过第八组“经赞＋偈语”的总结，将前面所有七组“经文＋偈语”的主旨用途和度人度亡之德能做了高度概括与总结。

6. 散花和解结

《度人道场经》正文结束后，紧接着为“散花”“解结”二科，由于这两科较度人道场相对独立，且不见于其他种类的“道场经”，为保证《度人道场经》结构上的完整性，本书把“散花”“解结”二科放到下一节进行论述，此处不予展开。

7. 末偈

末后经题请为宣说，太上洞玄灵宝无量度人上品妙经纂末偈当宣

度人妙纂对偈经，翻思末学未晓通。道返清都还旧简，经回玉轴入琅函。有类微尘高华岳，无殊坐井观苍天。天人贤圣赞无穷，同入度人经纂偈。说拜无量度人天尊。度人经偈荐亡灵，生天界。（钹音声赞）

本部分内容较为简单，即正经结束后重宣经题，并宣说末偈

以总结全经。此“末偈”仍然采用前偈七言八句格式，内容主要叙述道、经返回天庭，又述天人等听经后称赞经德。此偈结束后用“钹音声赞”，表示《度人道场经》正文告一段落。

瑶本《度人道场经》中共有偈十首，其中配经前经题一首、经书正文七首、经末经纂一首、经末经题一首。在“请诵真经”的正文部分，以及经题、经纂等处亦皆搭配经偈。可见，虽然本经为“诵经”与“宣偈”交替领起，但二者之间，“宣偈”的地位和作用要远远重于“诵经”。

8. 忏悔、发愿及三皈依

后为忏悔、发愿及三皈依的内容，三部分一气呵成，故本书将之放在一起阐释。首先是忏悔文：

> 历劫升沉无渐息，身相终来去无停。灵台黑点自清净，流浪千生吹欲海。他为贪嗔成障累，皆因身口积愆殃。改头换超已时休，宛转世间何日了。净夜无为趣妙路，不如空寂窕玄门。幸于今日对天尊，得遇明时兴道化。至今宗祖未超升，遂使祸及后世尤。略吐一言扬妙语，望乘大道赐思休。河沙罪障说无穷，尽此一心求忏悔。
>
> 忏悔已竟，皈命礼无上正真三宝。

此忏悔文不见于道书。全部采用七言偈颂体，与《度人道场经》重视偈颂的整体风格相吻合。就内容而言，忏悔文可以分为前、后两部分：第一部分从开头到“不如空寂窕玄门”，叙述轮回漂流之苦，劝人回心向道。道经中有多处述及轮回的段落，《太上升玄消灾护命妙经》中的描述较为具体：“观无极众生，受无极苦恼，宛转世间，轮回生死，漂浪爱河，流吹欲海，沉滞声色，迷惑有无。”[①] 瑶本《度人道场经》中亦使用了“吹欲海”“宛转世间”等句，但内容更为丰富，除了描述轮回的相状，还指出轮回苦恼的原因在于贪、嗔等习气，身、口等障碍，这些习气和障碍也正是需要忏悔的主要原因。整体而言，这部分内容受佛教轮回思想影响较大。

第二部分从“幸于今日对天尊”到“尽此一心求忏悔”，述得遇道化，点明未得超拔之因，并积极求忏悔超度。这段内容的最大特点，是点出了后世子孙不顺的原因在于先祖未获超度，其背后有着深厚的道教承负、冢讼及复连等思想观念。元人徐道龄撰《太上玄灵北斗本命延生真经注》云：“或问：先亡不得超脱，复连六亲，人何能知？曰：若犯此厄，则感此病也。既罹此厄，急宜寡欲清心，饵药吞符，祈告斗真，超度祖玄，俾亡者获生善境，存者厄解灾消也。”[②] 《太上玄灵北斗本命延生真经》称，解决冢讼、复连等问题，需要“急须投告北斗，醮谢真君，及转真经，认本命真君，方获安泰”[③]，宋代神霄雷法中亦有“解先亡复连符咒”数种。

此忏悔文前、后文意存在矛盾，前半部分讲述轮回之苦及苦因，后半部分却强调需要超度祖先以解生人之厄。与其他强调忏悔六根、三毒之罪的忏悔文相比较，瑶本《度人道场经》将忏悔的焦点落脚于度亡法事，“复连”等观念的混入，为超度法事赋予了现实意义。

忏悔既毕，进入“志心发愿”环节：

① 《道藏》第1册，第772页。
② 《道藏》第17册，第13页。
③ 《道藏》第11册，第347页。

再对道前志心发愿

亿劫罪根今已忏，消蠲三世过多愆。愿天清鉴保长存，愿地载生承永远。愿保星辰无错度，愿求日月不失昏。愿祈三炁使均调，愿度四时流浪荡。愿祝国皇寿万岁，愿祈宰辅佑承公。愿闻兵革息干戈，愿保人民无饿殍。愿报师尊身得道，愿酬父母答生身。愿超祖宗上南宫，愿度有情登道岸。

发愿已竟，皈命礼无上正真三宝。

道教黄箓斋中多有“十二愿”之说，用在斋事结束前的回向环节，但“十二愿”的具体内容，又因不同道经而多有差异，并分出大、小“十二愿”。《灵宝领教济度金书》卷九“朝谒次序”云：“早朝十念，午朝大十二愿，晚朝小十二愿。”① 又卷十一“赞颂应用品”载“午朝十二愿”为：“一愿大道淡泊，虚无安闲……二愿诸天结炁澄清，高虚广覆，保真固灵，炁候调节，四运和平……三愿土地覆载无穷，安平不陷……咸得厚载，万类皆从；四愿日月二景高明，无有孛蚀亏盈，安清光照诸天，洞消暗冥……五愿星辰与日齐光，转烛照耀，朗映十方，各安其位，经纬直行……六愿四时随节推迁，景炁和调，无有灾患，疫毒消灭……七愿浮云结炁，聚烟飞空……八愿风雨流洒无穷，普加施泄……九愿五岳各安其方……十愿江海荡荡无极……十一愿帝王国主日昌……十一愿蜎飞蠢动，已生未生，咸蒙安全，普得生成……与道合真。”② 此乃大十二愿。后又记载晚朝十愿及小十二愿，其中“晚朝十愿”为：“一愿大道流行，普天怀德；二愿

① 《道藏》第 7 册，第 86 页。

② 同上，第 96—97 页。

一切有生，咸皆悟道；三愿九夜悲魂，一时解脱；四愿孤魂无依，咸得受生；五愿天下太平，五谷丰熟；六愿臣忠子孝，君仁父慈；七愿四海通同，冤亲和释；八愿潜胞处卵，咸得生成；九愿积疾新疴，旋即痊愈；十愿孤露众生，丰衣足食。”① 又有运用更广的“小十二愿”云：“一愿乾坤明素，二愿气象清玄，三愿圣君万寿，四愿化洽八埏，五愿天垂甘露，六愿地发祥烟，七愿四时应候，八愿万物生全，九愿家多孝悌，十愿国富才贤，十一愿斋功广被，十二愿善瑞日臻。”② 从上文三个版本“发愿文”来看，所谓“十二愿”的大、小之别，并不在于内容的广狭或高下，而在于其文句的长短或繁简。

瑶本《度人道场经》中的发愿文，不标数字，亦不拘泥于十二条之限，采用七言偈颂体，共有十四条愿。究其内容，这些愿文多从道书中多个版本的“十二愿”采撷、会集而来。瑶经中的发愿文基本上围绕着“天、地、君、亲、师”的主题思想，按顺序展开，先祈求天清地宁，三光得位，正炁流行；再祈保国祚康宁，帝王宰辅兴隆，兵戈熄灭，人民丰足；最后祈求酬报父母、师尊，超拔祖宗及有情。祈愿范围由大到小，最终落脚到超拔冥阳众生上，紧扣本经度亡的主旨。

发愿后是“三皈依”，此处皈依文和诵经前的“三皈依”前后呼应，内容也有部分重复：

我今恭对三宝前，乞赦前后今世业。

稽首皈依道。道法本自然，人天皆信奉，供养得长年。

---

① 《道藏》第7册，第97页。

② 同上。

我今讽经已后，亡者往生天，愿度此亡灵，同归无上道。（钹音）

稽首皈依经。经法本自然，海中船自然能说尘。我今讽经已后，亡者上天梯。愿度此亡灵，同归太上经。（钹音）

稽首皈依师。师宝度人师，体挂冠裳持玉简，口谈妙典度群迷，度脱此亡灵。我今讽经已后，亡者上天梯。愿度此亡灵，同归玄上师。（钹音）

三皈依已竟，回向诸真仙有情。我今诵经已后，亡者往生天。愿度此亡灵，同归三宝境。（钹音）

宝华完满天尊

“三皈依”文中，重复最多的为“我今讽经已后，亡者往生天/上天梯”，以及“愿度此亡灵，同归无上道/太上经/玄上师”。这是诵经后“三皈依”和诵经前“三皈依”的最大不同之处。此处并不是道士自身“三皈依”，而是道士带领那些已从地狱超度出来、登上天梯的亡灵，一起进行“三皈依”，承诵经之力将亡灵送上天梯，导之趣向三宝。这段皈依文道出了《度人道场经》超度亡灵的最终目的和究竟去处。亡灵完成“三皈依”后，诵经道场的法事才从真正意义上完满，故末尾称“宝华完满天尊”。

9. 回向及拜谢回灵

瑶本《度人道场经》的最后内容，为回向和拜谢回灵。先为回向部分：

尚来歌扬玉轴，赞咏妙纂真诠，皆元始之灵文，上天之妙宝。一一念完，言言赞毕，用荐亡故厶，三魂闻经托化，七魄听法生天。早升快乐之天，共入太和之境，现在获福，受荫康宁，凡在诵持，超凡入圣，一切运为，死生开泰。经完偈毕，送返琅函，至祷皈依，回向大道。

缘念无量度人/度仙上圣/度真登品天尊
不可思议功德

“尚来”有时也作“向来”，这段文不见于道书，但与道教黄箓斋后回向文的体例及文风类似。这段回向文先叙《度人经》经德，后叙诵经超度亡魂生天之功。即“早升快乐之天，共入太和之境”。“快乐之天”之称见于《无上黄箓大斋立成仪》卷十三：“径凭妙善，永绝轮回，俱登快乐之天，长处光明之界。”① 而“太和之境”为地界中的美好处所，《玄帝灯仪》云：“故在地有太和之境，为武可当；在天有壬癸之方，非玄不授。”②

此后，承亡故得度之力，回向阳世修诵此经之人开泰顺利，这正是瑶族诵经道场所追求的主要目的，彻底解决了前文忏悔文中“至今宗祖未超升，遂使祸及后世尤”的问题。至此法事周完，送经、偈返回琅函，将功德回向大道。最后称三天尊之名：“无量度人天尊”名号多见于《灵宝领教济度金书》中的“炼度”等丧场仪节；“度仙上圣天尊”则为十方天尊中的东北方天尊，《灵宝无量度人上经大法》卷二“斋戒节度品”云：“十八日，东北度仙上圣天尊并梵炁天君下降。”③ 黄箓斋中有“十天尊仪”，亦以东北方为度仙上圣天尊。“度真登品天尊”之名不

---

① 《道藏》第9册，第456页。
② 《道藏》第3册，第573页。
③ 同上，第617页。

见于道书。总体看，三天尊名号排列的顺序为度人、度仙、度真，由低到高，侧面反映出瑶族《度人道场经》超度的顺序。

全经最后部分为“拜谢回灵”，内容为：

> 闻经听法已周完，拜道回归灵位前。等后道场功德满，判超亡魄早生天。天恩回灵听荐拔。慈悲引道天尊。
>
> 拜谢回灵安受座，法食香斋普供养。逍遥自在天尊。

诵经道场开始前，需要引亡灵离开灵位至三宝位前，诵经结束后，需要称“慈悲引道天尊”将其送回灵位，名曰“拜谢回灵”。虽已回灵，可亡魂已凭借道力得到荐拔，和法事之前相比，有了根本性的提升。此后，亡灵安座灵位，享受法食香斋供养。本经最后一句为“逍遥自在天尊”，道经中不见此天尊名号，但《灵宝无量度人上经大法》卷七十“凝香昭应品”有“炼度生天香符”，其咒云：“洞慈洞明，灌炼九尸。达度玄天，逍遥自在。”① “逍遥自在天尊”应为瑶人根据道书中亡灵得度后“逍遥自在”之语造作而成。

至此，瑶本《度人道场经》的基本内容和结构全部结束。综上所述，此经有两大特点：

（1）重偈颂，轻经文。以为七言八句为主要格式的偈颂将全经分割，并串联起来，首尾经题、经赞亦配偈颂。这些偈颂或主述经文内容，或赞咏诵经功德，朗朗上口，便于集体唱诵。这构成了瑶族“道场经”类经典的最大特点。

（2）瑶本《度人道场经》经文内容大多不见于道书原文，但其语言特点、行文方式，乃至全经的脉络体系，皆与宋元黄箓

① 《道藏》第 3 册，第 1044 页。

斋仪有很大关联。除了部分内容直接来自萧应叟《内义》和《灵宝无量度人上经大法》外，经中许多步骤和关键环节直接采用《无上黄箓大斋立成仪》和《灵宝领教济度经书》中的模式。以上三本道经都属于奉行新道法的灵宝东华派经典，瑶族《度人道场经》为根据东华派所传的黄箓斋法进行民间化和民族化改革的结果。黄箓斋法中有“升坛转经仪”，其基本仪式节为：法师上香、唱道赞、升坛、上香、唱三皈依、唱赞咏、唱宿命赞、都讲启经、唱静念如法、密念开经玄蕴咒、吟启经诵、都讲叹经、唱三闻经、智慧经赞、学仙诵、出堂、回向。① 其环节的简繁转换、节次组合、秩序排布，值得与瑶本《度人道场经》做对比研究。

三　散花解结科

瑶本《度人道场经》正经结束后载“散花科”与“解结科”，其篇幅较长，内容相比正经而言较独立，故单列一节介绍。

1. 散花

前标“入散花去”，后题“大圣散仙花无上道”，内容皆为七言诗偈。间隔有“散仙花”等领起句，应为唱诵之用。全文为：

一枝五叶色甚鲜，春散梅花夏散莲。朵朵捧来呈四府，枝枝采摘献诸仙。五方童子降花盘，十号天尊解冤愆。亡者

① 参见《无上黄箓大斋立成仪》卷二十一，载于《道藏》第 9 册，第 506—508 页。

早随花叶去，承花飞达上三天。不可思议功德。

散仙花，浮黎国土，散名花，满道/丧场。散仙花，亡者往生天。花在道/丧场开五叶，枝枝叶叶荐亡灵。

散仙花，东方宝树宝花林，绿叶分分散碧天。展转香风飞宝座，香风吹动透根源。浮黎土散仙花，花在道/丧场开五叶，枝枝叶叶荐亡灵。

散仙花，南方宝树宝花林，叶是红霓花是金。映日秀丽光灿烂，五云捧出圣尊前。浮黎土散仙花，花在道/丧场开五叶，枝枝叶叶荐亡灵。

散仙花，西方宝树宝花林，朵朵枝枝向日新。仙女仙童掌献圣，随期道力满天心。浮黎土散仙花，花在道/丧场开五叶，枝枝叶叶荐亡灵。

散仙花，北方宝树宝花林，恰自三春绿前新。斋/孝主虔诚花供养，愿超亡者上天宫。浮黎土散仙花，花在道/丧场开五叶，枝枝叶叶荐亡灵。

散仙花，中央大圣降来临，推捧金仙上瑶台。惟愿一时同赴会，白莲生在花中盘。浮黎土散仙花，花在道/丧场开五叶，枝枝叶叶荐亡灵。

散花散了宝盘空，五朵仙花判白红。亡者早随花叶去，得证浮黎国土中。

说拜花供养道经师三宝，天地水三官，十方救苦主，道/丧场诸贤圣（每人一拜）。散花功德荐亡灵，亡灵祭承荐往生天。

《度人大部经》各抄本文句稍有不同，如上文各段中“枝枝叶叶荐亡灵”句，cod. sin. 797 中作“荐超亡者往生天”，但整体意思未变。本段“散花科”与其说是完整的科仪本推详，不如说为赞颂类唱词，通过唱念吟咏达到超度亡者的目的，是“道场经”中度亡道场的有机组成部分。

道书中“散花”的概念由来已久。《太上三十六部尊经》中“太清境内秘经”云：“若有受持之人行道演说，持诵真经，皆当以五色花置筒中，每行道唱善，则四散虚空，名为散花，以陈志愿。”① 其经以“散花”为陈述志愿所用，“五色”或为五行之喻。佛教有《维摩诘所说经》，载维摩诘居士演说佛法的过程中，菩萨化作天女，散花度化小乘阿罗汉，使其舍小乘、趣大乘的故事。自晋代鸠摩罗什将其经译作华文以来，影响甚大。《太上三十六部尊经》中的经文，或为参照佛经故事改编而成，加入了说法行道中散花以陈志愿的掌故。

道教灵宝经系统倡导五方五帝之说，亦把诵经中的“散花”之事同方位结合起来。《太上洞玄灵宝五帝醮祭招真玉诀》载“召灵宝五帝”之法：“《灵宝赤书五篇真文》，篇镇一方，皆元始自然之书。五老与五帝侍卫，五方灵官纪录，禁限一年三开，众仙度真。玄科旧典，上官诸真人，即五岳神仙，三年一奉灵宝五帝灵官，散花燃灯，香汤甘果，上献天真，以存灵气。”② 经中以“散花”为俸事五帝灵官的方式，但并不再强调花色须为“五色”。又《度人经》中诵经前出官环节，所出之官有“传言散花玉女”，唐李少微注《度人经》句“梵行落空，九灵推前”云：“天中有散花之台，四斗真人所处焉。有善功者，四斗真人

---

① 《道藏》第1册，第600页。
② 《道藏》第6册，第567页。

书延生之符，授之则拔度九幽也。”① 可见，《度人经》中的“散花”，往往对应相应的方位和神真。

“散花”用于科仪法事中，最典型的当属《灵宝领教济度金书》。卷十八“立六幕仪”中以“散花”为请神前的仪式。其完整的请神仪节依次为：上香、请神颂、献茶酒和散花、宣表。②又该经其他仪式中以初、二、三献各配散花，散花为“三献仪”的附着环节，略类似“立六幕仪”中第三步以“散花”配“献茶酒”的做法。又《金书》卷一百二十八中有“十回度人道场”，其中诵经前“三启诵”称：“臣等谨率见前清众，升坛行道，烧香散花，转诵《太上洞玄灵宝无量度人上品妙经》，人各一过。”③ 上文“散花”多位于仪式前的请神或启经环节中，并且没有实际内容，相关辞令仅一带而过，和瑶族《度人道场经》末后“散花”仪式的内容和用法完全不同。

宋代以降，道门流传多种音韵曲牌，“散花”为其中重要“赞咏”之一。《高上神霄宗师受经式》云：“《大洞招真通微妙章步虚》《玉清乐》《上清乐》《太清乐》《散花乐》《白鹤引》……右神霄内府所存三洞四辅，有自古以传者，或多见于世间。有历劫未传禁秘宝经一千二百卷，分为六等一十二品，列为上、中、下三卷，藏于东西华堂。自太平启运壬辰庚子之后，渐当降显。”④ 可见，《散花乐》和其他道场音乐一起，为宋代神霄派所传授撰作。宋代，经韵乐曲“散花”的内容与唱词流传

① 《元始无量度人上品妙经四注》卷四，载于《道藏》第 2 册，第 243 页。
② 《道藏》第 7 册，第 120—121 页。
③ 同上，第 585 页。
④ 《道藏》第 32 册，第 638 页。

有多个版本，内容不同。北宋张商英编《金箓斋三洞赞咏仪》卷中录五言散花词十一首，又录七言散花词十一首，卷下又录五言散花词十一首。其体裁皆与瑶族《度人道场经》中的"散花"不同。

宋吕太古集《道门通教必用集》卷二"词赞篇"载"散花乐"：

> 散花林，散香林，散香花满道场，上真前供养。玉京山上朝真会，十仙齐奏步虚音，满道场，至真前供养。空同一声来月下，步虚三唱入云间。①

其乐辞中用于吟咏的"散花林""散香花满道场"等唱句和瑶本《度人道场经》"散花"中的已非常类似。明代《玉音法事》卷下有"散花词"十首，卷中载曲谱"散花引""五言散花""七言散花"，其内容与"散花词"无异，也添加"散天花""满道场"等吟咏词而成。据此我们可推知，宋代以降道书中记录的"散花词"，皆须搭配曲调使用。故作者在录入"散花词"时，可能会默认省略掉其中的"散香花""满道场"等曲式约定的唱句。这就能解释道经中为何有那么多五言、七言散花词了。依此标准，瑶本《度人道场经》所记载的，就是一首依照宋代道场经韵制作的"散花乐"，其中反复出现的"散仙花"为乐曲中的叠韵，也是其音乐性最强的唱诵部分。

道书中"散花词"内容各不相同。宋元已降戏曲兴盛，曲牌一旦确定，其词自然也可以随着中心内容而改变，经韵《散花乐》也不例外。故瑶本《度人道场经》经末的"散花"词，乃是作者根据《度人经》及其度亡的思想背景重新撰作。对其

① 《道藏》第32册，第14页。

歌词做简要分析，发现瑶本《度人道场经》内容包括如下元素：

(1) 度人经系的语素。瑶版“散花”文中两次出现的“浮黎国土”出自《度人经》经文。“亡者早随花叶去，得证浮黎国土中”，暗示承修诵《度人经》之力，亡灵超升，得赴浮黎国土，“浮黎国土”既是元始天尊演教之所，又是亡人往生的理想净土。瑶版“散花”文首段中的“十方天尊”之语，当出自《度人经》的十方观念。又“五方童子”，在度人道场中常作引导亡灵之用，《灵宝无量度人上经大法》卷七十一“镇信威仪品”中有“皇人镇坛仪范”，云：

> 夫建斋坛，当供设十方天尊，五岳三光，水府经宝，随方各以纹缯之彩、玉璧金龙以镇之。……用笔五枝、墨五、笏砚五只、算筹五把、案纸五百幅，分布五方。以米五石为录米，以钱五千文分在五方，为命钱。其纸各封押，上题云：东斗注算纸、南斗上生纸、西斗记名纸、北斗落死纸、中斗记善纸。仍以木雕造童子五躯，手执梓木函，盛真文于其内，散坛宣科而焚之。即五方童子赍真文前行，引导亡灵，随光明而生道。①

从上文可见，斋坛中所用的“五方童子”实则据灵宝五篇真文、并结合五斗崇拜衍生而来。瑶本《度人道场经》云：“五方童子降花盘，十号天尊解冤愆。亡者早随花叶去，承花飞达上三天。”正是描述亡灵在五方童子的导引之下，仰仗十方天尊之力，往生天界。

(2) “一枝五叶”之说乃借用佛教禅宗掌故。《六祖大师法

① 《道藏》第 3 册，第 1051 页。

宝坛经》“付嘱第十”云：“吾本来兹土，传法救迷情。一花开五叶，结果自然成。”① 以“一花开五叶”譬喻达摩祖师传禅法至中土后，分出沩仰、临济、曹洞、法眼、云门五大宗派。又喻六祖慧能以前的五位禅宗祖师。瑶族《度人道场经》首段有“一枝五叶色甚鲜”，此后每段重复唱诵“花在道/丧场开五叶”，此“五叶”并不仅对应灵宝五方，“五叶”和“一花”同时出现，正是附会禅宗典故，整体文本呈现出佛道混合的特点。

（3）瑶族以“花”象征人的生命。蓝靛瑶有求子仪式“送花”、保护孩子健康成长的仪式“翁花”。在瑶族护“花”的相关神灵中，有神名为“五斗花王”，系五方“花朵”的保护神。金门瑶师派科仪书《救患科》里有唱词：

> 东斗花王原属木，木兰花发满天红。南斗花王原属火，火莲花发满山红。西斗花王原属金，金钱花发笑吟吟。北斗花王原属水，水蕉花发满山头。中斗花王原属土，土坛花发满山妖。②

瑶本《度人道场经》“散花”仪中，分别向东、南、西、北、中五个方向散花，正和瑶族的生育神“五斗花王”从五方、分五次“送花”的仪式节高度对应。《度人道场经》又有经句“五方童子降花盘”“散花散了宝盘空，五朵仙花判白红”，瑶族以“花盘”象征女性子宫及生殖力，这也是“盘瓠”及混沌崇拜的另一重内涵，一说瑶姓“盘”正来源于此传说。花魂未成

---

①《大正藏》，台北：台湾新文丰出版社，1976 年，第 48 册，第 361 页上。

② 黄贵权：《蓝靛瑶的“花”“斗”人观——那洪村蓝靛瑶诞生、翁花、要斗和度师礼仪的调查与研究》，《文山师范高等专科学院学报》2003 年第 3 期。

人形之前，均寄居在“花盘”中，以轮回转生的观点论，“花盘”为从冥界转生阳世的“过渡”之所，其功能和作用，类同于瑶人“送花”“过关”等仪式中常称的“花园”。“五朵仙花判白红”意为在散花之际，将花朵分为“白花”和“红花”，金门瑶以为“白花”象征女魂，以“红花”象征男魂，在“求花”仪式中分别用红、白色小人代表两性花魂。瑶人虽未明确提出道教的“玄牝”概念，但其使用“花盘”播撒花朵的仪式节次，具有明显的母性崇拜意蕴。

综上所述，瑶本《度人道场经》中的“散花”是在道教“散花乐”的框架下，基于灵宝经系特别是《度人经》传统，结合佛教禅宗的常识性背景，提出的极具民族特色的超度亡魂的方法。在瑶人看来，亡人死去只是肉体腐朽，其灵魂不灭。失去肉体的“花魂”暂时寄居在“花盘”中，经道士举行“散花”仪式，承十方度人天尊之力，“花魂”被散到五方去，往生天界或者重入轮回投胎变成男女。笔者认为，瑶族“散花”文本确实为道经和瑶族思想的混合物，但其中亦表现出两种思想之间的不融洽：“花魂”的去处到底是“往生天”、往生“浮黎国土”，还是变成红、白二花重新投胎为男女？经中并未交代清楚。这也反映了道教度亡思想和瑶族固有超度观念的差异。

值得一提的是，“散花”科文不仅仅见于《度人道场经》，其他瑶经中也时有出现。笔者在云南文山收集到道公盘妙通藏《喃灵科》一本，末尾载有“散花献”，其内容主要为安坟奠墓之语，与本经中“散花”的思想内容截然不同。可见，以“散花”为曲牌或仪式框架，在其中根据道场、丧场的不同需要而分别填词的做法，在瑶族也存在。

2. 解结

“散花”后为“解结”，标题称“入解结科”，下用小字注释“若是丧家解，若是斋坛解，小不用解”。可见“解结”在瑶族法事中可独立成科，并且多用于大型的丧场或斋坛，小型法事则不做此科。《度人道场经》中“解结”的全文为：

奉请亡故厶灵魂，随我华幡之下，长跪道前。虑在生之日造业无边，仗我唱念天尊，为亡解冤释结。

日午打三更，莲花半夜生，纂经宣偈毕，解结脱开张。

法事行

奉请十方道经师三宝天尊，十方救苦天尊，丧场诸贤圣来解结，为作证盟，解了亡灵罪消灭。（大众同称）愿罪消灭。

累劫在生应未知，常遭诸色罪多违。今对道前伸解结，亡魂罪业望消除。（大众同称）愿罪消灭。

伏惟亡故厶公/婆已十岁，生前所造迷花色，贪淫爱欲三光冒，恭对三宝道前解冤愆，赦放亡灵生天界。

暗昧氏适遭今忏悔，耳能谛听事非开，我今解结对前道前，用赦亡灵厶，耳根罪消灭。（大众同称）愿罪消灭。

伏惟亡故厶，生阳已十岁，在世累心多谄曲，耳能爱听事非多，良宵恭对三宝前，愿解亡灵耳根罪。为亡解结罪消灭。

无辜贪着业贪味，鼻能嫌臭爱馨香，吾今解结在道场，用解亡灵鼻中罪。（大众同称）愿罪消灭。

伏惟亡故厶灵魂，阳年已十岁，昼夜勤心修兹味，鼻能贪臭食馨香，今对三宝大慈悲，用解亡灵贪爱罪。为亡灵结，愿罪消灭。

迷惑妄成多说语，舌能谄曲是非强，我今依教解冤愆，用解亡灵舌根罪。(大众同称) 愿罪消灭。

伏惟亡故厶灵魂，阳年已十岁，身意自求或自爱，舌能沓复谄多言，仰凭众真尊，用解结亡灵舌根罪。

未觉修身归正路，心多不善事争强，嫌他不辈恨他财，用解亡灵心意罪。(大众同称) 愿罪消灭。

伏惟亡故厶灵魂，已十岁，在生虑谋三两重，多存谄曲在身中，愿求三宝解冤愆，赦放亡灵生天界。

妄言假语人多事，是非都在口中生，破家败国正邪心，用解亡灵口业罪。(大众同称) 愿罪消灭。

伏惟亡故厶，阳年已十岁，在世多为于口业，破家败国事非言，愿求此夜解冤愆，赦放亡灵生天界。

从意从心他般罪，不思见在觅天尊，杀生害命罪高强，愿解亡灵杀生罪。(大众同称) 愿罪消灭。

伏惟亡故厶，阳年已十岁，立质为人居浮世，婚男嫁女宰牲灵，良宵赞咏念经文，用解亡灵杀牲罪。

立质未能行片善，多迷自性起凶徒，欺骗人道作非常，劫道凶谋诸恶罪。(大众同称) 愿罪消灭。

伏惟亡故厶灵魂，阳年已十岁，自作自招爱谋心，贪心劫掠逞凶徒，今对三宝道前释冤愆，赦放亡灵偷盗罪。

忤逆乾坤无可畏，呵风骂雨罪盈他，朝昏所造百般愆，恭对道前伸解结。(大众同称) 愿罪消灭。

伏惟亡故厶，阳年已十岁，心多不能修善果，呵风骂雨触乾坤，良宵依教演经文，用解亡灵呵风骂雨罪。

或在三光身裸露，或为洗濯污江河，积成罪障记阴司，今对道前求解脱。(大众同称) 愿罪消灭。

伏惟亡故厶，阳年已十岁，立质为人居浮世，朝昏洗濯污江河，恭对三宝大慈悲，用解亡灵洗濯江河罪。

愿向空门谈正教，花于心处不花王。真心烦恼不相干，大道无思同忏解。灯点红莲朝上圣，看经说咒荐亡灵。愿超上善托洪恩，用荐亡灵生天界。(大众同称) 愿罪消灭。

冤家未解今宵解，业障未除今日/夜除，恭对三宝解冤愆，赦放亡灵升天界，为亡解结罪消灭。

瑶本《度人道场经》中“解结”意为忏除罪业，与道教“解结”的含义不同。道教“度人经系”有“解结”之说，但多指解开人体内的死炁和郁结。《灵宝无量度人上经大法》卷四十六“思神仪诀品”云：“凡人身中真炁，与诸天炁合。人以胎生，胎中复受邪炁，与正炁混杂。故人身中有十二结，三十九死户。先解十二结、三十九死户，则人之真炁上与天通。解结请道父道母之炁，先从下田结去解了，却解中田，后解上田。每田有四结塞死户。请三十九天正炁，复自下田起，止于上田，每田有十三死户。解结之后，合道父道母之炁为一身，归于黄庭。塞死户后，合三十九天正炁归于一身，号曰帝一。即是人之真性，归于黄庭。解结有《解结经》，塞死户有《大洞三十九章》、雄一雌一回风混合之道。”① 解开上、中、下三丹田的各四个结，正炁流灌人身，这是道教中解结的主要用意。其人体结构观念和解结方法，来自上清派。上清经《洞真高上玉帝大洞雌一玉检五

① 《道藏》第3册，第871页。

老宝经》载“雌雄解结之道”，《上清太一帝君太丹隐书解胞十二结节图诀》也录有解结之法。

上清道派“解结”之道又多有衍生，其后医书以“解结”为散血驱淤的治疗方法。在超度方面，《上清灵宝大法》中有“炼度解结”、为祖先注入生气之法，以为超度九玄之道。虽然形式不同，但这些“解结”的行法诀要仍为解开身心郁结，为病人或亡灵开启关窍、祛除死炁，与上清派解结思想有着内在关联。

以“解结”为解冤释结、忏过悔罪，见于《无上祕要》卷五十四“黄箓斋品”，其中录有为超度九祖父母而行的解结、叩头、博颊等仪节。但只录其名，并没有实际内容。又《洞玄灵宝千真科》云：“长跪启白：某甲小兆，未备法教，故以远来，伏愿大德，赐垂解结，我有所闻，必无返逆。大德为白众：今有某道士，从小来心，有结缘累，不能自解。今稽首求悔，若从生至今，行嗔、行怒、行劫盗、行贪欲，一切不善之行，于今解释，不敢复犯，进学正戒，通明义理。”[①] 其中的“解结”非常类似忏悔法，意为通过忏悔解开累生累世的嗔、怒、劫盗、贪欲，但《千真科》中的“解结”仅限于对宫观内道士和女冠的行为规范，并未将其运用于斋法和度亡道场中。由此可见，道教具备丰富完善的解结思想，但并没有以代亡灵忏悔罪业为主要内容的丧场解结科。

瑶本《度人道场经》中的“解结科”非常有特色，在多分段结构中，分别忏悔亡灵的各项罪业。经中罪业按顺序依次为：眼根贪淫好色、耳根喜听是非、鼻根嫌臭爱香、舌根谄曲多言、

① 《道藏》第34册，第370页。

意根谋虑谄思；口业、杀业、劫盗业；呵风骂雨罪、洗濯污染江河罪。

其中前五条眼、耳、鼻、舌、意为六根之五，独缺身根。受佛教影响很深的《太上三十六部尊经》中“上清境大劫经”有云：“五味不贪着，六情俱能解结。”① 其中“六情”，指六根之情识。佛教《大佛顶首楞严经》用很长篇幅阐述六根、六尘、六情识和合，自然生起法象的过程，并把根、尘、识之间的关联脱落、真性露出的修行历程也称为“解结”，经中佛陀训导阿难云：“阿难！汝观世间解结之人，不见所结，云何知解？不闻虚空被汝隳裂，何以故？空无相形，无结解故。则汝现前眼、耳、鼻、舌，及与身、心，六为贼媒，自劫家宝。由此无始，众生、世界生缠缚故，于器世间，不能超越。”② 佛陀又于后说偈云：“中间无实性，是故若交芦，结解同所因，圣凡无二路。汝观交中性，空有二俱非。迷晦即无明，发明便解脱。解结因次第，六解一亦亡，根选择圆通，入流成正觉。”③

瑶本《度人道场经》“解结科”将六根中眼、耳、鼻、舌、意的罪业具体化，其依次列举“六根”的思维结构，这正是受佛经影响而来。又佛教《十善业道经》中把一切罪业概括十种：身三、口四、意三，其中有“口业”“杀业”“盗业”之罪业，或为瑶本《度人道场经》中“口业、杀业、劫盗业”的语料来源。瑶族“解结科”前文在“六根”中只录其五、舍掉“身根”的原因，可能正是因为此处专门强调了身根所犯的“杀业”

① 《道藏》第1册，第589页。
② 《大正藏》，台北：台湾新文丰出版社，1976年，第19册，第122页下。
③ 同上，第124页下。

和“劫盗业”，故不必重复。

“呵风骂雨罪”见于多种道书，但与“洗濯污染江河罪”同时出现，见《太一救苦天尊说拔度血湖宝忏》，其中列举世人的罪状云：“擅用水浆污浊江河之罪。呵风骂雨、恶寒厌暑之罪。”① 此两罪亦被纳入瑶族《度人道场经》中的“解结科”，可见其经受道教“血湖经系”影响颇深。瑶族丧场中常用《血湖经》，或许其思想内容也渗入了同用于丧场的《度人道场经》。

瑶族“解结科”中，有两处为道教科法所不具备的重要思想和行法方式，是瑶族度亡仪式中的个性化内容：

（1）以内炼修行为亡人解结。

《度人道场经》“解结科”中，入科行法事前偈云：“日午打三更，莲花半夜生，纂经宣偈毕，解结脱开张。”“日五打三更”句常见于道教丹书，阐述得药还丹之情状。《还真集》卷中云：“一阳初动天癸生，雷轰日午打三更。跨虎擒铅出水府，乘龙镯汞回朱陵。”②《上清太玄集》卷五云：“块坐任纵横，灰然物自生。炎天数九后，日五打三更。”③ “三更”本为“半夜”，与“日午”刚好相反，二者放在一起，表子午、阴阳交媾，取象还丹之意。瑶经中第二句“莲花半夜生”不见于道书，但上接“日午”句，有明显的一阳来复、金丹有成的象征。将此偈语放在“为亡解冤释结”前，可见瑶族“解结科”的枢纽不但在于凭借神力，更在于行法道士的内炼功夫。

瑶族“解结”科法终时，有偈颂云：“愿向空门谈正教，花

① 《道藏》第 9 册，第 896 页。
② 《道藏》第 24 册，第 107 页。
③ 《道藏》第 23 册，第 782 页。

于心处不花王。真心烦恼不相干，大道无思同忏解。”偈中以“花心”比喻“空门”，又喻不受烦恼干涉的“真心”，花于心处见空，喻“大道无思”的境界。联系上文“散花科”，瑶族以“花”象征人命，此花四周峥嵘而中心实空，暗喻着生死轮回的中心并无实体。这种破除轮回“实我”的思想观念，非常类似破斥外道“补特伽罗我”的佛教立场。又以“大道无思”作结，对比上文中亡灵因“思虑”犯下的种种罪业，因思、欲而造业，因冥心合道、无思无欲而解结，这才是“解结”真正发生效力的原因。由此可见，瑶族“解结科”中的内炼不仅包括基础性的丹道修炼，更多地包括了冥心合道、业尽情空之意，这是“解结科”思想内容的关键，而且以佛道混合的方式形象化地呈现出来，这是佛、道教思想予瑶族“解结科”最具启发性和超越性的部分。

（2）解结的时间后推至亡灵来生十岁前。

《度人道场经》“解结科”中，每段都有这类文句：“伏惟亡故厶公/婆已十岁”“伏惟亡故厶，生阳已十岁”“ 伏惟亡故厶灵魂，阳年已十岁”，意为亡灵在经过前面的整场“度人道场”及“散花”后，重入轮回投胎，下一世的生命已经到了十岁。“解结科”在“散花”（遣送投胎）的基础上，将对祖先公、婆的“临终关怀”延伸至了下一世，为保亡人在来生十岁前平安顺遂、业障消除，故作“解结科”。将解结期限延长至来生的做法，反映出瑶族轮回观和生命观的典型特点：

首先，瑶人的轮回观念并非像佛教宣称的那样，在“六道”中轮转，或升或沉，而是在平面的“阴、阳”空间内轮回；亦不完全如道教所说，得度超生天界就可以永远地离开人世了。金门瑶虽然信奉道教、且仰仗道力超度，但仍抱有“人死仍为人”的观念，认为虽然换了身体、姓名，但前世的罪福对今生仍有影响。其宇宙观大体可分为平面上的阴、阳两界，而缺少纵向分布的高、低阶层。

其次，金门瑶的生命观，认为十岁前的小孩魂魄不稳，他们还没有通过“过法”或“度戒”，在法界尚未取得独立的“神圣性人格”，因此还谈不上是完整意义上的生命。换句话说，瑶人在生死轮回之间，通过仪式重新设定了“生”和“死”的起点：出生只是一起物质事件，真正的出生是“过法”仪式，人才能获得神真、祖先、师圣都承认的独立人格；死亡也只发生在物质层面，丧场“超度”或“炼度”后才是真正意义上的死亡，那之后人才能变成“花魂”进入“花盘”，等待新的旅程，如同上文“散花科”所呈现的那样。因此，“解结科”在此生真正的“死”后、来生真正的“生”前，搭建起了一道超度与关怀的桥梁，其效力发挥至来世十岁，因为从某种意义上说，十岁以前仍为前生之余气——他尚未在新一期生命中建构起自己的宗教身份和族群身份。

金门瑶人特殊的“生命观”和“轮回观”，赋予了出生后和死亡后的仪式在他们生活中的极端重要性。换句话说，在生命的物质形态之上，他们并非自然人，他们是道教的信徒，是高度“仪式化的人”。下一章将就此问题展开进一步论述。

第五章 “师”“道”竞合背景下的瑶族经坛仪式

在对比研究瑶族《玉皇经》《尊典经》和《度人经》三类经书类抄本之后，我们已了解瑶族经书与相关道经之间的基本关系。整体而言，这些经书文本的转抄与增衍，呈现出宋元道法与瑶族传统信仰相混合的特点。然而，在瑶人的宗教生活中，这些传承悠久的经书抄本如何被念诵和存思？它们又有哪些作用和影响？

瑶族有古老的信仰传统，最为可贵的是，这个信仰传统至今仍然活跃——其仪式至今仍被展演，其经书如今仍被吟诵。这为文献研究提供了弥足珍贵的田野视角，为学人提供了难得的文献学与人类学相结合的研究理路。为了彻底弄清楚金门瑶经书类抄本在瑶人生活中的用法，及其对瑶族宗教信仰的整体性影响，笔者认为，非常有必要把瑶族经书类抄本放到瑶人实际的宗教活动中进行观察，进而在对瑶族信仰结构的总体性把握之下，观察经书类抄本对于确立其教派地位、提高其信仰素质、丰富其仪式内涵所起的作用。

因此，本章首先考察了金门瑶内部的两个宗教派别——道派和师派，并结合田野调查中的仪式研究，着力于分析两派的关系，提出“师”“道”二派具有“道阴师阳”和“道纵师横”的分工与合作关系。又，作为道派独有的经坛仪式，为确立瑶族道派的成立起到了关键性作用。因为经书类抄本为道派所独有，经坛仪式中对经书类抄本的创造性运用，支撑起了金门瑶道派的信仰核心，最终形成瑶族“师派”和“道派”两分天下的局面。

第一节 “师派”和“道派”的区别

金门瑶内部存在两大传统——即以师公为代表的“师派”，和以道公为的“道派”。在实际生活中，两派共同承担信仰类事务。笔者在云南省麻栗坡县的田野调查中发现，“师”“道”二派的主要区别体现在三个方面。

一 信仰内涵不同

1. 崇奉神灵不同

道派奉“三清”（玉清、上清、太清）为最高神，“师派”奉“三元”（上元、中元、下元）为最高神。整体而言，“道派”神灵与道教有显著的亲缘关系，比如玉皇天尊、紫微大帝等；“师派”神灵与民族性的、地域性的信仰传统距离更近，如帝母花王、南朝高祖、瑶公瑶母等。“师派”和“道派”神灵谱系纷繁芜杂，且因斋事的不同而发生相因变化，德国巴伐利亚州立图书馆藏瑶族抄本中有一类题名“神目”，即记载不同宗教活动中所请的诸神列表。

2. 法名字辈不同

“师”“道”二派的法名的字辈因地域与族姓不同而有差异，或排列顺序不同，或字派写法有异，或因族姓不同而发生变异。但是总体而言，“师派”和“道派”之间的字派差异是非常显著的。云南蓝靛瑶的“五姓”中，邓姓道派字辈为“道妙经玄云”，师派字辈为“显法应胜院”；盘姓道派字辈为“金经玄妙道”，师派字辈为“院胜应显法”；李姓道派字辈为“妙玄经云道”，师派字辈为“显院法圣应”。关于蓝靛瑶“五姓”和法名五字辈的来源及类型，本书第三章第一节已作论述。

3. 经教体系不同

“师派”“道派”各有一套完备的经书系统，其内容差异巨大。除了经书类抄本为“道派”特有之外，科仪书、文书和法书等体裁的经书，在两派中都能找到踪迹。前文已论不赘。

二 符号特征不同

“师派”和“道派”的法服、法器、乐器、法印、礼拜姿势皆不相同。相比宗教信仰内涵而言，外化的符号特征具有较为显著的灵活性和在地性特征，各个地区的形制和细节不尽相同，下文只能在笔者的经验范围内介绍一般性的情形：

1. 法服

道派法服黑底红边，为交衽道衣，背部上方绣绘三清像；中为三层的“大罗天”界，稍下为骑着老虎的“天师”，四周围绕八卦、二十八宿，底部为五圣山，最中间为“玉京山”，两边列“鹤鸣山”和“武当山”，最外层两边分列“灵霄山”“龙虎山”。道方弟子衣为杂色交衽衣。

图 32　道公法服一般形制

正面（左），背面（右）（笔者摄于云南文山）

师方法衣为红、黄或粉色斜襟衣，且法衣上补贴龙纹、麒麟图案，有的法事中师公背上插一条白纸扎成的拂尘状物，瑶人称为“白期”。师方弟子衣为红色斜襟衣。

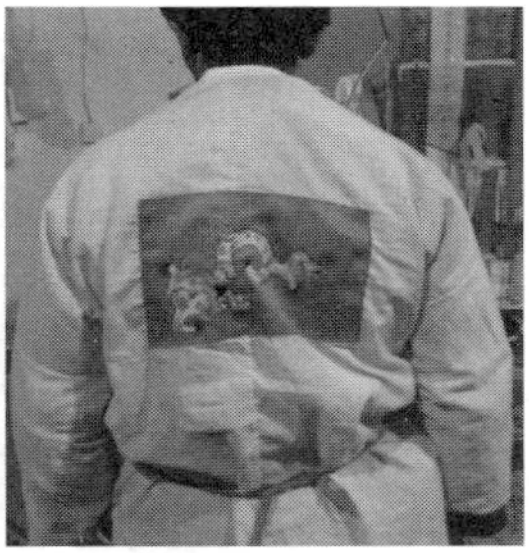

图 33 师公法服一般形制

正面（左），背面（右）（笔者摄于云南文山）

2. 法器

道派法器用剑、印、“狮子”、刀、简、筊杯等，师派法器为铃、倒步棒、刀、什简、筊杯等。有些法器属于两派都有的，但是有些却只属于特定的派别。比如“狮子”就仅属道派，而“倒步棒”仅属师派。师派还有一类特殊的纺织品制成的“法器”，如罗白、“手甩手”（手巾）等。“罗白”为瑶语记音，又称“禄白”“罗帕”等，围巾状，底色白色，上绣“唐葛周”“上中下元”名字，两头带彩色长穗。用途广泛，仪式中可用来“戴相”（行法时包在主法师头上）、“搭桥”等。

图 34 金门瑶“道派”法印及法器

“道经师宝”印（左），木雕“狮子”（右）（笔者摄于云南文山）

图 35　金门瑶“师派”法印及法器

三元考召印（左），罗白（中、右）（笔者摄于云南文山）

3. 乐器

道派多用铙钹、锣、小鼓，声响巨大；师派用羊皮大鼓、锣等，声音较小，音韵古朴，节奏感强。

4. 法印

云南蓝靛瑶的师派多用“道经师宝”印，道派用“三元考召印”。近年来，两派之间的法印区隔逐渐模糊，也有一些人雕刻或购买其他的印鉴使用，笔者在田野考察中曾见过有法师购买“太上老君印”使用。广西山子瑶在度戒时，道派为弟子发放“玉皇印”，师派则为弟子发放“上元印”。①

5. 礼拜姿势

道派的礼拜类似于鞠躬礼，师派则左右晃动身体，逐步蹲下后站起。

---

① 张有隽：《十万大山瑶族道教信仰浅释》，载于张有隽：《张有隽人类学民族学文集》，民族出版社，2011 年，第 266 页。

三　职能分工不同

两派有明确的职能区隔，师派不能做丧葬、炼度等“阴法事”，道派则阴、阳法事都可做。许多法师虽兼具“师”“道”两种传承，但同一人在特定仪式中只能代表单独某派。例如，过法中一人不能同时担任“师公”和“道公”，故形容身兼双重传承的金门瑶师父是“师公”或“道公”其实不太准确，因“师公”“道公”乃教派角色称谓。就具体的仪式而言，教派职能身份大于个人嗣法身份。

第二节　过法仪式中“师”“道”分工合作

——以云南省麻栗坡县为例

笔者于 2017 年 12 月 7 日—2018 年 1 月 7 日赴云南省麻栗坡县蓝靛瑶聚居区进行了为期一个月的田野调查。具言之，于 12 月 8—13 日在麻栗坡县猛硐瑶族乡 Z 寨参与 PFC 的过法仪式，21—27 日在南温河乡 N 寨参与 PWP 的过法仪式,[①] 观看了当地 2011 年以来拍摄的多段过法录像，并通过访谈多位法师了解蓝靛瑶生命周期中的其他仪式。下文拟从结构主义角度分析蓝靛瑶仪式中“师”“道”关系的内在构成。

① 为了叙述的妥当和保护个人隐私，隐去村寨及斋主的原名，用 Z 寨、N 寨及姓名首拼代替。

一 同坛作法：过法仪式及其斋坛

蓝靛瑶自称的“过法”（又称“做斋”“斋道”“斋师”），即学界通称的“度戒”，[①] 有学者认为是取得瑶族族籍的入社仪式[②]，还有学者提出其源于道教受箓仪式，同时又具瑶族成年礼的文化意义。[③] 可见“过法”或“度戒”具有入教、入社、成年礼三重内涵，每重含义又因瑶族的地域、语系等不同而呈现差别。笔者调查发现麻栗坡县蓝靛瑶“过法”具如下特点：

其一，过法一生只举行一次，无后续升职仪式，法名也只取一个，终生不变。

其二，过法有等级规格之分，但规格高低不影响弟子的神界位阶、所带兵将数量，等级差别仅体现在仪式规模大小、环节繁简、祭品多少方面。师派斋事从低到高为日午清灯（又称“白楼”）、贡筵本度（又称“红楼”）、洪恩常测（又称“金楼”）；道派斋事从低到高为告斗安龙、土府延生、贡王救苦。

其三，过法只针对男性，女性被排除在外。所有男性必须过法，其他民族的入赘者、养子也必须以过法取得当地瑶族认可。

---

① “度戒”一词可能源自尤勉（ju－mjen）方言集团“功德修仪式”的第二层级，竹村卓二（Takemura Kakuji）在考察泰国北部过山瑶时，把其功德修成仪式从低到高分为挂灯、度戒（度斋）、加职、加太四个等级，并纠正了以“度戒”代称尤勉全部仪式的说法。（参见竹村卓二著，金少萍、朱桂昌译：《瑶族的历史和文化》，北京：民族出版社，2003，第 147 页）后“度戒”一词被学界广泛使用，成为指称瑶族入教仪式的通称。然而，笔者调查中几乎见不到“度戒”一词，当地师父表示从未听说，麻栗坡县蓝靛瑶普遍使用“过法”一词，故本书沿用其称。

② 竹村卓二（Takemura Kakuji）著，金少萍、朱桂昌译：《瑶族的历史和文化》，北京：民族出版社，2003 年，第 159 页。

③ 同上。

过法多于男子10—18岁未婚时举行，仅少数人在婚后举行。无论过法时是否结婚，女性（妻子、母亲）均被排除在外，表现为：坛场内无女性参与者；蓝靛瑶女性无法名、神职与文牒。

其四，过法可单为一位弟子举行、也可几位弟子同时举行，具体依选择吉日的结果、家庭经济状况而定，但人数众多、规模庞大的集体过法非常罕见。

其五，过法的最大特点是“师”“道”同坛作法。一人可度师兼度道，也可单度一样。[①] 以前经济条件较差，多子家庭中一人只度一样，现在绝大多数家庭选择师道同度，“师”“道”同坛作法的情形越来越多。

“师”“道”同坛作法时，斋坛布局的具体形制略有差异，下图为普遍性设置：

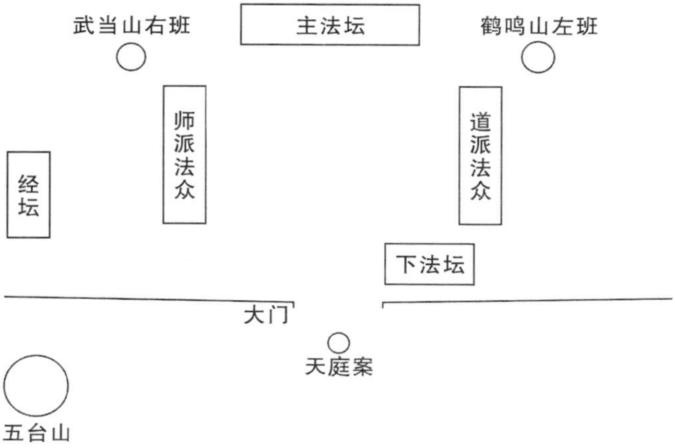

图36　同坛作法的斋坛布局示意图（笔者制）

① 张有隽：《瑶族的宗教信仰》，载于张有隽：《张有隽人类学民族学文集》，北京：民族出版社，2011年，第221页。

斋坛整体可分室内、室外两部分，室内设主法坛、下法坛、经坛，室外设天庭案、五台山，分述如下：

（1）主法坛：设于正对大门之尊位，竹、纸结构，坛顶端挂榜，坛面粘贴神界府、院名称与法师道号，坛下摆香炉若干。主法坛虽为一整体，但又以中线为界，左半边排道方神位，右半边排师方神位，区分明确。富宁县等地的主法坛设拱门，门上设“分坛山”，[①] 同样旨在区隔“师”“道”。

（2）左、右两班神目及两圣山：斋坛左贴两纸片“左班目”“鹤鸣山”，右贴“右班目”“武当山”。被调查地多用贴纸代替悬挂神像画，故左班、右班神目的具体内容难以考证。德国巴伐利亚州立图书馆藏的瑶族手抄本 cod. sin. 257《大小斋神目》[②] 中记载“拔亡三七贡王圣目”左、右班共 152 位，“延生醮神目”左、右班共 128 位，“清醮圣目”左、右班共 94 位，以及“凶路贡王救苦青玄神目”“土府神目”等。该抄本中左、右班神目依仪式不同而变化，这些神灵多按方位顺序排列，左、右两班神目既不对应“道”“师”双方神灵，又不对应“鹤鸣山”与“武当山”的神灵。[③] 据此可知，此处斋坛两边贴纸背后存在两个独立系统：一是左、右神目班次，该系统与“师”“道”二派不存在对应关系；二是鹤鸣山与武当山，“鹤鸣山”张天师统

---

① 熊有章主编、文山壮族苗族自治州文化广电体育局编：《文山瑶族文化》，昆明：云南民族出版社，2018 年，第 59—60 页。

② 该抄本未标时间与地点，德国学者考证其属于金门道公经，抄成于 19 世纪。参见 Thomas O. Höllmann und Michael Friedrich eds. , Botchaften an die Götter. *Religiöse Handschriften der Yao. Teil I*: *Bestände der Bayerischen Staatsbibliothek München. cod. sin.* 147 *bis* . *cod. sin.* 1045. Stuttgart: Franz Steiner Verlag, 2004. pp106.

③ 如 cod. sin. 257 的“贡王圣目”中，“混元天地水府大帝”居左班神目内，“灵宝五师三省真君”居右班神目内。

道派法众，“武当山”真武统师派法众，可见师派确与所谓“武派”渊源颇深。

（3）下法坛：多设于大门后，主祀下界、冥府神祇，与道教宫观中别设一殿供奉下界神灵的做法类似。下法坛又称“下八坛”，包括“寒林门”“定罪司”“炼度司”“城隍殿”“瘟司所”等八个坛院。此坛作用有二：一为度亡祭祖，该用途为道派专有，道方在此做“十王科”“炼度科”等法事；二为镇邪禁煞，如对邪魔外鬼的封敕、禁咒，该用途为“师”“道”共有。

（4）经坛：设于室内墙边，经坛旁设床，过法前三天弟子拜师返家后即上此床，直到仪式开始。弟子在此禁语，吃素乃至不食油盐，收敛身心，静心思过。经坛贴经目一份，为弟子学习经教的科目，过法正式开始前道派在此“做经”，经坛为道派专用。

（5）天庭案：设于室外大门前，三根竹木支成，意为天界入口，是神圣与世俗的空间分隔点。凡参与仪式者进、出坛院必须绕行天庭案三圈，具显著的“通过”意涵。天庭案亦作禁制用，第一次绕天庭进入时打翻水碗，意为将恶鬼邪神隔在坛外，为“师”“道”二派共享。

（6）五台山：室外不远处空地上用竹木搭建“五台山”，有五步台阶，弟子度师时须登上“山顶”并翻下。五台山上张贴“降生府”，证明“掉五台”仪式确有“重生”内涵。[①] 五台山为师派专用，科书上又称其为“梅山”，佐证了师派与梅山教之间的关联。

---

① 胡小柳：《瑶族度戒仪式中的“重生”寓意》，《云南社会科学》2013 年第 5 期。

将上述“师”“道”二派的斋坛分拆绘出，[1] 可得下图：

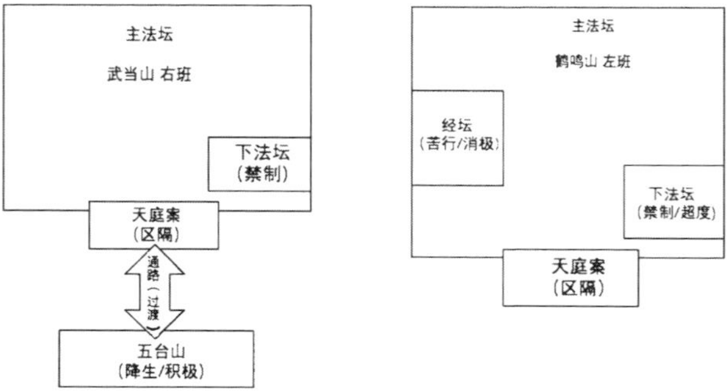

图 37　同坛作法斋坛分拆示意图：左为师派，右为道派（笔者制）

两派斋坛空间形状明显不同：师派斋坛呈纺锤形，“通路”将“坛院”与“五台山”连接成一个整体，具有空间位移、迁徙、过渡意味；道派斋坛呈方形，仪式被局限在稳固的空间结构中。但道派丰富了固定空间的内涵，比如拓展出下法坛的超度功能，道派的过渡与转化并不表现为平面的空间位移，而是从低到高的纵向提升，如“破狱科”中引亡灵从地狱升仙界。相比师派，道派将过渡中的“位移”内化、抽象化了。

两派坛场最大的不同之处是师派“五台山”与道派“经

① 笔者调查发现，除上述诸项，过法中还有为某些节次单独搭建的、临时性的、较小的法坛，比如为告斗求寿而设的“斗坛”、为新亡祖先破狱而设的“狱所”、为安镇祖坟龙脉而设的“龙盆”、招五方兵马所用的“兵盆”，以及各种架桥仪式时的“桥”。除“破狱”仪式中的狱所设在室外门口之外，上述空间大多设在斋坛室内，并具有两个特点：一是随建随拆，未贯通整个仪式，只在相应的环节出现；二是上面或不安神灵位，或只安祖先、亡人、在世长者之牌位，无宗教意义上的普遍神位。故本书不将其单列为独立的坛场单元。

坛”，据涂尔干“消极膜拜”与“积极膜拜”的分类，①“经坛”的仪式为守禁忌、行苦行以学道，属消极膜拜；“五台山”为重生之所，在此举行祭祀、模仿、表现等仪式，属积极膜拜。“经坛”位于斋坛内部，弟子在此离尘绝欲，进入某种“死亡”状态，“五台山”延伸至斋坛外部，弟子在此脱胎换骨、重获新生。

通过对同坛作法斋坛空间的分析，可见“师”“道”功能差别甚巨：“师”重“生”，“道”重“死”，是两套各具特色的独立救度体系。下文将考察过法节次，从动态中阐发两派关系。

二 阴阳和合：过法中的分工与合作

蓝靛瑶过法中“师”“道”虽同坛作法，但却并行不悖、自成体系。由于大、中、小斋事节次有细微差别，本书仅列举普遍性的节次并将之分为四类：

A 类——仅一方使用的节次：仅师方用，道方不用；或仅道方用，师方不用。

B 类——“师”“道”同有的节次：双方都有此节，且分别独立完成。

C 类——“师”“道”共享的节次：双方都有此节，同坛做法时只做一次，任意一方完成。

D 类——“师”“道”合作的节次：必须由“师”“道”共同合作完成。

① ［法］爱弥尔·涂尔干（Émile Durkheim）著，渠东、汲喆译：《宗教生活的基本形式》，上海：上海人民出版社，1999 年，第 395 页。

过法仪共有 35 个节次，其中 A 类节次师方 15 节、道方 14 节，B 类节次共 7 节，C 类仪式共 2 节，D 类仪式共 10 节。① 为探究“师”“道”关系，本书重点关注 D 类须“师”“道”合作的节次。

表 24　过法中“师派”和“道派”的仪式节次、时序与类型总表（笔者制）

时序节次	师派	道派	节次类型
1	烧香		B
（三天后）			
2		做经	A
（数小时后）			
3	安师		B
4	喃相/喃将		C
5	合镜		B
6	入睡		D
7	上功德		B
8	动鼓/惊鼓		B
9	做功曹	做符吏	A

① 第 17—22 节是授度仪式（“川光”或“披簪受道”）的主体部分，具有双重性质：A 类或 B 类的性质，是从节次内容上划分的；D 类的性质，是从参与人员上划分的。为强调这些节次都需要“师”“道”双方的配合，故此处统计时，将其计入 D 类仪式。

续表

<table>
<tr><td>10</td><td colspan="2">贺楼</td><td colspan="2">宿启 黄道桥</td><td>A</td></tr>
<tr><td>11</td><td colspan="2">招兵</td><td colspan="2">安火池</td><td>A</td></tr>
<tr><td>12</td><td colspan="2">白道桥</td><td colspan="2">喃灵 引祖入龙盆</td><td>A</td></tr>
<tr><td>13</td><td colspan="2">伍供</td><td colspan="2">早朝（午朝）</td><td>A</td></tr>
<tr><td>14</td><td colspan="2">召龙</td><td colspan="2">飞章立旛</td><td>A</td></tr>
<tr><td>15</td><td colspan="2">上表</td><td colspan="2">龙董破狱</td><td>A</td></tr>
<tr><td>16</td><td colspan="2">请圣</td><td colspan="2">迓王</td><td>A</td></tr>
<tr><td>17</td><td rowspan="7">川光</td><td>开光弟子</td><td rowspan="6">披簪受道</td><td>开光弟子</td><td>B/D</td></tr>
<tr><td>18</td><td>结带开路</td><td>落发</td><td>A/D</td></tr>
<tr><td>19</td><td>绕五台</td><td>三皈依</td><td>A/D</td></tr>
<tr><td>20</td><td>打猖灵</td><td>取法名 授法器</td><td>A/D</td></tr>
<tr><td>21</td><td>掉五台</td><td>踏府上朝 结发</td><td>A/D</td></tr>
<tr><td>22</td><td>喂水喂饭</td><td>喂水喂饭</td><td>B/D</td></tr>
<tr><td>23</td><td>阴阳师</td><td colspan="2"></td><td>A</td></tr>
<tr><td>24</td><td colspan="4">合阴阳牒</td><td>B</td></tr>
<tr><td>25</td><td colspan="4">发兵发将</td><td>D</td></tr>
<tr><td>26</td><td colspan="2">交婚</td><td colspan="2"></td><td>A</td></tr>
<tr><td>27</td><td colspan="4">解法衣</td><td>B</td></tr>
<tr><td>28</td><td colspan="2">安坛</td><td colspan="2">告斗</td><td>A</td></tr>
<tr><td>29</td><td colspan="2">清灯</td><td colspan="2">（午朝）晚朝</td><td>A</td></tr>
<tr><td>30</td><td colspan="2">斋度</td><td colspan="2">设醮 安龙</td><td>A</td></tr>
</table>

续表

31	地桥	炼度	A
32	交狌灵		C
33	倒罡		A
34	化财马/升楼		D
（三天后）			
35	三朝复炉		D

法国民族学家范热内普（Arnold van Gennep）将过渡仪分为分隔、边缘、聚合三个亚种，[①] 本书参照此分类，依据仪式群的内在同构性，将蓝靛瑶过法诸节次划分为六个单元，分拆考察其中的“师”“道”关系结构。

1. 准备阶段——斋戒苦行

第 1—2 节，分隔仪式。

弟子分别去两派师父处投师烧香，此后进入弃绝尘世的斋戒苦行状态，本阶段终于道方第 2 节“做经”（教念经、学经、缴经），“做经”是对三天斋戒的提升与总结。“烧香”后弟子从尘世生活中撤离，类似“死亡”，“做经”象征入胎受孕，笔者在云南省文山州收集的、道公盘道登藏《初真秘》中“开经坛之法”载：“想弟子在师腹内带孕……”意为弟子旧身份已死，新生命始孕。

---

① ［法］阿诺尔德·范热内普（Arnold van Gennep）著，张举文译：《过渡礼仪》，北京：商务印书馆，2010 年，第 10 页。

2. 初始阶段——启师和合

第3—7节，聚合仪式。

启师类仪式，包括第3节“安师”、第4节“喃相/喃将”、第7节“上功德”，意为请十方师圣降坛证盟，有关告、供养、酬谢之意。和合类仪式，包括第5节“合镜”、第6节“入睡”，“合镜”为将第1节“烧香”时一破为二、师徒各持一半的字据合在一起，用印后焚化；“入睡”为“二师公”和“二道公”拥被而眠，待“春至鸡鸣三巡”后，起床洗脸做工。“入睡”是过法中第一个D类仪式，“师”“道”双方共同完成，取夫妻合婚之象。本阶段象征着神与人、法师与主家、“师”与“道”、祖灵与弟子等多个层面的聚合。

图38 过法中“师”“道”同床“入睡”（云南文山N寨，笔者摄）

表25 过法“初始阶段”中多层面的聚合（笔者制）

用意	节次	参与双方	《初真秘》所载存思法
神灵与人和合	安师、喃相	神灵；师公和道公	/
法师与主家和合	合镜/合卺	主家；师公和道公	取男女相逢深夜和合之时

续表

师派与道派和合	入睡	二师公；二道公	共席画个被盖……乾坤和合抱孕
祖灵与弟子和合	入睡	二师公；二道公	亡故厶家三代曾降生坛院，存在身体……

由《初真秘》所载存思法可知，“师”“道”“入睡”时，存思和合、孕育、降生的全过程，所孕的正是主家亡故祖先三代，祖灵在“师”“道”“交合”时入胎，后经节气推演，降生坛场。“交合”是戏谑性的，求祖灵降生的心理要求却非常真实。“师”“道”关系可模拟为阴、阳或男、女关系，和合的目的是为祖灵投胎降生提供条件。

3. 边缘阶段——冥阳过渡

第 8—16 节，边缘仪式。

本阶段仪式繁杂、持续时间长，节次几乎全为 A 类，“师”“道”之间几无配合、鲜少重叠，异质性强，难概而论之。例外之处有三：

其一，第 8 节道方“惊鼓”与师方“动鼓”属 B 类仪式，除了绕行步伐相反，仪式内容完全一致。

其二，第 9 节道方“做符吏”与师方“做功曹”在功能上相似，即启请符吏或功曹去请神，唯主神和具体做法不同；第 14 节道方“飞章”与第 15 节师方“上表”在功能上相似，即正式的文书上达，都有拜、进、焚等步骤。

其三，“师”“道”双方都有“架桥”仪式，两种桥在功能、目的、做法上均不相同，第 10 节道方“黄道桥”为竖桥，用于人神沟通；第 12 节师方“白道桥”为横桥，用于阴阳沟通。桥的方向证明了“道”纵、“师”横的宇宙观。两派同用“桥”作媒介，使此节具有典型的边缘仪式色彩——游移于两个世界之间，尽管两派游移的方向完全不同。

笔者收集的盘道登藏道派法书《量完秘语》中载“炒酥法”：

> 道辈引主过火塘了……火塘井火焰焰，邪神百鬼无人近得，御剑指架青霄大路，传道辈成舆马辈，带主人上……十个庄岭至鹤鸣山……

又载“升度法”：

> 卷取亡故如儿，转上日、月、金星，至朝真境。念救苦十号，五灵童子、七真道人下降接引亡故，指幡升三天……

由“炒酥法”和“升度法”可见，道方带领主家亡故祖先游移的路线为：从火塘（地狱）到鹤鸣山，再到日、月、金星、至朝真境。亡灵经过重重关卡，最终升入仙界。

师派展现的移动则截然不同：

第10节“贺楼”主祀帝母、花王、花林等生育神。此节包括造楼、安楼、游楼、五斗花王送花、师公“生子”等小节。“楼”为竹、纸、木扎制，贡筵本度（红楼）仪式中，造楼一对，一青一红，红者着盖头，形似新婚夫妇。夫妇和合孕子如春气催开百花，背后正是瑶族以“花”“斗”为“人”的观念。①笔者收集盘道登藏师派法书《洪恩秘》载“贺楼法”：

> 贺者插种之时，推正月立春节气，金银钱花赐无穷无

① 黄贵权：《蓝靛瑶的“花”“斗”人观——那洪村蓝靛瑶诞生、翁花、要斗和度师礼仪的调查与研究》，《文山师范高等专科学院学报》2003年第3期。

尽，与主眷妻厶氏，催入房万栽也。

“五斗花王送花”仪式中，师公接过神灵赐花交给主家妻子、催入房栽，表演的正是神子入胎受孕。

图 39　“贺楼”仪节中的“楼”一对（云南文山 N 寨，笔者摄）

表 26　“贺楼”各小节的象征意义与“人—神”交感关系（笔者制）

小节名称	象征意义	交感双方
造楼、安楼、游楼	求偶、合婚	“神—神”（偶像模型“楼”）；或者“人—人”
五斗花王送花	入胎、受孕	“神—人”双方：“花王”（男性神，师公扮演）与主家妻子
师公三次“生子”	神子降生	“神—人”双方：“帝母”（女性神，师公扮演）与主家男性

“贺楼”中各小节表现了神子从入胎到降生的全过程。若无帝母、花王等神灵帮助弟子入胎、出生，就不可能有今天的过法，故“贺楼”的目的是报过去帝母送花之恩。但“贺楼”又绝不仅是对过去的再现与怀念，而是想表达一种特殊观念：从入胎到降生，每一步都是人神交感的结果，故师公三次为主家生下的“孩子”绝非凡人，而是神性化、理念化的弟子。“贺楼”的真实用意，是让神子从彼岸“花园”来到阳间投生，完成从阴到阳的移动。

师派第12节“白道桥”同样体现了阴阳之间的移动，笔者收集的、盘道登所藏师派法书《洪恩秘》中“白道桥法”载：

> 桥是日月元世绛宫……此在迷河处也，诸鬼进此来去也。

白道桥架在迷河处，是鬼神往来阴阳两界的“合法”通路。本阶段中“师”“道”两派移动的方向为“道”从阳间去阴间，“师”由阴间来阳间。

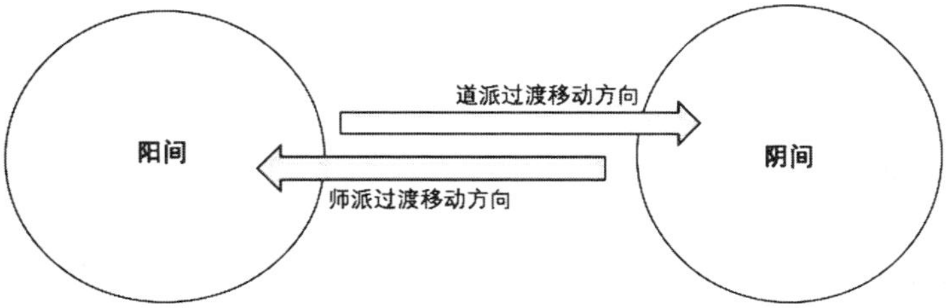

图40 “师”“道”二派移动方向示意图（笔者制）

亡人离开阳间，道方指引他们完成阴间旅行；阴间“花园”中的花魂，师方指引他们来阳间投胎。两派师父是阴阳两界之间的导师和信使，他们移动的方向完全相反："道"趋阴而"师"趋阳。"道阴师阳"的理念，再次得到清晰表达。值得注意的是，阴、阳两界这个至为简练的二元结构与师派固有的"阴阳"观念是一致的。

4. 核心阶段——师道授度

第17—27节，分隔仪式。聚合仪式。

本阶段的主要目的是授予弟子宗教身份，"师""道"二派的做法截然不同，但又具奇妙的同一性、同构性与相关性：

首先是同一性，"师""道"双方都在授度前点灯"开光弟子"（第17节）、在授度后哺育弟子（第22节"喂水喂饭"）、给付文牒（第24节"合阴阳牒"），此三节贯穿始终且双方做法完全相同；

其次是同构性，"师""道"授度都具有"降生""授法"的双重寓意，但表现方式完全不同。

表27　"师派""道派"对"降生"及"授法"的不同表达（笔者制）

项　目	师　派	道　派
"降生府"设置地点	室外，五台山	室内，主法坛前
剪断脐带、破胎	第21节：解开结带，砍破网口	第19节：剪开头顶的绳子，铜钱掉落
给付法器、教授行朝	室外，五台山下	室内，主法坛前
喂水喂饭、法乳哺育	室外，五台山下	室内，主法坛前

图 41 五台“降生”

（云南文山 Z 寨，笔者摄）

最后是相关性，第 17—22 节是过法中第二次真正意义上的“师”“道”合作。法坛上张贴名字的有四位师父——师方为正戒师（师公）、引教师（二师公）；道方为戒度师（道公）、监度师（二道公）。在 17—22 节中，“师”“道”各方都将对方派别的第二位师父补充到本派中，形成一个师道混合的三人授度团队，如图所示：

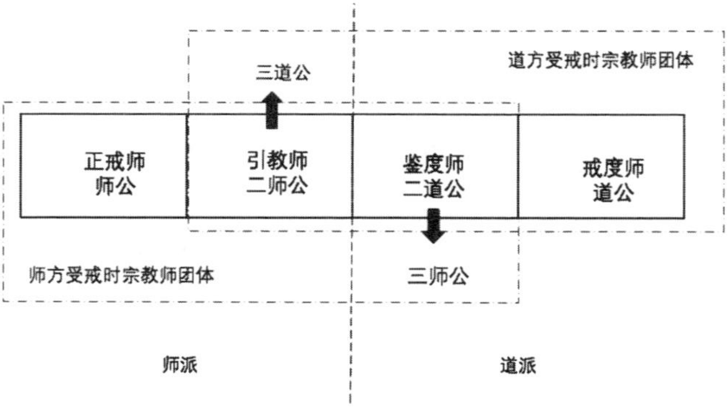

图 42　“授度”仪节中“师”“道”角色换位示意图（笔者制）

曾有学者记录过此现象及其变体，① 麻栗坡县蓝靛瑶做“小斋”时，有时也只用三位主要师父：师公、二元公、道公，“二元公”在所有节次都兼两派之职，是师道同坛做法中晚近衍生出的宗教角色。用三位主要师父的情形下，师方授度时，师公最大，二元公其次，道公临时充任“三师公”，故最小；道方授度时反之。第 17—22 节中“师”“道”的角色转换说明，同坛做法时“师”“道”地位平等，是一对阴阳、一组整体，你中有我、我中有你，缺少任何一方仪式都不完整。“师”“道”同度时通过角色换位，展现出“阴阳和合”中双方平等的观念。

本阶段仪式具有分隔、边缘与聚合的多重特点，然而“师”

① 黄贵权指出，在度师仪式里，弟子的第三师父必须是道公。（参见黄贵权著：《瑶族志：香碗——云南瑶族文化与民族认同》，昆明：云南大学出版社，2009 年，第 106 页）张有隽指出，如兼度“师”“道”，就要拜三个师父：一个师公、一个道公、一个二元公。（参见张有隽：《瑶族的宗教信仰》，张有隽著：《张有隽人类学民族学文集》，北京：民族出版社，2011 年，第 221 页）

“道”的侧重点各不相同：师派强调聚合，故第 21 节“掉五台”前后有大量的聚合仪式；道派强调分隔，故特别注重表现第 18 节“落发”、第 19 节“三皈依”中剪断绳子（脐带）等分隔仪式。

第 24 节“合阴阳牒”是本阶段的核心，师父们宣牒、签字、用印，以文书形式确认弟子刚刚获得的宗教身份。阴牒当即焚化，阳牒由弟子保存，去世时一并入土。“师”“道”二派各有一套独立的“阴阳牒”，合牒在主法坛左、右两边同时分别进行。此后师公、道公分别给付弟子兵马，并把兵马（铜钱）穿串，与相应的阳牒捆在一起，于是便得到分属“师”“道”的两小捆“箓牒”。

随后第 25 节“发兵发将”，目的是把这些“箓牒”发拨至弟子手中，这一环节中“师”“道”再次紧密合作。首先，需要将两份“箓牒”捆扎在一起——弟子的“师”“道”双重宗教身份重合了；然后，弟子父亲、四位主要师父、五位辅助师父[①]按位次尊卑围成一圈，父亲居下位，众师父居上位，将弟子围坐中间。从父亲开始，依照从卑至尊的次序，逐个将这一捆“箓牒”发

① 笔者调查发现，师道同坛过法时共有九位师父，从尊至卑依次为：戒度师（道公）、正戒师（师公）、监度师（二道公）、引教师（二师公）、保举师、同坛师、证见师、保见师、画字师。后五位为辅助，不分“师”“道”，双方可共享。前面四位主要师父的派别角色非常鲜明，师方两位，道方两位，且师方阴阳牒上无道公、二道之名，仅录剩余七位；道方阴阳牒上无师公、二师之名，仅录剩余七位。［参见李云章主编：《文山瑶族文献古籍典藏·道科书（上）》，昆明：云南人民出版社，2011 年，第 507—508、513—514 页］蓝靛瑶九位师父的设置带有汉地道教受箓的特点，《太上三五正一盟威箓》（卷三、卷六）、《太上正一盟威法箓》中载“保举、监度、度师”三师，与蓝靛瑶道派的前三位师父相同。龙虎山天师府的“九大师”也与蓝靛瑶九位师父的结构设置相似，九大师为三位主要的师父（保举、监度、度师）加上护道、护戒、护坛、护经、护箓、护法六位。（参见刘仲宇著：《道教受箓制度研究》，北京：中国社会科学出版社，2014 年，第 229—231 页）不同的是，蓝靛瑶在九位师父中分出了“师”“道”两派，或者说，由“师”“道”两派共同组成了九位师父的团队。

（递）给弟子，每人发一次，所有人发完后弟子才真正地获得“箓牒”。本节说明，弟子的双重宗教身份需经过父亲与“师”“道”双方每位师父的认可。由于两份箓牒捆在一起，也意味着“师”“道”任何一派的宗教身份都须取得另一派的认可。

“发兵发将”中的人员布局有三重意义：

首先，“师”“道”合作完成，阴阳和合、互相认可。

其次，父亲加入作为第三方，弟子刚刚“降生”，父亲马上参与仪式，也就是说，父亲随着弟子的“降生”也取得了某种宗教地位。既然“师”“道”在第6节中孕育祖灵降生坛院，父亲又连接了祖灵与弟子的血脉，那么父亲自然可视为师道交感的所孕所生者。本节表现的是阴、阳、所生祖先（以父亲为代表）三者的和合，过法不仅是个人的过渡，更对整个父系血脉意义重大——祖先因此获得新的生命与身份。

最后，按人员从卑至尊的顺序发“箓牒”，四位主要师父的发牒顺序为：引教师（二师公）、监度师（二道公）、正戒师（师公）、戒度师（道公）。此顺序中师道交替、道尊于师，与坛场上道左师右、以左为尊的设置是一致的。对“师”“道”二派的尊卑次第，蓝靛瑶还有孔子与颜回的譬喻：主法坛道公名字下书“孔子”或“孔子院”，师公名字下书“颜回”或“颜回殿”。孔为颜之师，表明“师”“道”两派之间还有隐含的师生关系。笔者收集的、邓道天藏《安孔子祭经秘》载：

> 主家请命羽流弟子厶救患，起建或清灯土府、延生贡筵、红楼贡王斋，弟子靠望孔子、颜回、太上老君、伏羲姐妹、古贤众位师父照彰，上达众位师父……

此处孔子、颜回列于道教神太上老君、瑶族始祖神伏羲姐妹之前，取其重文教故。请孔、颜降临是为了帮助修斋，可见“师”“道”双方皆重视文教，“道文师武”的说法并非完全准确，“师派”不能简单等同于“武派”——它尊颜回为师，至少是希望趋近文教的。

蓝靛瑶“师”“道”二派关系的结构为：道阴师阳，以阴为尊，那么，“道阴师阳”的模型又来自何处？首先要明确，此处的“阴”“阳”不可简单模拟为男、女，因为性别身份是可以互相转化的（参见第10节“贺楼”）。恰好相反，此处“阴”更接近男性，“阳”更接近女性。师派第23节“阴阳师”提供了鲜活的诠释。

“阴阳师”是“阴公”和“阳母”的合称。“阴公”常由同坛师扮演，戴面具、驼背、带弓箭打猎为生，性急好淫；“阳母”常由证见师扮演，男扮女装，背假婴，砍柴为生。“阴阳师”在第23、26两节中出现。第23节中，阴公、阳母先后出坛去“五台山”，阴公打猎，阳母砍樵，并撕下山上的彩纸交给弟子，寓意以猎樵之物养育新生弟子。阳母怀中的假婴也象征弟子——抽象的、宗教意义上的新生婴孩。阴公又以弓箭套住观礼者，讨钱以抚养弟子，这些被套的人与“猎物”无异。第23节“阴阳师”是“表现仪式”，生动表现出瑶族古代猎樵场面，这些非功利性的仪式的主要目的是唤起瑶族的族群记忆。第23节还有一重功能：点明了“阴阳师”和弟子之间的“亲子”关系。

图 43　“阴公”“阳母”和怀中的假婴

（云南文山 Z 寨，笔者摄）

第 26 节“交婚（荤）”中，阴公、阳母呈现出全新面貌。阴公持弓、阳母持假婴、弟子持“箓牒”、引教师持朝简，引教师带领弟子学教、跳三元舞，其间阴公追逐调戏阳母，阳母跳跃闪躲，穿梭于弟子和引教师之间，场面诙谐。“交婚”中交错呈现出了夫妻、亲子、师徒三重关系。下图比较了第 25 节与第 26 节中的人物位置：

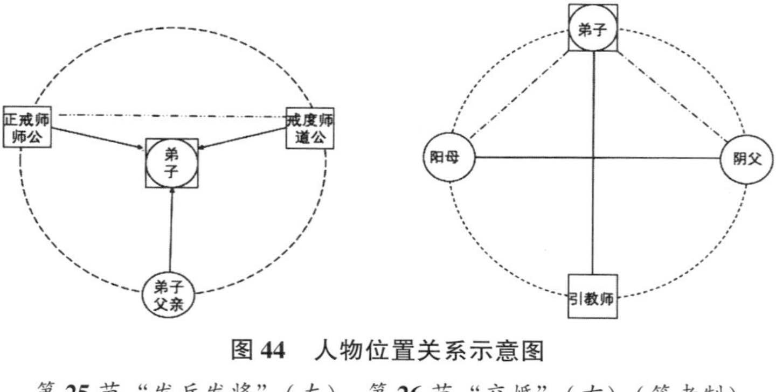

图 44　人物位置关系示意图

第 **25** 节“发兵发将”（左），第 **26** 节“交婚”（右）（笔者制）

左图呈现第 25 节中的人物位置（为方便阐述将其余师父略去），右图呈现第 26 节中的人物位置，直线代表明显的互动，虚线代表暗含的关系；小圆圈代表“亲—子”关系，小方框代表“师—徒”关系。两图中亲子、师徒关系的一端在弟子身上重合了：他既是学生，又是儿子，且双重身份纠缠一处。第 25 节中弟子拿到“箓牒”前，他有一位父亲，一阴一阳两位师父；第 26 节弟子拿到“箓牒”后，神灵世界中的那个他，有一位师父，一阴一阳一对父母。从两图的对应结构可见，第 26 节中的引教师取代了弟子凡俗世界父亲的位置，他表面上是师父，其实是父母（用“脐带”牵引弟子上“五台山”的正是引教师，此处母亲的功能也被吸纳进宗教化的“父亲”角色中了）。阴父阳母呢？他们表面上是父母，其实是假扮成父母的师父，至为重要的是，阴阳师这对“父母—师父”中，一个来自阴间（戴着面具），一个来自阳间（男扮女装），阴对应父亲，因为他是个戴面具的“阴人”；阳对应母亲，因为他其实是个男性。“阴父阳母”绝不是凡俗的父母，阴阳两界的交感使其结合，他们孕生出神子，又以猎樵之物养育。第 26 节中的“阴父”“阳母”与第 25 节中的道公、师公，在位置结构上完全对应，换句话说，正是师与道的结合、孕生、养育，才令弟子得到了阴阳双重法脉，“过法”方得圆满。第 25 节中弟子尚未拿到“箓牒”，他还不成熟，只能在圈内接受滋养；第 26 节中拿到“箓牒”的弟子已完全成熟，他站到外圈，成为圆周四角之一。两图结构的唯一不同是弟子位置的变化，导致这一变化的正是“箓牒”的交付。第 26 节中，身负箓牒兵将的弟子真正具备了神圣身份，过法中“师”“道”二派交合、孕生、养育过程彻底完成，大功告成，阴父阳母为此欢聚庆贺，故本节名“合婚”“婚（荤）宴”。到此，弟子被完全聚合到神灵世界中，并与宗教化的父亲以及“师”“道”双方建立起终生的乃至多生多世的紧密关系。

图 45　“交婚”（又称“荤宴”）

（云南文山 N 寨，笔者摄）

5. 扩散阶段——抚慰冥阳

第 28—34 节，聚合仪式。

本阶段促成了更大范围、更深程度的聚合。师派第 29 节“清灯”、第 30 节“斋度”模拟杀猪、切菜、宴请宾客，邀请鬼神前来赴宴。许多鬼神早前已被请到了坛场，此处邀请共餐、见者有份，其对象是空间性与地域性的。人神共餐，使民族内、社区内的融合更为紧密。

道派第 28 节“告斗”、第 30 节“安龙”、第 31 节“炼度”，为主家长者求寿、为祖先亡灵安宅划地、并超度新亡升天，这些仪节看似零散，却具有在主家血亲内部达到抚慰和聚合的共同特点。冥阳血亲都因弟子过法而获益，乘其功德能使生者延寿、逝者成仙。

仪式结束前，第33节“倒步”为驱赶坛上附着的神灵。第32节“交牲灵”和第34节“化财马/升楼”都是醮祭仪式，“师”“道”双方共同参与，将前几节聚合起来的地缘集团与血缘集团做进一步聚合——完成最大范围的、终极的聚合。

6. 新生阶段——重入循环

第35节，聚合仪式。分隔仪式。

过法三天后举行第35节“三朝复炉”。师父们再来弟子家，收取银魂、钱魂、人魂、禾魂，并收煞、祈福。此后“领弟子做斋三次”，意为弟子过法后学教成功，取得师父的资格且广受欢迎，已被请去做斋事三次了。“三朝复炉”意味着新循环的开始，弟子可为师，“师”“道”双重法脉后继有人，生生不息。

综上所述，过法的每个重要阶段都出现了D类仪式：初始阶段是第6节“入睡”；核心阶段是第17—22节“川光”（度师）和“披簪受道”、第25节“发兵发将”；扩散阶段是第34节“化财马/升楼”；新生阶段是第35节“三朝复炉”。这些师道紧密配合的D类仪式，全都出现在过法中至为重要的转折点上，可见道阴师阳的交感，正是推进过法仪的动力性因素。

第三节　时间维：生命周期中的“道阴师阳”救度闭环

蓝靛瑶过法中，“师”“道”二派共同建构起一条完整的救度链，其救度对象不仅包括弟子本人，还囊括了整个家族血亲。瑶族相信生死轮回，认为人通过一系列仪式，才能在“人—鬼—神”的轮回中畅通无阻。在从生到死、从死到生的完整循环中，“师”“道”分工合作、救度族人。事实上，过法恰似麻栗坡蓝靛瑶生命周期的全息缩影，笔者依据调查画出了蓝靛瑶男性的生命周期图：

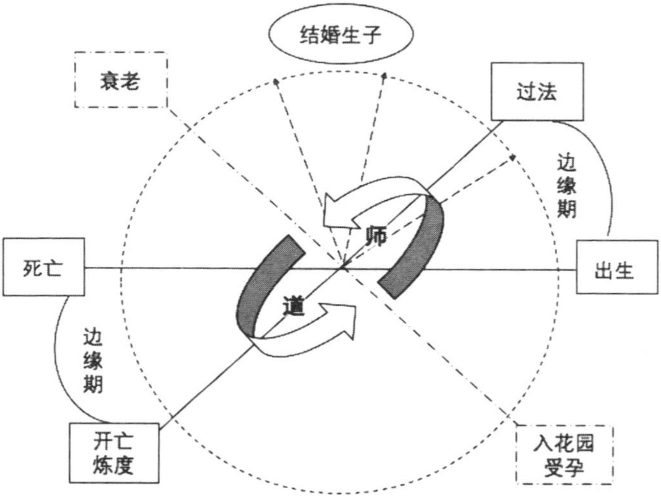

图 46　蓝靛瑶男性生命周期中的“师”“道”分工（笔者制）

图中上半圈为生、下半圈为死，然而生、死的界限并不明确。出生后到过法前，人虽有肉身，可生命很脆弱，且他没有“合法的”宗教身份，这是出生后的边缘期；死亡后到开亡炼度前，人变成鬼魂，无权享受祭祀，亦无“合法的”宗教身份，这是死亡后的边缘期。边缘期的结束，必须通过仪式来明确，仪式赋予人真正的、宗教的身份。故过法仪式的真正含义是“重生”——宗教性的人降生了；开亡炼度仪式不如被视作“重死”或“真正的死亡”——祖先符命被砍斫、椎磨、油煎，他的灵与肉被彻底摧毁，方可脱胎换骨。蓝靛瑶有二次丧葬的习俗，去世安葬之后，待亡灵经过3—5年的边缘期，再举行开亡炼度仪式，有时还需开棺、捡骨，进行二次埋葬。随着生活方式与殡葬制度的改变，如今安葬亡人后，马上回家进行开亡炼度，人为将边缘期缩短为一天乃至数小时。然而，蓝靛瑶以下葬为界、将丧葬仪式分为前后两段的特征仍十分明显，因为其本来就是由“死亡”和“开亡炼度”两种仪式缀合而成的。

“道阴师阳”还体现在生命周期中各种过渡仪式的“师”“道”的分工上：道方主要做死亡、炼度相关仪式，师方主要做结婚、生育相关仪式。然而，道方又将抚慰范围提到了死前“衰老”时，为老之将至的人做“搭桥续命”“添粮告斗”等延生仪，使死亡尽可能延后；师方也将抚慰范围提到了出生以前的“入花园”“受孕”时，为求花求子者做“贺楼”“求花送花”等仪式，使出生尽可能提前。“衰老”和“受孕”是客观存在的自然现象，但从外表看不够显著、且具有某种神秘性与不确定性，故上图用虚线呈现——重要的是，这两个不显著的时间点划定了道、师二教分工的逻辑起点：“道”做阴，即衰老以后到入花园之前的过渡；“师”做阳，即入花园以后到衰老以前的过渡。

如此看来，过法仪式处于师派的分工范围，为何道派也参与其中呢？原因有三：

其一，过法仪式深具“降生”的内涵，出生必须阴阳双方的配合——这是师派本有的心理结构，仪式中大量关于交合、受孕、降生的段落便是明证。因为存在心理上的阴阳二元结构，师派很容易把道派作为相对应的另一方吸收进仪式中。毋庸置疑，师派是“过法”仪式的主体，“阴父阳母”的架构是建立在师派思想体系之上的，道派如同戴着面具的“阴父”，参与并被整合进结构中，却并不见其完整面目。道派的参与非但未改变过法的内涵，反而补充了其结构的单一。

其二，“阴”与“阳”、“生”与“死”是互相涵摄的概念，不可能截然分开。过法中许多节次兼具分隔、边缘、聚合三重内涵。而在同类仪式中，道派更注重呈现“分隔”部分，师派更注重表现“聚合”部分。分隔类“死”，聚合类“生”，道派在不改变过法“重生”内涵的前提下发挥了自己的特色，使仪式内涵更为深刻、生死之间的转化更为鲜明。

其三，生命周期图存在一个变量，即生子时间的不确定性。每一次“出生”皆是一个新的生命周期的起点，如果以图中生子区间的三条虚线作为三个新的“出生”点，我们可以画出三个新的生命周期图——血亲之间必然存在生命周期的重叠。例如，弟子在“过法”时，很有可能其弟弟处在“出生”时期、父亲处在“衰老”时期、祖父处在“死亡”时期、曾祖父处在“开亡炼度”时期，其未来的子女呢？可能正处在“入花园”时期……当过法（部分地）以家族为对象时，必须要兼顾到处于生命周期各阶段的直系血亲——这就是为什么过法如此冗长庞杂之故。道方参与的主要目的是抚慰衰老者、救度亡者及阴间血亲，过法中凡是道方单独举行的 A、B 两类节次，都没有超过图 6—14 中道方救度的范围。因而，道方参与过法，是由生子时间的不确定和过法的“家族救度”性质决定的，其背后又隐含着“亲子—师徒”的二元关系。

蓝靛瑶的亲子关系与师徒关系具备相当程度的同构性。既然“师”“道”双方被看做“阴父阳母”，那么父、祖必然也可以被看做“师”“圣”。事实正是如此，师父们过法时必须带上自己的“师圣”与“兵将”，并张贴于名号之下：

左仟仟将	窀穸宗师	右万万兵

其余诸师法名	监度师（二道）法名	戒度师（道公）法名	父亲的法名	正戒师（师公）法名	引教师（二师）法名	其余诸师法名

图 47　蓝靛瑶法师所带的“师圣”与“兵将”（笔者制）

蓝靛瑶称亡父为“窀穸宗师”（有时在世的父亲也用此号），位居正中，父亲才是瑶人心中最主要的“师圣”，其次是本人过法时的“道”“师”两派师父，再次是其他师父，最后是“千千将”“万万兵”。做斋时要请亡父神魂下降，并赋予“宗师”身份，安于中心位置。宗教化的父系血缘关系比师徒关系更加重要，“窀穸宗师”串联了“师”“道”这阴阳双方，并与他们一起，构成了辅佐蓝靛瑶师父的阴性力量。回顾上文第 25 节和第 26 节的图示，可知“窀穸宗师”不是别人，正是曾经的弟子，他成熟、老去、死去、溢出了圈外，变成了可以统领“师”“道”二派的“神”与“圣”。“阴道阳师”之间那条中轴线，正是一条永劫回归的父系血脉。蓝靛瑶信仰的特殊之处正在于此：血缘、法缘传承都不是线性的、单向的，而是环状的、轮回的。轮回的方式之一，是“师圣”通过附着在法师身上参与仪式、回归坛场。

轮回还具备更为理性的呈现方式：无论血缘关系还是嗣法关系中，蓝靛瑶的字辈都只有五字，五辈轮完后，又回到第一辈，当地人称“五世返祖”。这绝不能诠释为瑶族文化水平低下，无能力续写字派——其背后隐藏的，是深刻的“生死循环”与“祖灵回归”观念。同理，蓝靛瑶的“炼度”往往只做五代祖先，往上无须再炼，因为，经过五代的生死旅行，祖灵必会以某种方式回到后代身上。这些渡过层层关卡、返回再生的祖灵，可能托生为五代以后的子孙和徒弟，他们使用相同的名字，延续相同的传统——“师”“道”二派都借用了血缘关系中“祖灵回归”观念，而演化出“师圣回归”。这意味着，今天参加过法的弟子，其灵魂可能是父亲的祖先，也可能是师父的师父。

如此，代际轮回的纵向关系就建构起来了，就能理解为何“师”“道”要入睡孕育“亡故降生坛院”了。过法中得到“重生”的，不仅是弟子本人，还是主家多代祖先。对家族血脉、师道法脉的认同绝不是自动完成的，唯有通过过法，祖先“师圣”之灵才能完成回归与附体，弟子才能被彻底聚合到“阳师（师方）—祖灵—阴师（道方）”的三维谱系中。如此，亲子之间、师徒之间便完成了真正意义上的相互确认，他们的灵魂相遇并贯通了。

综上所述，本书发现了云南省麻栗坡县蓝靛瑶“师”“道”二派之间具有“道阴师阳”的内在结构。蓝靛瑶的生命周期中“师”“道”总体分工是十分明确的：道派主要做安抚老者、丧葬、度亡等趋“阴”的仪式，师派主要做求子求花、结婚、生育等趋“阳”的仪式。在麻栗坡县的过法仪式中，“师”“道”

同坛作法，如同“阴父”与“阳母”的和合，最终目的是为了降生弟子，并促成父系“祖灵回归”。过法中“师”“道”除了明确的分工，亦有一些配合，这些配合表现出阴、阳两界的聚合，强化了血缘、法缘、族缘关系，完成了代际整合、民族内的整合以及“师”“道”两派之间的整合——这就是蓝靛瑶过法的真正内涵。

“阴父阳母”的心理结构本属于师派，父系宗法制度形成后，此结构将道派吸收进来，道派的进入使得过法仪式更为复杂与精巧，且提高了仪式的文化水平。另外值得注意的是，道派的加入丝毫没有改变过法“脱胎降生”的内涵，也没有改变“师”“道”双方在蓝靛瑶生命周期中的分工。

在云南省麻栗坡县蓝靛瑶中发现的“道阴师阳”结构，很有可能也存在于其他地区的蓝靛瑶乃至其他自称“金门”的瑶族中。

第四节　空间维：经坛仪式与“道纵师横”的宇宙框架

金门瑶“道派”有经坛仪式，“经坛”，又称“开经”“做经”，即大型斋事前或斋事中修诵经文、依经存思、行道。经坛仪式以大斋“过法”中的最全面周详。本章第二节已经交代，弟子投师烧香后就进入斋戒状态，一日至三日间完全从世俗生活撤离，不杀生、不近秽事、不娱乐，乃至禁语、仅用淡饭不食油盐、不喝饮料，静心思过，一心向道。为达到上述要求，现实中弟子往往一至三日都待在床上，不交人事，除饮食、便溺之外不下床。一方面，斋戒状态在存思法中象征弟子世俗身份“死亡”，同时，新的理想化生命正在师父体内孕育；另一方面，瑶族的斋戒颇符合正一道修斋前的斋戒要求。《玄坛刊误论》“论入靖品第一”云：“凡修斋三日前，道士入斋堂靖室，澡雪襟神，止息妄念，不履殗秽，不听笙歌，端然一心，唯在斋法而已……若宫观之中，不能三日，或一日、二日亦可也，俗家修设，一昼夜入精，其义且通。”①

斋戒状态的终结，就是经坛仪式的举行，经坛仪式同时又象征着整场大斋法事的开始。弟子的斋戒将持续至大斋法事结束为止，但经坛仪式无疑是最重要的转换环节，因为从“经坛”开始，弟子走出蛰伏状态，开始斋戒后的首次活动。经坛仪式是对弟子前三天斋戒的提升与总结，是他进行身心转化的关键环节。

顾名思义，经坛仪式的主角是“经”，这种纯以修诵、存思经典为主要内容的仪式，在重视术法实际效应的金门瑶信仰中是绝无仅有的。经坛仪式中使用的主要文本材料就是本书的研究对象——经书类抄本，故研究经坛仪式，是考察经书在金门瑶信仰中地位、作用的不二门径。

经书类抄本是金门瑶宗教抄本中的“异类”。如本书第一章进行瑶经分类时所述，其他所有类别的抄本体裁为“道派”“师派”所共有；唯经书类抄本为金门瑶“道派”独有，“师派”没有任何单行的、大部头的经书。同样，与修诵经典紧密相关的经坛仪式，也仅属“道派”独有。这为我们提供了考察瑶族“道”“师”关系的研究路径：经书对金门瑶“道派”有何特别意义？

① 《道藏》第 32 册，第 623 页。

经书对于“道”“师”二派的分立及其关系有何贡献？本节将以经坛仪式为研究突破口，在深入考察仪式节、相关存思法、所诵经目的基础上，探讨经坛仪式对瑶族“道派”形成的意义，亦提供观察“道”“师”二派关系的新维度。

一　经坛仪式：坛场、节次及存思法

1. 坛场

经坛仪式的坛场与“过法”的主法坛不同，是于大斋正式开始前，在弟子进行斋戒的床边另辟一处作为坛场。其坛场规模远较主法坛小，内涵却十分丰富。

图48　“经坛”仪式坛场

［云南文山Z寨（左），N寨（右），笔者摄］

同其他所有仪式一样，限于地点的局限和师承的不同，各地、各师所设“经坛”也大同小异。“经坛”一般性布局包括如下核心要素：

（1）经盆

经坛供桌正中设米碗，用草纸包裹碗身，插未点燃的香五支，每支穿三小片草纸，如船帆状。是为经盆，即经坛仪式中主祭之所。“经盆”形象类似房屋殿堂，其在存思法中，被存变成“黍米宝珠殿”，又思天界有“迷河”一道，可随经盆下生经坛，所竖之香即为上下通路。德国巴伐利亚州立图书馆藏瑶族科仪书 cod. sin. 265《新文科一本》载“诵经皈依法”，云：

伝个经盆在今（金）星迷河，又是黍米宝珠殿，五味之声声万物之耳。排列满盆，两岸光朗，架下经盆来。

“黍米宝珠”语出《度人经》，元始天尊举宝珠为说经之譬喻；《灵宝无量度人上经大法》卷五十七“炼度秘诀品”载炼度法云：“次载婴儿，自夹脊双关上入泥丸，化为黍米宝珠，婴儿即为元始，五脏云炁即为狮子。”① 以“黍米宝珠”为道士内丹成就之像。瑶族以“经盆”为“黍米宝珠殿”，是将道教“度人经系”的丹法外化和具象化的结果。又其中言“今（金）星迷河”，“金星”为瑶族存思法中“三光三品衙门”中的最高衙门，本论文此前已有论述。事实上，经盆不只指代金星，而是整个“三光三品衙门”的象征。巴伐利亚州立图书馆藏瑶族法书 cod. sin. 1021《度亡秘语一本》载“一论诵经法”云：

想月府、日宫、金星三个衙门卷在此，米盆即是月府迷河海，人合此黍米宝珠地。

又 cod. sin. 770《道教受戒密语》中“又开经之法”云：

先存经坛金沙敷地，金龙皆宝珠殿，先安金百三、银百四、消白遍、刘文诵，安在炼堂。

---

① 《道藏》第 2 册，第 945 页。

月府、日宫、金星三个衙门纵向排列，米盆为月府迷河海，香上所串的三片草纸从低到高依次象征月、日、金“三个衙门”。“金沙敷地”之语或来自佛教西方净土信仰，《佛说阿弥陀经》云：“极乐国土有七宝池，八功德水充满其中，池底纯以金沙布地。”[①]“金”为神灵世界的建筑材料，也是修行金丹成就的体现。但瑶族诵经道场中，显然“金”的意义不止于此，后文为“先安金百三、银百四、消白遍、刘文诵”，“金百三、银百四”更类似某实体，而“消白遍、刘文诵”则似人名。巴伐利亚州立图书馆藏 cod. sin. 777《道教师教一本受戒密语》载“又论开经先存经坛之法”，云：

> 即是金沙敷地，龙虎处背，宝珠殿金星、日宫、月府三品衙门。此米盆是月府米河海，入黍米宝珠地中央，安金沙炼丹田地，安金三百、银四百、肖百将、刘文诵。启金银炉，吹炼铜铁灵宝。

cod. sin. 1111《天师受戒秘语》中载“又开经之法”，云：

> 存安银匠金百三、银百四、肖百匠、刘文诵，在此起金炉、银炉，炼铜钒灵宝经也。

可见，“金三百”（或“金百三”）、“银四百”（或“银百四”）、“肖百将”（或“肖百匠”）、“刘文诵”为银匠之名，在此安炉立鼎、煅烧金银，肖、刘之名，应为“黍米宝珠地”中金匠、银匠的内讳隐名。竹村卓二（Takemura Kakuji）曾经指出，白银是瑶人沟通联络神灵世界和人间礼仪桥梁的媒介，因为

① 《大正藏》，台北：台湾新文丰出版社，1976 年，第 12 册，第 347 页。

瑶族认为银不仅具有世俗的有用性，而且具有某种咒术功能，他们常常念道："银净化万物""神灵世界是净土，居住在那儿的高官喜好白银"。① 据"经坛"存思法可见，瑶族对金、银的重视，不仅为贿神，而是因为锻炼金、银同时意味着炼丹，瑶本《度人大部经》经前有存思文云：

> 下弦银八两母血，坤八月阴铅，乾八日阳汞，上弦金半斤父精。

"经坛"存思法中"金三百""银四百"，类似《度人大部经》中提及的"金半斤""银八两"，道教丹经以"金半斤""银八两"象征体内铅汞，即内丹修炼中的真药物，瑶族"经坛"中存思的金、银具有同样内涵。而"经坛"中烧炼金、银的目的，是为了炼出"灵宝"，此"灵宝"既是金丹的别名，又体现出对"经宝"及灵宝经的极度尊崇。瑶族经坛仪式中，将修诵灵宝经存思为修炼丹砂，将铅汞内炼存思为烧炼金银的外丹之术，这种做法将身中、身内之法贯通一气，以诵经为内炼，甚是高明。

（2）府院及师圣

"经盆"旁墙壁上，贴若干红色小纸片，上书神仙界各府、院名称，其下张贴一份写着八位师父名字的方形金银纸，为经坛中师圣居处。在 N 寨 PWP 过法现场，红色纸片共九张，分别标记九个府院，依次为：应天府、武当山、鹤鸣山、九郎府、左班

---

① ［日］竹村卓二（Takemura Kakuji）著，金少萍、朱桂昌译：《瑶族的历史和文化——华南、东南亚山地民族的社会人类学研究》，北京：民族出版社，2003 年，第 145—146 页。

前、右班殿、混元府、炼丹堂、祖先堂。

图 49　道公正在誊写“经坛”府院

（云南文山 N 寨，笔者摄）

其正中从上到下张贴“应天府”“九郎府”“混元府”，分别为金星、日宫、月府三品衙门之名称。“应天府”左右配“武当山”“鹤鸣山”，为瑶人心母中“左师右圣”之位；“九郎府”有时亦作“九龙府”，左右配“左班前”“右班殿”两班神真；“混元府”下配“炼丹堂”“祖先堂”，为烧炼金银、九转还丹和酬拜、祭祀祖先之所。可见“三光三品衙门”共九个，各一正二配，三三合九。

巴伐利亚州立图书馆藏 cod. sin. 1111《天师受戒秘语》中“又开经坛之法”云：

> 先起经坛，即是月府元始腹内胞胎。是（混）元府，龙虎修持，玉京山玄都省、太玄省堂金丹殿。

其中“玉京山太玄省”为日宫“九郎府”之所在，旁边

“左师”“右圣”化作树木，上结仙桃，以奉仙佛。cod. sin. 576《道教安龙天机》中“又论启开经坛之法”云：

> 先启建开经坛，即是月府处元始胞胎，混元府。日宫九（郎）府龙虎修持，玉京山大都太玄省。左师张道显金灵树，右圣李道通菩提树。金玉印、万年桃种在月府、日宫。金星总是金灵万年桃，果熟供养诸佛也。

月府、日宫、金星这“三光三品衙门”不但有具体名字，其境内还有果树。月府种“金玉印”、日宫种“万年桃”、金星则有“金灵万年桃”。果树成熟结果后，不仅可以“供养诸佛”，还可以如瑶族诵《度人经》存思法中存变“十二道言”为“十二仙桃果”那样，养育亡故，为灵界生命提供饮食。

又“月府混元府”被称为“元始胞胎”，乃因斋戒期间，师父将弟子存为身内胞胎，到开启“经坛”时，胞胎中生出三品衙门、九重府院。笔者收集的、盘道登置藏法书《初真秘》中“又开经坛之法”云：

> 又想弟子身在师腹内带孕，吃十二怀胖。又在月府黑边，大、小便使都在内了。经坛启在月府内黑边，张道显、李道通衫袖内立小应天府炼丹殿。又启鹤鸣山、武当山，金校椅、银校椅左右，经坛即是龙鳞，金银宝贝光朗，又是东都炼丹殿教引也。

张道显、李道通为鹤鸣山“左师”、武当山“右圣”的内讳隐名，本指张道陵和真武。安立上述九处府、院后，法师开始存思各府、院主神的内讳隐名，请其降坛，以确保经坛仪式顺利举行。

瑶族为各神真安立内讳隐名的做法非常普遍，这些内讳不同于道教讳字或者《度人经》中天帝及魔王隐名，而多以普通人名的形式出现，甚至，瑶族对有些神真之名不着一字，整本全记内讳隐名，外人无法看懂，只有在师父亲自指点下才能安神作法。金门瑶根据不同斋事的需要，为一位神真设置多个内讳，变化多端、神秘莫测，具有相当高的秘传性。瑶族法师认为，如果仅熟悉经科、而不知道存思神真的内讳隐名，法事只是人间的表演活动，在神灵世界并不能发生效力。“内讳隐名”为瑶族师徒间的秘密传承，法书则是这种秘密传承系统的文本载体，故使用法书时有诸多禁忌。金门瑶“内讳隐名”传承与道教讳字、符咒的传承具有内在的相似性，但其表现形式并非为特殊字或符咒，而是将对汉字书写的人名神圣化和神秘化。

本节存思法中出现的府院之名，具有宋代以后正一道法的特点。“应天府”之名曾出现在两个时期：（1）宋代“南京应天府”，即今河南商丘，宋真宗景德三年（1006 年），将祖兴之地宋州升格为应天府，大中祥符七年（1014），又将应天府建为南京。“玄天上帝”真武曾降现其处，《玄天上帝启圣录》卷六载：“南京应天府，有上清鸿福宫，系太祖兴隆建极、报天启圣功德第一处。兼大中祥符中，真宗東封曾宿是宫，夜遇北方真武降现，云为管家护驾。”① 使“南京应天府”对宋王朝的意义更为重大。（2）明代应天府，即今南京市，明洪武十一年（1378）至永乐十九年（1421）曾定都于此。明代十分推崇玄天上帝信仰，瑶经中同时出现“应天府”和真武内讳“李道通”，但仅据

① 《道藏》第 19 册，第 610 页。

此，并不能确定其“应天府”之名来自哪个朝代。

瑶族存思法中有“大都太玄省”“太玄省堂”，很可能为“泰玄都省”的变体或隐名，雷法诸派、特别是清微派尊奉张道陵为泰玄上相，主泰玄都省，《清微斋法》卷上云：“太上老君授三天圣师泰玄上相真君，姓张，讳道陵。吴人，正月十五日生天目山，仕汉为尚书，弃官得道。主泰玄都省，居元素元辉府，以子嗣教。”① 金门瑶以“应天府”对应“金星”，象征“三品衙门”中的最高一级，又以“鹤鸣山”“武当山”相配为左师、右圣，将真武与张道陵并列，其科教传承呈现出正一道教与雷法信仰并重的局面。

（3）经目

九府院的贴纸旁，张贴较大白纸书成的经目一张，上书经坛仪式所修诵的经目。经目所录的瑶族经书，大部分在实践中能找到对应的大部经本，也有一些仅存经目、不见全经。各位法师所收存的经目内容大体一致，但有细微差别，兹举两例以资对比：

笔者收集到盘道登《步虚唱》抄本，其中“经坛疏用”列经目，共十五种：

> 玉皇上卷经、玉皇中卷经、玉皇下卷经、道场经、救苦经、清华经、尊典经、度人经、灭罪经、血湖经、曰河经、弥罗经、金章经、金丝经、消灾经。

又收集到邓道天记存的“经目”，共十八种：

> 玉皇上卷经、玉皇中卷经、玉皇下卷经、灭罪经、孔雀

① 《道藏》第4册，第285页。

经、血湖经、曰河经、金丝经、金章经、消灾经、诸品是经、道场经、救苦经、玉枢经、弥罗经、清华经、尊典经、度人经。

邓道天经目多出《玉枢经》《诸品是经》《孔雀经》三种，笔者从未见过瑶族《孔雀经》，但《玉枢经》和《诸品是经》（《诸品经》）在瑶族社区中非常普遍。《弥罗经》和《清（青）华经》或为“玉皇经系”及“救苦经系”增衍附会的结果，《金丝经》和《曰河经》则仅见经名，不见其经。瑶族“上章仪”中有“金丝续命章”，又巴伐利亚州立图书馆藏经典中有短经《血河经》，或为此两处经目所对应的内容。

两份经目最大的共同特点，是将《玉皇经》拆为三卷，并置卷首，明显对其格外尊崇。这种做法与本书对瑶族《玉皇经》抄本的研究结论相吻合。瑶族还为经目中每部经配有存思法，其法分量甚大，占经坛科仪存思法的一大部分。各本法书中的存思内容大同小异，主要为观想各类经的归属部门——即将其划拨为月宫、日府或金星中的任一处，又存思其经德、诵经感应及功效。因存思法门类繁多、彼此之间多交叉出入，故本处不一一列出，只举要说明。例如，瑶族大部分存思法以《玉皇经》上、中、下三卷分别配金星、日宫、月府“三重衙门”，《玉皇经》铺陈教理教义基础，表现在法义上，即为《玉皇经》三卷撑起了经坛“三重衙门”的梁柱，这就是经目将《玉皇经》分列三卷的原因。“玉皇尊典”对于瑶族经教系统的特殊意义，本论文第三章第三节曾作详细阐述。

经目存思法中的特别之处，是将每部经典或存思为人名、或冠以姓氏，这种拟人化的存思方法，和瑶族为神真安设“内讳隐名”的思路是一致的。

笔者收集到盘妙通所藏《初真秘》一本，其中“又论诵经经名法”云：

> 玉皇经姓珠，度人经姓刘，消灾经姓宝，孔雀经姓燕，救苦经姓拔，玉枢经姓张。灯姓灵，忏姓雷，金章经姓良，金刚姓珠，三官经姓幽。
>
> 玉皇上卷金星、中卷是日宫、下卷月府。尊典经姓超，超罪。三卷玉皇，即为田地，书字是禾根、草木也。下卷玉皇是月府，是水、鱼鳖，运上田塘，用养禾苗稼也。

这段文生动地说明，瑶族存思法的目标对象并不单一，而是非常丰富、多元。同一套经目或者物品，可以根据仪式的不同需要，配合多套存思法，变化十分繁复。又因存思法具秘传性，不同师承体系下，法师彼此缺少沟通，导致了法师之间、地区之间的隔阂很大，也为研究和传承工作带来了难度。

值得特别说明的是，大多数时候，经坛中张贴的“经目”与经坛仪式中所诵读的经书并不一致。原因是，一位道公很难置办全套经书类抄本，而即使他置办了这些抄本，这些经书也不可能逐一朗诵。其中可能有仪式简化、时间缩短的因素，[①] 但笔者认为，更重要的是源于瑶族的“整体性经教”观念。

老一辈金门瑶道公惯于使用包经布来存放经书抄本，他们将同一类型的抄本包置一处，比如所有经书类抄本都存在同个经包

① 随着社会发展，仪式简化、信仰性减弱是现代瑶族宗教的特点。云南文山的道公称，过去启经坛分三个早上做，而现在仅在数个小时内完成，时间大大缩短，不可能修诵完全部经目。参见熊有章主编，熊建文、熊跃清撰稿：《蓝靛瑶度道戒全集》，文山州瑶族研究学会编印，文内资准字 2019—LY0014 号，2019 年，第 30 页。

内。这固然出于保存的方便，但其中也蕴含着道公自觉的经教分类意识。在经坛仪式中，他们将整包经书类抄本都视为经教的代表，不管是带上整包或者在其中抽取任意一本，都代表着“整体性经教”。换言之，经坛仪式中具体所用的是哪部经并不重要，因为任何一本经书类抄本都可以代表所有的经书——即那些保留着相对纯正道教传统的神圣性文本。笔者在田野考察的经坛仪式上发现了形形色色的经书类抄本，有的法师只用一册《玉皇经》，有的用《诸品经》，有的则带来整包经书。不管哪种情况，经坛仪式照常开展，这说明，经书类抄本的象征性意义远远大于实际意义。经书类抄本作为“整体性经教”的最直观代表，其背后所承载的道派和道法传统，才是瑶族“经坛”仪式中所真正珍视的。

图 50　用包经布分类包好的经书抄本

（云南文山，笔者摄）

（4）其他法器：“经坛”案上，首先需安放一本与大斋主旨相应的法书。这本法书不必细看，但必须将其翻开，供奉在经盆旁边。经坛仪式虽然肢体动作很小，但存思法的内容却非常丰富，绝大部分仪式效应通过存思达成。

经盆之下，须安立灯、铃、茆草等物。诵经开始时，将这些物品和眼、口等五官一并存思为童子、仙官、玉女，侍卫诵经。德国巴伐利亚州立图书馆藏 cod. sin. 629《早晚伸斗安龙解冤法》中“入诵经之法”载：

> 两眼是鉴经童子，口是刘诵仙官，吝茆是引经童子，铃声是倾银声。

又 cod. sin. 943《一本桉（安）龙救患秘语》中“诵经法”云：

> 想其桥是降（绛）宫迷河水，又宝珠地。眼是看经玉女，口舌是对读仙官。其茆是引经玉女、运纳仙童。灯是明眼宗师，引其书每个字，炼成金银宝贝。

古天师道诵经时，须存思靖室内四灵等神辅助诵经，受箓者则出箓中官将以侍经。金门瑶以“经坛”内的器物神和自己的五官神展开存思，将之存变为侍经童子、玉女、仙官，护卫诵经。

2. 仪式节次

据“过法”等斋事的不同规模，“经坛”仪式时长为 2—5 小时不等。要不分巨细地备述如此长时间范围内的仪节，仍需占用相当篇幅。和道教科仪类似，瑶族仪式前后都有出现在大多数仪式中的固定节次，比如开始后的洒净、请神，结尾前醮祭献食、回向等环节。本节的主要目的是探讨经坛仪式的独特性，进而发掘瑶族经书类抄本的意义，故为节约篇幅、突出重点，下文将舍去仪式前、后的一般性环节，而着力于探讨经坛仪式的核心节次。

经坛仪式开始时，仍须动鼓、洒净、取法衣、穿法衣，然后众法师依《持索科》演教，其科教内容主要为按演经前诸神咒、献酒三盏、存安四帅、请诸神真降临坛场，证盟诵经。① 至此，进入仪式的核心环节。经坛仪式的核心环节并不复杂，共分三步：

第一步：开经。

又称“请经”，打开包经布取出经书，道师交于初真弟子手里，开始教弟子读经。

图 51　请经，初真弟子手持法服，师父手捧经书

（云南文山 N 寨，笔者摄）

① 熊有章主编，熊建文、熊跃清撰稿：《蓝靛瑶度道戒全集》，文山州瑶族研究学会编印，文内资准字 2019—LY0014 号，2019 年，第 30、186—190 页。

第二步：擦经。

又称“读经”，但并非用口读，用小张草纸包裹未点燃的香三支（或多支），翻开经书，道师带领初真弟子手持香火，将香脚纸在经字上空逐行快速划过，每至有符的地方，就换一张草纸，直至划完整部经书。其动作类似从经上“擦”过，故称“擦经”。“擦经”同时，其他师父在旁边读诵《持索科》内的净天地神咒、净口神咒、净身神咒、安土地神咒和金光神咒。

图 52　擦经

（云南文山 Z 寨，笔者摄）

第三步：缴经。

又称“纳经”，用包经布重新包好经书，点燃擦经所用香脚纸和香，在火焰上方拍经包数次，边拍边作抖落某物状，取“火炼经文”成金银珠宝之意。又运存思法，将此诵经功德存变为金银、宝贝、黍米，缴纳灵界各衙门、府院。

图 53　缴经前点燃香火，簸箕内为经包

（云南文山 N 寨，笔者摄）

缴经之后，醮祭献师封坛，经坛仪式全部结束。

宗教仪式的动作幅度大小、节次复杂程度，往往和其所用存思术法的深度与数量成反比。金门瑶经坛仪式节次非常简单，但与其对应的存思法却极其丰富。下文分步骤论述：

(1) 开经存思法

开经前，须先存侍经诸神，作用相当于道教诵经前“发炉”。布置好经坛后，请神召帅的同时，须存思四灵、四帅，又想五官、五脏变成侍经童子、玉女。笔者收集邓道天所藏的《经骨秘》一本，其中“又论诵经法存想用”云：

> 安立经台，安立五行、八卦。四象，即为四帅。想三清坐法，安左青龙、右白虎、前朱雀、后玄武，想十二卦气运经。端坐存想监经童子，即是两眼；对读仙官，是口舌。
>
> 存四帅在：左青龙，辰木，肝；右白虎，右龙，金，肺；前朱雀，在离火，心；后玄武，在坎水，肾。十二元辰、十二真人、十二国中、十二命官、二十八宿。面向东方长生位，想三色界，三天门下，叩齿三通，诸神咸来，方可诵经。

存身神之法，相当于“身神出官”，与瑶本《度人大部经》末尾的“身神复官”恰好形成前后对应关系。这种以“身神”代替“箓中兵将”的出官法，是瑶族未受箓道士对诵经前无法“出官”而做的替代方案，很有特色。

做好诵经准备后，展开经包、翻开经文，这一步匹配的存思法有两种不同内容。

其一，将诵经结合内炼，存思开经、诵经为炼气、炼宝。

邓道天《经骨秘》载“一论诵经炼气炼宝法”云：

> 先存元始无形无名，左右肾生出，右肾生十二真人。念开经神咒，引真人来诵经。存金半斤是金米、是日宫金乌，生干（乾）、坎，银宸巽、离，坎变为天经也。银八两是月

> 府、玉兔，生江河准济、四渎湖源，地经也。天经经归天宝库，地经纳归为地路，万通度人为地路。生身者经归原生国土，亡人者消罪除愆，经路也。

以体内神“十二真人”诵经，并借用丹道思想，将“金半斤”纳为天经，以“银八两”为地经，天、地二经配“生身者经”和“亡者经”，刚好四部。本段存思法与瑶本《度人大部经》首、尾存思法中的意象和内容高度一致，此处“四部经”可能就是《度人大部经》中提及的“四部经”。《经骨秘》中的存思法主要为炼气、炼丹之道，多言术数气运，而不见瑶族法书中通常所见的“三光三品衙门”之说，与通途瑶族法书种类不同。《经骨秘》存思法与道教的关系更为紧密，其内涵是上清派身神观念和玉枢、度人经系及宋元雷法思想的结合。

其二，存思经书通过“三光三品衙门”从上至下降落斋坛的过程，强调“经宝”的神圣性来源。

这种存思法在“开经”环节占主流。巴伐利亚州立图书馆藏 cod. sin. 777《道教师教一本受戒密语》“又论开经先存经坛之法”云：

> 念各鬼名了。下齐经坛到此也。
>
> 执经书三卷大部，华夏引从金单星顺天府、引下金星应天府、日宫九龙府、月府混元府，敷下黄金大殿，如开田地分耕。

cod. sin. 1111《天师受戒秘语》“又皈依之法”中有相同内容，唯最后一句作“分诵如是开田地、种黍米宝物是也”。

“念鬼名”即念神真的内讳隐名。又，此法中出现新的府院——“金单星顺天府”。“金单星”在有的抄本中也作“金丹星”，“顺天府”为北京城，明永乐年间置，后为明朝都城。从存思法中“衙门”的尊卑顺序看，“金单星顺天府”地位最高，也无其他的“配殿”（府院）与之相配。如果说月府、日宫、金星分别对应下、中、上三丹田的话，那么金单（丹）星则象征超出三丹田，三花聚顶、金丹成就。又“三光三品衙门”存思法系统特别强调“经书三部”，恰好对应“三光”“三丹田”，可见“金单（丹）星”超出三界外，不在五行中，并非天界“衙门”的常态部门。

金门瑶族有科仪书《华夏引至将吏用》，作引道之用，即上文中的“华夏”。宋元道法中“华夏赞”做道场引道用，应为此处“华夏”的来源。《灵宝领教济度金书》卷八“朝奏次序”云：“知磬举《华夏赞》，引法师至右幕，上香再拜。”① 以道场科仪所用的“华夏赞”，作为存思法中的引道、引经手段，是这种开经存思法的特点。然而，关于从“金单星”引经下行的景象，有的法书则做了更生动具体的描述。笔者收集盘妙通所藏《初真秘》，载“又请去取经书之法”，云：

> 又想手执经书，取师祖银船，承载伝师。师在内，棹上月府、日宫、金星。后背至西天，看见刘文经在引罗宫内，下管琅函库，左脚踏龙，右脚踏龙。虎伏在脚底，龙虎口含经书。龙虎吞吐，成诸件经书，总龙虎腹内，口开吐出经书，琅函三十六宝经。为其拨取，落船内，齐全了。便化纸成船银宝贝，纳刘文经十二重楼，饱满了。又复船，退下金

① 《道藏》第7册，第78页。

> 星、日宫、月府黑边，武当山、炼丹殿来，交与初真。看诵成金银宝贝，成禾谷黍米，月府、日宫、金星饱满余三库也。

此处，道士存思本人师父乘坐祖师银船上达，路过月、日、金星三处，到达藏有经书的“琅函库”，库官名为“刘文诵”，他脚踏龙虎，龙虎口含经书。师父将经书拨落船中，复船下行，将经书交给初真弟子。弟子诵经时，能变出金银宝贝、禾谷黍米，让日、月、金星三库都饱满无余。此法中引经上下的不再是“华夏赞”，而是师父亲自乘船上下，勇敢地获取“三十六宝经”。这种存思法的内容受道场修诵影响较少，更多地保留了瑶族“洪水传说”和“莲船运经”等意旨。其中虽未言明上、下取经过程为内炼景象，但“十二重楼”等双关指称明显透露出，“莲船运经”过程应为师父的内景。

该存思法承接之前对“经盆”的存思，认为“月宫混元府”底下为黄金大殿、良田宝地，引经从上至下的目的是开良田、种黍米。诵经能变经为黍米、金银、财宝，同时积累法财、体内真炁和世俗福报，这反映出瑶族积极、全面、入世的经教价值观。

（2）擦经存思法

“擦经”时所作存思，又可分为两类：一类是将诵经存思为炼化精气，并以经书卷数对应五行术数，存思真炁在体内周流，这种以诵经为内炼的方法，见于邓道天《经骨秘》中“又论诵经法存想用”：

> 诵经一气分真，生金丹，合为甲乙丙丁戊己庚辛壬癸。元始为经，一过周流，三万六千卷也。

> 正月甲，二月乙，三月巽，四月丙，五月丁，六月坤，七月庚，八月辛，九月乾，十月壬，十一月癸，十二月艮。每月三十日，每日十二时，每时有八刻，一日有百刻，十二时有九十六刻，不垢（够）四刻，丑未辰戌加四刻，为四土，共成一百刻，是一百真人，诵一百卷。
>
> 三十六禽，诵三十六卷；七十二候，诵七十二卷；二十八宿，诵二十八卷；十二真人，诵十二卷；十二命，诵十二卷；每月三十日，每日十二时，十二月共有三万六千刻，为三万六千真人同诵经一卷。十二方位同诵一过，周流三万六千卷也。

文中以“一百真人”诵“一百卷”经，以“三万六千真人”同诵元始“三万六千卷”经，包含着丰富的术数思想与内炼的火候观念。其经法和术数相结合的做法，与宋元道法中“以经为法”相似。

另一类是将擦诵经典的过程作总体性存思，后又针对各部经典进行分别存思，在“三光三品衙门”思想基础上，观想诵经过程为造天立地、开荒种田、烧炼金银、消除业障的过程。这类诵经法在瑶族抄本中甚为常见，记载较为全面的见于笔者收集盘妙通藏《初真秘》“又开经咒之法”（又名“叩师开经咒法”）：

> 又想五色云系缠，把经书读至开经咒，即是五色云散了。经书字如天星斗，云散字字出现，光朗也。
>
> 又存想经台是层霄顶，上经童子是两耳，听经童子是口，侍读仙官是本性口舌。灯是日宫照光朗，三十六牙齿是三十六银匠，名是刘□读、销百匠、金半斤、银八两、金百

三、银百四、金仙骨、佛仙腾，排列左右，倾金银。想条茆草，一是倾金银棒；二是只犁，耙田地也。经书外是倾金银杯，念诵字字诵成金宝，篇书是块块金银，又是田地犁耙，种禾也。

上卷尊典/玉皇属金星，字如诸天星斗，眼见、耳闻加口诵，个个米字成金宝块，金银块光净；中卷尊典/玉皇属日，中界宫，为造山河、木草、地理、百谷、六畜，篇书字诵成珍珠、金银、宝贝、万物，六畜千千万万，钱财性气……又下卷尊典/玉皇属月府、水界，河源万物是龙身，字是龙鳞甲，诵者成百宝金银，又变成龙、鱼、水类、百物生气。

讽演经咒似银匠造龙秀（绣）凤。秀花百件完成，未曾洗水，经咒即是盐水白矾，净过块块金银宝贝，万物光朗。烧纸财马，万宝进纳金星、日宫、月府，三库满了。

宗师拨下南北二斗、普天星宿也。

又度人经属黍米星，又是三台星，月府、日宫、金星，经书篇总是田，只篆田副条草，演诵是犁耙，耙整田地、插种禾秧，又成金银、钱米、珍珠，进师、圣张道显、李道通也。

消灾经属日宫，即是如灾难五云暗月府内，诵即是灾难如云散，离早、晚二星了，诵字字成就金银宝，纳香火列圣，已位纳了，保佑初真受道，长生福寿。

又玉枢经属日宫，诵成金银、禾米、宝贝，纳师、圣张道显、李道通，保佑初真道至日长生福寿。

又救苦经属日宫，想即当初宗祖父母及修道炼丹，昔日为罪入霜雪，把过日宫、月府、晚星，诵者如日照霜雪，消容离了，阴阳父母、宗亲释罪也。

又血湖经属月府，当初乾坤生证，五满下地，污秽下洗灌，愆尤结成罪业，把过月府，生身如雪，初真受道收炼，离了乾坤宗祖，初真又诵琅函，书是一块银，珍珠、银钱进纳前日乾坤，释罪也。

又三官经属月府、日宫、金星，诵成金银、宝贝、珍珠、黍米，进纳三元天、地、水府，三官本师唐、葛、周大帝……

又金章经属五斗星列汉，诵成金银、宝贝，上奉五斗金、木、水、火、土，列汉群真。

又诸品经上属三台星，又属五方诸星，诵成金银，上纳金星、日宫、月府，早、晚二星，众圣香火、列位神祇、各位帝道自然知发也。

这段存思法内容非常丰富，先综述诵经之法，后叙三卷“玉皇尊典”的存诵法，最后分别交代常诵诸经的象征意义。虽然“存思法”中有单独存念某经的段落，但在现代的经坛仪式中已经很少使用。经坛仪式中，法师将经书类抄本作为整体看待，不太强调特定经书的特定含义。实际“擦经”时往往随机选取经书进行“擦诵”，故此多用此存思法的前半段。

整体上看，这段引文反映出金门瑶诵经存思法的数种存思方法和思想：

其一，存思经书和经字为满天星斗，又将相应的经典匹配相应的星斗。除早已熟知的“玉皇尊典”上、中、下三卷配金、日、月三光外，本段还出现了早星、晚星、五斗星、三台星、黍米星等多种星名，并各配相应的经书。又存思灾难或障碍如云层遮蔽星斗，诵经便可使云层消散，星月重辉。

其二，存思诵经为金匠、银匠烧炼和锻造金银，并以金银制作器物。上文中存思三十六颗牙齿为两排金银匠，演诵经典就是他们烧炼金银宝贝的过程，诵经不但可以得到成块的金银宝贝，还能锻造出许多器皿，如金银棒、金银杯以及金银龙凤。

其三，存思诵经为开辟田地、耕种禾苗。先存经台上的茆草为犁铧，耙田种地，又诵经时存整部经书为田地，行行排列整齐的经字为禾苗，诵经便可以耙整田地、插种禾秧。这种存思法反映出，对刀耕火种、徙山而居的瑶人而言，理想中的仙境，也许就是一方可自由耕作的世外桃源。

其他法书中的诵经法较此段简单，但中心意旨差异不大，不再赘述。

（3）缴经存思法

诸法书中“缴经法”内容较一致。在分别诵经上奉各神真、上纳各府院后，诵经结束时的“缴经”，主要有两重含义：（1）诵经结束为秋收之日，禾苗丰熟，运谷米入仓库；（2）诵经变出法财：金银、宝贝、黍米，须将它们上纳月府、日宫、金星“三天三宝库”，天库饱满，诸府院的神真和祖先亡灵就衣食无忧、不饥不渴。巴伐利亚州立图书馆藏 cod. sin. 770《道教受戒密语》中有“又开经之法”，云：

> 诵了诸经，拜忏道场、灯科、讽诰缴过成，推至九月霜降过后，禾熟米就。推至十二月小寒，运禾谷入库仓。金星金匮库、日宫仙宝库、月府玄穹库是三天三宝库，十方万圣，各自饱满了也。

cod. sin. 1111《天师受戒秘语》则承接上文上访库官、“莲船运经”的存思内容，在“缴经”时专门提及库官：

又讽经化财，推到九月霜降过，禾人仓满了。左右两旁天府十二库官、功德刘定案满了，守库功德司官，封库门大吉。

库官封闭库门，相当于道教诵经结束时“经返琅函”，瑶族存思法中将之形象化了。邓道天置藏的《经骨秘》中有“一论诵经炼气炼宝法”，同样将经文变化为金银，并缴纳天库，但在其中增加了术数内容：

一字经书变为一粒金砂，一篇经书变为一块金。银填迭发字上到甲字，凶者子是大乘正路，金砂是日宫毫光。一诵一过，十二过是炁周流，三万六千卷完成，藏纳归天宝库，是甲乙丙丁戊己庚辛壬癸，是大乘路。《救苦经》是子丑寅卯辰巳午未申酉戌亥，《度人经》生成日宫宝积藏，《血湖经》是金木水火土，又为十二国土，是月府完满也。

讽经化金银、纳归三天宝库的思想，与前述诵经法的思想一脉相承。金门瑶诵经法中，以俗世的金银、米粮来模拟和类比经书在天庭的价值，简单生动、一目了然，便于人们理解修诵经书、积累功德的重要意义和作用，引发他们对经教的珍视。诵经可以带来极为丰盛的物质财富、谷物宝贝，这激励着生活并不宽裕、向往良田金银的瑶人们努力修斋诵经，为他们提供了向上超升、获取美好生活的途径。瑶族诵经法建构了一个特色鲜明、内容完整的思想体系，其法条记录虽零散多变，但内部思想是高度自洽的。

值得注意的是，“缴经”仪节中，烧掉擦经的香脚纸，并在火上拍打经书，这一动作被瑶人解读为：将诵经过程中变出的金银珠玉拍落下来，并通过经坛的神圣之火，炼成纯金、纯银，上纳三天宝库。然而，作为独立于瑶族经法传统外的观察者，笔者发现，这种在经书下安立火盆、锻炼经文的设置，很像一个微型的“炼丹堂”，只不过其中烧炼的并非有形的“药物”，而是经书这种抽象“药物”。

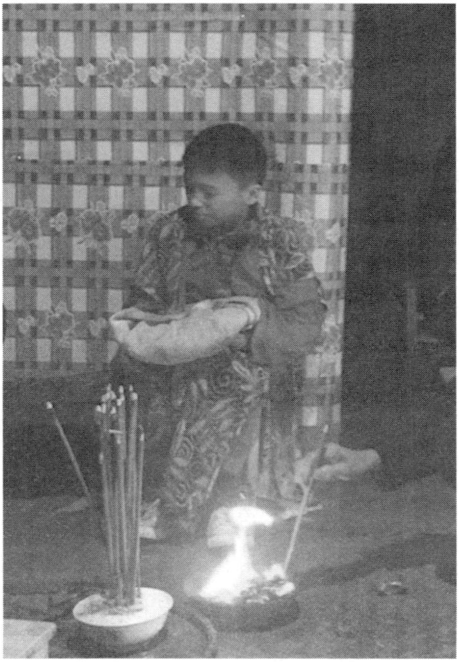

图 54　初真弟子手捧经包，在火盆上轻轻拍打

（云南文山 Z 寨，笔者摄）

其“火炼经文”的做法，极易令人联想起道教灵宝经的成书过程。《元始五老赤书玉篇真文天书经》卷上载："元始洞玄灵宝赤书玉篇真文，生于元始之先，空洞之中。天地未根，日月未光，幽幽冥冥，无祖无宗，灵文晻蔼，乍存乍亡……发乎始青之天而色无定方，文势曲折，不可寻详。元始炼之于洞阳之馆，冶之于流火之庭，鲜其正文，莹发光芒，洞阳气赤，故号赤书。"① 据道经记载，元始天尊火炼真文，是现实世界灵宝经文出世的重要过程，经文本来秘在天宫、情势未明，唯有经过火炼，才能莹发光芒、下世度人。"火炼真文"的传统，奠定了灵宝经教系统的神圣基础。

宋代，道门多以"火炼真文"思想配合度亡炼度及内炼观念，在《赤书玉篇》的内容上多有增衍发挥。王契真《上清灵宝大法》中将元始天尊"火炼真文"的细节增衍为以"一炁炼化三炁"，三炁成文，并化出日、月、星之光，与瑶族"经坛"仪式及存思法颇为类似。卷一"开宗明义门"云：

> 一则明元始祖炁，从何先化玉字。……至赤明劫，元始开图，中有真阳之一炁，化为洞阳之火。元始运洞阳之火，冶炼三炁，混合玉字，而成赤文。因而劫号赤明，文号赤书玉字，是兹理矣。
>
> 二则明生育混沌，陶冶万范。自混沌开拆、三炁成文，火炼为赤书。光明之炁，阳光之精成日，灵光之精成月，余光布散，分为三清之圣，分为三象。
>
> 三则明灵宝大法，自然生成图书，总括万相，为三才枢纽……五行正炁流方布形，或聚或散，或卷或舒，或体应云

① 《道藏》第1册，第774页。

烟火雾，或象类星斗金玉，成形分虫鱼龙鸟，皆出于赤书玉字，分形自然。①

王契真《大法》中这段内容，与瑶族经坛仪式及诵经存思法中有三处相似：

其一，王氏《大法》将“灵宝真文赤书玉字”推到至高无上的地位，认为炼经即是炼气，这与瑶族“火炼经文”的缴经仪式及其以诵经为内炼的存思法，在理路上是一致的。

其二，王氏《大法》以火炼后的赤书三炁分为日、月及“余光布散”，并将之对应为“三清”，瑶族存思法中贯穿始终的是月府、日宫和金星三品衙门，也暗指三清、三元，这与王氏《大法》的思想具有内在一致性。但是，瑶族法书将“三品衙门”或者“三天宝库”分出品秩高低，并据此将不同经文归类，为王氏《大法》中所未见。

其三，王氏《大法》以赤书玉字为“总括万相”的“三才枢纽”，其正炁流布，上可化作星斗金玉、下可化为虫鱼龙鸟，这种以经文开辟出天地万物的思想观念，与瑶族存思法何其相似！瑶族存思法中，诵上、中、下三部“玉皇尊典”即得星斗光耀、山岳成形、水族出生的奇效，足见瑶族观念中，经书可以开辟天地、安立世界、出生万物。不过，王氏《大法》将经文局限为“赤书玉字”，且并没有为它所造、所化之物分出品类秩序，相较而言，瑶族存思法走得更远，不仅扩展至所有经书的范畴，而且将其分门别类、品目明确。

综上所述，瑶族经坛科仪和存思法，具有深厚的历史和民族

① 《道藏》第30册，第651—652页。

文化内涵，其文学性高、思辨性强，为众少数民族信仰仪法中的翘楚。“三光三品衙门”的基础性宇宙框架和对经教、内炼的深刻认知，同样值得道教诸派借鉴参详。瑶族经坛科法与王契真《上清灵宝大法》有思想内涵上的一致性，王氏《大法》以“五译”为上清灵宝大法的来源，元始火炼经文为“五译”之首，与《天台四十九品》内容相似。[①] 金门瑶经坛仪式中，亦演“火炼经文”，与天台山灵宝东华派思想相应。

但是，在缺乏历史证据的情况下，我们不能肯定地下结论，瑶族经坛存思法就出自“天台法”。因为，宋元新道法与地方社会交涉频繁，道教教派和民间社会的具体互动，仍然隐藏在历史的迷雾中。他们与民间社会及少数民族社群之间的可能存在着双向互动，很可能并非完全是强势道教力量向下、向外积极传教的结果，而更类似不同修炼传统下，各民族道法之间的彼此交流与融汇。

二　经坛仪法与“道纵师横”信仰体系

与金门瑶其他仪式大异其趣，“经坛”仪式坛场较小、行仪动作和具体节次较少，但另一方面，其所配存思法却数量巨大。“仪”与“法”之间的反差和张力提示我们：宗教仪式中“仪式”和“存思法”之间，很可能存在替代关系。在仪式空间范围有限的情况下，“存思法”可有效地弥补仪式深度的不足，在局限中提升仪式内涵。反言之，如需强调某个仪式的存思部分，

① 陈文龙：《王契真〈上清灵宝大法〉研究》，济南：齐鲁书社，2015 年，第 70—71 页。

最好的做法就是限定其物理活动的范围。

值得注意是，金门瑶经坛仪式的“局限化”选择，是主动作出的。从前文中“道”“师”同坛作法的场面可以看出，瑶族并非没有能力举办活跃的大型仪式。相反，他们非常热衷于此，不但法师和歌手们热爱歌舞，小聚居式的居住样态也使得他们容易全寨出动，观看、参与大型仪式中。活跃的大型仪式，是瑶人实现社会聚合的有效手段。

但是，“道派”经坛仪式提供了截然相反的例证，其中没有舞蹈、没有角色扮演，乃至没有大幅度的绕行动作。大部分仪节都是坐着举行的，参与的道公、弟子和斋主都非常平静，甚至有些沉默忧郁，这和“师派”略显“癫狂”的娱神仪式的气质截然相反。金门瑶所有大型仪式中，从外表看，经坛仪式是最不引人注目的。如果只着眼于仪式的外在表现性特征，经坛仪式极易被研究者忽略。那么金门瑶“道派”为何要发展出自觉约束仪式空间的经坛仪式？“经坛”仪式对于瑶族的意义何在？

对此，笔者给出的答案是：“道派”创立“经坛”仪式，是为了和“师派”相区隔。

经坛仪式为瑶族的仪式传统带来了截然相反的精神气质。瑶族仪式传统重展演、轻存思，经坛仪式则轻展演、重存思，它的野心不仅在显示与“师派”仪式不同，更要呈现出比“师派”高明。换言之，经坛仪式所追求的，是一种更精深、内化、高级的仪式样态。学者进行外部观察时，往往强调田野中各种教法传统的多元协同与和谐并存，然而实际中，各仪式传统在同一片土地和人群中求得生存，其竞争与超越的动机更为强大，田野中实存的协同合作局面，并非来自人类学家的想象或叙说，而是各传统彼此主观竞争、自由生长并相互妥协的结果。

经坛仪式属于金门瑶“道派”的专用仪式，其主角是“道派”专有的经书——即所有瑶经中和道教关系最密切的教理类文本。质言之，研究金门瑶“道派”独有的经书、相关仪式及存思法，是研究道教如何影响金门瑶信仰的不二门径。顾名思义，“道派”就是受道教影响深刻的瑶族信仰派别。本书已经通过文本比对发现，和瑶族经书类抄本关系最为密切的是宋、元、明代道法，部分瑶族经书的版本成书时间甚至晚至清代。故可以得出结论：金门瑶“道派”的形成时间远远晚于“师派”。那么“道派”形成后，是如何占据半壁江山、甚至后来居上的？

笔者发现，“道派”为瑶族提供了一整套“纵向”宇宙观。承载深厚瑶族价值传统的“师派”仅有“横向”宇宙观，他们将世界简单地分为阴、阳两界：有形质的为阳界，没有形质的为阴界。亡灵、神、鬼都属阴界生命，其彼此之间并无明确的尊卑高下之别。鬼、祖灵、社神同为祈请和醮祭的对象，师派称做法事为“喃鬼”，并在多个神格较高的正神内讳隐名下标注“念鬼名”。师公在打筊请三元、祖先前来时，所求的同为阴筊，因为他们都来自阴间。在瑶族《师科书》中，我们经常发现三元、盘皇这样的上位神往往都配有非常戏剧性的精彩故事或传说，其版本与广为人知的正统故事大异其趣：并非圣人传记或英雄史诗，而是被描述为具有常人情感、欲望乃至道德污点的传奇人物。把“上位神”视作普通人的做法，是金门瑶“师派”观念的典型特征。这并非由于他们缺少基本的道德与价值判断，而是其心理结构就是“横向”平行的：所有神“生前”同人平等，“死后”同鬼平等。“师派”在平行宇宙“生”“死”两段搭建起轮回观念，其所谓轮回，类似物质与能量在平面上的循环流转，并没有上升或堕落的希冀与恐惧，轮回的原因也非为因果报应，而是一种聚散离合的自然现象。

我们很难揣度金门瑶“道派”创立者的心理动机。在精深的道教经教长期浸淫下，他们是否会认为“师派”的宇宙观稍显平庸或缺乏道德感？无论如何，“道派”并没有否定“师派”的做法，而是重构新的宇宙观，为瑶族心理结构带来了巨大的改变。如同“道派”低调内敛的一贯风格，这种改变是在很深的层面上潜移默化进行的。“道派”改变了瑶族仪式的方式，在经坛仪式中小幅度动作背后，附加冗长精深的“存思法”。

经坛仪式“存思法”中最核心的部分，是从低到高的月府、日宫、金星“三重衙门”，每重衙门有左、右配殿，共三重九府。每重衙门分别管理天、地、水三界及三界间一切人、事、物的生息发育，他们是三界之主。每级衙门下放设宝库，有库官把守，库官脚踏龙虎，龙虎口中衔着本衙门所藏经书。库官们依次下发经书，并负责收缴下级上缴的金银、黍米——这些财产，正是人们通过修诵下发的经书“烧炼”或者“种植”出来的。如果是为先亡祖先修诵经典，祖先们的灵魂可以享受这些存诵出的、抽象的金银和米粮，他们自然也上升到相对应的天界。质言之，诵经虽然辛苦，却为横向宇宙中的人们带来了仰视的理由，也提供了上升通道，那些金银和黍米，都是供给诵经者死后在对应的天界衙门享用的。

如果努力修诵经典，存足资财，爬到最高的“金星”界，又该如何呢？金门瑶“道派”提供了金星之上的去处：“金单（丹）星顺天府”。瑶经中未对它作太多描述，但“三品衙门”

内尚且如此富足美好，更何况“三品衙门”之上超出三界的胜景。事实上，上升金丹星，正是许多道公终生修行的目标。金门瑶度道戒时，有“踏府行朝”仪式节，道公领初真弟子一脚踏上月府混元府，二脚踏上日宫九龙府，三脚踏上金星应天府，四脚踏上金丹星顺天府，至此跳出三界之外，与道合真。

“道派”的纵式宇宙，颇似公正圣明的精致官僚系统。它等级森严却又鼓励人们诵经超升，它收纳金银钱粮却又最终用之于缴纳者，这种类似“天课”的设置，颇似现实国家的财税制度。从“道派”纵向宇宙中，笔者读出了一个科层严密、官僚机构完备，而又尊道重经的富饶大国印象，经中“应天府”“顺天府”等地名暗示，瑶族“道派”心目中的理想大国，很可能就是明朝。“道派”纵向宇宙观的形成当不早于明代。

如此，经书类抄本和经坛仪式对金门瑶“道派”的意义就不言而喻了，“道派”的经法是唯一能自由穿越三层纵向宇宙的“莲船”，它是贯通上下、超度升天的津梁。

结　论

在德国巴伐利亚州立图书馆藏的九类金门瑶经书类抄本中，本书选择了《玉皇经》《尊典经》《度人经》三类和道经比较接近的抄本进行研究，从文献学角度入手，分析其版本情况，并与相关道经进行内容比较，以找出三类经书的文本及思想来源。这是本书的第一个研究视角：具体而细致的经文比较研究。

另一方面，瑶族金门支系的宗教活动，由“道”和“师”两个彼此独立、又竞争合作的派别执行。经书为“道派”所专有，“道派”持整体性经教观念，将经书视为代表本派高深信仰素质的特殊整体，并增衍出专门的经坛仪式。这种“整体经教观”，使我们得以在没有穷尽全部九类经书的情况下，仍然有可能考察和发掘经书在金门瑶宗教生活中的角色，及其对“道派”的特殊意义。这是本书的第二个研究视角：整体而深入的经教仪式研究。

就文本及思想研究而言，本书对金门瑶《玉皇经》《尊典经》《度人经》三类经书的研究结论包括如下几点：

1. 抄本特征：德国巴伐利亚州立图书馆藏瑶族《玉皇经》

《尊典经》和《救苦经》抄本主要来自当时的广西省和云南省。这些抄本全部抄成于清代，以清代中叶及以后为多。三类抄本中，最早抄成的为 cod. sin. 301《尊典经》卷中，抄成于乾隆十六年（1751）。巴伐利亚州立图书馆藏所有已编目瑶族抄本中最早者抄成于 1740 年①，可见三类金门瑶经书抄本的时间分布与总体馆藏无显著差异。

三类金门瑶经书抄本的抄写时间和经书种类之间，呈现出较强相关性：

《尊典经》抄本流传时间相对较早，本文研究的 14 种德藏本中，不见光绪朝后的抄本，美国国会图书馆藏《尊典经》尚余少量民国抄本，而云南省麻栗坡县的《尊典经》已绝迹于田野，全县仅余一套个人收藏本，系清代中叶抄成于越南。

《度人大部经》抄本的流传时间较早，德藏本、美藏本都抄成于清乾隆时代，笔者未见乾隆朝以后的抄本。云南省文山州田野中不见《度人大部经》，仅有一本邓道天所藏、硕果仅存的《经骨秘》，和《度人大部经》的思想一致，传承应同出一脉。

以上两经都曾主要流传于云南省、越南边境一带。

其余金门瑶抄本（《玉皇经》《太上洞玄灵宝无量度人上品妙经》《度人道场经》）传抄时间相对较晚，大部分集中在清代中叶以后。但民国后抄成的抄本也很少见，民国期间社会动荡，金门瑶宗教活动频率可能大大减少。

2. 版本情况：由于难以从文献史上获取瑶族抄本的版本流变情况，故本书的版本研究仅限于从内容和逻辑方面进行的类型

① ［德］欧雅碧（Lucia Obi）、宋馨（Shing Müller）撰，詹春媚译：《瑶族之宗教文献：概述巴伐利亚国立图书馆之馆藏瑶族手本》，《民俗曲艺》2005 年第 12 期。

比较与研究，而不关注不同版本间的纵向源流关系。三类金门瑶抄本的版本情况各有不同，以《玉皇经》和《度人经》为丰富。

瑶族《玉皇经》依道教《高上玉皇本行集经》抄成，但22种瑶族抄本在正文前后不同程度地添加了不同的仪轨或内容，导致细节差异，因而可分为七种版本。七种版本在原经基础上的改动都很小，大致可划为三种类型：个人读诵、道场修诵、及与清代民间教门文本杂糅的。相比个人读诵本而言，道场修诵本中多添加诵经仪轨等内容。民间教门“三点会”追求反清复明，将其《太阳经》混入《玉皇经》中形成杂糅文本，试图将“玉皇”和“太阳”信仰结合，并转化为政治隐喻。三种类型的版本都形成于明末或清代。金门瑶在清代修诵《玉皇经》风气大盛，但内部版本及背后的道派情况却隐晦而复杂。

瑶族《度人经》有三种版本，虽然都依道经一卷本《太上洞玄灵宝无量度人上品妙经》而增衍，但彼此内容独立，且版本截然不同，相互之间没有关联。第一种是瑶本《太上洞玄灵宝无量度人上品妙经》，基本宗依道经原文。第二种是瑶本《度人大部经》，其篇幅很长、内容很丰富，为在道经基础上增衍仪轨、存思法和注解而成，是《度人经》经法化的结果。第三种是瑶本《度人道场经》，用诵偈领起全经，并增添相关仪轨，适合道场修诵。金门瑶《度人经》的三种版本，明显出于不同教派，但都用于丧场度亡，这反映出瑶族内部经教情况的复杂性。

《尊典经》版本最为简单，本书中所有《尊典经》都出自同一版本，即转抄道教《太上三十六部尊经》，并略加文饰。《尊典经》被瑶族视为经教分类的标准，其版本的稳定性和统一性可能是瑶族法师刻意保持的结果。

纵观三类金门瑶经书，整体而言，内容偏教理的经书版本更为稳定，如《玉皇经》和《尊典经》，内容偏实践和仪法的经书版本改变幅度很大，如《度人经》增衍出的三种次级类型。

3. 思想渊源：金门瑶《玉皇经》《尊典经》和《度人经》中的绝大部分文段，都和道经有直接的关联。其中的文本改动，大多是其他道经或教派思想窜入的结果。除了零碎的早期道教的痕迹，这些影响都来自宋代及以后的道教。金门瑶三类抄本中直接关涉的道教文献，基本都出自宋至明代的南方符箓道派。

宋代，产生于浙江的新道派东华派推行“上清灵宝大法”，该派道法对瑶本《玉皇经》和《度人大部经》有着决定性影响。瑶本《玉皇经》和《度人大部经》所征引的大部分内容都来自东华派经典，乃至可断定它们是由东华派道士撰集的。然而，两经在思想倾向上有细微不同，瑶本《玉皇经》中，复古派“金允中系统”影响较大，变革派“王契真系统”影响较小。瑶本《度人大部经》中，只见“王氏系统”的影响，乃至其思想仪法和“金氏系统”相斥。据此，我们能窥见东华派内部的张力和趋势：“金氏系统”提倡古法，推崇诵读《玉皇经》等教理水平较高的经典；“王氏系统”强调经法改革，更多朝经法民间化、精深化方向发展，乃至构造出《度人大部经》这样的仪法大全。两大系统的不同策略，使它们在民间社会中呈现的角色有所差别。结合三种瑶族经书版本的形成时间，可知元、明两朝，东华派在瑶族社会中仍然兴盛。

瑶族是迁徙的民族，故很难还原金门瑶和东华派在宋以后的接触区域。东华派兴盛于江浙，但笔者发现，不仅抄成于清乾隆时代的《度人大部经》抄本 AA002 明确标注抄写地点为云南，而且在当今的云南田野中，道公邓道天藏《经骨秘》的思想内容和《度人大部经》一脉相承。在宋末至明代之间，浙江东华派在何地与金门瑶族接触？其经法又如何在乾隆朝以前传至云南？这些未尽议题，仍有待于笔者的进一步研究。

《度人道场经》的体例脱胎于道教黄箓斋仪。它是在黄箓斋框架下，按照瑶族思维习惯书写的丧场度亡经科本。以诵经来度亡，本质是借用经教的神圣力量，出发点来自对道经师三宝尤其是“经宝”的尊崇。《度人道场经》中将瑶族始祖神“盘王”和道教“盘古”混同，称其为“盘皇”，并视之为“道”的化身。又推崇“汉皇斩蛇”典故，并使用宋真宗御制《度人经》序，具有强烈的倾慕、归附汉文明的意图，期望借汉地道教的经教之力，抬高瑶族的地位。金门瑶《度人道场经》中透露的“瑶—汉”民族关系，绝非尤勉瑶《评皇券牒》中呈现的那种君臣关系，而是瑶族能力稍逊、但地位与汉族平等的兄弟关系。

其余抄本文本亦与道经多有牵连，但思想渊源并不显著，故略去不论。

就金门瑶的宗派性经教仪式研究而言，本书认为，金门经书抄本，是金门瑶“道派”最核心的精神内核。故必须在摸清“道”“师”两派实质性关系的基础上，才能给金门瑶经书以合理定位。

“道派”较“师派”形成时间晚。尤勉瑶支系没有教法派系之分，或者说，他们仅有“师派”而无“道派”，故被视为古老而正统的瑶族支系，率先引起了国内外研究者的注意。相形之下，金门瑶和汉族融合程度更高，时被戏称为“瑶家老二”。但是，如果跳出追溯族源、寻访古老的单一民族传统的思路，金门瑶则可以作为观察民族融合、文化交流的绝佳对象。金门瑶接纳汉文化的过程，表现在宗教信仰方面，就是“道派”的形成。“道派”形成的关键性因素则是道教经教的传入，在漫长的历史互动中，“道派”最终在这一支瑶族的信仰竞争中后来居上。

笔者在经书类抄本中，发现了金门瑶“道派”的雄心和策略。要想在与“师派”的竞争中占有一席之地，必须要在思想上和经教上进行创新。“道派”彻底放弃了“师派”横向宇宙空间的思维模型，建立起瑶人前所未见纵向宇宙空间。具言之，又分两种具体做法：

在“外部流通文本”方面，通过对经书进行象征性的判教，在经教体系上搭建出高、中、低品秩。他们通过《玉皇经》和《尊典经》二经合力完成了这一过程。《玉皇经》提供至高无上、无所不管的神格，制定善的标准，决定经书的权威价值（这也正是许多其他内容无干的瑶经使用“玉帝诰”的真正原因），《尊典经》借用了道经“三洞三十六部”的思想框架，为所有经文划定三个品级，提供经教的框架和次序。“玉皇尊典”的有机结合，表现在外部文本形态上，就是将这两部经人为地分出三册，并为每一册配合品秩不同的存思法。

在“内部流通文本”方面，通过存思法搭建起天界“三光三品衙门”的垂直官僚体系。金星最高、日宫次之、月府再次，每一品配三处府院，共三层九院。这个神圣秩序一旦建构，便可通过存思法与一切事物相配，换言之，任何经书、乃至世间万物，都能在对应的衙门和府院中找到对应之处。在修诵“玉皇尊典”经教体系的同时，配合“三光三品衙门”体系进行存思，可以轻易地通过经教建构起内外一致的纵向宇宙体系，并通过诵经修斋，提供了超越品级的上升渠道。对月、日、星的崇奉，很容易令人联想起道教“天心正法”，瑶族存思的最高衙门“金星”，很可能就是北极天罡在瑶族的秘讳隐名。并且，这种精巧的衙门府院配置、高度严密和官僚化的思想结构，必然出自一个高度官僚化的盛世王朝，加之“金星应天府”“金单星顺天府”等神圣化的府院名号，我们有理由认为，这套纵向存思体系形成于明朝，其造就者很可能就是“天心正法”派的道士。

“玉皇尊典”的纵向判教体系，是“三品衙门”纵向宇宙体系的外显。反之，“三品衙门”存思法，丰富了“玉皇尊典”的内涵。如此，就在外部流通文本（经文）和内部流通文本（秘法）之间，建立起了隐秘而清晰的类比和对应关系。经法本为一，经为法之体，法为经之用，这种方法论，实际上继承了宋代道派思想中“道”“法”关系的哲学观。

“道派”通过纵向宇宙的搭建，向身居边陲之地的少数族群展示了一个圣主治理之下的完美世界。它既是死后灵魂追求上升的归宿，又是瑶人现实生活中渴求圣治的反映。当“天外有天”的印象一旦被植入祖祖辈辈生活在相对封闭的村寨的瑶人脑中，他们便不会再满足于在平行宇宙中永劫轮回了。给瑶族自然宗教以深度、目标及方向，就是金门瑶“道派”成功的真正原因。我们在很多理性宗教对自然宗教的改造过程中，都曾看到相似的情节。

但是，金门瑶“道派”的特别之处恰恰在于，“道派”的传入并没有拒斥和淘汰“师派”，相反，形成了两派彼此分工、又通力合作的局面堪为民族融合的典范。排除历史的偶然性因素，这可能和瑶族既崇奉传统、又包容灵活的民族性相关，留待另文讨论。

最后，让我们回到本论文开始之初提出的问题：道教在多大程度上影响了瑶族信仰？瑶族信仰是否可被称为“瑶传道教”？其经书是否可被称为“瑶族道经”？

至此，本书已经可以作出大致回答：道教在多大程度上影响瑶族信仰，必须要分语系、支系、教派予以分别论断。就瑶族“金门”语系而言，在其“道派”“师派”两种传承中，“道派”的确可以被称为“瑶传道教”，其经书无疑可称为“瑶传道经”。对于金门瑶“师派”，乃至尤勉瑶等其他瑶族语支，则须认真研究与考察后才能得出结论。

参考文献

一、国内外收集的瑶族文献和田野资料

1. 德国巴伐利亚州立图书馆藏的瑶族手抄本（编号如下）

主要研究对象：

《玉皇经》：cod. sin. 270、cod. sin. 323、cod. sin. 611、cod. sin. 612、cod. sin. 625、cod. sin. 627、cod. sin. 676、cod. sin. 805、cod. sin. 827、cod. sin. 855、cod. sin. 888、cod. sin. 894、cod. sin. 922、cod. sin. 999、cod. sin. 1140、cod. sin. 1141、cod. sin. 2636、cod. sin. 2639、cod. sin. 2687、cod. sin. 2688。

《尊典经》：cod. sin. 281、cod. sin. 301、cod. sin. 325、cod. sin. 599、cod. sin. 858、cod. sin. 908、cod. sin. 910、cod. sin. 1135、cod. sin. 1138、cod. sin. 1159、cod. sin. 1182、cod. sin. 1184、cod. sin. 2647、cod. sin. 2690。

《度人经》：cod. sin. 321、cod. sin. 338、cod. sin. 639、cod. sin. 797、cod. sin. 886、cod. sin. 1001、cod. sin. 2689、cod. sin. 2671、cod. sin. 2713。

其他参考抄本：

经书抄本：

cod. sin. 319《阎罗道场》、cod. sin. 630《玉枢经》、cod. sin. 862《金章受生妙经》、cod. sin. 915《诸品经》、cod. sin. 974《金章经》、cod. sin. 1137

《金章经、玉枢经大部》、cod. sin. 1158《洫湖经在头、金章经在尾》、cod. sin. 2686《玉枢经》。

科仪书抄本：

cod. sin. 234《天师戒度科》、cod. sin. 257《大小斋神目》、cod. sin. 265《新文科一本》、cod. sin. 679《道教书式》、cod. sin. 2680《大斋天机捡醮同用》、cod. sin. 2692《喃灵科》。

法书抄本：

cod. sin. 576《道教安龙天机》、cod. sin. 629《早晚伸斗安龙解冤法》、cod. sin. 770《道教受戒密语》、cod. sin. 777《道教师教一本受戒密语》、cod. sin. 943《一本安龙救患秘语》、cod. sin. 1021《度亡秘语一本》、cod. sin. 1111《天师受戒秘语》。

2. 美国国会图书馆藏的相关瑶族手抄本（编号如下）

AA002《度人大部全卷》、AA009《尊典上卷》、AA010《尊典中卷》、AA011《尊典经中卷》、AA012《尊典经下卷》、AA013《尊典下卷》、AA007《洫湖经》、AF013《天师戒度科》。

3. 笔者在田野中收集的瑶族手抄本

李云章藏：《尊典经》上、中、下三卷。

邓道天藏：《经骨秘》《阎罗道场经》《父母恩重道场经》《血湖道场经》《消灾道场》《救苦道场》《度人道场经》《安孔子祭经秘》。

盘道登藏：《初真秘》《量完秘语》《洪恩秘》《步虚唱》。

盘妙通藏：《初真秘》《喃灵科》。

3. 李云章主编：《文山瑶族文献古籍典藏》［共六卷：《大部经》《道科书（上）》《道科书（下）》《师科书》《喃神书》《集量书》《斋坛婚礼仪式歌》］，昆明：云南人民出版社，2011 年。

4. 国家民族事务委员会全国少数民族古籍整理研究室编：《中国少数民族古籍总目提要 · 瑶族卷》，北京：中国大百科全书出版社，2013 年。

5. 张有隽编：《中国各民族原始宗教资料集成 · 瑶族卷》，南宁：广西民族出版社，1998 年。

6. ［日］白鸟芳郎（Shiratori Yoshiro）编：《傜人文书》，东京：讲谈社，1975 年。

7. 李默、房先清编：《八排瑶古籍汇编》，广州：广东人民出版社，1995 年。

8. 盘才万、房先清收集，李默编注：《乳源瑶族古籍汇编》（上、下册），广州：广东人民出版社，1997 年。

9. “过山榜”编辑组编：《〈过山榜〉选编：瑶族重要历史文献》，北京：中国国际广播出版社，2016 年。

10. 黄钰辑点：《瑶族石刻录》，昆明：云南民族出版社，1993 年。

11. 越南老街省文化体育旅游厅编著：《越南瑶族民间古籍》，北京：民族出版社，2011 年。

12. 杨永福、田景春、王明富编：《云南瑶族口传非物质文化遗产提要辑录》，天津：天津古籍出版社，2013 年。

13. 广西壮族自治区编写组：《广西瑶族社会历史调查》（全九册），南宁：广西民族出版社，1983—1987 年。

14. 杨成志等著：《瑶族调查报告文集》，北京：民族出版社，2007 年。

15. 熊有章主编、文山壮族苗族自治州文化广电体育局编：《文山瑶族文化》，昆明：云南民族出版社，2018 年。

16. 熊有章主编：《文山瑶族非物质文化遗产丛书》（共八卷：《蓝靛瑶度道戒全集》《蓝靛瑶度师戒全集》《蓝靛瑶修斋送终全集》《蓝靛瑶祭祀文化》《蓝靛瑶婚俗婚礼程序》《蓝靛瑶歌谣大全》《大板瑶挂灯全集》，《大板瑶送终全集》），文山：文山州瑶族学会编印，文内资准字 2019—LY01、LY02、LY03、LY04、LY05、LY0014、LY0015、LY0025，2019 年。

17. 李祥红、郑艳琼主编：《湖南瑶族抖筛田野调查》，长沙：岳麓书社，2014 年。

18. 李祥红、郑艳琼主编：《湖南瑶族奏铛田野调查》，长沙：岳麓书社，2010 年。

二、古籍和工具书

1. 《道藏》，文物出版社、上海书店、天津古籍出版社联合出版，1988 年。

2. 《藏外道书》，成都：巴蜀书社，1994 年。

3. 张继禹主编：《中华道藏》，北京：华夏出版社，2004 年。

4. ［美］苏海涵（Michael Saso）编：《庄林续道藏》，台北：成文出版社有限公司，1975 年。

5. 李德范辑：《敦煌道藏》，北京：中华全国图书馆文献缩微复制中心，1999 年。

6. 黄永武主编：《敦煌宝藏》，台北：新文丰出版公司，1986 年。

7. 汤一介主编：《道书集成》，北京：九州图书出版社，1994 年。

8. 陈国符：《道藏源流考》，北京：中华书局，2012 年。

9. 任继愈主编：《道藏提要》，北京：中国社会科学出版社，1991 年。

10. 潘雨廷：《道藏书目提要》，上海：上海古籍出版社，2017 年。

11. 朱越利：《道藏分类解题》，北京：华夏出版社，1996 年。

12. 萧登福：《正统道藏总目提要》，台北：文津出版社，2011 年。

13. 丁培仁：《道教文献学》，成都：四川大学出版社，2019 年。

14. 丁培仁：《增注新修道藏目录》，成都：巴蜀书社，2008 年。

15. 王卡：《敦煌道教文献研究：综述 · 目录 · 索引》，北京：中国社会科学出版社，2004 年。

16. 叶贵良：《敦煌本〈太上洞玄灵宝无量度人上品妙经〉辑校》，成都：四川大学出版社，2012 年。

17. ［日］高楠顺次郎（Takakusu Junjiro）等监修：《大正新修大藏经》，东京：大正一切经刊行会，1934 年。

18.《大正藏》，台北：台湾新文丰出版社，1976 年。

19.（汉）许慎撰：《说文解字》，北京：中华书局，1978 年。

20.（元）虞集：《广西都元帅章公平瑶记》，《道园学古录》卷三十八，长春：吉林出版集团，2015 年。

21.（明）佚名：《诸蕃类考》，宁波天一阁藏清抄本。

22.（明）抱瓮老人：《今古奇观》，北京：光明日报出版社，2014 年。

23.（清）永瑢、纪昀等总纂：《文渊阁四库全书》，台北：商务印书馆，1986 年。

24.（清）张照纂：《秘殿珠林》，文渊阁四库全书本。

25.（清）魏荔彤纂：《大易通解》，文渊阁四库全书本。

26.（清）诸匡鼎撰：《瑶童传》，《中外地舆图说集成》卷九十三，同康庐主人，光绪二十年（1894 年）。

27.（清）周宜亮撰：《平定瑶匪纪略》，道光十三年（1833 年）刻本，《中国野史集成》第四十一册，成都：巴蜀书社，1993 年。

28.（清）檀萃撰：《说蛮》，《小方壶斋舆地丛钞》本。

29.（清）毛奇龄撰：《蛮司合志》，《西河合集》清乾隆补修重印本。

三、中文著作

1. 卿希泰主编：《中国道教史》（四卷），成都：四川人民出版社，1996 年。

2. 王家祐：《道教论稿》，成都：巴蜀书社，1987 年。

3. 柳存仁：《和风堂文集》，上海：上海古籍出版社，1991 年。

4. 李远国：《神霄雷法》，成都：四川人民出版社，2003 年。

5. 刘仲宇：《道教受箓制度研究》，北京：中国社会科学出版社，2014 年。

6. 吕鹏志：《唐前道教仪式史纲》，北京：中华书局，2008 年。

7. 丁培仁：《元前道派研究》，成都：四川人民出版社，2014 年。

8. 李志鸿：《道教天心正法研究》，北京：社会科学文献出版社，2011 年。

9. 张泽洪：《道教斋醮科仪研究》，成都：巴蜀书社，1999 年。

10. 陈文龙：《王契真〈上清灵宝大法〉研究》，济南：齐鲁书社，2015 年。

11. 谢聪辉：《新天帝之命：玉皇、梓潼与飞鸾》，台北：台湾商务印书馆股份有限公司，2013 年。

12. 王皓月：《析经求真：陆修静与灵宝经关系新探》，北京：中华书局，2017 年。

13. 丁培仁：《三清、玉皇原起考》，台北：中华道统出版社，2000 年。

14. 盖建民：《道教金丹派南宗考论：道派、历史、文献与思想综合研究》，北京：社会科学文献出版社，2013 年。

15. 姜守诚：《中国近世道教送瘟仪式研究》，北京：人民出版社，2017 年。

16. 陈国强、陈炎正：《闽台玉皇文化研究》，香港：香港闽南人出版有限公司，1996 年。

17. 李远国、刘仲宇、许尚枢：《道教与民间信仰》，上海：上海人民出版社，2011 年。

18. 刘屹：《神格和地域：汉唐间道教信仰世界研究》，上海：上海人民出版社，2011 年。

19. 葛兆光：《屈服史及其他：六朝隋唐道教的思想史研究》，北京：三联书店，2003 年。

20. 萧登福：《道教与民俗》，台北：文津出版社，2002 年。

21. 杜泽逊：《文献学概要》，北京：中华书局，2008 年。

22. 费孝通：《六上瑶山》，北京：群言出版社，2015 年。

23. 黄钰、黄方平：《国际瑶族概述》，南宁：广西人民出版社，

1993 年。

24. 奉恒高：《瑶族通史》（三卷），北京：民族出版社，2007 年。

25. 吴永章：《瑶族史》，成都：四川民族出版社，1993 年。

26. 李默：《瑶族历史探究》，北京：社会科学文献出版社，2015 年。

27. 张有隽：《瑶族传统文化变迁论》，南宁：广西民族出版社，1992 年。

28. 张有隽：《人类学民族学文集》（上、下册），北京：民族出版社，2011 年。

29. 张泽洪：《文化传播与仪式象征：中国西南少数民族宗教与道教祭祀仪式比较研究》，成都：巴蜀书社，2008 年。

30. 赵廷光：《论瑶族传统文化》，昆明：云南民族出版社，1990 年。

31. 郭武：《道教与云南文化：道教在云南的传播、演变及影响》，昆明：云南大学出版社，2011 年。

32. 郭大烈、黄贵权、李清毅：《瑶文化研究》，昆明：云南人民出版社，1994 年。

33. 胡起望、范宏贵：《盘村瑶族：从游耕到定居的研究》，北京：民族出版社，2016 年。

34. 黄贵权：《本土民族学视野中的靛村瑶族》，昆明：云南民族出版社，2003 年。

35. 黄贵权：《瑶族志：香碗——云南瑶族文化与民族认同》，昆明：云南大学出版社，2009 年。

36. 玉时阶、李明香等著：《中越边境线上的蓝靛瑶：云南河口瑶族自治县瑶山乡蓝靛瑶调查研究》，北京：民族出版社，2014 年。

37. 何红一：《美国国会图书馆藏瑶族文献研究》，北京：中国社会科学出版社，2017 年。

38. 郑慧：《瑶族文书档案研究》，北京：民族出版社，2011 年。

39. 杨民康、杨晓勋：《云南瑶族道教科仪音乐》，北京：文化艺术出版社，2014 年。

40. 杨德睿：《传承：认知与宗教人类学的探索》，北京：商务印书馆，2018 年。

41. 王明珂：《反思史学与史学反思：文本与表征分析》，上海：上海人民出版社，2016 年。

42. 王明珂：《华夏边缘：历史记忆与族群认同》，杭州：浙江人民出版社，2013。

43. 徐新建：《多民族国家的文学与文化》，北京：人民出版社，2016 年。

44. 黄建兴：《师教：中国南方法师仪式传统比较研究》，北京：中华书局，2018 年。

四、中文译著

1. ［日］白鸟芳郎（Shiratori Yoshiro）编，黄来钧译：《东南亚山地民族志》，昆明：云南省历史研究所东南亚研究室，1980 年。

2. ［日］竹村卓二（Takemura Kakuji）著，金少萍、朱桂昌译：《瑶族的历史和文化：华南、东南亚山地民族的社会人类学研究》，北京：民族出版社，2003 年。

3. ［美］司马虚（Michel Strickmann），巫能昌译：《道在瑶中：道教与华南的汉化》，刘永华主编：《仪式文献研究》，北京：社会科学文献出版社，2016 年。

4. ［越］杜光聚、阮琏著，黎巧萍、李娜译：《越南瑶族的今昔》，北京：民族出版社，2018 年。

5. ［日］大渊忍尔（Ōfuchi Ninji）著，隽雪艳、赵蓉译：《敦煌道经·目录编》（上、下册），济南：齐鲁书社，2016 年。

6. ［美］司马虚（Michel Strickmann）著，刘屹译：《最长的道经》，《法国汉学（第七辑）》，北京：中华书局，2002 年。

7. ［美］柏夷（Stephen R. Bokenkamp）著，孙齐、田禾等译：《道教研究论集》，上海：中西书局，2015 年。

8. ［美］韩森（Valerie Hansen）著，包伟民译：《变迁之神：南宋时期的民间信仰》，杭州：浙江人民出版社，1999 年。

9. ［美］欧大年（Daniel L. Overmyer）著，刘心勇、严耀中、邢丙彦等译：《中国民间宗教教派研究》，上海：上海古籍出版社，1993 年。

10. ［日］小林正美（Kobayashi Masayoshi）著，李庆译：《六朝道教史研究》，成都：四川人民出版社，2001 年。

11. ［日］小林正美（Kobayashi Masayoshi）著，王皓月、李之美译：《唐代的道教与天师道》，济南：齐鲁书社，2014 年。

12. ［美］杨庆堃著，范丽珠等译：《中国社会中的宗教：宗教的现代社会功能与其历史因素之研究》，上海：上海人民出版社，2007 年。

13. ［英］马林诺夫斯基（Bronislaw Malinowski ）著，李安宅译：《巫术、科学、宗教与神话》，北京：中国民间文艺出版社，1988 年。

14. ［英］弗雷泽（James George Frazer）著，徐育新等译：《金枝》，北京：大众文艺出版社，1998 年。

15. ［法］爱弥尔·涂尔干（Émile Durkheim）著，渠东、汲喆译：《宗教生活的基本形式》，上海：上海人民出版社，1999 年。

16. ［法］阿诺尔德·范热内普（Arnold van Gennep）著，张举文译：《过渡礼仪》，北京：商务印书馆，2010 年。

17. ［法］克洛德·列维—施特劳斯（Claude Lévi—Strauss）著，张祖建译：《结构人类学（1—2）》，北京：中国人民大学出版社，2006 年。

18. ［美］罗伯特·芮德菲尔德（Robert Redfield）著，王莹译：《农民社会与文化：人类学对文明的一种诠释》，北京：中国社会科学出版社，2013 年。

19. ［美］本尼迪克特·安德森（Benedict Anderson）著，吴叡人译：《想象的共同体：民族主义的起源与散布》，上海：上海人民出版社，

2016 年。

20. ［美］露丝·本尼迪克特（Ruth Benedict）著，王炜等译：《文化模式》，北京：社会科学文献出版社，2009 年。

21. ［法］皮埃尔·布迪厄（Pierre Bourdieu）著，李猛、李康译：《实践与反思：反思社会学导引》，1998 年。

五、外文著作

1. Thomas O. Höllmann und Michael Friedrich eds., Botchaften an die Götter. *Religiöse Handschriften der Yao. Teil I: Bestände der Bayerischen Staatsbibliothek München. cod. sin.* 147 *bis*. *cod. sin.* 1045. Stuttgart: Franz Steiner Verlag, 2004.

2. Kristofer Schipper and Franciscus Verellen. *The Taoist Canon: A Historical Companion to the Daozang.* Chicago&London: the University of Chicago Press, 2004.

3. Piet van der Loon: *Taoist Books in the Libraries of the Sung Period: A Critical Study and Index*, London: Ithaca Press, 1984.

4. Judith M. Boltz, *A Survey of Taoist Literature: Tenth to Seventeenth Centuries.* Berkeley: University of California Press, 1987.

5. Florian, C. Reiter ed. *Foundations of Daoist Ritual: A Berlin Symposium*, Wiesbaden: Harrassowitz Verlag, 2009.

6. Stephen R. Bokenkamp. *Early Daoist Scriptrues*. Berkeley: University of California Press, 1999.

7. Terry F. Kleeman. *Celestial Masters: History and Ritual in Early Daoist Communities*. Cambridge, MA: Harvard University Press, 2015.

8. Jacques Lemoine with the assistance of Donald Gibson, *Yao Ceremonial Paintings*, Bangkok: White Lotus Co., 1982.

9. Jacques Lemoine, Chiao Chien, *The Yao of South China: recent interna-*

tional studies, Pangu, Editions de l' A. F. E. Y, 1991.

10. Nelson Phillips, Cynthia Hardy. *Discourse Analysis Investigating Processes of Social Construction*. London, U. K.: Sage publications, Inc. 2002.

11. Margaret wetherell, Stephanie taylor and simeon J. Yates eds. *Discourse as Data: A Guide to Analysis*. London, U. K.: Sage Publications 2001. pp.

12. [日] 竹村卓二 (Takemura Kakuji):《仪礼民俗境界: 华南诸民族“汉化”の诸相》, 东京: 风响社, 1994 年。

13. [日] 大渊忍尔 (Ōfuchi Ninji):《中国人の宗教礼仪》, 东京: 风响社, 2005 年。

14. 刘枝万: 《闾山教科仪本と符式簿の解読》, 东京: 风响社, 2019 年。

六、期刊及会议论文

1. [德] 贺东劢 (Thomas O. Höllmann), 宋馨译:《瑶族文书与仪式》,《新疆师范大学学报 (哲学与社会科学版)》2008 年 3 月。

2. [德] 欧雅碧 (Lucia Obi)、宋馨 (Shing Müller) 撰, 詹春媚译:《瑶族之宗教文献: 概述巴伐利亚国立图书馆之馆藏瑶族手本》,《民俗曲艺》2005 年第 12 期。

3. [德] 欧雅碧 (Lucia Obi):《欧美的瑶族写本的收藏》, 日本神奈川大学瑶族文化研究所编《瑶族传统文献研究国际研讨会论文集》, 2010 年 11 月。

4. [日] 丸山宏 (Maruyama Hiroshi):《2010 年 3 月巴伐利亚州立图书馆藏瑶族手抄本调查报告》, 日本神奈川大学瑶族文化研究所编《瑶族文化研究所通讯》(第二号), 2010 年。

5. [法] 勒穆瓦纳 (Jacques Lemoine):《勉瑶的历史与宗教初探》,《广西民族学院学报》1994 年第 4 期。

6. ［法］施舟人（Kristofer Schipper）：《瑶族宗教大师的典礼仪式述评》，第二届国际道教学术会议论文集，1972 年。

7. ［荷］田海（Barend J. ter Haar），张崇富译：《瑶牒新释》，《弘道》2010 年第 45 期。

8. ［法］马伯乐（Henri Maspero），胡锐译：《古代中国与近代老、越山地泰族土地神祭祀的比较研究》，《广西民族研究》2016 年第 10 期。

9. ［法］马伯乐（Henri Maspero），胡锐译：《中国的民间宗教与儒释道三教》，《世界宗教文化》2010 年第 1 期。

10. ［德］李可（Friederike Assandri），田茂泉译：《道教与诠释学：德国学者谈道教经典之解读》，《世界宗教文化》2014 年第 3 期。

11. ［日］广濑直记（Hirose Naoki）：《发炉与治箓：正一发炉与灵宝发炉的比较》，《人文中国学报》2018 年第 1 期。

12. 赵宗诚：《〈道藏辑要〉的编纂与增补》，《四川文物》1995 年第 2 期。

13. 盖建民：《从〈庄林续道藏〉看清代闽台道教关系》，《世界宗教研究》2010 年第 2 期。

14. 张崇富：《欧洲〈道藏〉研究的理论、方法和视角》，《道学研究》2019 年第 1 期。

15. 胡锐：《当前法国的道教研究：学者、源流、观点及方法》，《宗教学研究》2014 年第 2 期。

16. 王家祐：《道教斋醮科仪精义》，《四川文物》1997 年第 5 期。

17. 李远国：《道教符箓与咒语的初步探讨》，《中国道教》1991 年第 3 期。

18. 李远国：《道教咒术初探》，《宗教学研究》1999 年第 6 期。

19. 盖建民：《道教符咒治病术的理性批判》，《世界宗教研究》1999 年第 4 期。

20. 李志鸿：《天心派的三光之说与三光密咒》，《中国道教》2006 年第 12 期。

21. 李志鸿：《天心正法与两宋道教的斋醮之变》，《世界宗教研究》2008 年第 3 期。

22. 吕鹏志：《中国现存地方道教仪式新探》，《宗教学研究》2013 年第 9 期。

23. 李志鸿：《白玉蟾与民间科仪》，《老子学刊》2016 年第 7 期。

24. 丁培仁：《道教与民俗浅议：以斋醮、礼俗为例》，《宗教学研究》2001 年第 12 期。

25. 朱展炎：《道经中“解冤释结”思想论析》，《宗教学研究》2014 年第 12 期。

26. 赵世瑜：《“天运”纪年的利用极本相——兼论明清以来民间教门的日常形态》，《南国学术》2017 年第 3 期。

27. 李远国：《莫月鼎与元代神霄派》，《中国道教》2001 年第 6 期。

28. 张崇富、李平：《张天师世界与雷法关系初探》，《老子学刊》2015 年第 8 期。

29. 刘仲宇：《玉皇科仪及其文化内涵》，《中国道教》2001 年第 2 期。

30. 盖建民：《民间玉皇信仰与道教略论》，《江西社会学科学》2000 年第 8 期。

31. 刘聪：《罗洪先〈皇经集注初纂前序〉及其价值》，《宜春学院学报》2015 年第 1 期。

32. 梅莉：《玉皇崇拜论》，《湖北大学学报（哲学社会科学版）》2011 年第 5 期。

33. 路旻、刘永明：《从敦煌本〈度人经〉及南齐严东注本看道教天界观的形成》，《敦煌学辑刊》2017 年第 1 期。

34. 张金环：《天津图书馆藏〈高上玉皇本行集经〉述略》，《图书馆工作与研究》2010 年第 2 期。

35. 赵灵芝、张体义：《唐会昌六年道教度人经幢》，《中原文物》

1995 年第 1 期。

36. 汪桂平：《鄂东地区民间道士所用度亡科书的研究：兼论〈上清灵宝济度大成金书〉的流传地域》，《世界宗教研究》2006 年第 9 期。

37. 王丽苹：《唐乾宁写本〈太上洞玄灵宝无量度人上品妙经〉考释》，《温州文物》2016 年第 2 期。

38. 李志鸿：《〈度人经〉与宋元道教》，《中国道教》2010 年第 5 期。

39. 张崇富：《〈度人经内义〉的性情说》，《西南民族学院学报（哲学社会科学版）》2003 年第 5 期。

40. 刘屹：《度人与度亡：一卷本〈度人经〉的形成及其经教基础》，《敦煌吐鲁番研究》2016 年第 1 期。

41. 谢聪辉：《一卷本〈度人经〉及其在台湾正一派的运用析论》，《中国学术年刊》第 30 期春季号，2008 年。

42. 王亚：《宋徽宗与道教关系再探：从〈政和万寿道藏〉之首说起》，《弘道》2017 年第 2 期。

43. 萧登福：《〈太上说南斗六司延寿度人妙经〉探述》，《宗教学研究》1998 年第 4 期。

44. 萧登福：《〈太上玄灵北斗本命延生真经〉探述》，《宗教学研究》1997 年第 9 期。

45. 姜守诚：《佛道〈受生经〉的比较研究》（上、下），《老子学刊》2017 年第 1、2 期。

46. 姜守诚：《国家图书馆藏〈三元经〉版本考述》，《图书馆理论与实践》2012 年第 3 期。

47. 宁新亚：《山西新绛发现 180 年前的绘图手抄折本〈三官经〉》，《中国道教》1999 年第 12 期。

48. 田晓膺：《唐代女性诗歌中的道教情怀初探》，《四川大学学报（哲学社会科学版）》2004 年第 3 期。

49. 胡起望：《论瑶传道教》，《云南社会科学》1994 年第 1 期。

50. 赵家旺:《瑶族神符》,《广西民族研究》1992 年第 4 期。

51. 赵家旺:《瑶族神符概说》,《广东技术师范学院学报》2011 年第 11 期。

52. 赵家旺:《瑶族咒语简述》,《广东技术师范学院学报》2013 年第 1 期。

53. 钟年:《社会记忆与族群认同:从〈评皇券牒〉看瑶族的族群意识》,《广西民族学院学报(哲学社会科学版)》2000 年第 4 期。

54. 关永章:《论宋代瑶族社会》,《中南民族学院学报(哲学社会科学版)》1992 年第 4 期。

55. 林耀华:《新中国的民族学研究与展望》,《民族研究》1981 年第 3 期。

56. 张悦、张泽洪:《瑶族游梅山书的宗教叙事与族群记忆》,《世界宗教研究》2006 年第 1 期。

57. 张泽洪:《道教传入瑶族地区的时代新考》,《思想战线》2002 年第 4 期。

58. 张泽洪:《多元文化背景下的云南道教——以南诏大理时期为中心》,《贵州民族研究》2006 年第 10 期。

59. 张泽洪:《梅山神张五郎与张赵二郎研究》,《宗教学研究》2014 年第 12 期。

60. 张泽洪:《宋代开梅山及梅山教研究》,《广西民族研究》2017 年第 4 期。

61. 张泽洪:《瑶族社会中道教文化的传播与衍变——以广西十万大山瑶族度戒为例》,《民族研究》2002 年第 1 期。

62. 张泽洪:《中国南方少数民族与道教关系初探》,《民族研究》1997 年第 6 期。

63. 张泽洪:《中国西南少数民族梅山教研究的文化意义》,《宗教学研究》2010 年第 12 期。

64. 张桥贵：《近现代瑶族宗教的道教化及其特点》，《宗教学研究》1994 年第 4 期。

65. 徐祖祥：《论过山瑶道教的科仪来源和教义特点》，《贵州民族研究》2003 年第 6 期。

66. 徐祖祥：《论闾山教对过山瑶道教的影响》，《西南民族大学学报（人文社会科学版）》2011 年第 8 期。

67. 黄方平：《优棉民间符咒之道教文化透析》，《民族论坛》1993 年第 2 期。

68. 黄贵权：《蓝靛瑶的“花”“斗”人观——那洪村蓝靛瑶诞生、翁花、要斗和度师礼仪的调查与研究》，《文山师范高等专科学院学报》2003 年第 3 期。

69. 玉时阶：《文化断裂与文化自觉：越南瑶族民间文献的保护与传承——以越南老街省沙巴县大坪乡撒祥村为例》，《世界民族》2010 年第 5 期。

70. 张劲松：《中国蓝山县过山瑶度戒仪式过程的信仰意义及度戒之功能》，《地方文化研究》2014 年第 1 期。

71. 朱展炎：《过关与护花——广西昭平县仙回瑶族乡“作花楼”仪式考察》，《宗教学研究》2017 年第 6 期。

72. 郭武：《牛津大学图书馆馆藏瑶族道经考述》，《文献》2012 年第 4 期。

73. 萧霁虹：《云南与东南亚的瑶族宗教文书》，《东南亚南亚研究》2016 年第 3 期。

74. 胡小柳：《瑶族度戒仪式中的“重生”寓意：以牛津大学图书馆藏瑶族道经为例》，《云南社会科学》2013 年第 5 期。

75. 徐菲：《牛津大学图书馆藏瑶族手抄本道经新发现及价值》，《西南民族大学学报（人文社科版）》2016 年第 10 期。

76. 李生柱：《瑶族抄本文献在海外的典藏及其研究：以“瑶传道教”

经籍为中心》,《民族论坛》2016 年第 2 期。

77. 何红一、黄萍莉、陈朋:《美国国会图书馆瑶族文献的整理与分类研究》,《广西民族研究》2013 年第 4 期。

78. 何红一:《美国瑶族文献收藏及其来源》,《文化遗产》2013 年第 6 期。

79. 何红一:《美国瑶族文献与世界瑶族迁徙地之关系》,《中南民族大学学报(人文社会科学版)》2011 年第 5 期。

80. 何红一:《美国瑶族文献与瑶族民族记忆》,《中央民族大学学报(哲学社会科学版)》2014 年第 5 期。

81. 张淼、[美] 李福(Gil Raz):《美国国会图书馆藏瑶族道教〈血湖经〉研究》,《中国道教》2018 年第 1 期。

82. 张录文、龙宇晓:《三十年来国内学术界海外瑶族研究回顾与展望》,《民族论坛》2015 年第 2 期。

83. 赵书峰、吴宇华:《国外瑶族传统文献研究现状综述》,《音乐研究》2011 年第 6 期。

84. 龙倮贵:《试论滇越瑶族文献古籍主要内容及其保护与开发——兼论抢救保护瑶族“道公”祭司文化》,《红河学院学报》2012 年第 3 期。

85. 蔡华:《试论彝族民间宗教与彝区发展》,《宗教学研究》2002 年第 3 期。

86. 邓宏烈:《羌族民间道教信仰浅析》,《贵州民族研究》2007 年第 6 期。

87. 郭净:《中国西南地区傩坛述论》,《民族艺术》1996 年第 12 期。

88. 叶明生:《共生文化圈之巫道文化形态再探讨——从张五郎信仰探讨福建闾山教与梅山教关系》,《湖南人文科技学院学报》2013 年第 6 期。

89. 倪彩霞:《族群变迁与文化聚合:关于梅山教的调查与研究》,《世界宗教研究》2011 年第 1 期。

90. 黄建兴:《“法号”“郎号”与民间道坛“传度奏职”仪式探讨》,《世界宗教研究》2013 年第 6 期。

91. 黄建兴:《福建闾山教师公庙及法师传说探讨》,《福建师范大学学办(哲学社会科学版)》2013 年第 1 期。

92. 蔺淋娟:《桂东南闾山教刀山科科仪本的解读》,《韶关学院学报》2017 年 第 1 期。

93. 彭维斌:《从百越巫鬼信仰到汉式佛道宗教——闽南民间信仰历史变迁的分析》,《福建师范大学学报(哲学社会科学版)》2007 年第 6 期。

94. 王天鹏:《道教闾山派与客家祖先崇拜亦畲亦汉混融特质》,《云南民族大学学报》2016 年第 9 期。

95. 杨一乐:《台湾地区道士登刀梯晋升道长仪式之科仪研究》,《辅仁大学—台湾道教仪式与文化学术研讨会论文集》,2015 年 5 月 31 日。

96. 姜守诚:《南台湾灵宝道派放赦科仪之研究》,《道学研究》总第 19 期,香港蓬瀛仙馆 2012 年第 1 期。

97. 谢聪辉:《南台湾和瘟送船仪式的传承与其道法析论》,《民俗曲艺》第 184 期,台北:财团法人施合郑民俗文化基金会,2014 年 6 月。

98. 莫幼政:《略论壮族师公教经书的价值——以广西马山县白山镇新汉村国兴屯师公教经书为例》,《广西师范学院学报(哲学社会科学版)》2010 年第 2 期。

99. 王尧:《地方神灵的组合与扩张——以山西洪洞地区的通天二郎信仰为中心》,《西北民族研究》2014 年第 2 期。

100. 魏德毓:《道教仪式传统的演变——以闽西正一派火居道士为例》,《福建省社会主义学院学报》2010 年第 12 期。

101. 武清旸:《道教“血湖地狱”罪魂身份的演变论析》,《云南社会科学》2016 年第 11 期。

102. 杨德睿:《“血湖”研究刍议》,《宗教人类学》2015 年第 10 期。

103. 张萍：《明清时期秘密教门的妇女观——对〈血湖宝卷〉的释读》，《甘肃理论学刊》2013 年第 9 期。

104. Kristofer Schipper. *Vernacular and Classical Ritual in Taoism*, The Journal of Asian Studies, Vol. 45, No. 1, Nov., 1985.

105. Michel Strickmann: *History, anthropology and Chinese religion*, Harvard Journal of Asiatic Studies Vol. 40, No. 1, 1980.

106. Chen Meiwen（陈玫妏）: Religion as a Civilizing Process? Rethinking Yao Religious Culture and Ritual Manuscripts. 《民俗曲艺》2015 年第 3 期。

七、学位论文

1. 陈文安：《早期道教经韵授度体系研究》，西南大学博士学位论文，2017 年。

2. 陈文龙：《王契真〈上清灵宝大法〉研究》，中国社会科学院博士学位论文，2011 年。

3. 路昱：《晋唐道教天界观研究》，兰州大学博士学位论文，2018 年。

4. 徐祖祥：《瑶传道教及其与云南瑶族关系研究》，四川大学博士学位论文，2002 年。

5. 邓桦：《云南文山蓝靛瑶"度戒"仪式教育过程的研究》，西南大学博士学位论文，2011 年。

6. 赵书峰：《湖南瑶传道教音乐与梅山文化——以瑶族还家愿与梅山教仪式音乐的比较为例》，中央音乐学院博士学位论文，2011 年。

7. 时国轻：《广西壮族民间信仰的恢复和重建》，中央民族大学博士学位论文，2006 年。

8. 亓尹：《〈度人经〉研究——以文本流变、思想贡献为中心》，四川大学硕士学位论文，2017 年。

9. 李东哲：《〈道法会元〉雷法研究》，云南民族大学硕士学位论文，

2011 年。

10. 陈建霞：《陆粲〈庚巳编〉探析》，中南民族大学硕士学位论文，2008 年。

11. 陈勇：《道教北斗九皇信仰研究》，四川省社会科学院硕士学位论文，2009 年。

12. 奉恒高：《几则瑶族过山榜文献的文献学研究》，南京大学硕士学位论文，2013 年。

13. 李树照：《瑶族的宗教文书》，广西民族大学硕士学位论文，2014 年。

14. 王朝林：《瑶族〈盘王大歌〉与民间信仰》，中南民族大学硕士学位论文，2010 年。

15. 葛熹月：《当代海南苗族道公变迁研究——以海南省五指山市南圣镇牙南上村为个案》，中南民族大学硕士学位论文，2010 年。

16. 余阳：《美国国会图书馆馆藏瑶族手抄文献俗字研究》，中南民族大学硕士学位论文，2011 年。

17. 赖育青：《桂东南民间道教闾山派“援佛入道”研究——以大幡醮仪为中心》，广西师范大学硕士学位论文，2015 年。

18. 许晓明：《汉传道教之重构：壮族道公教研究》，福建师范大学硕士学位论文，2007 年。

八、地方文史资料

1. ［清］汤大宾撰：《开化府志》，娄自昌、李君明点注，兰州：兰州大学出版社，2004 年。

2. ［清］郭汝诚修、冯奉初纂：［咸丰］《顺德县志》，清咸丰刊本。

3. 傅振伦纂修：［民国］《新河县志》，民国十八年（1929）铅印本，册 4 第 35 页。

4. 王景涛、张燡修；单毓云等纂：［民国］《泰县志稿》，民国 30 卷抄本。

5. 陈训正、马瀛纂修：［民国］《定海县志》，民国十三年（1924）铅印本。

6. 云南省麻栗坡县地方志编纂委员会编：《麻栗坡县志》，昆明：云南民族出版社，2000 年。

7. 中国少数民族社会历史调查丛刊云南省编辑组编：《云南方志民族民俗资料琐编》，昆明：云南民族出版社，1986 年。

九、网络资料

1. 德国巴伐利亚州立图书馆官方网站：https：//www. bsb - muenchen. de.

2. 中华人民共和国统计局：《中国 2010 年人口普查资料》，http：//www. stats. gov. cn/tjsj/pcsj/rkpc/6rp/indexch. htm.

后　记

瑶族宗教文献研究具有鲜明的跨学科特点，研究成败的关键在于能否获取丰富全面的一手资料。本书在获取资料方面颇费周章，笔者曾远赴德国、法国有关图书馆查阅和抄誊文献、寻访学人，又曾到云南，深入中越边境线上的瑶族社区展开田野调查，甘苦备尝。虽孤身行走，心却不寂寞，多方的帮助为本书的写成奠定基础，并为我带来莫大的鼓励。特在此聊表谢意。

感谢德国“瑶族抄本研究计划”负责人、慕尼黑大学贺东劢（Thomas O. Höllmann）教授，“瑶族抄本研究计划”前成员欧雅碧（Lucia Obi）女士分享了他们团队收购、整理、研究瑶族抄本的心得，为我准确把握海外瑶族抄本的来龙去脉提供借鉴。感谢德国巴伐利亚州立图书馆东亚部的 Thomas Tabery 先生、张玉芝女士及善本部的诸位工作人员，他们为我查阅资料提供的帮助和便利是完成本书的关键性因素。感谢广西师范大学江田祥副教授提供的美国国会图书馆瑶族抄本的书影照片。

感谢云南省文山壮族苗族自治州的李云章、熊有章、张永刚、熊明刚等先生，感谢以邓道天、盘道登、盘朝福为代表的瑶族法师群体（限于篇幅恕不能逐一列出姓名），他们的无私帮助与分享为本书提供了田野素材和文献资料，多年来他们对民族文化的保护和传承令我深深感佩。

对研究者和写作者而言，学术积累和学术平台至关重要。我曾在四川大学道教与宗教文化研究所受训，授业恩师张崇富教授曾向我指明海外瑶书研究这一看似冷门的学术方向，又于数年间谆谆诲以研究方法和前沿理论。巴蜀书社“儒道释博士论文丛书”系川大宗教所卿希泰先生等前辈学者发起，数十年来嘉惠学林，泽被后学，本书的出版也在此大因缘之内。其下诸师对我多有指导、帮助与启发，此处虽未逐一提及名号，但师德师恩深广浩瀚，凡受教言，未曾稍忘。

自六年前年正式踏上学术道路以来，我从宗教学术的门外汉，逐渐变成始窥门径的初生犊。对经教由陌生渐感亲切，初尝法味的欣悦冲抵了岁月流逝的愁绪，读书学习确实丰富了我人生的内涵。其间数度面临生计与精神的窘迫或困顿，父母双亲皆含辛茹苦陪伴照拂，经年不改。特别是母亲，她的德行与智慧，是我生命中永远不灭的明灯。

在本书的写作过程中，我深切地感受到：师恩确堪比亲恩，大爱方能成小爱。为学与为道的内在统一，可落脚于践行优秀传统文化的自觉。金门瑶堪为这方面的典范，历经千百年风雨而传习不绝，令人感动与深思，也值得更多的关注和重视。光炁流演，化度万物；万星朝元，摄众归一。谨以此书付梓的绵薄心力，奉献给祖国和人民：祝愿中华民族繁荣富强，文明昌盛！祝愿各族人民心安身泰，福慧增长！

肖　习

辛丑年冬月于西南民族大学武侯校区

《儒道释博士论文丛书》已出书目

第一批(1999年)

道教斋醮科仪研究　张泽洪著

道教炼养心理学引论　张　钦著

道教劝善书研究　陈　霞著

道教与神魔小说　苟　波著

净明道研究　黄小石著

第二批(2000年)

神圣礼乐
——正统道教科仪音乐研究　蒲亨强著

魏晋玄学人格美研究　高华平著

明清全真教论稿　王志忠著

佛教与儒教的冲突与融合　彭自强著

经验主义的孔子道德思想及其历史演变　邓思平著

第三批(2001年)

宋元老学研究　刘固盛著

道教内丹学探微　戈国龙著

汉魏六朝道教教育思想研究　汤伟侠著

般若与老庄　蔡　宏著

刘一明修道思想研究　刘　宁著

晚明自我观研究　傅小凡著

第四批(2002年)

近现代以佛摄儒研究　李远杰著

礼宜乐和的文化思想　金尚礼著

生死超越与人间关怀
——神仙信仰在道教与民间的互动　李小光著

近现代居士佛学研究　刘成有著

生命的层级
——冯友兰人生境界说研究　刘东超著

第五批(2003年)

中国佛教僧团发展及其研究　王永会著

实相本体与涅槃境界　余日昌著

斋醮科仪　天师神韵　傅利民著

荷泽宗研究　聂　清著

精神分析与佛学的比较研究　尹　立著

太虚对中国佛教现代化道路的抉择　罗同兵著

终极信仰与多元价值的融通　姚才刚著

第六批（2004 年）

西学东渐与明清实学　李志军著

上清派修道思想研究　张崇富著

北宋《老子》注研究　尹志华著

相国寺

——在唐宋帝国的神圣与凡俗之间　段玉明著

熊十力本体论哲学研究　郭美华著

关于知识的本体论研究

——本质　结构　形态　昌家立著

明代王学研究　鲍世斌著

中国技术思想研究

——古代机械设计与方法　刘克明著

朱熹与《参同契》文本　钦伟刚著

中国律宗思想研究　王建光著

第七批（2005 年）

元代庙学

——无法割舍的儒学教育链　胡　务著

牟宗三“道德的形而上学”研究　闵仕君著

隋唐五代道教美学思想研究　李　裴著

宋元道教易学初探　章伟文著

杜光庭《道德真经广圣义》的道教哲学研究　金兑勇著

天台判教论　韩焕忠著

杜光庭道教小说研究　罗争鸣著

魏源思想探析　李素平著

泰州学派新论　季芳桐著

《文子》成书及其思想　葛刚岩著

傅金铨内丹思想研究　谢正强著

第八批（2006 年）

汉末魏晋南北朝道教戒律规范研究　伍成泉著

两性关系本乎阴阳

——先秦儒家、道家经典中的性别意识研究　贺璋瑢著

陈撄宁与道教文化的现代转型　刘延刚著

扬雄《法言》思想研究　郭君铭著

《周易禅解》研究　谢金良著

明清道教与戏剧研究　李　艳著

王弼易学解经体例探源　尹锡珉著

唐代道教管理制度研究　林西朗著

四念处研究　哈　磊著

天人之际的理学新诠释

——王夫之《读四书大全说》思想研究　周　兵著

第九批（2007 年）

晚明狂禅思潮与文学思想研究　赵　伟著

先秦儒家孝道研究　王长坤著

致良知论

——王阳明去恶思想研究　胡永中著

伍守阳内丹思想研究　丁常春著

贝叶上的傣族文明

——云南德宏南传上座部佛教社会考察研究　吴之清著

朱子论“曾点气象”研究　田智忠著

二十世纪中国道教学术的新开展　傅凤英著

道教与基督教生态思想比较研究　毛丽娅著

汉晋文学中的《庄子》接受　杨　柳著

马祖道一禅法思想研究　邱　环著

道教自然观研究　赵　芃著

第十批(2008 年)

王船山礼学思想研究　陈力祥著

王船山美学基础

——以身体观和诠释学为进路的考察　韩振华著

马来西亚华人佛教信仰研究　白玉国著

《管子》哲学思想研究　张连伟著

东晋佛教思想与文学研究　释慧莲著

北宋禅宗思想及其渊源　土屋太祐著

早期道教教职研究　丁　强著

隋唐五代道教诗歌的审美管窥　田晓膺著

道教与明清文人画研究　张明学著

道教戒律研究　唐　怡著

第十一批(2009 年)

驯服自我

——王常月修道思想研究　朱展炎著

道经图像研究　许宜兰著

阳明学与佛道关系研究　刘　聪著

清代净土宗著述研究　于海波著

宗教律法与社会秩序

——以道教戒律为例的研究　刘绍云著

老子及其遗著研究

——关于战国楚简《老子》、《太一生水》、《恒先》的考察　谭宝刚著

汉唐道教修炼方式与道教女性观之变化研究　岳齐琼著

宋元三教融合与道教发展研究　杨　军著

都市佛寺的社会交换研究　肖尧中著

早期天台学对唯识古学的吸收与抉择　刘朝霞著

第十二批(2010 年)

道教社会伦理思想之研究　何立芳著

印度佛教净土思想研究　汪志强著

社会转型下的宗教与健康关系研究　冯小林著

教化与工夫
——工夫论视域中的阳明心学系统　陈多旭著
心性灵明之阶
——早期全真道情欲论思想研究　刘　恒著
中古道书语言研究　冯利华著
近现代禅净合流研究　许　颖著
永明延寿心学研究　田青青著
中国传统社会宗教的世俗化研究
——以金元时期全真教社会思想与传播为个案　夏当英著
成玄英《庄子疏》研究　崔珍皙著

第十三批(2011年)

道医陶弘景研究　刘永霞著
汉代内学
——纬书思想通论　任蜜林著
一心与圆教
——永明延寿思想研究　杨文斌著
三教关系视野中的陈景元思想研究　隋思喜著
蒙文通道学思想研究　罗映光著
敦煌本《太玄真一本际经》思想研究　黄崑威著
总持之智
——太虚大师研究　丁小平著
明清民间宗教思想研究
——以神灵观为中心　刘雄峰著
东晋宋齐梁陈比丘尼研究　唐　嘉著
《贞观政要》治道研究　杨　琪著

第十四批(2012年)

老子八十一化图研究　胡春涛著
马一浮思想研究　李国红著
《老子》思想溯源　刘鹤丹著
"仙佛合宗"修道思想研究　卢笑迎著
方东美论道家思想　施保国著
湛甘泉哲学思想研究　王文娟著
仪式的建构与表达
——滇南建水祭孔仪式的文化与记忆　曾　黎著
智旭佛学易哲学研究　张韶宇著
悟道·修道·弘道
——丘处机道论及其历史地位　赵玉玲著
隋唐道教与习俗　周　波著

第十五批(2013年)

庄子哲学的后现代解读　郭继明著
法藏圆融之"理"研究　孙业成著
汉传佛教寺院经济演变研究　于　飞著
魏晋南北朝社会生活与道教文化　刘　志著

中古道官制度研究　刘康乐著

金元道教信仰与图像表现——以永乐宫壁画为中心　刘　科著

元代道教戏剧研究　廖　敏著

明代灵济道派研究　王福梅著

中国宗教的慈善参与新发展及机制研究　明世法著

两晋南北朝时期河陇佛教地理研究　杨发鹏著

第十六批(2014 年)

道教气论学说研究　路永照著

历史中的镜像——论晚明僧人视域中的《庄子》　周黄琴著

从玄解到证悟——论中土佛理诗之发展演变　张君梅著

回归诚明——李翱《复性书》研究　韩丽华著

图像与信仰——中古中国维摩诘变相研究　肖建军著

中国道教经籍在十九世纪英语世界的译介研究　俞森林著

四川道教宫观建筑艺术研究　李星丽著

道与艺——《庄子》的哲学、美学思想与文学艺术　胡晓薇著

李光地易学思想研究　冯静武著

显隐哲学视域中的文艺审美　杨继勇著

第十七批(2015 年)

赞宁《宋高僧传》研究　杨志飞著

自我与圣域——现代性视野中的唐君毅哲学　胡　岩著

明代道教文化与社会生活　寇凤凯著

道教医世思想溯源　杨　洋著

近代以来中国佛教慈善事业研究　李湖江著

现代性和中国佛耶关系(1911—1949)　周晓微著

西域佛教演变研究　彭无情著

藏族古典寓言小说研究　觉乃·云才让著

藏传佛教判教研究　何杰峰著

藏彝走廊北部地区藏传佛教寺院研究　李顺庆著

第十八批(2016 年)

重庆华岩寺佛教仪式音乐与传承　陈　芳著

明末清初临济宗圆悟、法藏纷争始末考论　吕真观著

《文子》思想研究　姜李勤著

汉末至五代道教书法美学研究　沈　路著

佛教传统的价值重估与重建

——太虚与印顺判教思想研究　邓莉雅著

边缘与归属:道教认同的文化史考察　郭硕知著

道教时日禁忌探源　廖　宇著

清代清修内丹思想比较研究——以柳华阳、闵一得、黄元吉为对象　张　涛著

闵一得研究　陈　云著

第十九批(2017年)

中医运气学说与道教关系研究　金　权著

《道枢》研究　张　阳著

全真教制初探　高丽杨著

道教师道思想研究　孙瑞雪著

生命哲学视域下的道教服食研究　徐　刚著

"真心观"与宋元明文艺思想研究　曹　磊著

礼法与天理:朱熹《家礼》思想研究　彭卫民著

儒佛融摄视野下的马一浮、熊十力思想比较研究　王　毓著

道教与书法关系研究　阳志辉著

近代城市宫观与地方社会——以杭州玉皇山福星观为中心　郭　峰著

第二十批(2018年)

法相唯识学认知思想研究　石文山著

禅观影像论　史　文著

早期道教经韵授度体系研究　陈文安著

明清禅宗"牧牛诗组"之研究　林孟蓉著

道教内外丹关系研究　盖　菲著

先秦道家人性论研究　周　耿著

王弼易学研究——以体用论为中心　张二平著

究天人之际——从《尚书》上探儒家本色　黄靖雅著

上阳子陈致虚生平及思想研究　周　冶著

第二十一批(2019年)

《春秋》纬与汉代思想世界　王小明著

道教与唐前志怪小说专题研究　徐胜男著

康有为、梁启超与谭嗣同佛教思想研究　赵建华著

先秦儒道本体论研究　王先亮著

张万福与唐初道教仪式的形成　田　禾著

“三纲九目”：朱子《小学》思想研究　徐国明著
先秦儒家天命鬼神观研究　胡静静著
汉末道教的“真道”观及其展开——基于《太平经》《老子想尔注》《周易参同契》的研究　孙功进著
道德与解脱：中晚明士人对儒家生死问题的辩论与诠释　刘琳娜著
王阳明与其及门四大弟子的情论研究　张翅飞著
大道鸿烈——《淮南子》汉代黄老新“道治”思想研究　高　旭著

第二十二批（2020年）

元代理学与社会　朱　军著
《晏子春秋》研究　袁　青著
明代寺院经济研究　周上群著
《老子指归》的哲学研究　袁永飞著
南宋士人笔记中的宋代道士形象研究　武清旸著
唐玄宗道儒佛思想研究——以注疏三经为中心　王玲霞著
陈景元美学思想研究　罗崇蓉著
敦煌本《大乘百法明门论》注疏研究　张　磊著
川北地区道教宫观建筑思想及历史文化研究　王鲁辛著
德国巴伐利亚州立图书馆藏三类金门瑶经书抄本研究　肖　习著

图书在版编目（CIP）数据

德国巴伐利亚州立图书馆藏三类金门瑶经书抄本研究/肖习著 .—成都：巴蜀书社，2021.12

（儒道释博士论文丛书）

ISBN 978-7-5531-1585-6

Ⅰ.①德… Ⅱ.①肖… Ⅲ.①瑶族—经籍—抄本—研究 Ⅳ.①Z126.27

中国版本图书馆CIP数据核字（2021）第248956号

德国巴伐利亚州立图书馆藏三类金门瑶经书抄本研究

DEGUO BAFALIYA ZHOULI TUSHUGUAN CANG SANLEI JINMENYAO JINGSHU CHAOBEN YANJIU

肖 习 著

责任编辑 陈 礼
出 版 巴蜀书社
成都市槐树街2号 邮编610031
总编室电话：(028) 86259397
网 址 www.bsbook.com
发 行 巴蜀书社
发行科电话：(028) 86259422 86259423
经 销 新华书店
印 刷 四川宏丰印务有限公司
电话：(028) 85726655 13689082673
版 次 2021年12月第1版
印 次 2021年12月第1次印刷
成品尺寸 203mm×140mm
印 张 16.5
字 数 450千字
书 号 ISBN 978-7-5531-1585-6
定 价 82.00元